Formulaire de géométrie

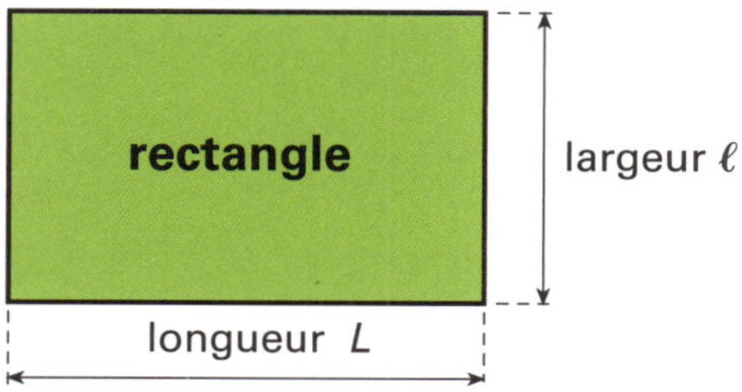

périmètre = $(L + \ell) \times 2$
aire = $L \times \ell$

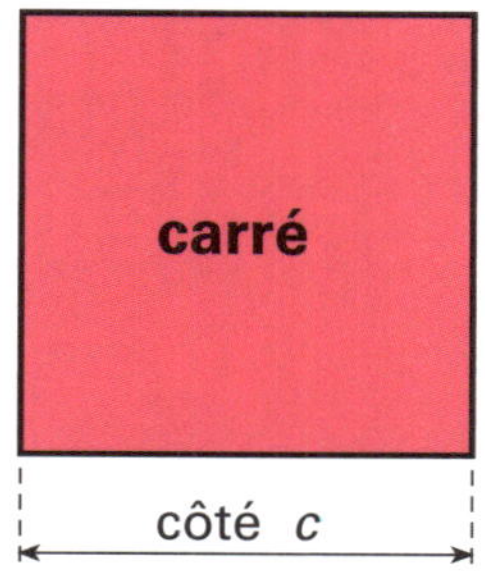

périmètre = $4 \times c$
aire = $c \times c = c^2$

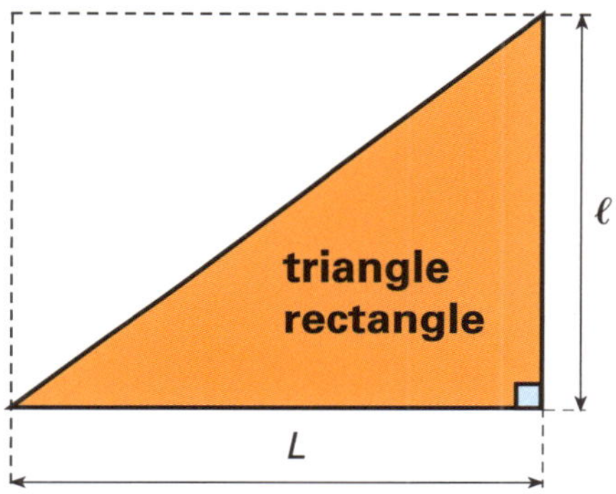

aire = $\dfrac{L \times \ell}{2}$

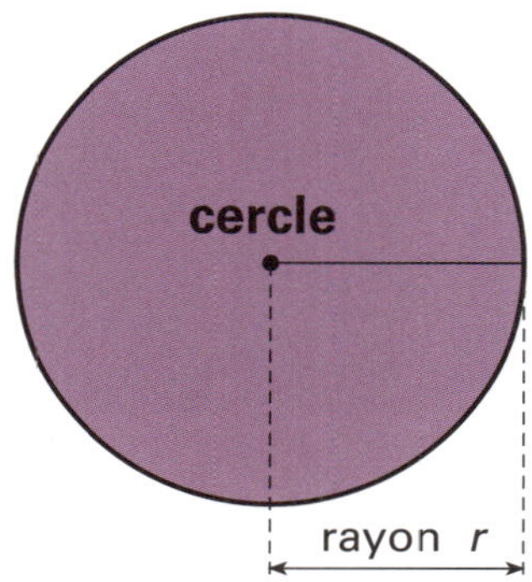

périmètre = $2 \times \pi \times r$

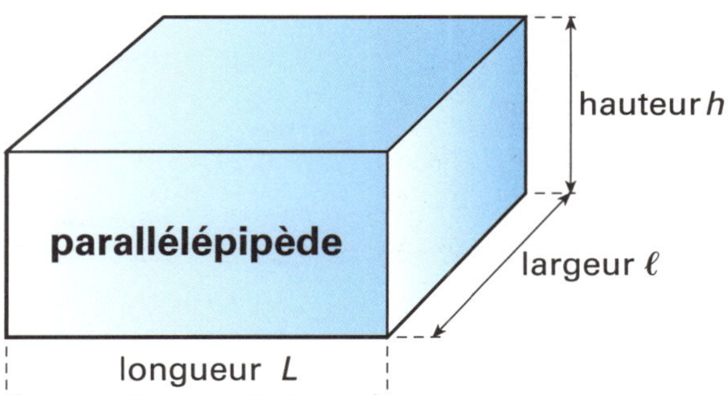

volume = $L \times \ell \times h$
aire totale = $2\,(L \times \ell + L \times h + \ell \times h)$

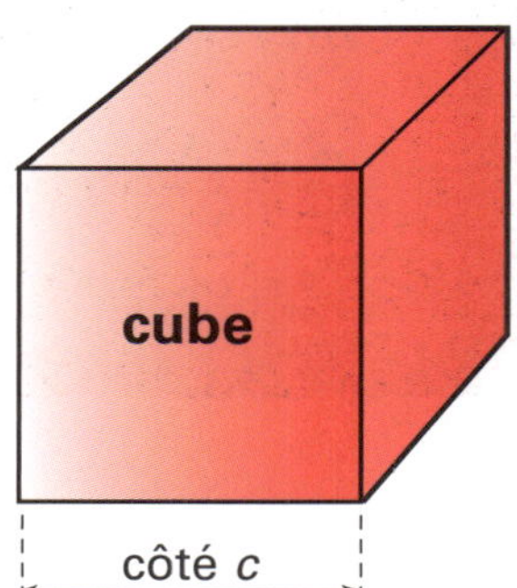

volume = $c \times c \times c = c^3$
aire totale = $6 \times c^2$

Français

Tout Savoir

6e

Français
Marjorie Champetier

Mathématiques
Rémy Georges

Histoire-Géographie / Éducation civique
Françoise Sutour

Sciences de la vie et de la Terre
Patrick Vermeulen

Anglais
Corinne Touati

 – ISBN : 978-2-218-97633-9

Hatier

sommaire

Français 4

Grammaire

Orthographe

Conjugaison

Lexique

Lire et écrire

Mathématiques 60

Nombres et calculs

Géométrie

Grandeurs et mesures

Gestion de données

Histoire-Géographie Éducation civique 118

Histoire

Français

Français

DATE ÉVALUATION

Grammaire

Orthographe

Conjugaison

Lexique

Lire et écrire

1 Le nom et ses déterminants

RETENIR

Placé devant le nom, le déterminant, comme son nom l'indique, précise certaines caractéristiques du nom : son genre, son nombre. Le nom est ainsi plus facile à identifier.

1 / Le nom

- Un **nom** est un mot qui désigne un être (amis), une chose ou une idée (soir). Il peut être de genre masculin (mon papa) ou féminin (ma maman). Il est employé soit au singulier (un avion), soit au pluriel (des avions) ; il appartient donc à la catégorie des mots **variables**.

- Il existe deux catégories de noms :
– les **noms communs** désignent une réalité qui n'est pas unique (une maman ; un chagrin ; l'ami) ; ils sont généralement précédés d'un déterminant ;
– les **noms propres** désignent une réalité unique (Rome ; l'Égypte) ; ils prennent une majuscule à l'initiale (Nicolas ; Joachim). Généralement, ils s'emploient sans déterminant.

MOTS CLÉS

✓ **Nom :** Un nom commun désigne un être, une chose ou une idée. Il est variable en genre (masculin ou féminin) et en nombre (singulier ou pluriel).

✓ **Déterminant :** Le déterminant introduit un nom dans la phrase. Il indique si celui-ci est au masculin ou au féminin, au singulier ou au pluriel.

2 / Les déterminants

- Un **déterminant** permet d'introduire un nom commun dans la phrase.

  Les parents de Nicolas sont invités chez **des** voisins.

Avec lui, il forme un **groupe nominal** (GN).

- Il se place devant le nom qu'il introduit (**ce** soir) et s'accorde avec lui en genre et en nombre (**un** ami ; **des** amis ; **une** amie).

- Il existe plusieurs catégories de déterminants, parmi lesquels :
– les **articles** : définis (*le, la, les, l'*), indéfinis (*un, une, des*), partitifs (*du, de la, des…*) ;
– les **déterminants** : démonstratifs (*ce, cet, cette, ces*), possessifs (*mon, ma, mes, ton, ta, tes, son, sa, ses, notre, votre, leur, nos, vos, leurs*).

LA MÉTHODE

▷ Mettre un nom au pluriel quand il convient

- Les noms peuvent être au singulier ou au pluriel. Pour savoir si un nom doit se mettre au pluriel, on s'appuie sur le **déterminant qui le précède** : s'il s'agit d'un déterminant au pluriel, il sera forcément suivi d'un nom au pluriel (**un** dîner / **des** dîners).

- Si aucun déterminant ne précède le nom, il faut alors s'appuyer sur le **sens de la phrase** dans lequel il est employé.

  Parents et **enfants** ne se comprennent pas toujours.

  → Dans cette phrase, il s'agit **des** parents et **de leurs** enfants en général, il y en a donc plusieurs et les noms se mettent au pluriel.

MINI INTERRO

1. Cite les deux catégories de noms qui existent.

2. Cite trois catégories de déterminants et donne un exemple pour illustrer chacune d'elles.

S'ENTRAÎNER

1 Quiz

Indique le genre et le nombre de chacun des noms suivants, puis entoure les noms propres.

a. l'anniversaire	masculin singulier
b. les Alpes	féminin singulier
c. un choix	masculin pluriel
d. du lait	féminin pluriel
e. un remords	
f. la vis	
g. l'entracte	
h. Louis XVI	
i. un reportage	
j. un camarade	
k. les genoux	
l. Rennes	
m. le poulpe	
n. une noix	
o. un corps	
p. Paris	

2 Repérer les déterminants

Dans le texte ci-dessous, souligne les déterminants et entoure les noms qu'ils introduisent.

Quand nous sommes descendus dans la cour pour la récré ce matin, à l'école, avant de nous faire rompre les rangs, le Bouillon, qui est notre surveillant, nous a dit :

– Regardez-moi bien dans les yeux, vous tous ! Je dois aller travailler dans le bureau de M. le Directeur. C'est donc M. Mouchabière qui va vous surveiller. Vous me ferez le plaisir d'être sages, de bien lui obéir et de ne pas le rendre fou. Compris ?

Et puis, le Bouillon a mis sa main sur l'épaule de M. Mouchabière et lui a dit :

– Courage Mouchabière, mon petit !

■ R. Goscinny et J.-J. Sempé, *Histoires inédites du Petit Nicolas*, © IMAV éditions.

3 Nature des déterminants

Indique la nature des déterminants soulignés : article défini, article indéfini, déterminant possessif ou déterminant démonstratif.

Le petit Nicolas est le héros des nombreux récits écrits par René Goscinny et illustrés par Jean-Jacques Sempé. Cet écolier turbulent et ses copains ont été créés dans les années 1960. Pour faire vivre ces personnages, les auteurs se sont inspirés de leurs propres souvenirs d'enfance. Les histoires de Nicolas, mais aussi de Clotaire, Alceste, Rufus, Eudes et les autres, ont ravi des milliers de lecteurs.

4 Singulier ou pluriel ?

Dans les phrases suivantes, mets les noms entre parenthèses au nombre qui convient (singulier ou pluriel).

a. Nicolas et ses (copain) aiment jouer à des (jeu) de plein (air).

b. La (maîtresse) ne donne pas beaucoup de (devoir) les (veille) de vacances.

c. Les (parent) de Nicolas n'aiment pas qu'il fasse son (travail) la (veille) au (soir).

d. (Pain) et (chocolat) : c'est tout ce que vous aurez pour votre (goûter) !

e. Que de (faute) dans cette (dictée) : tu n'as fait attention à aucune (règle) d'(orthographe) !

5 CONTRÔLE EXPRESS

Lis le texte, puis réponds aux questions.

Papa et maman doivent sortir ce soir pour dîner chez des amis, et moi, je suis d'accord. C'est vrai, mon papa et ma maman ne sortent pas souvent, et moi, ça me fait plaisir quand je sais qu'ils s'amusent, même si je n'aime pas rester sans eux le soir…

■ R. Goscinny et J.-J. Sempé, *Histoires inédites du Petit Nicolas*, © IMAV éditions.

a. Relève les noms précédés d'un déterminant.

b. Indique la nature de chacun des déterminants que tu as relevés.

c. Mets au singulier les groupes nominaux au pluriel dans le texte, et au pluriel les groupes nominaux au singulier.

Corrigés p. 21 du livret.

2 Les pronoms

RETENIR

1 / Le rôle d'un pronom

MOTS CLÉS

✔ **Pronom :** Un pronom remplace généralement un mot cité auparavant. Il existe différentes catégories de pronoms (personnels, démonstratifs, possessifs…).

✔ **Antécédent :** L'antécédent est le mot remplacé par le pronom.

La fille de Pharaon recueille Moïse, enfant hébreu que sa mère a déposé dans un berceau flottant sur le Nil.

- « *Pronom* » signifie « à la place du nom ». Il remplace le plus souvent un nom ou un GN que l'on vient de citer (son antécédent).

  Un homme de la maison de Lévi s'en alla prendre pour femme une fille de Lévi. **Celle-ci** conçut et enfanta un fils.

- Un pronom, cependant, n'a pas toujours un antécédent.

  Pharaon dit à son peuple : « **Je vous** ordonne de jeter dans le Fleuve tous les nouveau-nés de sexe masculin ! »

  → Le pronom *je* désigne Pharaon et le pronom *vous*, les sujets de Pharaon.

- Les pronoms changent de forme selon leur genre, leur nombre et, parfois aussi, selon leur fonction.

  Elle enfanta un fils. Voyant combien **il** était beau, elle **le** dissimula pendant trois mois.

  → Les pronoms personnels *il* et *le* remplacent le GN *un fils*, mais leur forme n'est pas la même selon que le pronom est sujet (*il*) ou COD (*le*).

2 / Les différentes catégories de pronoms

- Les **pronoms personnels** existent aux trois personnes : *je, tu, il / elle, nous, vous, ils / elles*. Ceux de la 3e personne permettent de remplacer des GN et d'éviter des répétitions ; ceux des 1re et 2e personnes désignent des interlocuteurs.

- Les **pronoms possessifs** remplacent des noms accompagnés d'un déterminant possessif (mes enfants → les miens). Ils varient selon la personne du possesseur et le genre et le nombre de ce qui est possédé : *le mien, la mienne, les miens…*

- Les **pronoms démonstratifs** remplacent des noms accompagnés d'un déterminant démonstratif (cette femme → celle-ci). Ils peuvent avoir une forme simple ou composée : *celui, celle, ceux, celui-ci…*

LA MÉTHODE

▷ Distinguer un pronom personnel et un déterminant

- Les **articles définis** (*le, la, les*) peuvent se confondre avec les **pronoms personnels** quand ceux-ci occupent la fonction de COD, car ils ont une forme identique. Pour éviter cette confusion, il faut bien observer le mot qui suit : l'article est toujours suivi d'un nom (ou d'un adjectif et d'un nom), tandis que le pronom précède un verbe (ou le suit si celui-ci est à l'impératif).

  Tous **les** fils qui naîtront, jetez-**les** au Fleuve, mais laissez vivre toutes les filles.

  → Le premier ***les*** est un article défini qui introduit le nom *fils*, le second ***les*** est un pronom personnel masculin pluriel qui reprend *les fils*.

MINI INTERRO

1. À quoi sert un pronom le plus souvent ?

2. Cite trois catégories de pronoms et donne un exemple pour illustrer chacune d'elles.

S'ENTRAÎNER

1 Quiz

Relie chaque pronom à sa catégorie.

- **a.** eux
- **b.** celle-ci
- **c.** les miens
- **d.** ceux
- **e.** lui
- **f.** la sienne

- pronom personnel
- pronom possessif
- pronom démonstratif

2 Repérer les pronoms et leurs antécédents

Relève les pronoms et indique pour chacun le nom ou le GN qu'il remplace.

La fille de Pharaon, qui vient de trouver Moïse au bord du Nil, a fait venir une nourrice du royaume.

La fille de Pharaon lui dit : « Emmène cet enfant et nourris-le moi, je te donnerai moi-même ton salaire. » Alors la femme emporta l'enfant et le nourrit. Quand l'enfant eut grandi, elle le ramena à la fille de Pharaon qui le traita comme un fils et lui donna le nom de Moïse, car, disait-elle : « Je l'ai tiré des eaux. »

La Bible de Jérusalem, Exode, 2, 1-10, Trad. de l'École biblique et archéologique française de Jérusalem, © Les Éditions du Cerf, Paris, 1998.

3 Article ou pronom ?

Dans chacune des phrases, indique si les mots soulignés sont des articles définis (AD) ou des pronoms personnels (PP).

a. Pharaon veut faire tuer les (……) nouveau-nés, car il craint que les (……) Hébreux ne les (……) envahissent.

b. Les Hébreux souffraient de la (……) faim et sont venus en Égypte pour la (……) fuir.

c. La (……) mère de Moïse l'(……) a placé dans un couffin et déposé sur le (……) Nil pour tenter de le (……) sauver.

d. Moïse fut le (……) guide des Hébreux : il ouvrit les (……) eaux de la (……) mer Rouge pour les (……) faire traverser.

4 Démonstratif ou possessif ?

Remplace les groupes de mots soulignés par un pronom démonstratif ou possessif.

a. La naissance de Moïse est antérieure à la naissance (……) de Jésus.

b. Pharaon souhaitait faire tuer les enfants des Hébreux ; mais les enfants des Égyptiens (……) pouvaient vivre.

c. La Bible se compose de nombreux textes ; ces textes (……) fondent la civilisation des pays occidentaux, dont notre civilisation (……).

5 CONTRÔLE EXPRESS

Lis le texte, puis réponds aux questions.

Cet épisode précède celui raconté dans l'exercice 2.

Pharaon donna alors cet ordre à tout son peuple : « Tout fils qui naîtra, jetez-le au Fleuve, mais laissez vivre toute fille. »

Un homme de la maison de Lévi s'en alla prendre pour femme une fille de Lévi. Celle-ci conçut et enfanta un fils. Voyant combien il était beau, elle le dissimula pendant trois mois.

La Bible de Jérusalem, Exode, 2, 1-10, Trad. de l'École biblique et archéologique française de Jérusalem, © Les Éditions du Cerf, Paris, 1998.

a. Relève les pronoms et indique, pour chacun, son antécédent.

b. Précise la nature de chacun des pronoms relevés.

c. Réécris la dernière phrase du texte en mettant les pronoms au pluriel (attention à l'accord des verbes).

……………………………………………………………………

……………………………………………………………………

……………………………………………………………………

Corrigés p. 21 du livret.

3 L'adjectif qualificatif

RETENIR

1 / L'accord de l'adjectif qualificatif

■ Dans *L'Odyssée* d'Homère, Ulysse et ses compagnons se retrouvent prisonniers dans la caverne du Cyclope. Ce dernier entreprend de les dévorer un à un...

• L'adjectif qualificatif **se rapporte** à un nom ou un pronom. Il caractérise l'être ou la chose désignés par le nom, en donnant des précisions sur sa taille, sa forme, sa couleur, etc.

Au soir le Cyclope revient, ramenant son troupeau à la **belle** toison.

→ L'adjectif *belle* caractérise la toison des moutons du Cyclope en précisant que leur laine est de qualité.

• L'adjectif qualificatif appartient à la catégorie des mots variables : il s'accorde **en genre** (masculin ou féminin) et **en nombre** (singulier ou pluriel) avec le nom qu'il qualifie.

Il mène les **grasses** brebis.

→ L'adjectif *grasses* s'accorde au féminin pluriel avec le nom *brebis*.

MOTS CLÉS

✓ **Épithète :** L'adjectif qualificatif a la fonction d'épithète lorsqu'il est placé directement avant ou après le nom (*un troupeau discipliné*).

✓ **Attribut :** L'adjectif qualificatif a la fonction d'attribut du sujet lorsqu'il est séparé du nom qu'il qualifie par un verbe d'état (*être, devenir, paraître*...).

2 / Les deux grandes fonctions de l'adjectif qualificatif

• L'adjectif qualificatif, placé directement avant ou après le nom, a la fonction d'**épithète** (ce mot vient du grec *epitithemi* qui signifie « poser à côté »). Il fait alors partie d'un groupe nominal.

Il mène les brebis dans la **spacieuse** caverne. → L'adjectif *spacieuse* est épithète du nom *caverne* ; il fait partie du GN *dans la* ***spacieuse*** *caverne*.

• L'adjectif qualificatif peut se rapporter à un nom sujet par l'intermédiaire du verbe *être* ou équivalent (verbe attributif) : il est alors **attribut du sujet**.

La caverne est **spacieuse**. → L'adjectif *spacieuse* est attribut du sujet *la caverne*.

LA MÉTHODE

▷ Former le féminin et le pluriel d'un adjectif

• On forme le **féminin** d'un adjectif en ajoutant un **e final** (sauf quand la forme au masculin se termine déjà par un *e*). Il faut parfois faire d'autres modifications :
- ajouter un accent (léger → légère) ;
- modifier une consonne (spacieux → spacieuse) ;
- doubler la consonne (gras → grasse) ;
- modifier le suffixe (beau → belle).

• Le **pluriel** des adjectifs se forme généralement en ajoutant un **-s** à l'adjectif singulier (profond → profonds). Les adjectifs qui se terminent par un *-s* ou un *-x* au singulier restent inchangés au pluriel (précieux → précieux). Les adjectifs en *-eau* font leur pluriel en *-x* (beau → beaux) ; les adjectifs en *-al* font leur pluriel en *-aux* (spécial → spéciaux), sauf quelques exceptions comme *naval, bancal, fatal*...

MINI INTERRO

1. Comment s'accorde l'adjectif qualificatif ?

2. Quelles sont les deux principales fonctions de l'adjectif ? Donne un exemple pour illustrer chacune d'elles.

S'ENTRAÎNER

1 Quiz

Relie les GN de la colonne de gauche aux adjectifs qui conviennent. Attention aux accords !

a. les héros	inoubliable
b. des tuniques	sombre
c. le ciel	brave
d. des récits	courageux
e. un voyage	épiques
f. la nuit	brodées
g. un guerrier	obscure

2 Du nom à l'adjectif

Remplace les groupes de mots soulignés par l'adjectif correspondant. Attention aux accords !

a. Les qualités des héros (héroïques) forcent l'admiration des hommes

b. Les défauts des dieux (divins) ressemblent beaucoup aux défauts des hommes (humains).

c. Les récits de la mythologie (mythologique) continuent à fasciner les jeunes lecteurs.

d. La cité de Troie (troyenne) a été pillée par les guerriers de Grèce (grecs).

e. La description en détails (détaillée) des aventures d'Ulysse figure dans le récit d'Homère (homérique).

3 Épithète ou attribut ?

Indique à côté de chaque adjectif souligné dans les phrases ci-dessous quelle est sa fonction (épithète ou attribut).

a. Les compagnons d'Ulysse sont apeurés (A) en entendant le Cyclope.

b. Les héros paraissent exceptionnellement courageux (A).

c. Les dieux cruels (E) aimaient tirer vengeance des humains audacieux (E).

d. Les dangers de la mer semblent aussi périlleux (A) que ceux de la guerre.

e. Les récits mythologiques (E) contés (E) par Homère ont l'air incroyables (A).

4 Accorder correctement

Remplace le sujet souligné par celui entre parenthèses, puis réécris la phrase en faisant les modifications nécessaires.

a. Le courageux héros (héroïne) se montre très audacieux. → La courageuse héroïne se montre très audacieuse.

b. Les dieux (déesses) capricieux sont rancuniers envers les hommes. → Les déesses capricieuses sont rancunières envers les hommes.

c. Les nombreux exploits (aventures) d'Ulysse nous semblent toujours aussi passionnants. → Les nombreuses aventures d'Ulysse nous semblent toujours aussi passionnantes.

d. Le brave Télémaque (Pénélope) est fidèle à Ulysse. → La brave Pénélope est fidèle à Ulysse.

e. Les châtiments (sanctions) divins sont éternels. → Les sanctions divines sont éternelles.

5 CONTRÔLE EXPRESS

Lis le texte puis réponds aux questions.

Ulysse et ses compagnons viennent d'accoster sur l'île où vivent les Cyclopes. En quête de nourriture, ils arrivent dans la caverne de l'un d'eux, le berger Polyphème.

Et nous arrivâmes rapidement à son antre, sans l'y trouver, car il paissait ses troupeaux dans les gras pâturages ; et nous entrâmes, admirant tout ce qu'on voyait là. Les claies étaient chargées de fromages, et les étables étaient pleines d'agneaux et de chevreaux, et ceux-ci étaient renfermés en ordre et séparés, les plus jeunes d'un côté, et les nouveau-nés de l'autre. Et tous les vases à traire étaient pleins, dans lesquels la crème flottait sur le petit lait.

HOMÈRE, *Odyssée*, Trad. de Leconte de Lisle (1818-1894).

a. Relève les adjectifs qualificatifs et indique quels sont les noms qu'ils qualifient.

b. Précise la fonction (épithète ou attribut) de chacun des adjectifs relevés.

c. Réécris la dernière phrase du texte en remplaçant « vases » par « amphores » (nom féminin pluriel).

Corrigés p. 21 du livret.

4 Sujet, COD, COI, COS

RETENIR

1 / Le sujet

- Le **sujet** désigne l'être ou la chose qui fait l'action exprimée par le verbe. Il est placé le plus souvent avant le verbe. C'est avec lui que s'accorde le verbe (voir p. 20). On ne peut pas le supprimer.

  Le Petit Chaperon rouge est joli.
  sujet du verbe est

- Parfois le sujet est placé après le verbe : on dit qu'il est **inversé**.

  Veux-**tu** porter cette galette ?
  sujet du verbe veux

MOTS CLÉS

✓ **Sujet :** Le sujet désigne qui fait l'action exprimée par le verbe de la phrase. Élément essentiel, c'est avec lui que s'accorde le verbe.

✓ **Complément d'objet :** Le complément d'objet appartient au groupe verbal et ne peut être supprimé. Il peut se construire directement avec le verbe (COD) ou indirectement, avec une préposition (COI).

2 / COD, COI, COS et attribut du sujet

- Un **complément d'objet** complète le sens d'un verbe, on ne peut pas le supprimer. Il peut être direct, indirect ou second.

– Le **complément d'objet direct** (COD) se construit directement avec le verbe, sans préposition.

La mère de la fillette a préparé **des galettes**.
→ La mère de la fillette a préparé quoi ? *des galettes* = COD.

– Le **complément d'objet indirect** (COI) se construit indirectement avec le verbe ; il est précédé de la préposition (souvent *à* ou *de*) avec laquelle se construit le verbe (*penser à ; profiter de ; demander à*...).

Le Petit Chaperon rouge pense **à sa grand-mère malade**.
→ Le Petit Chaperon rouge pense **à** qui ? *à sa grand-mère malade* = COI.

– Le **complément d'objet second** (COS) s'ajoute à un premier complément d'objet ; il est introduit par une préposition.

La fillette apporte [**des galettes**] [**à sa grand-mère**] → *à sa grand-mère* = COS.

- Après un verbe exprimant un état ou une transformation (*être, sembler, rester, devenir*...), on trouve un **attribut du sujet** : il caractérise le sujet.

Le Petit Chaperon rouge est **une fillette obéissante**.
→ *Une fillette obéissante* caractérise *le Petit Chaperon rouge* dont il est attribut.

LA MÉTHODE

▷ Distinguer attribut du sujet et COD

- Pour **ne pas confondre le COD et l'attribut du sujet**, il faut vérifier que les termes situés de part et d'autre du verbe sont équivalents.

La grand-mère semble **très malade**.
→ *La grand-mère* = *très malade*. On pourrait mettre le signe = entre les termes situés de chaque côté du verbe, on a donc ici un attribut.

Le Petit Chaperon rouge apporte **une galette**.
→ *Le Petit Chaperon rouge* ≠ *une galette*. Il s'agit ici du COD du verbe *apporte*.

MINI INTERRO

1. Comment distingue-t-on le COD du COI ?
2. « La galette est un cadeau pour sa grand-mère » : indique la fonction de chacun des groupes de mots soulignés.

S'ENTRAÎNER

1 Vrai ou faux ?

Indique si l'élément souligné est bien le sujet du verbe de la phrase.

	V	F
a. La fillette apporte une galette à sa grand-mère.	☐	☒
b. Vous a-t-elle déjà répondu ?	☐	☒
c. Où veux-tu partir en vacances ?	☐	☒
d. Devant leurs parents, ils sont toujours sages comme des images.	☒	☐

2 Où sont les sujets ?

Souligne le sujet de chacun des verbes en gras.

Il **était** une fois une petite fille de village, la plus jolie qu'on **eût su** voir […]. Un jour sa mère, ayant cuit et fait des galettes, lui **dit** : « Va voir comme **se porte** ta mère-grand, car on m'**a dit** qu'elle **était** malade, porte-lui une galette et ce petit pot de beurre. »

■ Charles Perrault, « Le Petit Chaperon rouge », *Contes de ma mère l'Oye*, 1697.

3 COD ou COI ?

Dans les phrases suivantes, souligne en vert les COD et en bleu les COI des verbes soulignés.

a. La grand-mère de la fillette a confectionné un adorable chaperon rouge.

b. Beaucoup de jeunes lecteurs se passionnent pour les contes merveilleux.

c. Dans le conte de Perrault, le loup dévore le Petit Chaperon rouge, mais dans d'autres versions un chasseur parvient à le sauver.

4 Identifier la fonction

Indique la fonction des GN soulignés (COD ou attribut du sujet).

a. *Les Contes* de Perrault sont des textes très connus (AS).

b. La fillette écoute attentivement les recommandations de sa mère (COD).

c. Les enfants adorent les contes de fées (COD) qui ont une fin heureuse (COD).

5 Sujets et compléments d'objet

Dans le texte suivant, entoure les sujets des verbes, souligne en noir les COD et en vert les COI. N'oublie pas de te poser à chaque fois les bonnes questions !

Les contes appartiennent à une tradition orale et populaire : ils se sont transmis de génération en génération. Des écrivains, comme Charles Perrault ou les frères Grimm, ont fixé ces récits par écrit. Parfois, un même conte possède plusieurs versions. L'univers merveilleux du conte plaît aux petits comme aux grands.

6 LECTURE D'IMAGE

Observe l'image et réponds aux questions.

a. Décris les personnages représentés et le lieu où ils se trouvent. ……………………………………

……………………………………

b. Pour quelle raison le personnage de gauche est-il ainsi vêtu ? ……………………………………

……………………………………

c. Quelle est l'attitude du personnage de droite ? Quel sentiment semble-t-il éprouver ? Pourquoi ?

……………………………………

……………………………………

Illustration de Gustave Doré pour *Le Petit Chaperon rouge* de Charles Perrault, Paris, Jules Hetzel, 1862.

Corrigés p. 21 du livret.

5 Les compléments circonstanciels

RETENIR

1 / Des compléments facultatifs

MOT CLÉ

✓ **Complément circonstanciel :** Le complément circonstanciel précise les circonstances de l'action (lieu, temps, etc.). On peut le déplacer ou le supprimer sans que la phrase ne perde son sens.

- Les **compléments circonstanciels** (CC) informent sur les circonstances de l'action exprimée par le verbe : temps, lieu, moyen, manière…

La Barbe bleue revint **de son voyage** (CC de lieu) **dès le soir même** (CC de temps).

- Un CC est un **complément facultatif** que l'on peut facilement supprimer.

Chaque année, Barbe bleue partait **quelques semaines** en voyage **pour ses affaires**.
→ *Barbe bleue partait en voyage.*

La phrase est moins précise mais reste correcte.

- Le plus souvent, un complément circonstanciel peut aussi être facilement déplacé.

La Barbe bleue revint **de son voyage dès le soir même**. → On pourrait tout aussi bien dire : ***Dès le soir même**, la Barbe bleue revint* ***de son voyage***.

2 / Différentes circonstances

- Le CC peut servir à préciser **différentes circonstances** comme :
– le lieu : L'épouse de la Barbe bleue reste seule **au château**.
– le temps : L'absence de la Barbe bleue ne dure que **quelques jours**.
– le moyen : La jeune épouse essaie de nettoyer la clé **avec du sable**.
– la manière : La Barbe bleue revient **précipitamment** de son voyage.

LA MÉTHODE

▷ Connaître et orthographier les prépositions qui introduisent les CC

- Les CC sont généralement introduits par des **prépositions**. Ce sont des **mots invariables** qui se placent **devant** le mot ou groupe de mots qu'elles introduisent. Les prépositions apparaissent sous deux formes : des mots simples (à, *après, avant, avec, de, devant, sur, sous, par*…) et des groupes de mots appelés **locutions prépositionnelles** (*près de, à cause de*…).

	Prépositions courantes	Locutions prépositionnelles
Lieu	*dans, sur, sous, à, vers, en, de, chez, devant, derrière, après, avant, entre*	*près de, jusqu'à, au-dessus de, face à, à côté de*
Temps	*pendant, à, après, avant, depuis*	*au moment où, à partir de, au-delà de, jusqu'à*
Manière/moyen	*avec, sans, par, contre, malgré*	*au moyen de, grâce à, à l'aide de, à la manière de, en faveur de*

- Attention à bien retenir l'orthographe de ces prépositions qui se rencontrent fréquemment dans les textes et sont invariables. Il faut surtout veiller à bien reconnaître les prépositions qui peuvent avoir des **homophones**, par exemple : **près de** et prêt à, **sans** et s'en, **à** et a.

MINI INTERRO

1. À quoi reconnaît-on un complément circonstanciel ?

2. Cite deux circonstances que peut exprimer le complément circonstanciel et illustre chacune d'elles par un exemple.

S'ENTRAÎNER

1 Quiz

Relie chacun des CC de la colonne de gauche à la circonstance qu'il exprime.

a. Dans une magnifique demeure
b. Au bout de quelques semaines
c. Au cours du voyage
d. Dans le cabinet défendu
e. Avec un couteau
f. Courageusement
g. Grâce à sa sœur

- CC de lieu
- CC de moyen
- CC de manière
- CC de temps

2 CC de moyen ou de manière ?

Précise si les compléments circonstanciels soulignés indiquent le moyen ou la manière.

a. <u>En faisant preuve d'imagination</u> (.........), on peut inventer une histoire merveilleuse.

b. L'écrivain ne cesse de voyager et de rêver <u>avec son papier et son stylo</u> (.........).

c. L'épouse de Barbe bleue découvrit <u>avec horreur</u> (.........) le secret de son mari.

d. Barbe bleue réagit <u>violemment</u> (.........) et se mit <u>en colère</u> (.........) lorsqu'il comprit que sa femme avait désobéi.

3 Près ou prêt ? sans ou s'en ?

Complète les phrases ci-dessous avec *près* ou *prêt* ; *sans* ou *s'en*.

a. La Barbe bleue attend .... de la porte, il est .... à monter tuer son épouse .... hésitation.

b. La jeune femme n'est pas .... à mourir : elle attend l'arrivée de ses frères.

c. Il .... va .... avoir pris la clé du cabinet qui se trouve .... de l'escalier.

d. Le trousseau de clés se trouve .... de la table : la jeune femme .... empare .... tarder.

4 En toutes circonstances !

Complète les phrases avec des CC en respectant la valeur indiquée et en essayant au maximum de varier leur nature.

a. .... (temps), les contes de Perrault sont étudiés .... (lieu).

b. .... (temps), j'aimais .... (manière) lire des contes.

c. Barbe bleue est terrifiant, car il se met en colère .... (manière) et se montre menaçant .... (moyen).

d. .... (temps), la maîtresse lit un conte aux élèves qui l'écoutent .... (manière).

5 LECTURE D'IMAGE

Observe l'image et réponds aux questions.

a. Quels sont les deux personnages représentés ? Quel objet est mis en valeur au premier plan ?

b. Comment peux-tu qualifier le regard du personnage de gauche ?

c. Quelle est l'attitude du personnage de droite ? Quel sentiment semble-t-il éprouver ?

d. Décris les costumes représentés. À quel milieu social appartiennent les personnages qui les portent ?

Illustration de Gustave Doré pour *La Barbe-Bleue* de Charles Perrault, Paris, Jules Hetzel, 1862.

Corrigés p. 21 du livret.

6 Les types de phrases La forme négative

RETENIR

■ Suite à une dispute avec sa femme Martine, Sganarelle doit se faire passer pour médecin auprès de Géronte dont la fille est devenue étrangement muette…

1 / Les quatre types de phrases

Il existe **quatre types de phrases**, selon l'intention de celui qui parle.

- La phrase **déclarative** apporte une information. Elle se termine par un point. Je vous battrai.
- La phrase **interrogative** pose une question et se termine par un point d'interrogation. Elle est parfois introduite par un mot interrogatif (*qui, que, quand, où, comment…*). Crois-tu que je m'épouvante de tes paroles ?
- La phrase **exclamative** exprime un sentiment, une émotion (peur, surprise, colère…) et se termine par un point d'exclamation. Elle peut contenir une interjection (*Ah ! Eh !…*). Ivrogne que tu es !
- La phrase **injonctive** (ou impérative) exprime un ordre, une interdiction ou un conseil. Elle peut se terminer par un point ou un point d'exclamation. Généralement, elle est au mode impératif, mais elle peut aussi être au mode subjonctif (3e personne). Cesse donc de me contredire ! Qu'il soit à l'heure !

MOTS CLÉS

✓ **Type de phrase :** Il existe quatre types de phrases définis en fonction de l'intention du locuteur : déclaratif, interrogatif, exclamatif, injonctif.

✓ **Forme de phrase :** Une phrase peut être affirmative (positive) ou négative. La phrase négative se repère à la négation qu'elle contient.

2 / La forme négative

- Quel que soit son type, une phrase est à la **forme affirmative** ou **négative**.
- Une phrase négative se caractérise par la présence d'une **négation** :
  - une locution négative : *ne… pas, ne… jamais, ne… plus, rien… ne…*

    Martine ne supporte plus l'attitude de son mari.
  - les adverbes *non* et *pas*.

    Sganarelle est faiseur de fagots et **non** médecin.

    → *Non*, à lui tout seul, peut former une phrase négative.

LA MÉTHODE

▷ Repérer la négation *ne* / *n'*

- Lorsqu'on utilise une locution négative, la particule ***ne*** se place toujours devant le verbe (je **ne** sais **pas**). Il ne faut pas l'oublier, surtout quand elle ne s'entend pas, car cela est incorrect et propre au langage familier utilisé seulement oralement (je sais pas).

On **a** pris Sganarelle pour un médecin.

→ Il s'agit d'une phrase affirmative qui ne contient pas de particule négative.

On **n'**a **jamais** vu pareil médecin.

→ Il s'agit bien d'une phrase négative comme l'indique la présence de *jamais*, il ne faut donc pas oublier le *n'* devant le verbe.

MINI INTERRO

1. Cite les quatre types de phrases qui existent en français.

2. « Je ne veux plus jamais te voir ! » : quelle est la forme de cette phrase ? Qu'est-ce qui te permet de répondre ?

S'ENTRAÎNER

1 Quiz

À quel type de phrases appartiennent les phrases suivantes ?

a. Sganarelle n'a jamais fait d'études de médecine. ○
b. Penses-tu qu'il ait honte de sa tromperie ? ○
c. Comme Martine est une femme rusée ! ○
d. Géronte ne se soucie en aucun cas du bonheur de sa fille. ○
e. N'as-tu rien compris à la pièce ? ○
f. Tout est bien qui finit bien ! ○

○ déclarative
○ interrogative
○ exclamative
○ injonctive

2 Mettre au type interrogatif

Transforme les phrases de type déclaratif ci-dessous en phrases de type interrogatif (utilise l'inversion sujet / verbe).

a. Cette pièce de Molière t'a beaucoup plu.

b. Sganarelle est un personnage comique.

c. Géronte ne se rend pas compte de son mensonge.

d. Lucinde veut épouser Léandre.

e. Valère et Lucas sont au service de Géronte.

f. Martine souhaite se venger de Sganarelle.

3 Négation à compléter

Complète les phrases ci-dessous avec la particule négative *ne / n'* lorsque cela est nécessaire.

a. Sur les recommandations de Martine, on ..... a pris Sganarelle pour un médecin.

b. Or, Sganarelle ..... est pas un vrai médecin, il ..... y connaît rien !

c. Personne ..... a compris la ruse et Sganarelle ..... est jamais démasqué.

d. On ..... a bien ri lors de la représentation : cette pièce ..... se démode pas.

e. On ..... a plus que jamais hâte d'y retourner, on ..... s'en lasse pas !

4 Utiliser la forme négative

Indique le type de phrases de chacune des phrases ci-dessous. Puis transforme les phrases à la forme négative en utilisant la négation proposée.

a. As-tu fini tes exercices de grammaire ? (*pas*)

b. Martine a trompé les valets de Géronte. (*jamais*)

c. Révise ton texte. (*plus*)

d. Aimes-tu faire du théâtre ? (*pas*)

e. Comme cette scène est drôle ! (*point*)

5 La forme affirmative

Réécris chacune de ces phrases à la forme affirmative.

a. Ne cours pas !

b. Il ne comprend rien.

c. Elle n'a rien acheté.

d. Ils ne se disputent jamais.

6 CONTRÔLE EXPRESS

Lis le texte puis réponds aux questions.

Monsieur Robert. Holà ! holà ! Fi ! Qu'est ceci ? Quelle infamie ! Peste soit le coquin de battre ainsi sa femme !

Martine. Et je veux qu'il me batte, moi.

Monsieur Robert. Ah ! j'y consens de tout mon cœur.

Martine. De quoi vous mêlez-vous ?

Monsieur Robert. J'ai tort.

Martine. Est-ce là votre affaire ?

Monsieur Robert. Vous avez raison.

■ Molière, *Le Médecin malgré lui* (I, 2), 1666.

a. Pour chaque réplique du texte, indique de quel type de phrase il s'agit.

b. Dans chaque phrase, souligne les éléments qui t'ont permis d'identifier le type de phrase.

c. Réécris à la forme négative la deuxième et la dernière réplique de Monsieur Robert.

Corrigés p. 22 du livret.

GRAMMAIRE

7 Phrase simple et phrase complexe

RETENIR

1 / Combien de propositions ?

- Une **proposition** est un ensemble de mots organisé autour d'un verbe conjugué. Elle est composée en général selon ce schéma : sujet + verbe + complément(s).
- Une phrase est **simple** si elle ne contient qu'une seule proposition, autrement dit un seul verbe conjugué.

Un Agneau **se désaltérait** dans le courant d'une onde pure.

- Une phrase est **complexe** si elle contient au moins deux propositions.

[Un Loup **survient** à jeun,] [qui **cherchait** aventure,] [et que la faim en ces lieux **attirait**].

2 / Les trois types de propositions

- Une proposition **indépendante** ne dépend d'aucune autre proposition et aucune proposition ne dépend d'elle. Une phrase simple est ainsi toujours composée d'une proposition indépendante.
- Une proposition **subordonnée** dépend d'une autre proposition, dite **principale**. Elle ne peut pas exister toute seule.

Un Loup **survient** à jeun, [qui **cherchait** aventure,]

→ La proposition *qui cherchait aventure*, introduite par le mot subordonnant *qui*, ne peut pas s'employer seule ; c'est une proposition subordonnée. *Un loup survient à jeun* est donc une proposition principale.

MOTS CLÉS

✓ **Phrase complexe :** Une phrase complexe contient plusieurs verbes conjugués et donc plusieurs propositions (un verbe conjugué = une proposition).

✓ **Proposition subordonnée :** Une proposition subordonnée est introduite par un mot subordonnant et dépend d'une proposition principale. Elle ne peut pas fonctionner seule.

LA MÉTHODE

▷ Répondre à une question par une phrase complète

- À l'écrit, il est conseillé de répondre à une question par **une phrase complète** et non par un simple mot ou groupe de mots.
- Il faut donc rédiger une phrase contenant au moins un sujet, un verbe et un complément, c'est-à-dire **une phrase simple**.
- Tu peux **reprendre certains termes de la question** et notamment **le verbe** : tu n'es pas obligé de reprendre exactement les mêmes termes, mais il faut que le lecteur puisse **deviner quelle était la question** en lisant ta réponse.

Question	Réponse
Quels sont **les personnages de la fable** ?	**Les personnages de la fable** sont le Loup et l'Agneau.
Qui est l'auteur de la fable ?	C'est La Fontaine **qui a écrit** la fable.
À quel genre appartient **ce texte** ?	Il s'agit **d'un texte poétique**.

MINI INTERRO

1. Que faut-il repérer pour identifier le nombre de propositions contenues dans une phrase ?

2. Quelle différence y a-t-il entre une proposition indépendante et une proposition principale ?

S'ENTRAÎNER

1 Quiz

Lis le texte puis coche la bonne réponse.

Un Agneau se désaltérait
Dans le courant d'une onde pure.
Un Loup survient à jeun, qui cherchait aventure,
Et que la faim en ces lieux attirait.

Jean de LA FONTAINE, « Le Loup et l'Agneau », *Fables*, 1668.

a. Combien y a-t-il de phrases dans cet extrait ?

❑ 2 ❑ 3 ❑ 4

b. Combien y a-t-il de verbes conjugués dans cet extrait ?

❑ 4 ❑ 5 ❑ 6

c. Combien y a-t-il de propositions dans cet extrait ?

❑ 3 ❑ 4 ❑ 5

2 Phrase simple ou complexe ?

Indique pour chacune des phrases suivantes s'il s'agit d'une phrase simple (PS) ou d'une phrase complexe (PC).

a. L'agneau est un animal innocent. (.........)

b. Le loup, qui se sait supérieur par la force, l'accuse sans raison. (.........)

c. Cette fable nous montre que « la raison du plus fort est toujours la meilleure ». (.........)

d. Le loup souhaite se venger des bergers et des chiens. (.........)

3 Distinguer les propositions

Dans le texte ci-dessous :
– entoure les verbes conjugués ;
– mets entre crochets les différentes propositions ;
– souligne en noir les phrases complexes.

– Comment l'aurais-je fait si je n'étais pas né ?
Reprit l'Agneau ; je tète encore ma mère.
– Si ce n'est toi, c'est donc ton frère.
– Je n'en ai point.
– C'est donc quelqu'un des tiens ;
Car vous ne m'épargnez guère,
Vous, vos Bergers, et vos Chiens.

Jean de LA FONTAINE, « Le Loup et l'Agneau », *Fables*, 1668.

Corrigés p. 22 du livret.

4 Indépendante ou subordonnée ?

Indique si les propositions soulignées sont indépendantes (PI) ou subordonnées (PS).

a. L'agneau est très jeune ; <u>il ne peut pas avoir commis ces crimes</u>. (.........)

b. Le loup, <u>qui est tenaillé par la faim</u>, use de sa force. (.........)

c. L'agneau n'avait rien fait : <u>c'est une victime innocente</u>. (.........)

5 Quelle est la question ?

À partir de ces réponses bien rédigées, retrouve la question qui a été posée.

a. La morale de cette fable est : « La raison du plus fort est toujours la meilleure. »

→ ....

b. La Fontaine est un célèbre fabuliste.

→ ....

c. À travers ses fables, La Fontaine critiquait la société de son époque.

→ ....

d. Pour bien comprendre un texte, il faut le relire plusieurs fois.

→ ....

6 CONTRÔLE EXPRESS

a. Entoure les verbes conjugués et mets entre crochets les différentes propositions. Combien ce texte comporte-t-il de propositions ?

b. Souligne en bleu les propositions indépendantes, en rouge les propositions principales et en vert les propositions subordonnées.

c. À quoi reconnaît-on une subordonnée ?

À l'origine, La Fontaine écrit ses fables pour instruire le Dauphin de France. En effet, ces histoires, qui parlent des hommes et des animaux, contiennent généralement une morale et délivrent un enseignement. La Fontaine critique la société de son époque. Il met en scène des animaux, qui, en réalité, représentent les hommes. Par exemple, le lion incarne le roi, que le fabuliste peut ainsi critiquer de manière indirecte.

8 L'accord du verbe avec le sujet

RETENIR

1 / La règle générale

MOT CLÉ

✓ **Noyau :** Le noyau d'un groupe de mots est le mot principal autour duquel ce groupe est construit.

- Le verbe s'accorde en personne et en nombre (singulier / pluriel) avec son sujet.

  Alors, je **suis sorti** dans le jardin. → Le verbe *suis sorti* s'accorde avec le sujet *je*, à la première personne du singulier.

Nicolas décrit son ami Alceste comme « un gros qui mange tout le temps ».

- Quand le sujet est un groupe nominal, c'est le nom noyau qui commande l'accord du verbe.

  Les **copains** de Nicolas **viennent** lui rendre visite. → Le verbe *viennent* s'accorde avec le noyau du GN sujet, *les **copains** de Nicolas*, et se met donc à la 3e personne du pluriel.

2 / Quelques cas particuliers

- Lorsque le verbe a plusieurs sujets coordonnés, il se met au pluriel.

  Alceste et Geoffroy **sont venus** chez Nicolas. → Le verbe a deux sujets à la 3e personne : *Alceste* et *Geoffroy*, il se met donc à la 3e personne du pluriel.

- Lorsque les sujets du verbe ne sont pas de la même personne, c'est toujours la personne qui vient en premier grammaticalement qui commande l'accord du verbe :
  – moi / nous + autre personne = accord à la 1re personne (sing. / pl.) ;

  Mon frère et moi **aimons** beaucoup les histoires du Petit Nicolas.

  – toi / vous + autre personne = accord à la 2e personne (sing. / pl.).

  Tes amis et toi **faites** enrager le surveillant.

- Lorsque le sujet est *aucun*, *chacun*, *on*, le verbe se met toujours au singulier.

  Chacun **a** le droit de lire une histoire avant de dormir.

LA MÉTHODE

▷ Trouver le sujet du verbe

- Le sujet n'est pas forcément devant le verbe, ni juste à côté.
- Pour bien repérer le sujet, il faut toujours se demander qui fait l'action exprimée par le verbe en posant la question « Qui est-ce qui… ? ». On peut aussi reformuler la phrase en utilisant « C'est… qui… ».

  Agnan, qui est le chouchou de la maîtresse et porte des lunettes, **est** toujours le premier en classe. → **Qui est-ce qui** est toujours le premier en classe ? C'est *Agnan*. **C'est** *Agnan* **qui** est toujours le premier en classe. Le verbe s'accorde donc avec le sujet *Agnan*, à la 3e personne du singulier.

MINI INTERRO

1. Comment le verbe s'accorde-t-il dans la phrase ?

2. Quelle question faut-il se poser pour trouver le verbe d'une phrase ?

S'ENTRAÎNER

1 Quiz

Relie les sujets de la colonne de gauche aux verbes qui conviennent. Attention aux accords !

a. Nicolas et ses parents	se battent à la récré.
b. Toi et moi	allez à la piscine.
c. Les copains de classe	jouent avec Nicolas.
d. Nos grands-parents	rentrent de vacances.
e. Eux et vous	nous apportent une surprise.
f. Alceste, Geoffroy et Eudes	jouons aux échecs.

2 Repérer les sujets

Dans le texte ci-dessous, entoure le sujet de chacun des verbes soulignés.

Nicolas est un jeune écolier qui a de nombreux amis. Ceux-ci s'appellent : Clotaire, Geoffroy, Eudes, Maixent, Rufus, Joachim, mais le meilleur copain de Nicolas se nomme Alceste et il adore manger. Pendant les récrés, tous aiment jouer à se battre et ils font régulièrement enrager le surveillant qu'ils surnomment le Bouillon. Agnan, le chouchou de la maîtresse, les agace.

3 À chaque sujet son verbe

Dans chacune des phrases suivantes, souligne le sujet, puis entoure la forme verbale qui est correctement accordée.

a. Pendant les récrés, Nicolas et ses copains (aiment / aimes / aime) jouer au ballon.

b. Le père et la mère de Nicolas (veut / veulent / veux) qu'il ait de bonnes notes.

c. La maîtresse des enfants les (interroge / interroges / interrogent) sur leur leçon.

d. Le surveillant, qui fait souvent les gros yeux, (gronde / grondent / grondes) les élèves turbulents.

e. Ses amis, Nicolas les (invitent / invites / invite) souvent chez lui.

4 Accorder les verbes

Accorde correctement le verbe de chacune des phrases ci-dessous. Attention à bien en repérer le sujet auparavant !

a. On jou...... tous ensemble à la récré.

b. Les parents de Nicolas sort...... ce soir.

c. Le directeur et la maîtresse discut...... dans la cour.

d. Maman et tante Mathilde prépar...... une tarte aux pommes pour le dessert.

e. Les cousins de Nicolas qui habitent au bord de la mer lui envoi...... une carte postale.

5 Trouver la suite

Imagine une suite pour chacune des phrases ci-dessous. Pense à bien accorder le verbe avec le sujet donné.

a. Toi et tes amis ....

b. Chacun ....

c. Lui et moi ....

d. Nos parents et nous ....

e. Nos voisins et les vôtres ....

6 CONTRÔLE EXPRESS

Lis le texte puis réponds aux questions.

Et puis, le lendemain, M. Compani nous a dit que les Courteplaque devaient rentrer de vacances aujourd'hui. M. et Mme Courteplaque sont nos voisins, qui habitent la maison juste à côté de chez nous, et ils ont une fille qui s'appelle Marie-Edwige, qui a mon âge, avec des cheveux jaunes et des yeux bleus très chouettes.

■ J.-J. Sempé et R. Goscinny, *Histoires inédites du Petit Nicolas*, © IMAV éditions.

a. Souligne les verbes conjugués et entoure le sujet de chacun d'eux.

b. Dans la première phrase, quelle est la fonction du pronom « nous » ?

c. Réécris la dernière phrase du texte en remplaçant « M. et Mme Courteplaque » par « Mme Courteplaque ».

Corrigés p. 22 du livret.

9 L'accord du participe passé

RETENIR

1 / Le participe passé est employé seul

■ Dans la mythologie romaine, Cérès est la déesse de l'agriculture, des moissons et de la fécondité. Elle préside au renouvellement des saisons.

• Lorsque le participe passé est employé seul, il s'accorde en genre (masculin / féminin) et en nombre (singulier / pluriel) avec le nom auquel il se rapporte.

Les semences **enfouies** dans le sol finissent par percer la terre.

→ Le participe passé *enfouies* s'accorde au féminin pluriel avec le nom *semences* dont il est épithète.

2 / Le participe passé est employé avec un auxiliaire

• Employé avec l'auxiliaire **être**, le participe passé s'accorde en genre et en nombre avec le sujet du verbe.

La fille de Cérès est **revenue** auprès de sa mère.

→ Le participe passé *revenue* s'accorde au féminin singulier avec le sujet *la fille de Cérès.*

• Employé avec l'auxiliaire **avoir**, le participe passé ne s'accorde jamais avec le sujet du verbe.

Cérès la nourricière a **retrouvé** la paix.

→ Le participe passé *retrouvé* ne s'accorde pas avec le sujet *Cérès.*

Le participe passé s'accorde **avec le COD** si celui-ci est placé **avant le verbe**.

Sa fille est revenue, Cérès **l'a revue**.

→ Le participe passé *revue* s'accorde en genre et nombre avec *l'* mis pour *Sa fille* et COD placé avant le verbe.

MOTS CLÉS

✓ **Auxiliaire :** Employés avec un participe passé, les verbes *être* et *avoir* sont des auxiliaires. Ils servent notamment à construire les formes des temps composés.

✓ **Participe passé :** Le participe passé, associé à un auxiliaire, permet de conjuguer un verbe à un temps composé. Il peut aussi s'employer seul comme adjectif.

LA MÉTHODE

▷ Repérer l'auxiliaire *être* quel que soit son temps

• On emploie l'auxiliaire **être** pour former les temps composés (auxiliaire + participe passé) des verbes intransitifs indiquant un mouvement ou un changement d'état comme : *aller, sortir, devenir, paraître...*

La fille de Cérès est devenue prisonnière du dieu des Enfers.

• L'auxiliaire **être** s'emploie également pour former la tournure passive. Il peut alors être conjugué à un temps composé.

La fille de Cérès a été rendue à sa mère par Hadès.

→ Attention, dans ce cas, à bien reconnaître l'auxiliaire *être* et à accorder le participe passé avec le sujet !

MINI INTERRO

1. Quelle est la règle d'accord du participe passé avec l'auxiliaire *être* ?
2. Et avec l'auxiliaire *avoir* ?

S'ENTRAÎNER

1 Quiz

Relie chacun des GN de la colonne de gauche au participe passé qui convient.

a. la fille de Cérès	méconnu
b. des semences	durcie
c. le sol	gelé
d. Cérès	enlevée
e. la terre	enterrées
f. un mythe	désespérée

2 Identifier les participes passés

Repère et souligne les participes passés.

Accrochée à la branche basse d'un arbre, se trouvait une grenade. Elle l'avait cueillie, elle en avait fendu l'écorce pâle et retiré sept grains qu'elle avait portés à sa bouche. Un jeune homme qui se trouvait là l'avait vue.

F. Rachmuhl, *16 métamorphoses d'Ovide*, Castor Poche, 2003.

3 Avec l'auxiliaire *être*

Accorde correctement les participes passés.

a. Un jour, Hadès, dieu des Enfers, est tombé..... amoureux de la fille de Cérès.

b. Proserpine, la fille de Cérès, est enlevé..... par Hadès.

c. En colère, Cérès, déesse des moissons, est bien décidé..... à se venger.

d. Aussitôt, les sols sont gelé..... et les plantes sont maintenu..... sous la terre.

4 Avec l'auxiliaire *avoir*

Souligne le COD du verbe et accorde les participes passés.

a. Cérès a perdu..... sa fille adorée.

b. La demande qu'elle a adressé..... aux dieux concernait le retour de celle-ci.

c. Le puissant Zeus a ordonné..... à Hadès de rendre Proserpine.

d. Cette exigence, Hadès l'a accepté.....,
mais il a posé..... une condition.

e. Les grains de grenade que Proserpine a mangé..... l'obligent à revenir régulièrement sous terre.

5 Quel auxiliaire ?

Indique si les participes passés soulignés sont conjugués avec l'auxiliaire *être* ou l'auxiliaire *avoir*.

a. Les Romains ont-ils réellement <u>cru</u> à toutes ces histoires ? (.............)

b. L'alternance des saisons a été longtemps <u>expliquée</u> par ce mythe. (.............)

c. Les mythes antiques, je les ai tous <u>étudiés</u> en cours. (.............)

d. Pour les Romains, Cérès a aussi <u>incarné</u> l'amour maternel. (.............)

e. Pendant l'absence de Proserpine, les champs ont été entièrement <u>stérilisés</u>. (.............)

6 CONTRÔLE EXPRESS

a. Souligne les auxiliaires et entoure les participes passés.

b. Justifie l'accord de chacun des participes passés que tu as repérés dans le texte.

c. Réécris les deux dernières phrases du texte en remplaçant « les dieux de l'Olympe » par « Zeus » et « Cérès » par « le dieu ».

Parce que sa fille a été enlevée par le dieu des Enfers, Cérès, également appelée Déméter chez les Grecs, déesse de l'agriculture et des moissons, a refusé de laisser les blés mûrir. Les sols se sont durcis, la terre a été gelée et toute plante a disparu de la surface de la Terre. Alors les hommes ont commencé à mourir de faim à cause de la végétation gardée prisonnière. Les dieux de l'Olympe ont été consultés et ils ont obligé Hadès à rendre sa fille à Cérès. Soulagée, la déesse a recommencé à faire pousser les blés.

Corrigés p. 22 du livret.

10 Les accords dans le GN

RETENIR

1 / L'accord du déterminant

Dans L'*Odyssée*, la magicienne Circé dompte les animaux sauvages grâce à des breuvages magiques.

- Le déterminant s'accorde en genre (masculin / féminin) et en nombre (singulier / pluriel) avec le nom qu'il introduit (**des** lions). Il permet souvent d'identifier le genre d'un nom (**un** artiste / **une** artiste) ou son nombre (**un** puits / **des** puits).
- Parfois la marque du genre et du nombre ne s'entend pas : cet endroit, cette demeure, au champ, aux champs… Attention dans ce cas à bien accorder le déterminant avec le nom. Et attention au déterminant leur qui ne varie qu'en nombre.

MOTS CLÉS

✓ **Genre :** Le genre est masculin ou féminin.

✓ **Nombre :** Le nombre est singulier ou pluriel.

2 / L'accord de l'adjectif

- L'adjectif qualificatif s'accorde en genre et en nombre avec le nom auquel il se rapporte.

  des loups montagnard**s** → Le déterminant *des* et l'adjectif *montagnards* s'accordent au masculin pluriel avec le nom *loups*.

- Lorsqu'un adjectif qualifie plusieurs noms, il se met au pluriel. Si les noms qualifiés sont du même genre, l'adjectif prend la marque de ce genre. Si les noms sont de genres différents, l'adjectif se met systématiquement au masculin pluriel.

  une lionne (féminin sg.) et des louves (féminin pl.) montagnard**es** (féminin pl.)

  des louves (féminin pl.) et un lion (masculin sg.) montagnard**s** (masculin pl.)

LA MÉTHODE

▷ Former le pluriel d'un nom

- Pour former le pluriel d'un nom, on ajoute généralement un ***-s*** au singulier.

  un loup / des loup**s**.

- Toutefois, il existe des cas particuliers :

  – les noms qui se terminent par ***-ou*** au singulier prennent un ***-s*** au pluriel, sauf sept noms qui prennent un ***-x*** : *bijou, caillou, chou, genou, hibou, joujou, pou* ;

  un fou / des fous ; un caillou / des cailloux

  – les noms qui se terminent par ***-au, -eau, -eu*** au singulier prennent un ***-x*** au pluriel, sauf *bleu, pneu* et *landau* qui prennent un ***-s*** ;

  un feu / des feux ; un pneu / des pneus

  – les noms qui se terminent par ***-al*** au singulier font leur pluriel en ***-aux***, sauf six noms qui prennent un ***-s*** : *bal, carnaval, chacal, festival, récital, régal.*

  un animal / des anim**aux** ; un chacal / des chaca**ls**

MINI INTERRO

1. Dans le GN, quel élément permet de reconnaître le genre et le nombre d'un nom ?
2. Comment forme-t-on généralement le pluriel d'un nom ? Cite une exception.

1 Quiz

Coche la bonne réponse.

a. Les … lionnes se regroupent chaque soir dans la savane.

❑ nombreux ❑ nombreuse ❑ nombreuses

b. Les loups … poursuivent leurs proies sans relâche.

❑ cruel ❑ cruels ❑ cruelles

c. Une magicienne … demeure dans ce … palais.

❑ rusée ❑ rusé ❑ rusés

❑ sombrent ❑ sombre ❑ sombres

2 Au féminin

Mets les noms ci-dessous au féminin.
Attention à l'accord des déterminants !

a. un loup → ....

b. le héros → ....

c. cet ami → ....

d. quel champion → ....

e. son roi → ....

3 Accorder correctement

Accorde les adjectifs qui se rapportent aux noms soulignés. Aide-toi des déterminants ou du dictionnaire pour vérifier le genre des noms !

a. Le berger patient...... fait paître ses brebis gourmand...... dans la vert...... prairie.

b. Les incroyable...... péripéties vécu...... par Ulysse lors de son retour sont racontées par Homère.

c. Les héros de l'Antiquité étaient des hommes doté...... de pouvoirs exceptionnel...... et capable...... d'étonnant...... prouesses.

d. Les sirènes rencontré...... par Ulysse et ses compagnons étaient dangereu...... en raison de leur voix mélodieu.......

e. Les magiciennes sont de redoutable...... créatures capable...... des pire...... tourments sur les humains.

f. Exposé...... à de nombreu...... dangers, les compagnons d'Ulysse se sont retrouvés transformé...... en pourceaux !

4 Réécriture

Réécris les expressions suivantes en accordant correctement les déterminants et les adjectifs entre parenthèses.

a. (son) (nouveau) victoires

b. (un) (courageux) épouse

c. (le) (mystérieux) potions (magique)

d. (cet) ruses (perfide) et (dangereux)

5 Accord des adjectifs

Souligne les noms auxquels se rapportent les adjectifs et accorde ceux-ci correctement.

La rusé...... Circé a jeté un sort aux imprudent...... compagnons d'Ulysse qui se sont aventurés dans sa spacieu...... et plaisant...... demeure. Elle les a ainsi transformés en de véritable...... cochons. Ulysse, qui est une personne avisé......, prudent...... et courageu......, a pris garde de se munir d'un puissant...... antidote avant de se rendre chez la cruel...... Circé. Grâce à sa profond...... intelligence, il a déjoué les nombreu...... pièges de la magicienne et a délivré ses compagnons content...... et soulagé...... d'être enfin redevenus des êtres humain...... .

6 CONTRÔLE EXPRESS

Lis le texte puis réponds aux questions.

Et ils trouvèrent, dans une vallée, en un **lieu** découvert, les **demeures** de Circé, construites en **pierres** polies. Et tout autour erraient des **loups** montagnards et des lions. Et Circé les avait domptés avec des **breuvages** perfides […].

■ Homère, *Odyssée* (chant X), traduction de Leconte de Lisle, 1818-1894.

a. Mets entre crochets les GN qui ont pour noyaux les mots en gras.

b. Dans ces GN, souligne les adjectifs qualificatifs.

c. Réécris l'ensemble de ces GN en les mettant au singulier.

Corrigés p. 23 du livret.

ORTHOGRAPHE

11 Les homophones grammaticaux

RETENIR

1 / Avec ou sans accent ?

a **ou** ***à*** **?**	= avait → ***a*** (verbe *avoir*) ≠ avait → ***à*** (préposition)	***À*** (≠ avait) force de lire des romans policiers, ma grand-mère ***a*** (= avait) pris goût aux enquêtes.
la **ou** ***là*** **?**	≠ ici → ***la*** (article ou pronom) = ici/-ci → ***là*** (adverbe de lieu)	– As-tu suivi longtemps ***la*** piste de ce suspect ? – Non, je l'ai perdue en arrivant ***là*** !
ou **ou** ***où*** **?**	= ou bien → ***ou*** (conjonction de coordination) ≠ ou bien → ***où*** (adverbe de lieu)	Ils ne savent pas par ***où*** commencer : ***ou*** ils interrogent les suspects, ***ou*** ils prélèvent les empreintes.

MOTS CLÉS

✓ **Homophone :** On appelle homophones deux mots qui se prononcent de la même manière mais qui s'écrivent de façon différente et qui n'ont pas le même sens.

✓ **Conjonction de coordination :** Elle permet de relier deux mots, deux groupes de mots ou deux phrases : *et*, *mais*, *ou*, *or*, *car*…

2 / En un mot ou en deux ?

mon **ou** ***m'ont*** **?**	= ton/son → ***mon*** (déterminant possessif) = m'avaient → ***m'ont*** (*m'* + verbe *avoir*)	Ils ***m'ont*** (= m'avaient) fait venir pour procéder à ***mon*** interrogatoire.
l'a **ou** ***la*** **?**	= l'avait → ***l'a*** (*l'* + verbe *avoir*) = le, les → ***la*** (article défini singulier)	***La*** solution de l'énigme, il ***l'a*** trouvée rapidement !
l'ai **ou** ***l'est*** **ou** ***les*** **?**	= l'avais → ***l'ai*** (*l'* + verbe *avoir*) = l'était → ***l'est*** (*l'* + verbe *être*) = le, la → ***les*** (article défini pluriel)	Coupable, il ***l'est*** : je ***l'ai*** compris en analysant ***les*** empreintes retrouvées sur le lieu du crime.
dans **ou** ***d'en*** **?**	= à l'intérieur → ***dans*** (préposition) = de cela → ***d'en*** (*d'* + pronom adverbial *en*)	***Dans*** cette scène de crime où se trouvent de nombreux indices, les inspecteurs craignent ***d'en*** oublier.
sans **ou** ***s'en*** **?**	= privé de → ***sans*** (préposition) = m'en/t'en → ***s'en*** (*s'* + pronom adverbial *en*)	Cette fois-ci, le coupable risque de ne pas ***s'en*** tirer ***sans*** une peine de prison ferme.
ni **ou** ***n'y*** **?**	= pas de, aucun → ***ni*** (conjonction de coordination exprimant la négation) = ne… à cela, ne… là → ***n'y*** (négation *n'* + pronom adverbial *y*)	Ce crime reste un mystère : il ***n'y*** a ***ni*** arme, ***ni*** mobile.

LA MÉTHODE

▷ Reconnaître les verbes *être* et *avoir*

• Les formes des verbes ***être*** et ***avoir*** ont parfois la même prononciation et peuvent être confondues (***ai*** ou ***est*** / ***l'ai*** ou ***l'es***…). Pour les reconnaître à coup sûr, on peut conjuguer ces verbes à l'imparfait par exemple :
– ***ai*** (1re personne du sing. du verbe ***avoir***) peut être remplacé par ***avais*** ;
– ***es*** (2e personne du sing. du verbe ***être***) peut être remplacé par ***étais*** ;
– ***est*** (3e personne du sing. du verbe ***être***) peut être remplacé par ***était***.

J'**ai (= avais)** la conviction qu'il **est (= était)** coupable, mais tu n'en **es (= étais)** pas encore sûr.

→ Attention à bien identifier la personne à laquelle est conjugué le verbe.

MINI INTERRO

1. Comment distingue-t-on :
– *a* sans accent et *à* avec accent ?
– *ou* sans accent et *où* avec accent ?

2. Comment peut-on différencier les verbes *être* et *avoir* lorsqu'ils se prononcent de la même manière ?

S'ENTRAÎNER

1 Où est le bon *ou* ?

Complète avec *ou* / *où*.

a. Tu as enfin compris oui ...... non !

b. Il ne sait ...... aller cet été : ...... à la montagne chez ses grands-parents, ... à la mer chez ses cousins.

c. ...... que tu ailles, tu te poseras cette question.

d. Il sait ...... elle se trouve, mais il ignore si elle rentre ce soir ...... demain.

2 À chacun son *a*

Complète le texte ci-dessous avec *a* / *à*.

Pour commencer, elle ..... enfilé un imperméable et s'est coiffée d'un chapeau mou. Et ainsi attifée, elle ..... interrogé la victime.

– ..... quelle heure avez-vous découvert le vol ?

..... -t-elle demandé ..... maman.

– ..... trois heures et demie, quand j'ai voulu prendre un yaourt.

– Et ..... quelle heure aviez-vous mis la crème au Frigidaire ?

– Vers dix heures ce matin, ... répondu maman.

– Bien, ... conclu mamie, nous pouvons donc en déduire que le malfaiteur ..... opéré entre dix heures et quinze heures trente.

Bernard Friot, *Encore des histoires pressées*, © éditions Milan, 1997.

3 Donne le *la* !

Complète avec *l'as* / *l'a* / *la* / *là*.

a. ...... solution, tu ...... trouvée grâce à ...... perspicacité de ta grand-mère.

b. ...... suspecte n° 1 n'est autre que ...... victime elle-même !

c. Elle ne ...... pas volée cette punition- ...... !

d. Cette crème, ...-tu mangée au lieu de ...... remettre dans ...... glacière, ... où elle devrait se trouver en ce moment ?

4 Retrouve-les !

Complète avec *les* / *l'est* / *l'ai*.

a. Elle dit ...... avoir surpris en train de voler, mais je ne ...... pas crue.

b. Je ...... soupçonne d'être ...... coupables.

c. Je ne ...... encore dit à personne, mais je ...... vu s'enfuir dans la nuit.

d. ...... témoins ont l'air sûrs d'eux, sauf celui-là qui ...... un peu moins.

5 Plusieurs homophones

Complète les phrases suivantes avec *on* / *ont* ; *es* / *est* / *ai* / *et* ; *sont* / *son*.

a. ...... croit qu'ils ...... menti ...... qu'ils ...... vraiment coupables.

b. Ils les ...... suivis et ...... arrivés à les attraper.

c. Tu ...... convaincu qu'il ...... impliqué dans l'affaire, mais ...... alibi ...... solide.

d. Les inspecteurs ...... l'habitude ...... savent exactement quand ...... leur ment : ils ...... difficiles à tromper.

6 CONTRÔLE EXPRESS

a. Complète le texte avec des homophones étudiés dans ce chapitre.

b. Justifie chacun de tes choix.

Aujourd'hui, Grand-mère m'...... dit que je pouvais ...... suivre pour l'aider ...... résoudre l'énigme de ...... crème au chocolat. Maman ...... mise dans le Frigidaire, mais quelqu'un ...... entamée avant l'heure du déjeuner. Les suspects, je ...... ai interrogés un par un en essayant de ...... confondre. J'...... demandé à chacun ...... il était ...... l'heure du crime. ...... mon avis, ... réponses ne ...... pas satisfaisantes et, avec grand-mère, ... n'...... pas encore pu identifier le coupable ...... l'heure qu'il ....

Corrigés p. 23 du livret.

12 La ponctuation. Les majuscules

RETENIR

MOT CLÉ

✓ **Ponctuation :**
La ponctuation désigne l'ensemble de signes qui permet de donner du sens à un texte : point, virgule, point d'interrogation, deux-points… C'est grâce à la ponctuation notamment qu'on peut distinguer les différents types de phrase.

1 / La ponctuation

■ Dans *Les Fourberies de Scapin*, le valet Scapin entreprend d'aider Octave à convaincre son père qu'il doit épouser la femme qu'il aime et non celle qu'on lui impose.

• Toute phrase se termine par une **ponctuation forte** :
– le **point** (.) termine une phrase déclarative, il marque une pause forte et se traduit oralement par une intonation descendante ; Je vous vois tout troublé.
– le **point d'exclamation** (!) termine une phrase exclamative, il traduit une émotion forte ou indique un ordre ; Je suis le plus infortuné de tous les hommes !
– le **point d'interrogation** (?) termine une phrase interrogative et se traduit oralement par une intonation montante ; Qu'est-ce, seigneur Octave ?
– les **points de suspension** (…) indiquent que la phrase a été interrompue brusquement et demeure inachevée. Je ne sais vraiment pas quoi faire…

• D'autres signes de ponctuation, placés à l'intérieur de la phrase, permettent d'en construire le sens :
– le **point-virgule** (;) marque une pause plus forte que la virgule, mais moins forte que le point ; il sépare deux propositions juxtaposées à l'intérieur d'une phrase ;

Scapin rencontre Octave ; il lui demande l'origine de ses plaintes.

– le **deux-points** (:) introduit une énumération, une explication ou des paroles entre guillemets.

Octave craint la réaction de son père : il cherche de l'aide auprès de Scapin.

2 / Les majuscules

• On trouve une majuscule à **chaque début de phrase**, donc après une ponctuation forte ou un deux-points dans le cas d'un dialogue. Le valet rencontre son jeune maître. Il lui demande : « Comment allez-vous ? »

• Les **noms propres** prennent une majuscule à l'initiale (Scapin ; Octave). Attention, quand un nom propre est employé comme adjectif, il ne prend pas de majuscule.

Les **Anglais** ont adoré cette pièce ! → nom propre
Le public **anglais** a adoré cette pièce ! → adjectif
Cette pièce a été jouée en **anglais**. → nom commun

LA MÉTHODE

▷ Utiliser des virgules

MINI INTERRO

1. Comment se termine une phrase déclarative ? une interrogative ?

2. À quoi sert le deux-points ?

• La **virgule** (,) marque une faible pause. Elle sert à **séparer** les termes d'une énumération ou des propositions juxtaposées (posées les unes à côté des autres).

[…] je suis perdu, je suis désespéré, je suis le plus infortuné de tous les hommes !

• Elle permet également de **mettre en valeur** un mot ou groupe de mots mis en apposition. Pauvre de moi, je suis le plus malheureux de tous !

S'ENTRAÎNER

1 Quiz

Rétablis les majuscules des mots qui doivent en contenir.

molière • le théâtre • les fables de la fontaine • une fontaine • un valet • scapin • la langue française • un français • en français • octave • un pays • l'angleterre • la grèce • un héros grec

2 Majuscules et points

Dans les phrases suivantes, rétablis les majuscules et la ponctuation finale.

a. scapin interroge son maître sur les raisons de son inquiétude

b. quel farceur que ce valet

c. pourquoi crains-tu le retour de géronte

d. octave s'est marié sans demander l'avis de son père

e. crois-tu que géronte appréciera

3 Les virgules

Rétablis les virgules à l'intérieur de chacune des phrases ci-dessous.

a. En cours de français nous étudions des pièces de théâtre des poèmes et des extraits de romans.

b. Moi j'aime beaucoup le théâtre mais je préfère quand même la poésie.

c. Pour ma part je ne supporte pas d'aller au théâtre !

d. Très talentueux les comédiens ont admirablement bien joué et la pièce a été un triomphe !

e. Parmi mes auteurs favoris il y a Molière Corneille et Racine.

4 Ponctuer une tirade

Complète la tirade de Scapin en rétablissant les majuscules, trois points d'interrogation et cinq points d'exclamation.

Scapin. est-ce là tout ..... vous voilà bien embarrassés tous deux pour une bagatelle ..... c'est bien là de quoi se tant alarmer ..... n'as-tu point de honte, toi, de demeurer court à si peu de chose ..... que diable ..... te voilà grand et gros comme père et mère, et tu ne saurais trouver dans ta tête, forger dans ton esprit, quelque ruse galante, quelque honnête stratagème, pour ajuster vos affaires ..... fi ..... peste soit du butor .....

■ Molière, *Les Fourberies de Scapin* (I, 3), 1671.

5 Ponctuation et majuscules

Réécris ces phrases en rétablissant la ponctuation et les majuscules nécessaires.

a. molière fut auteur comédien metteur en scène et chef de troupe → ....

....

b. ses pièces ont encore un grand succès elles sont à la fois comiques et satiriques → ....

....

c. quel talent remarquable possède ce comédien il sait vraiment tout jouer → ....

....

d. je connais les personnages principaux de la pièce scapin octave géronte argante et léandre → ....

....

e. as-tu bien lu le texte les questions et les consignes avant de rédiger → ....

....

6 CONTRÔLE EXPRESS

a. **Ponctue correctement ce dialogue fictif entre Scapin et Géronte, le père d'Octave.**

b. **Rétablis les majuscules manquantes.**

c. **Indique quel est le type de chacune des phrases du dialogue.**

Scapin. pourquoi êtes-vous si en colère

Géronte. parce qu'il n'avait pas le droit de se marier sans mon accord

Scapin. est-ce si grave que ça

Géronte. bien entendu j'avais d'autres projets en tête

Scapin. que voulez-vous dire

Géronte. octave devait épouser la fille de mon ami argante

Corrigés p. 23 du livret.

Conjugaison

13 Le verbe. Les trois groupes verbaux

RETENIR

1 / Un verbe se conjugue

• Le verbe est le **noyau** de la phrase verbale. Il exprime une action (il **peignit** un oiseau), un état ou un changement (le tableau **est / devient** magnifique).

• Le verbe peut varier à la fois :
– en **personne** et en **nombre** : 1re, 2e, 3e personne du singulier et du pluriel ;
– en **genre** : le participe passé porte la marque du masculin ou du féminin ;
– en **mode** : indicatif, impératif, conditionnel, subjonctif, infinitif, participe, gérondif ;
– en **temps** : simples et composés du présent, du passé, du futur.

• Le verbe se compose de deux parties :
– son **radical** (qui ne change pas ou peu) indique son sens ;
– sa **terminaison** (ou désinence) porte les marques de la personne, du nombre, du temps et du mode.

il **voul**ut → *voul-* est le radical du verbe *vouloir* et *-ut* est la terminaison de la 3e personne du singulier du passé simple de l'indicatif.

MOTS CLÉS

✔ **Mode :** Il existe quatre modes personnels, qui varient en personne : indicatif, subjonctif, impératif et conditionnel ; et trois modes impersonnels, qui ne varient pas : infinitif, participe et gérondif.

✔ **Radical :** Le radical du verbe est l'élément qui ne change pas et auquel vient s'ajouter la terminaison verbale.

2 / Les différents groupes verbaux

Selon leur infinitif, les verbes se répartissent en **trois groupes** : des ensembles de verbes qui ont des caractéristiques communes et suivent la même conjugaison.

Groupe	Caractéristiques	Exemple
1er groupe	– infinitif en *-er* – radical unique	**dessin**er radical : dessin-
2e groupe	– infinitif en *-ir* – participe présent en *-issant* – radical en *-i-* ou en *-iss-*	**fini**r / **finiss**ant ; **rougi**r / **rougiss**ant
3e groupe	– tous les autres verbes – plusieurs modèles de conjugaison différents – radical qui peut changer	**peind**re / il **peign**it – radical à l'infinitif : peind- – radical au passé simple : peign-

LA MÉTHODE

▷ Distinguer le participe passé en *-é* de l'infinitif en *-er*

• Le **participe passé en *-é*** et **l'infinitif des verbes du 1er groupe** (en *-er*) ont des **terminaisons homophones** : elles se prononcent de la même manière. Il faut donc éviter de les confondre pour les orthographier correctement. Généralement, l'infinitif se rencontre derrière une préposition ou un autre verbe (différent des auxiliaires *être* et *avoir*). On peut le **remplacer par un infinitif du 3e groupe** comme *prendre, mordre, mentir...*

Il a dessin**é** une dorade. → Il est impossible de remplacer *dessiné* par un infinitif du 3e groupe, il s'agit donc d'un participe passé en *-é*.

Il veut pêch**er** une dorade. → On peut dire « il veut **prendre** une dorade », il s'agit donc d'un infinitif en *-er*.

MINI INTERRO

1. Quelle partie du verbe se modifie ? En fonction de quoi ?

2. Comment peut-on distinguer le participe passé en *-é* de l'infinitif en *-er* ?

S'ENTRAÎNER

1 Quiz

Relie chaque mot à sa catégorie.

a. courir ○	
b. coureur ○	
c. soupir ○	
d. soupirer ○	
e. fleurs ○	
f. fleurir ○	○ verbe
g. attendrir ○	
h. tendresse ○	○ nom
i. invitation ○	
j. invitent ○	
k. visiteur ○	
l. visitons ○	
m. visiter ○	

2 Noms et verbes

Relève les mots soulignés dans les phrases suivantes et classe-les en deux colonnes en séparant les noms des verbes.

a. Le peintre peint et colore son tableau de couleurs multiples.

b. Il travaille avec plaisir et son travail s'en ressent.

c. La teinte est trop foncée : tu devrais le teindre en bleu ciel.

d. Malgré mes appels, il ne daigne pas répondre.

e. Je suis au téléphone avec une amie, et toi tu appelles qui ?

3 Verbe conjugué ou infinitif ?

Dans le texte ci-dessous, souligne toutes les formes verbales, puis entoure les verbes à l'infinitif.

Le poète est un artisan du langage : il assemble les mots, puis il les fait chanter et résonner ensemble. Il crée une nouvelle langue faite de rythmes, de sons, de rimes et de musique. Le poète libère les mots qui s'agitent aussitôt sur le papier, qui s'envolent et se mettent soudain à danser.

4 Chercher l'intrus

Barre l'intrus dans chacune des listes suivantes où tous les verbes doivent appartenir au même groupe.

a. sourire • nourrir • partir • cuire • sortir

b. farcir • rougir • blanchir • dire • gémir

c. signaler • indiquer • répondre • informer • tromper

d. démolir • cueillir • salir • maudire • glapir

e. marmonner • hurler • rugir • maugréer • contester

5 Infinitif et groupe des verbes

Pour chaque verbe, donne son infinitif et indique à quel groupe il appartient.

a. je vais → ....

b. vous nagez → ....

c. il court → ....

d. tu crois → ....

e. elle prend → ....

6 CONTRÔLE EXPRESS

Lis le poème, puis réponds aux questions.

[...]
Il dessina une dorade ;
D'un bond, elle brisa le cadre.

Il peignit ensuite une étoile ;
Elle mit le feu à la toile.

Alors, il peignit une porte
Au milieu même du tableau.

Elle s'ouvrit sur d'autres portes,
Et il entra dans le château.

■ Maurice CARÊME, Extrait du poème « L'Artiste », *in Entre Deux Mondes*, © Fondation Maurice Carême, 1970.

a. Relève les formes verbales.

b. Mets entre crochets le radical de chacun des verbes que tu as relevés et entoure la terminaison.

c. Indique à quel groupe appartient chacun de ces verbes.

Corrigés p. 23 du livret.

14 Le présent de l'indicatif et de l'impératif

RETENIR

1 / Le présent de l'indicatif

- Les terminaisons du **présent de l'indicatif** changent selon le groupe auquel appartient le verbe conjugué.

Groupe	1er groupe	2e groupe	3e groupe
Terminaisons	-e, -es, -e, -ons, -ez, -ent	-is, -is, -it, -issons, -issez, -issent	-s, -s, -t, -ons, -ez, -ent

- Plusieurs **verbes du 3e groupe** sont irréguliers.

Type de verbe	Modèle *ouvrir*	Verbes en *-dre* (sauf en *-indre, -soudre*)	Verbes *pouvoir, vouloir, valoir*
Terminaisons	-e, -es, -e, -ons, -ez, -ent	-ds, -ds, -d, -ons, -ez, -ent	-x, -x, -t, -ons, -ez, -ent

- Le présent de l'indicatif sert à :
– désigner le moment où l'on parle : c'est le **présent d'énonciation** ;
– rendre des faits plus réels dans un récit au passé : c'est le **présent de narration** ;
– exprimer des faits toujours vrais : c'est le **présent de vérité générale**.

2 / Le présent de l'impératif

- À l'**impératif**, le verbe n'a pas de sujet exprimé (**n'écrase** pas) et il n'existe que trois formes : la 2e personne du singulier, la 1re et la 2e personne du pluriel (regarde, regardons, regardez).

■ « Sauterelle / n'écrase pas / les perles de rosée blanche ! » Haïku d'Issa Kobayashi.

- Les **terminaisons** de l'impératif sont généralement celles du présent de l'indicatif (prends, prenons, prenez). Toutefois, les verbes du 1er groupe et *cueillir, offrir, ouvrir* et *souffrir* se terminent en *-e* (et non *-es*) à la 2e personne de l'impératif (**offre**, offrons, offrez).
Les verbes *être* et *avoir* sont eux aussi irréguliers à la 2e personne du singulier (**sois**, soyons, soyez / **aie**, ayons, ayez).

MOTS CLÉS

✓ **Mode indicatif :** L'indicatif est un mode personnel qui permet d'exprimer une action réelle et sûre.

✓ **Mode impératif :** L'impératif est un mode personnel qui permet d'exprimer un ordre. Au mode impératif, il n'existe que trois personnes et le sujet n'est pas exprimé.

LA MÉTHODE

▷ Mettre un *-s* à la fin d'un verbe quand il convient

- Au **présent de l'indicatif**, à la 2e personne du singulier, je mets **toujours un *-s*** à la fin d'un verbe. J'utilise également la désinence *-s* à la 1re personne du singulier pour les verbes des 2e et 3e groupes. Je respire, tu respire**s** / je fini**s**, tu fini**s** / je cour**s**, tu cour**s**.
- À l'**impératif présent**, les verbes du 1er groupe ne prennent **jamais de *-s* final** à la 2e personne du singulier (respir**e**). Toutefois, lorsqu'ils sont suivis des pronoms adverbiaux ***en*** et ***y***, ils prennent un *-s* pour faciliter la prononciation : va**s**-y / rapporte**s**-en.

MINI INTERRO

1. Quand emploie-t-on :
– le présent d'énonciation ?
– le présent de vérité générale ?

2. À quelles personnes peut-on conjuguer un verbe à l'impératif ?

1 Quiz

Relie les sujets de la première colonne aux verbes conjugués au présent de l'indicatif qui conviennent. Attention aux accords !

a. Mon ami et moi ○	○ veux.
b. Les cerisiers ○	○ bavardons.
c. Je ○	○ oublies.
d. L'homme pressé ○	○ marchent.
e. Les randonneurs ○	○ accélère.
f. Toi-même ○	○ fleurissent.
g. Vous autres ○	○ frémissez.

2 Au présent de l'indicatif

Conjugue les verbes suivants au présent de l'indicatif et à la personne demandée.

a. vous (dire) → ....

b. il (fendre) → ....

c. ils (récolter) → ....

d. je (pouvoir) → ....

e. nous (savoir) → ....

f. ils (vouloir) → ....

3 À l'impératif

Conjugue les verbes suivants à l'impératif présent à toutes les personnes.

a. parler → ....

b. répondre → ....

c. observer → ....

d. finir → ....

4 Distinguer les verbes

Dans les poèmes suivants :
– souligne en bleu les verbes au présent de l'indicatif et en vert les verbes à l'impératif ;
– indique l'infinitif de chacun d'eux.

Le fil du cerf-volant –
dans le ciel il se noie
sur le doigt il se voit.

Seishi Yamaguchi

Tombent les fleurs de cerisier –
entre les branches
un temple apparaît.

Yosa Buson

Grimpe en douceur
petit escargot –
tu es sur le Fuji !

Issa Kobayashi

5 Les valeurs du présent

Dans les phrases suivantes, indique la valeur du présent : présent d'énonciation (PE) ou de vérité générale (PVG).

a. La Terre tourne autour du Soleil. (.........)

b. L'eau bout à cent degrés. (.........)

c. Tu écris vraiment trop mal. (.........)

d. L'*Odyssée* raconte les aventures d'Ulysse au retour de la guerre de Troie. (.........)

6 CONTRÔLE EXPRESS

Lis les poèmes, puis réponds aux questions.

Une alouette s'élève
je respire la brume
je marche sur les nuages !

Shiki Masaoka

Sauterelle
n'écrase pas
les perles de rosée blanche !

Issa Kobayashi

■ *Haiku, Anthologie du poème court japonais*, « Poésie », © NRF / Gallimard, 2002.

a. Relève les formes verbales et indique à quel temps et quel mode chacune d'elles est conjuguée.

b. Précise à quel groupe verbal appartiennent les verbes que tu as relevés.

c. Conjugue les verbes du premier poème à toutes les personnes de l'impératif présent.

Corrigés p. 24 du livret.

15 L'imparfait et le passé simple

RETENIR

1 / L'imparfait

■ Un conte africain explique comment le chacal sauvage est devenu chien domestique.

- Pour tous les verbes, l'**imparfait** se conjugue en ajoutant au radical les terminaisons suivantes : *-ais, -ais, -ait, -ions, -iez, -aient.*

je régn**ais**, tu régn**ais**, il régn**ait**, nous régn**ions**, vous régn**iez**, ils régn**aient**

Attention : les verbes en *-cer* prennent une cédille devant le *-a* (j'avan**ç**ais) et les verbes en *-ger* prennent un *e* devant le *-a* (tu boug**eais**).

- Dans un récit au passé, l'**imparfait** s'utilise pour évoquer l'**arrière-plan** du récit, c'est notamment le temps employé dans les descriptions (personnages, lieux, etc.). Il permet aussi d'exprimer la répétition, l'habitude. L'imparfait est le temps des **actions inachevées.** Tous les animaux de la brousse **frissonnaient**.

MOTS CLÉS

✓ **Imparfait :** L'imparfait de l'indicatif évoque des actions inachevées. Dans le récit au passé, il exprime les actions de second plan. C'est aussi le temps de la description et de la répétition.

✓ **Passé simple :** Le passé simple évoque des actions achevées. Dans le récit au passé, il exprime les actions de premier plan qui font avancer le récit.

2 / Le passé simple

- Au **passé simple**, les terminaisons sont différentes selon les groupes de verbes.

Groupe	Terminaisons
1er groupe	-ai, -as, -a, -âmes, -âtes, -èrent
2e groupe	-is, -is, -it, -îmes, -îtes, -irent
3e groupe	-is, -is, -it, -îmes, -îtes, -irent (verbes en *-ir* et *-re*) -us, -us, -ut, -ûmes, -ûtes, -urent (certains verbes + *être*) -ins, -ins, -int, -înmes, -întes, -inrent (*tenir, venir* + leurs composés)

- Dans un récit au passé, le **passé simple** s'utilise pour raconter les actions importantes, celles qui font avancer l'histoire et se situent au **premier plan**.

Deux chacals **décidèrent** d'aller chercher du feu au village des hommes.

- Contrairement à l'imparfait, le passé simple sert à exprimer des **actions achevées** et **limitées dans le temps**.

Alors que le froid **régnait** sur la brousse, les animaux **partirent** un à un.

LA MÉTHODE

▷ Différencier les terminaisons *-ai* et *-ais*

- La 1re personne du singulier des verbes du premier groupe se prononce de la même façon à l'imparfait et au passé simple.
- Or ces deux temps n'ont pas la même valeur : **l'imparfait** sert à exprimer une action dont la durée n'est pas limitée, tandis que **le passé simple** sert à exprimer une action limitée dans le temps. Pour éviter de confondre ces deux formes, on peut mettre le verbe à la 3e personne du singulier.

Pendant que je **lisais** (il lisait) cette histoire, j'**éclatai** (il éclata) de rire.

MINI INTERRO

1. Quelles sont les terminaisons de l'imparfait ?

2. Quand emploie-t-on le passé simple dans un récit au passé ?

S'ENTRAÎNER

1 Quiz

Relie chaque forme verbale au temps correspondant.

a. Ils prirent ○
b. Je marchai ○
c. Tu lisais ○
d. Elle laissa ○
e. Nous faisions ○
f. Vous racontâtes ○
g. Je décidai ○

○ imparfait
○ passé simple

2 Conjuguer à l'imparfait

Conjugue les verbes à la 2e personne du singulier et du pluriel de l'imparfait.

Verbe	2e personne du sg.	2e personne du pl.
nager	....	....
faire	....	....
dire	....	....
crier	....	....
prendre	....	....

3 Imparfait ou passé simple ?

Réécris les formes suivantes au passé simple ou à l'imparfait en conservant la même personne.

a. il devait → ....
b. nous marchions → ....
c. je tins → ....
d. ils venaient → ....
e. vous fûtes → ....
f. tu eus → ....

4 Conjuguer au passé simple

Dans les phrases suivantes, conjugue les verbes entre parenthèses au passé simple.

a. Il (s'aventurer) jusqu'au village des hommes.

b. Le griot (raconter) des histoires aux enfants qui l'(écouter) avec attention.

c. Le chacal (découvrir) le monde des humains et (se laisser) apprivoiser.

d. Les autres animaux (être) déçus de sa réaction et le (rejeter).

e. Les hommes (baptiser) le chacal du nom de « chien » et le (retenir) auprès d'eux.

f. Le chien (rester) auprès d'eux et n'(avoir) plus envie de retrouver l'état sauvage.

5 Terminaison en *-ai* ou *-ais* ?

Dans les phrases suivantes, complète la terminaison des verbes avec *-ai* ou *-ais* selon qu'il s'agit du passé simple ou de l'imparfait.

a. Avant, j'aim...... beaucoup les contes : j'en lis...... des recueils entiers.

b. Pendant que je fais...... du ski, je tomb...... et me cass...... la jambe.

c. En visitant la grotte, je frissonn...... et m'enrhum.......

d. L'été dernier, je nage...... le matin et me promen...... l'après-midi, bref je ne m'ennuy...... pas une seconde !

e. Je cueill..... des mûres depuis déjà plusieurs heures, quand je décid..... de rentrer. De retour à la maison, je cuisin..... une tarte.

6 CONTRÔLE EXPRESS

Lis le texte, puis réponds aux questions

Sur son passage, il vit à terre des os et des morceaux de viande que les habitants avaient jetés durant le dîner. Gourmand, il les broya avec volupté. Il mangea tout ce qu'il trouva sur le sol. Puis il arriva près d'enfants, assis auprès du feu, où le vieux du village leur disait des contes. Le vieil homme mangeait des noix de cola et les enfants décortiquaient des arachides, qu'ils dégustaient avec plaisir.

Kama Sywor Kamanda, *Les Contes du griot*, tome III, © Présence africaine, 1998.

a. Relève les verbes conjugués à l'imparfait et au passé simple en les classant dans un tableau à 2 colonnes.

b. Justifie l'emploi du passé simple et de l'imparfait dans la première et la dernière phrase du texte.

c. Réécris la dernière phrase du texte en remplaçant « le vieil homme » par « les griots » et « les enfants » par « le petit garçon ».

Corrigés p. 24 du livret.

16 Le futur simple et le conditionnel présent

RETENIR

1 / Le futur simple

MOT CLÉ

✓ **Conditionnel :** Le mode conditionnel permet d'exprimer une hypothèse, une éventualité, une incertitude. Dans le récit au passé, il évoque une action à venir.

- Le futur simple se forme généralement à partir de l'infinitif des verbes du 1er groupe (en *-er*) et du 2e groupe (en *-ir*) et de l'infinitif sans le *-e* final pour les verbes du 3e groupe (en *-re*). À cette base verbale, il faut ajouter les **terminaisons du futur**.

Règle	Radical terminé par -r + terminaisons *-ai, -as, -a, -ons, -ez, -ont*
Exemples	aimer → aimer- → j'aimer**ai** finir → finir- → tu finir**as** perdre → perdr- → il perdr**a** courir → courr- → nous courr**ons** savoir → saur- → vous saur**ez** voir → verr- → ils verr**ont**

- Le futur sert à situer une action à venir **par rapport au moment présent**.

2 / Le conditionnel présent

- Le conditionnel présent se forme en ajoutant au radical futur les terminaisons de l'imparfait : *-ais, -ais, -ait, -ions, -iez, -aient.*

je voudrais, tu voudrais, il voudrait, nous voudrions, vous voudriez, ils voudraient.

- Il permet de situer une action à venir **par rapport à un moment passé**.

■ La nymphe Écho tombe amoureuse du beau Narcisse, mais lui n'a d'yeux que pour son propre reflet.

Narcisse s'arrêta à une source, sans savoir qu'il **regretterait** ce moment…

Présent — Futur → [Il ne sait pas][qu'il regrettera ce moment.]

Passé — Conditionnel → [Il ne savait pas][qu'il regretterait ce moment.]

- Il peut aussi être utilisé pour exprimer une action soumise à une condition ou pour atténuer une affirmation.

Si Narcisse était moins orgueilleux, il ne **serait** pas en admiration devant son reflet.

LA MÉTHODE

▷ Conjuguer les verbes irréguliers

MINI INTERRO

1. Quelles sont les terminaisons du futur simple ?
2. Comment forme-t-on le conditionnel présent ?

- Certains verbes ont une **conjugaison irrégulière** au futur : c'est le cas notamment des **auxiliaires *être* et *avoir***, mais aussi des **verbes en *-yer*** (qui conservent un ***e*** muet dans leur radical), ainsi que de **certains verbes du 3e groupe** (qui changent de radical).
- Au **conditionnel**, ces verbes se conjuguent avec les mêmes particularités.

→ je serai / je serais • j'aurai / j'aurais • je paierai / je paierais • j'irai / j'irais…

S'ENTRAÎNER

1 Quiz

Relie chaque forme verbale au temps correspondant.

a. Il prendra ○
b. Nous voudrions ○
c. Vous ferez ○
d. Elles feraient ○
e. Je déciderai ○
f. Tu crieras ○
g. Je voyagerais ○

○ futur
○ conditionnel présent

2 Conjuguer au futur

Complète le tableau ci-dessous en conjuguant les verbes au futur.

Verbe	1re personne du sg.	1re personne du pl.
savoir	....	....
prendre	....	....
avoir	....	....
faire	....	....

3 Repérer le conditionnel

Dans le texte ci-dessous, entoure les verbes au conditionnel présent.

Du haut des airs, l'infortuné Phaéton a vu la terre disparaître dans un profond éloignement ; il pâlit, ses genoux tremblent d'une terreur nouvelle, et ses yeux, au sein même de tant de clartés, se couvrent de ténèbres. Oh ! qu'il voudrait n'avoir jamais touché les guides du char de son père ! [...] Il aimerait bien mieux être appelé fils de Mérops.

■ Ovide, *Métamorphoses* (Livre III), traduction de L. Puget, Th. Guiard et Fouquier (1876).

4 Du futur au conditionnel

Réécris les phrases suivantes en transposant les verbes conjugués au futur en verbes conjugués au conditionnel présent.

a. Il raconte qu'une déesse condamnera la vanité de Narcisse et le punira sévèrement.

→ Il racontait qu'une déesse *condamnerait* la vanité de Narcisse...

b. Narcisse ignore encore qu'il verra sa propre image se refléter et tombera amoureux d'elle.

→ Narcisse ignorait alors...

c. La déesse annonce que Narcisse essaiera d'embrasser son image, mais qu'il se noiera.

→ La déesse annonça...

d. Le mythe raconte que son corps disparaîtra et qu'une fleur jaune poussera à cet endroit.

→ Le mythe racontait...

5 Changer de personne

Dans chacune des phrases ci-dessous, remplace la forme verbale soulignée par une forme à la 1re personne du singulier en conservant le même temps (futur simple ou conditionnel).

a. En classe de 6e, tu étudieras sans doute les *Métamorphoses* d'Ovide.

b. Tu connaîtras ainsi les mésaventures des dieux et des mortels : tu trouveras cela passionnant !

c. Elle préfèrerait lire les aventures d'Ulysse.

d. Auriez-vous une préférence entre l'*Iliade* et l'*Odyssée* ?

e. Nous lirons des extraits, puis nous les expliquerons.

6 CONTRÔLE EXPRESS

a. Conjugue les verbes entre parenthèses au temps demandé.

b. Justifie l'emploi du conditionnel dans le deuxième paragraphe du texte.

c. Réécris le deuxième paragraphe en conjuguant les verbes au futur.

Un jour, Phaéton (*apprendre*, passé simple) qu'il (*être*, imparfait) le fils du Soleil. Il (*souhaiter*, passé simple) alors rencontrer son père qui (*proposer*, passé simple) d'offrir tout ce que son fils (*désirer*, conditionnel). Phaéton, inconscient des dangers, (*réclamer*, passé simple) le droit de conduire le char de son père. Le dieu (*avoir*, conditionnel) préféré refuser, mais il ne (*revenir*, passé simple) pas sur sa parole.

Une fois lancé à toute vitesse, le char (*être*, conditionnel) incontrôlable et Phaéton, sans le vouloir, (*semer*, conditionnel) partout la désolation : les terres (*brûler*, conditionnel), la chaleur (*détruire*, conditionnel) les récoltes...

Corrigés p. 24 du livret.

17 Les temps composés

RETENIR

1 / Temps simples et temps composés

- Lorsqu'il est conjugué à **un temps simple**, le verbe porte la marque du temps (présent, imparfait, etc.) et de la personne.

  Il parl**ait** / Nous parl**ions**.

- Lorsqu'il est à **un temps composé**, le verbe se conjugue avec **un auxiliaire** (*être* ou *avoir*). C'est cet auxiliaire qui porte la marque du temps et de la personne ; le verbe conjugué apparaît sous la forme d'un **participe passé**.

  Si Joseph ou l'oncle Jules l'av**aient** entendu.

MOTS CLÉS

✓ **Temps composé :** Un temps composé est formé d'un auxiliaire (*être* ou *avoir*) et du participe passé du verbe conjugué.

✓ **Plus-que-parfait :** Le plus-que-parfait est formé à partir de l'auxiliaire conjugué à l'imparfait et du participe passé du verbe conjugué. Il permet d'exprimer des actions antérieures à une action passée.

2 / Former les temps composés

- À chaque temps simple correspond un temps composé : l'auxiliaire du temps composé se conjugue au temps simple qui lui correspond et est suivi du participe passé du verbe.

Temps simples	Temps composés (auxiliaire au temps simple + participe passé)
Présent : j'entends	Passé composé : j'**ai** entendu
Futur simple : j'entendrai	Futur antérieur : j'**aurai** entendu
Imparfait : j'entendais	Plus-que-parfait : j'**avais** entendu
Passé simple : j'entendis	Passé antérieur : j'**eus** entendu
Conditionnel : j'entendrais	Conditionnel passé : j'**aurais** entendu

- Généralement, on utilise l'auxiliaire ***avoir*** pour former le temps composé d'un verbe, sauf pour les verbes de mouvement (venir, partir…), les verbes à la forme pronominale (se regarder, se tromper…) qui se forment avec l'auxiliaire ***être***.

  Il **était** parti ; elle se **sera** trompée.

LA MÉTHODE

▷ Distinguer un passé simple et un participe passé

- Les verbes du 2e groupe (comme *finir*) et certains verbes du 3e groupe (comme *prendre*) font leur passé simple en *–i* : il finit, il prit. Il faut éviter de les confondre avec leur participe passé dont la terminaison se prononce de la même façon : fini, pris… Pour repérer un verbe conjugué à un temps composé, il faut vérifier qu'il se conjugue avec **un auxiliaire placé devant le participe passé** : il **a** fini, il **a** pris. C'est cet auxiliaire qui porte les marques du temps et de la personne.
- Si la forme en *–i* est conjuguée sans auxiliaire et porte les marques du temps et de la personne : il finit, nous finîmes… alors il s'agit d'un verbe au passé simple.

MINI INTERRO

1. Comment forme-t-on un temps composé ?
2. Comment peut-on distinguer un participe passé d'un verbe conjugué dont la terminaison se prononce de la même manière ?

S'ENTRAÎNER

1 Quiz

Relie chaque temps simple au temps composé qui lui correspond.

a. Il étudie ○	○ Il eut étudié.
b. Il étudiait ○	○ Il a étudié.
c. Il étudiera ○	○ Il aurait étudié.
d. Il étudierait ○	○ Il aura étudié.
e. Il étudia ○	○ Il avait étudié.

2 Temps simple ou composé ?

Souligne en bleu les verbes conjugués à un temps simple et en vert les verbes conjugués à un temps composé.

a. Marcel a trouvé un nouveau camarade.

b. Son entrée au collège fut mémorable.

c. Nous aurons fini le programme avant la fin de l'année.

d. Elle passa l'été en colonie de vacances.

e. Il aurait triché si le maître ne l'avait pas surveillé.

3 Du temps simple à son composé

Indique le temps auquel est conjugué chacun des verbes suivants. Puis conjugue chaque verbe au temps composé qui lui correspond, en gardant la même personne.

a. je regardais → ....

b. nous aurons → ....

c. tu vas → ....

d. vous feriez → ....

e. ils observaient → ....

f. tu pris → ....

4 Auxiliaire *être* ou *avoir* ?

Indique avec quel auxiliaire (*être / avoir*) se conjugue chacun des verbes suivants.

a. copier → ....

b. se lever → ....

c. marcher → ....

d. partir → ....

e. expliquer → ....

f. applaudir → ....

5 Écrire aux temps composés

Indique à quel temps sont conjugués les verbes en gras dans le texte ci-dessous. Puis réécris ce texte en conjuguant chacun des verbes au temps composé correspondant.

Je n'**avais** plus « ma classe » et « mon pupitre ». Nous **changions** sans cesse de local, et les pupitres n'**étaient** pas à nous, car ils **servaient** aussi à d'autres, dont nous ne **savions** pas grand-chose, sauf parfois le nom, qui **surgissait** (à raison d'une lettre par semaine) profondément gravé au couteau dans l'épaisse table de bois dur.

■ Marcel Pagnol, *Le Temps des secrets*,
© Éditions Bernard de Fallois, 1960. Site : marcel-pagnol.com

6 LECTURE D'IMAGE

Observe l'image et réponds aux questions.

a. Quelle est la nature de l'illustration (peinture, gravure, photo…) ? Que représente-t-elle ?

b. Décris plus précisément le personnage situé au premier plan. Qu'est-il en train de faire ? Quelle est son expression ?

c. Nomme tous les objets qui se trouvent au premier plan de l'image.

d. La scène se situe-t-elle à notre époque ? Justifie ta réponse.

e. Imagine en quelques phrases ce que le personnage du premier plan peut être en train de se dire.

Robert Doisneau (1912-1994), «L'information scolaire», Écoliers en classe, Paris Ve (1956), photographie.

Corrigés p. 24 du livret.

18 Le dictionnaire

RETENIR

1 / Utiliser le dictionnaire

- Dans le dictionnaire, les mots sont rangés par **ordre alphabétique**. Chercher un mot dans un dictionnaire permet de vérifier : son **orthographe**, sa **prononciation** (donnée entre crochets en alphabet phonétique), sa **classe grammaticale** (indiquée en abrégé : adj. = adjectif, v. = verbe, n. = nom, etc.).

- L'article se divise ensuite en différentes parties qui correspondent aux **principaux sens** du mot.

- Pour bien lire un article de dictionnaire, il faut :
  – connaître les **abréviations** : fig. (figuré), fam. (familier), contr. (contraire)...
  – savoir que les **mots en gras** précédés d'une flèche renvoient à d'autres articles de sens proche.

- Souvent, on trouve l'**étymologie** du mot présenté (Étym.).

2 / Le sens propre et le sens figuré

- Chaque mot a un **sens propre** : le sens concret. Le mot cœur désigne, au sens propre, l'organe central de l'appareil circulatoire.

- Le **sens figuré** est un sens secondaire, un sens imagé qui dérive du sens propre. Le mot cœur a plusieurs **sens figurés** :
  – la poitrine ou l'estomac : serrer quelqu'un sur son cœur ; avoir mal au cœur ;
  – le courage, la bravoure (sens du XIIe siècle) : avoir du cœur ;
  – le siège des sentiments, des émotions : avoir un grand cœur...

- Un mot qui a plusieurs sens (propres et figurés) est **polysémique**.

MOTS CLÉS

✓ **Classe grammaticale :** La classe grammaticale d'un mot correspond à sa nature (nom, verbe, adjectif...). Un mot ne peut avoir qu'une seule classe grammaticale.

✓ **Sens figuré :** Le sens figuré correspond au sens second d'un mot. Il s'agit souvent d'un sens imagé, contrairement au sens propre.

LA MÉTHODE

▷ Chercher un mot dans le dictionnaire sans en connaître l'orthographe

- Il faut tout d'abord se fier à **sa prononciation**. Le son entendu doit aider à trouver la première lettre du mot (parapluie commence par le son [p]).

- Toutefois un même son peut avoir plusieurs graphies possibles (approximatif, habituel...). On peut alors s'appuyer sur d'autres **mots appartenant à la même famille**, puis chercher à proximité de ces mots dans les pages du dictionnaire (approximatif : approcher / habituel : habitude).

- Si on ne connaît aucun mot de la même famille ou s'il n'en existe pas, il faut alors **lister toutes les manières possibles d'écrire le mot** en se fiant au son du début du mot et vérifier si ces graphies existent dans le dictionnaire.

  Hirondelle, irondelle, yrondelle, hyrondelle

- Pour vérifier qu'il s'agit du mot que l'on cherchait, il faut ensuite en **vérifier le sens**.

MINI INTERRO

1. Quelles informations trouve-t-on sur un mot dans l'article du dictionnaire qui lui correspond ?

2. Qu'appelle-t-on le sens propre et le sens figuré d'un mot ? Donne un exemple.

S'ENTRAÎNER

1 Recherche

Cherche chacun des mots suivants dans le dictionnaire puis indique leur genre et leur classe grammaticale sous forme d'abréviation (par exemple : n. f. pour « nom féminin »).

a. centrer → ....

b. centre → ....

c. demain → ....

d. ordre → ....

e. ordonner → ....

2 Décrypter un article du dictionnaire

Lis l'article de dictionnaire ci-dessous et réponds aux questions.

LABORIEUX, IEUSE [labɔʀjø, jøz] adj. — v. 1200 « pénible » ; lat. *laboriosus,* de *labor* →labeur ; labourer* (encadré) **1.** VIEILLI ou LITTÉR. Qui coûte beaucoup de peine, de travail. ⇒**difficile*, fatigant, pénible.** *Une laborieuse entreprise. Des recherches, des solutions laborieuses.* ◊ Qui sent l'effort. *Récit, style laborieux.* ⇒ **embarrassé, lourd.** ◊ FAM. *Il n'a pas encore terminé? C'est laborieux!* c'est trop long. **2.** (v. 1370) (PERSONNES) Qui travaille beaucoup. ⇒ **actif, diligent, travailleur.** *« Un professeur avisé, laborieux »* (Green). LOC. COUR. *Les masses, les classes laborieuses,* qui n'ont pour vivre que leur travail. ⇒ **travailleur.** — PAR EXT. *Vie laborieuse :* vie de travail. ◊ CONTR. Aisé, facile. Inactif, oisif, paresseux.

Dictionnaire *Le Robert*, 2003.

a. Quelle est la classe grammaticale du mot ?

b. Combien a-t-il de sens possibles ?

c. Ce mot a-t-il des sens figurés ?

d. Donne deux antonymes du mot.

3 Mots polysémiques ?

Cherche les mots suivants dans le dictionnaire puis indique s'ils ont un ou plusieurs sens possibles.

a. jamais → ....

b. un sens → ....

c. un loup → ....

d. malin → ....

e. juger → ....

4 Sens propre ou figuré ?

Dans les phrases suivantes, indique si le mot souligné est employé au sens propre (P) ou au sens figuré (F).

a. Il m'a offert des roses (.....), mais j'aurais préféré des bonbons (.....).

b. J'adore ta veste rose bonbon (.....).

c. J'aimerais avoir la recette (.....) du succès.

d. La pièce a eu beaucoup de succès, la recette (.....) fut excellente.

e. Tu as mal au cœur (.....) et les joues en feu (.....) : tu n'es vraiment pas dans ton assiette (.....).

5 Utiliser le sens figuré

Utilise chacun des mots suivants dans une phrase où il aura un sens figuré.

a. âne : ....

b. trésor : ....

c. chou : ....

d. flèche : ....

6 CONTRÔLE EXPRESS

a. Quel est le point commun entre les expressions soulignées dans le texte ?

b. Explique le sens de chacune de ces expressions en t'aidant au besoin du dictionnaire.

c. « Cochon », « tête » : rédige une phrase pour illustrer le sens propre et le sens figuré de chacun de ces mots.

Dans un groupe, il n'est pas toujours facile de s'accorder : les uns ont un caractère de cochon, certains s'entendent comme chien et chat, tandis que les autres se laissent marcher sur les pieds… Ceux qui sont trop autoritaires passent leur temps à aboyer sur leurs camarades et n'hésitent pas à tirer la couverture à eux dans toutes les situations. Dans ces cas-là, il faut garder la tête froide, leur montrer qu'ils dépassent les bornes et tenter de maintenir l'harmonie au sein du groupe : c'est tout l'art de la communication…

Corrigés p. 24 du livret.

19 Synonymes, antonymes, homonymes, paronymes

RETENIR

1 / Reconnaître les synonymes et les antonymes

MOTS CLÉS

✓ **Synonyme :** Ce sont des mots de même sens et de nature grammaticale identique (exemple : *vaste* et *spacieux*).

✓ **Antonyme :** Ce sont des mots de sens contraire et de nature grammaticale identique (exemple : *large* et *étroit*).

- Les **synonymes** sont des mots de même nature grammaticale qui ont le même sens ou un sens très proche. Belle et magnifique sont des synonymes.

- Parfois, les synonymes ne sont pas interchangeables, car ils expriment des nuances différentes. C'est le cas, par exemple, des verbes : voir, toiser, scruter et contempler qui n'expriment pas tout à fait le même sens. Il faut donc être attentif au contexte de la phrase pour savoir lequel employer.

■ Employant un mot pour un autre, le prince de Motordu habite dans un « chapeau » (château) sur lequel flottent des « crapauds » (drapeaux). Ce sont des paronymes.

- Deux **antonymes** sont des mots de même nature grammaticale qui ont un sens contraire. Belle et laide sont deux adjectifs qualificatifs antonymes.

2 / Reconnaître les homonymes et les paronymes

- Les **homonymes** sont des mots dont la prononciation est identique, mais qui n'ont pas du tout le même sens. Il faut faire attention à bien les distinguer pour les écrire et les employer correctement. Une **aire** d'autoroute, un **air** de musique et l'**ère** glaciaire sont des homonymes.

- Les **paronymes** sont des mots dont l'orthographe et la prononciation sont presque similaires, mais qui n'ont pas le même sens : ils peuvent donc conduire à des confusions.

  Le prince de Motordu habitait **un chapeau** magnifique [...].

  → Ici, le mot qui convient est *château* et non *chapeau* : les deux mots sont des paronymes.

LA MÉTHODE

▷ Éviter une répétition grâce à un synonyme

MINI INTERRO

1. Un cours de français / un court de tennis : comment appelle-t-on ces mots ?

2. Que sont des paronymes ? Donne un exemple.

- Dans un récit, il peut être utile de recourir à des synonymes pour éviter une répétition et varier l'expression.

  Le prince de Motordu habitait un magnifique **château**. Toutefois, cette **demeure** lui paraissait bien vaste pour lui seul. Il souhaitait épouser une jeune femme et occuper avec elle son luxueux **logis**.

S'ENTRAÎNER

1 Quiz

Relie les mots de la colonne de gauche aux antonymes qui conviennent. Attention à la nature des mots !

a. victoire	détestable
b. somptueux	caresser
c. liquide	grimacer
d. agréable	acide
e. sucré	défaite
f. blesser	délabré
g. frapper	solide
h. sourire	soigner

2 Chercher l'intrus

Barre l'intrus qui se trouve dans chacune de ces listes de synonymes.

a. regarder • observer • curieux • voir • contempler

b. content • ravi • enthousiaste • poli • heureux

c. enfant • gamin • bosse • mioche • marmot

d. écrire • rédiger • récurer • griffonner • gratter

e. questionner • interroger • demander • reposer • exiger

3 Des paronymes

Dans le texte ci-dessous, souligne les paronymes et rétablis le mot qui convient.

Le prince de Motordu ne s'ennuyait jamais. Lorsque venait l'hiver, il faisait d'extraordinaires batailles de poules de neige. Et le soir, il restait bien au chaud à jouer aux tartes avec ses coussins dans la grande salle à danger du chapeau. Le prince vivait à la campagne. Un jour, on le voyait mener paître son troupeau de boutons.

Pef, *La Belle Lisse Poire du prince de Motordu*, © Éditions Gallimard, « Folio Benjamin », 1980.

4 Le bon synonyme

Dans les phrases suivantes, entoure le synonyme du mot souligné parmi les termes proposés.

a. Il emprunte toujours plusieurs ouvrages à la bibliothèque. (*livres* • *collages* • *lecture*)

b. Arrête de marmonner et parle distinctement ! (*grelotter* • *murmurer* • *répéter*)

c. Dès l'annonce du concert, ils se sont rués sur les billets. (*massés* • *précipités* • *grimpés*)

d. Il est trop chétif, il ne peut pas monter dans le manège. (*hâtif* • *menu* • *festif*)

e. La précarité de leur situation est alarmante. (*solidité* • *fragilité* • *facilité*)

5 Diversifier son vocabulaire

Dans les phrases suivantes, remplace le verbe *faire* par un verbe synonyme plus précis.

a. Il fait (....................) des tableaux depuis des années.

b. Elle a fait (....................) toute seule le repas et a fait (....................) des plats délicieux.

c. Aujourd'hui, tu as fait (....................) plusieurs longueurs de piscine, hier tu as fait (....................) plusieurs tours de piste : tu es vraiment infatigable !

d. Le parlement a fait (....................) une nouvelle loi cette nuit.

e. Vous avez fait (....................) vos devoirs ? Alors allez faire (....................) la vaisselle !

6 CONTRÔLE EXPRESS

a. Souligne les répétitions de mots dans le texte.

b. Réécris le texte en supprimant ces répétitions (attention à bien respecter la nature des mots).

Le prince de Motordu est le personnage principal d'un récit qu'aiment beaucoup les jeunes lecteurs. Ils aiment ce personnage car celui-ci fait beaucoup d'erreurs de langage… Ce sont surtout des erreurs de vocabulaire : il prend un mot pour un autre ! Il faut dire que la langue française est difficile, elle contient des mots qui se ressemblent beaucoup et des mots difficiles à écrire. Voilà pourquoi beaucoup d'élèves n'aiment pas beaucoup l'orthographe et aiment mieux lorsque ce sont des personnages de fiction qui se trompent !

Corrigés p. 25 du livret.

20 La formation des mots. L'étymologie

RETENIR

1 / Reconnaître les mots construits par composition

- Parmi les mots, on distingue les **mots simples**, qu'on ne peut pas décomposer en unités plus petites (sur, bec), et les **mots construits** qui se décomposent en unités de sens (al-léché, lang-age).

- Un mot construit **par composition** est formé de deux mots simples qui peuvent être : juxtaposés (téléphone portable) ; accolés (minijupe) ; reliés par un trait d'union (timbre-poste) ; reliés par une préposition (poil à gratter).

MOTS CLÉS

✓ **Préfixe :** Le préfixe est un élément qui se fixe devant le radical. Il peut modifier le sens du mot mais pas sa classe grammaticale.

✓ **Suffixe :** Le suffixe est un élément qui se fixe derrière le radical. Il peut modifier la classe grammaticale du mot.

2 / Reconnaître les mots construits par dérivation

- Un mot est construit **par dérivation** à partir d'un radical (élément contenant le sens principal du mot), auquel vient s'ajouter un **préfixe** et / ou un **suffixe**. Les mots formés autour du même radical appartiennent à une même **famille de mots**.

- Le **préfixe** précède le radical ; il modifie le sens du mot auquel il s'ajoute, mais pas sa classe grammaticale. Il s'agit d'un élément **invariable**. Mais, la dernière lettre du préfixe peut s'assimiler à la première du mot qu'il modifie, lorsqu'il s'agit d'une consonne. Le préfixe in- a un sens négatif : in-conscient désigne le contraire de conscient ; im-poli le contraire de poli.

- Le **suffixe** suit le radical, il peut modifier la classe grammaticale d'un mot. Les mots journée (nom), ajourner (verbe), journalier (adjectif) sont tous formés sur le radical jour avec des suffixes différents.

3 / Comprendre et utiliser l'étymologie

- L'étymologie est l'étude de **l'origine des mots**. L'essentiel des mots de la langue française, qui est une **langue romane**, vient du latin. Toutefois certains mots proviennent également du grec, de la langue gauloise, mais aussi de l'arabe, l'italien, l'espagnol, l'anglais…

- L'étymologie permet souvent **d'expliquer l'orthographe** d'un mot. Le mot corps se termine toujours par un *-s*, car il vient du mot latin « *corpus* ».

- L'étymologie d'un mot permet surtout d'en **expliquer le sens**. L'adjectif irascible vient du mot latin « *ira* » qui signifie : la colère. Cet adjectif sert à désigner une personne qui se met facilement en colère.

MINI INTERRO

1. De quels éléments un mot construit par dérivation peut-il se composer ?

2. À quoi sert de connaître l'étymologie d'un mot ?

LA MÉTHODE

▷ Orthographier un mot à l'aide d'un mot de la même famille

- On peut retrouver l'orthographe d'un mot en s'appuyant sur les mots qui appartiennent à la même famille car ils sont formés à partir du même radical.

→ Les mots atterrir, terrestre, terreux, enterrer, déterrer sont tous formés sur le radical terr- qui vient du latin « *terra* = la terre ».

S'ENTRAÎNER

1 Mots mêlés

Retrouve, dans la grille ci-dessous, les mots suivants construits par dérivation : *impossible* • *irréel* • *polissage* • *étirer* • *relire* • *irascible* • *emporter* • *buvette* • *relier* • *rêveur* • *retirer*.

I	M	P	O	S	S	I	B	L	E
R	U	O	N	O	D	R	U	A	M
R	E	L	I	R	E	A	V	G	P
É	T	I	R	E	R	S	E	B	O
E	U	S	E	V	P	C	T	M	R
L	O	S	F	E	T	I	T	A	T
E	P	A	C	U	D	B	E	U	E
V	I	G	B	R	E	L	I	E	R
N	R	E	T	I	R	E	R	T	E

2 Retrouver le préfixe

Souligne le préfixe de chacun des mots suivants : *atterré* • *surpris* • *recommencer* • *allonger* • *inutile* • *apprivoisé* • *exporter* • *impossible* • *illégitime* • *inefficace* • *extraordinaire* • *démonter* • *allégé*

3 Famille de mots

Entoure le radical commun aux mots d'une même liste. Puis donne deux autres mots de la même famille pour compléter chacune des listes.

a. diction • dictée • indicible → ……………………………

b. apporter • portable • supporter → ……………………

c. détourner • contourner • tournoyer → ………………

d. ordinateur • coordonner • ordre → ……………………

4 Racines latines et grecques

Pour chaque racine, latine ou grecque, qui t'est proposée, donne trois mots de la même famille. Attention à bien vérifier le sens de la racine auparavant !

a. télé- → ……………………………………………………

b. vidéo- / vis- → ……………………………………………

c. hydro- → …………………………………………………

d. géo- → ……………………………………………………

e. multi- → …………………………………………………

5 Un suffixe, des mots

Donne deux mots formés à partir de chacun des suffixes proposés. Puis précise la nature de chacun des mots que tu as trouvés. Que remarques-tu ?

a. -eux → ……………………………………………………

b. -ette → …………………………………………………

c. -ible → …………………………………………………

d. -eur → ……………………………………………………

e. -emment → ………………………………………………

f. -ir → ………………………………………………………

6 Du latin au français

Retrouve dans le texte latin les mots qui sont à l'origine des mots français soulignés dans la traduction.

Vulpes ad personam tragicam	***Le Renard au masque tragique***
Personam tragicam forte vulpes viderat : « O quanta species » inquit « cerebrum non habet ! » Hoc illis dictum est quibus honorem et gloriam Fortuna tribuit, sensum communem abstulit.	Un renard avait vu par hasard un masque tragique : « Ô quelle belle apparence, dit-il, mais elle n'a pas de cerveau ! » On dit cela aux personnes auxquelles la Fortune a attribué l'honneur et la gloire, mais a ôté le sens commun.

7 CONTRÔLE EXPRESS

a. Parmi les mots en gras, souligne en vert les mots construits sur une racine latine et en bleu les mots construits sur une racine grecque.

b. Mets entre crochets le préfixe et/ou le suffixe de chacun des mots en gras, puis entoure le radical.

c. Sans t'aider du dictionnaire, donne la définition des mots suivants : *polythéiste* • *omnipotent* • *polymorphe*.

En cours de latin, nous étudions la **mythologie** et la vie des **Romains** dans l'Antiquité. Le professeur nous a donné une **bibliographie** importante pour ceux qui souhaitaient en savoir davantage. Les Romains étaient **polythéistes** et croyaient en de multiples dieux. Mon préféré reste Jupiter qui est un dieu **omnipotent** et **polymorphe**.

Corrigés p. 25 du livret.

21 Les niveaux de langue

RETENIR

1 / À chaque situation, une façon de s'exprimer

• Le **niveau** (ou registre) **de langue** caractérise la façon de s'exprimer à l'écrit et à l'oral. Il dépend de la **situation de communication** (qui parle ? à qui ? où ? quand ?), car on ne s'adresse pas de la même façon par exemple à son meilleur ami ou à son professeur… On **adapte son niveau de langage** à son interlocuteur (le destinataire du message) et au contexte.

• On distingue **trois niveaux** de langage principaux :
– le **langage courant** est utilisé au quotidien, à l'écrit comme à l'oral : dans la famille, avec ses professeurs, ses voisins, etc. ;
– le **langage familier** est principalement utilisé **à l'oral**, dans des conversations avec des amis, des gens proches ;
– le **langage soutenu** est principalement utilisé **à l'écrit**, dans des **textes littéraires** ou des discours officiels.

MOTS CLÉS

✓ **Niveau de langage :** Le niveau ou registre de langage change selon l'interlocuteur. Il existe trois niveaux de langue différents : familier, courant, soutenu.

✓ **Langage soutenu :** Le langage soutenu s'emploie généralement à l'écrit. Il se caractérise par des tournures de phrases et un vocabulaire recherchés.

2 / Les caractéristiques des niveaux de langue

Niveau de langue	Caractéristiques	Exemple
Langage courant	→ un vocabulaire compris de tous, commun → des phrases construites correctement, plutôt simples et courtes → une prononciation correcte	Que veut dire ce mot, s'il te plaît ?
Langage familier	→ un vocabulaire familier → des phrases courtes, éventuellement mal construites, incomplètes → parfois aussi une prononciation incorrecte, avec des élisions abusives	Ça veut dire quoi, s'te plaît ?
Langage soutenu	→ un vocabulaire recherché → des phrases complexes, une grammaire irréprochable → un recours éventuel au passé simple et au mode subjonctif → une prononciation parfaite, qui met en valeur les liaisons	Auriez-vous l'obligeance, s'il vous plaît, de m'indiquer la signification de ce substantif ?

LA MÉTHODE

▷ Éviter les fautes de construction de la langue orale

• Le langage familier est utilisé pour parler à l'oral ; on peut être tenté de l'employer également à l'écrit, mais son usage est souvent incorrect.

→ Il est interdit d'employer nous et on dans une même phrase : l'emploi de nous est à privilégier.

On dira : nous ne savons pas où nous sommes ou on ne sait pas où on est.

→ Il ne faut pas utiliser de négation incomplète (je sais pas).

On dira : je ne sais pas comment faire, et non : je sais pas comment faire.

MINI INTERRO

1. Quels sont les trois niveaux de langue ? Donne un exemple pour illustrer chacun d'eux.

2. Quelles sont les caractéristiques du langage courant ?

1 Quel niveau de langue ?

Classe les mots ci-dessous dans un tableau, selon qu'ils appartiennent au langage courant, familier ou soutenu.

un pote • un camarade • de l'eau • de la flotte • enchanteur • dément • une toile • un film • écouter • capter • ouïr • insalubre • sale • crade • mioche • bambin • enfant

Langage courant	Langage familier	Langage soutenu
....	....	....
....	....	....
....	....	....
....	....	....

2 Chercher l'intrus

Dans chacune des listes ci-dessous, entoure l'intrus qui n'appartient pas au même niveau de langue que les autres.

a. joyeux • extatique • heureux • content

b. prendre • voler • piquer • dérober

c. écrire • raconter • copier • gratter

d. narration • substantivation • substitution • correction

3 Langage familier ou soutenu ?

Dans le texte ci-dessous, souligne en bleu les mots appartenant au langage familier et en vert les mots appartenant au langage soutenu.

La jeune élève. – Soyez chou, emmenez Lolotte en teuf-teuf.

Le Professeur, *quêtant une réponse dans l'assistance.* – Traduction ?

Un élève. – Soyez assez aimable pour inviter Charlotte à faire une promenade en automobile.

[…]

Le Professeur. – *Dondon ?*

Un élève. – Dame ayant de l'embonpoint. La grosse *dondon* est la femme du gros *patapouf*.

Le Professeur. – Cz… cz… cz… cz…

Un élève. – Phonèmes stridents par lesquels on excite au combat, contre un adversaire, quelqu'un pour qui l'on prend parti. Exemple : « Cz… cz !… » faisaient les Romains pendant le combat des Horace et des Curiace.

Jean Tardieu, « Ce que parler veut dire ou le Patois des familles », *La Comédie du langage* (1966), © Éd. Gallimard, « Folio », 1987.

4 Du familier au courant

Réécris ces phrases appartenant au langage familier en les transposant au langage courant. Attention à bien corriger les erreurs de grammaire et de syntaxe !

a. J't'appelle c't'aprèm', ok ?

b. Elle est à quelle heure la fiesta c'soir ?

c. J'y vais pas, j'ai pas envie !

d. J'les ai pas vus partir : y sont où ?

5 Du soutenu au courant

Réécris les expressions suivantes dans un langage courant.

a. Auriez-vous l'amabilité d'ouvrir la fenêtre ?

b. Je me vois contraint de vous quitter de bonne heure.

c. Nous voici conviés aux festivités.

d. Je vous prie de recevoir mes plus sincères salutations.

6 CONTRÔLE EXPRESS

a. Souligne en bleu les expressions appartenant au langage familier et en rouge celles appartenant au langage soutenu.

b. Réécris ce texte afin qu'il soit entièrement rédigé dans un langage courant et correct à l'écrit.

Chaque fin de semaine, nous nous rendons chez nos grands-parents. Là-bas, on court et on profite un max du grand air… À l'heure du déjeuner, y nous appellent et nous, on arrive en courant : généralement on est super excités et on arrête pas de gigoter. Alors y'a nos parents qui finissent par nous gronder en nous rappelant qu'il est de la plus grande nécessité de nous assagir afin de ne pas troubler nos aïeux. Mais c'est pas bien grave à cause que quand on est là, papi et mamie y rigolent vachement !

Corrigés p. 25 du livret.

22 Commencer un récit

RETENIR

1 / Le début d'un récit

• Le début d'un récit correspond à la première étape du schéma narratif : il présente **la situation initiale**. Les informations qu'on y trouve permettent de répondre aux questions suivantes :
– **où et quand ?** le lieu et l'époque de l'histoire ;
– **qui ?** le héros et les personnages principaux ;
– **quoi ?** la quête du héros.

Ayant reçu un chat comme héritage à la mort de son père, un jeune homme découvre bientôt que l'animal est doué de parole et aussi particulièrement malin…

• Le narrateur peut choisir de plonger directement le lecteur au cœur de l'action. Le récit commence alors ***in medias res*** et les éléments de description (lieu, personnages, etc.) sont donnés au fur et à mesure. Voici, par exemple, comment débute le conte de Perrault intitulé *Le Chat botté* : Un meunier ne laissa pour tous biens à trois enfants qu'il avait, que son moulin, son âne, et son chat.

2 / Les circonstances au début d'un récit

• Dans un conte, le lieu et l'époque dans lesquels se déroule l'action sont généralement **indéterminés** : on ne sait pas précisément où ni quand les faits se sont passés.

• Pour indiquer **le cadre spatial**, on utilise des CC de lieu :
– un GN : dans un pays lointain, près d'un lac, dans un château magnifique…
– un adverbe : au loin, aux alentours, ailleurs…

• Pour indiquer **le cadre temporel**, on utilise des CC de temps : dans un temps très reculé, il y a fort longtemps…

• Pour exprimer les circonstances temporelles de l'action, on peut utiliser :
– un GN : un soir d'hiver, ce jour-là…
– un adverbe : jadis, il y a fort longtemps…
– un verbe à l'infinitif : après avoir longtemps erré, avant de rendre visite à sa grand-mère…

MOTS CLÉS

✓ **Schéma narratif :** Ce sont les principales étapes que l'on retrouve dans la plupart des récits : situation initiale, événement perturbateur, péripéties, résolution, situation finale.

✓ **Cadre du récit :** Il correspond au lieu et à l'époque dans lesquels va se dérouler le récit. C'est le cadre spatio-temporel.

MINI INTERRO

1. Quelles informations trouve-t-on dans la situation initiale d'un récit ?

2. Quel temps utilise-t-on généralement au début d'un récit au passé ? Pourquoi ?

LA MÉTHODE

▷ Écrire le début d'un récit

• Au début du récit, il s'agit de présenter le cadre et les personnages. On utilise donc généralement **l'imparfait**, car c'est le temps de la description.

• En principe, la narration se fait à **la 3e personne** et les personnages n'interviennent pas directement. Voici le début de *La Belle et la Bête* :

Il y avait une fois un marchand qui était extrêmement riche. Il avait six enfants, trois garçons et trois filles.

S'ENTRAÎNER

1 Vrai ou faux ?

Coche la case qui convient.

	V	F
a. Le début d'un récit sert notamment à présenter les personnages.	❑	❑
b. Un récit débute toujours par la présentation du cadre de l'action.	❑	❑
c. Parmi les étapes du schéma narratif, le début du récit correspond à la situation finale.	❑	❑

2 Étudier un début de récit

Lis le début de récit ci-dessous et réponds aux questions posées.

Il était une fois un gentilhomme qui épousa en secondes noces une femme, la plus hautaine et la plus fière qu'on eût jamais vue. Elle avait deux filles de son humeur, et qui lui ressemblaient en toutes choses. Le mari avait de son côté une jeune fille, mais d'une douceur et d'une bonté sans exemple ; elle tenait cela de sa mère, qui était la meilleure personne du monde.

Charles Perrault, « Cendrillon », in *Contes*, 1697.

a. Quelle expression indique le moment de l'action ? Cette indication te paraît-elle précise ?

b. Qui sont les personnages présentés ?

c. Quel est le personnage principal ? Quels éléments te permettent de répondre ?

d. Quelle indication n'est pas donnée dans ce début de récit ?

3 Est-ce un début de récit ?

Lis les extraits suivants et indique ceux qui sont des débuts de récit. Justifie ta réponse.

a. Il y avait en Vestphalie, dans le château de monsieur le baron de Thunder-ten-tronckh, un jeune garçon à qui la nature avait donné les mœurs les plus douces. Sa physionomie annonçait son âme. Il avait le jugement assez droit, avec l'esprit le plus simple ; c'est, je crois, pour cette raison qu'on le nommait Candide.

Voltaire, *Candide ou l'optimisme*, 1759.

b. En même temps, il entendit un grand bruit et vit venir à lui une bête si horrible, qu'il fut tout près de s'évanouir. « Vous êtes bien ingrat, lui dit la Bête d'une voix terrible ; je vous ai sauvé la vie en vous recevant dans mon château, et puis vous me volez mes roses. [...] »

Mme Leprince de Beaumont, *La Belle et la Bête*, 1740.

c. Capitaine Renard allait de compagnie
Avec son ami Bouc des plus hauts encornés :
Celui-ci ne voyait pas plus loin que son nez ;
L'autre était passé maître en fait de tromperie.

Jean de La Fontaine, *Fables*, 1678.

4 Temps et lieu du récit

Dans les phrases suivantes, souligne les éléments qui servent à préciser les circonstances de l'action. Indique si l'information concerne le temps ou le lieu.

a. La princesse dormait depuis des centaines d'années dans son château délabré.

b. Autrefois, lutins et korrigans peuplaient la forêt de Brocéliande.

c. À des kilomètres de là, l'ogre vivait heureux entouré de ses dizaines d'enfants. Il partait souvent chasser autour de sa propriété et rapportait quelques habitants du pays pour le déjeuner.

d. Un beau matin, la fillette décida de quitter la maison et d'échapper ainsi aux réprimandes incessantes de sa marâtre.

5 CONTRÔLE EXPRESS

À ton tour, rédige un début de récit (environ 8 lignes) en respectant les consignes suivantes :

a. emploi de l'imparfait et de la 3e personne ;

b. présentation détaillée du cadre spatio-temporel ;

c. brève description du personnage principal ;

d. phrase annonçant l'élément perturbateur et la fin de la situation initiale ;

e. utilisation de la phrase d'amorce suivante :
Jadis, il y a quelques milliers d'années, dans un petit pays oublié depuis longtemps, vivait...

Corrigés p. 26 du livret.

23 Faire progresser un récit

RETENIR

1 / Les péripéties

• Dans la plupart des récits, on retrouve les étapes du **schéma narratif** : situation initiale ; élément perturbateur ; **péripéties** ; élément de résolution ; situation finale. Les péripéties désignent les épreuves que le héros doit surmonter afin d'atteindre son objectif.

• Au cours des péripéties, le héros est tantôt aidé par des **adjuvants** (personnages bienfaisants), tantôt confronté à des **opposants** (personnages malveillants). Il y a généralement plusieurs péripéties qui s'enchaînent. Il peut s'agir de :
– rencontrer un nouveau personnage (adjuvant ou opposant) ;
– traverser ou atteindre un lieu dangereux ;
– surmonter une épreuve ou un défi lancé par un opposant ;
– trouver un objet magique qui permettra d'avancer dans la quête, etc.

MOTS CLÉS

✓ **Adjuvant :** Il s'agit d'un personnage bienfaisant qui aide le héros dans sa quête.

✓ **Opposant :** Il s'agit d'un personnage malveillant qui entrave le héros dans sa quête et qui cherche à lui nuire.

2 / Les outils de la langue

• Les péripéties constituent le corps du récit et s'enchaînent sur plusieurs paragraphes. Pour les évoquer, il faut utiliser le **passé simple**. Ce temps permet en effet d'exprimer des actions qui se succèdent et s'enchaînent au **premier plan du récit**.

> Cependant, M. Seguin ne **se découragea** pas, et, après avoir perdu six chèvres de la même manière, il en **acheta** une septième […].

• Dans un récit, on a souvent recours à des **mots de liaison** pour situer les actions dans le temps et mettre en évidence la chronologie des événements racontés. On les appelle des **connecteurs temporels**. Ils servent à exprimer :
– **des actions qui se succèdent** dans le temps : *tout d'abord / ensuite / enfin, hier / aujourd'hui / demain, la veille / le lendemain / quelques jours plus tard…*
– **des actions simultanées** : *au même instant, ce jour-là…*
– **des actions soudaines** : *tout à coup, soudain…*

LA MÉTHODE

▷ Rédiger un récit intéressant

• Pour que le récit soit agréable à lire, pense à **diversifier les péripéties**. Attention à ne pas tomber pour autant dans l'accumulation ! Il faut maintenir une certaine **vraisemblance**. Voilà pourquoi il est important d'avoir déjà en tête les principales actions avant de commencer à rédiger l'histoire.

• Il est nécessaire de préparer un plan **au brouillon** afin de noter et d'organiser les **idées principales**, en faisant un tableau avec des catégories, par exemple : personnages principaux et secondaires ; objet de la quête du héros ; liste des combats et des épreuves ; objets ou personnages qui apportent une aide et permettent au héros d'avancer, etc.
Après avoir fait la liste de ces éléments, il ne reste plus qu'à rédiger !

MINI INTERRO

1. Quelles sont les différentes étapes du schéma narratif ?

2. Quel temps utilise-t-on, dans un récit au passé, pour raconter les péripéties ?

S'ENTRAÎNER

1 Vrai ou faux ?

Coche la case qui convient.

	V	F
a. Généralement, un récit débute par les péripéties que le héros doit surmonter.	❑	❑
b. Les adjuvants sont des personnages qui cherchent à nuire au héros.	❑	❑
c. Dans un récit au passé, on utilise le passé simple pour exprimer des actions de premier plan.	❑	❑

2 Les connecteurs temporels

Dans chacune des phrases ci-dessous :
– souligne le connecteur temporel utilisé ;
– indique si les actions sont successives ou simultanées.

a. La chèvre détacha sa corde, puis elle s'enfuit dans la montagne.

b. M. Seguin s'inquiéta toute la journée pour sa chèvre ; pendant ce temps, celle-ci profitait de sa liberté.

c. Le loup vit la chèvre appétissante, aussitôt il se jeta sur elle pour la manger.

d. La chèvre constata que le soir était tombé, au même moment elle entendit son maître qui l'appelait.

e. D'abord la chèvre se réjouit de ses nouvelles expériences, ensuite elle se mit à réfléchir aux nombreux dangers qu'elle courait.

3 Mettre dans l'ordre

Remets dans l'ordre les étapes du récit, après avoir rétabli les connecteurs temporels.

Après avoir lutté toute la nuit • Le soir • Durant de longues semaines • Pendant des heures • Un jour

a. ...., elle commence à s'inquiéter de se retrouver seule.

b. ...., la petite chèvre se décide à partir malgré l'avis de son maître.

c. ...., la pauvre Blanquette subit le triste sort que lui avait prédit M. Seguin.

d. ...., la chèvre de M. Seguin le supplie de la laisser aller gambader dans la montagne.

e. ...., elle se sent revivre, elle est libre.

4 Utiliser les temps du récit

Complète le texte en conjuguant les verbes au temps qui convient : à l'imparfait pour les actions de second plan, au passé simple pour les actions qui font progresser le récit.

Autrefois, Maître Cornille (être) .... un meunier travailleur et prospère. Il (posséder) .... un magnifique moulin à vent dont les ailes (tourner) .... à plein régime.

Un jour, des Parisiens (arriver) .... dans la région et (installer) .... une minoterie.

À partir de ce moment, les moulins (fermer) .... les uns après les autres. Seul le moulin de Maître Cornille (continuer) .... de tourner.

Mais, à partir de ce fameux jour, le vieil homme (vivre) .... isolé et ne (parler) .... plus à quiconque. Peu à peu, sa situation (intriguer) .... les gens du village qui (se demander) .... ce qu'il (pouvoir) .... bien avoir à moudre.

Un jour, on (découvrir) .... son secret : des sacs de gravats (remplacer) .... les sacs de blé !

5 CONTRÔLE EXPRESS

Rédige trois péripéties à partir des éléments ci-dessous. Tu utiliseras le passé simple et tu auras recours à des connecteurs temporels pour montrer l'enchaînement des actions.

– **Situation initiale :** Un beau jour, le plus jeune fils du gouverneur de la planète Bételgeuse, tout juste promu astronavigateur, monta à bord de son vaisseau pour aller explorer les recoins inconnus de la galaxie des Elfes…

– **Péripéties**…

– **Situation finale :** Au terme de ce périple intergalactique, notre héros revint enfin auprès des siens. Satisfait d'être parvenu à assurer une paix durable entre les Elfes et les habitants de Bételgeuse, il se promit de toujours utiliser son pouvoir pour de nobles causes.

Corrigés p. 26 du livret.

24 Employer le temps qui convient dans un récit au passé

RETENIR

1 / Imparfait et passé simple

MOT CLÉ

✓ **Temps de base :** C'est le temps de référence du récit. Dans le récit au passé, le temps de base est le passé simple : il sert à exprimer les actions situées au premier plan du récit.

• **Dans un récit au passé, l'imparfait** est employé pour :
– **décrire** le décor, les personnages, etc. ;

Ce robinet et cet évier **faisaient** partie d'une cuisine et cette cuisine **était** située dans un appartement [...]

– rapporter des actions de second plan.

[...] où **habitait** une famille d'ouvriers.

→ Le plus souvent, l'imparfait exprime donc une action passée **non limitée dans le temps**. Il peut aussi exprimer la répétition et l'habitude dans le passé.

• Généralement, **le passé simple** est employé pour exprimer les actions de **premier plan**, qui font avancer le récit. Il s'agit d'**actions limitées dans le temps**, avec un début et une fin.

La fée **resta** longtemps sans se manifester à eux [...].
→ La fée finira par manifester sa présence.

• Le **plus-que-parfait** est employé pour exprimer une action qui s'est déroulée avant une autre action passée. Ce temps marque **l'antériorité** par rapport à l'imparfait et au passé simple.

La fée qui **était tombée** dans les canalisations se retrouva dans le robinet d'une cuisine.

2 / Le présent

• **Dans un récit au passé**, on utilise le présent :
– dans les dialogues, pour faire parler les personnages (**présent d'énonciation**) ;
– dans certains passages, pour exprimer **des vérités générales** : [...] car les fées ne **se montrent** pas pendant le jour.

LA MÉTHODE

▷ Choisir le temps qui convient dans un récit

• Pour rédiger un récit, il faut choisir entre trois temps de base :
– **le passé simple** (c'est le temps utilisé dans un récit au passé, un conte par exemple) ;
– **le passé composé** (c'est le temps utilisé de préférence dans un récit de vie à la 1re personne ou dans un récit journalistique) ;
– **le présent** (on peut choisir de rapporter des actions passées au présent pour les rendre plus proches).

Temps de base du récit (actions de 1er plan)	passé simple	passé composé	présent
Temps pour décrire (actions de 2nd plan)	imparfait	imparfait	présent

MINI INTERRO

1. Quel est le temps de base du récit au passé ?

2. Quel temps utilise-t-on, dans un récit au passé, pour présenter les personnages principaux ?

S'ENTRAÎNER

1 Quiz

Coche la bonne réponse.

a. La fée … dans la cuisine et ne … que la nuit.

❑ vécut ❑ vivait ❑ vivra

❑ sortit ❑ sort ❑ sortait

b. Une nuit, l'aînée des filles se … et se … jusqu'au frigidaire.

❑ levait ❑ lèvera ❑ leva

❑ faufilait ❑ faufile ❑ faufila

c. Soudain, elle … la fée et … peur.

❑ apercevait ❑ apercevra ❑ aperçut

❑ prenait ❑ prend ❑ prit

2 Identifier les temps du passé

Dans l'extrait ci-dessous, souligne en vert les verbes conjugués à l'imparfait et en rouge les verbes conjugués au passé simple.

Ce robinet et cet évier faisaient partie d'une cuisine, et cette cuisine était située dans un appartement où habitait une famille d'ouvriers comprenant le père, la mère et deux grandes filles. La fée resta longtemps sans se manifester à eux, car les fées ne se montrent pas pendant le jour : elles ne sortent qu'après minuit. […] Une fois cependant, l'aînée des filles, qui était gourmande et mal élevée, se leva, sur le coup de deux heures du matin, pour aller voler dans le frigidaire.

Pierre Gripari, « La fée du robinet » in *La Sorcière de la rue Mouffetard et Autres Contes de la rue Broca*,

3 Imparfait ou passé simple ?

Dans les phrases ci-dessous, conjugue les verbes entre parenthèses au temps qui convient (imparfait ou passé simple).

a. Chaque nuit, il (rêver) qu'il (pouvoir) voler.

b. Dès que le film (commencer), elle (fermer) les yeux et (s'endormir) profondément.

c. Tous les samedis, nous (aller) à la piscine et nous (finir) la journée par une séance de cinéma.

d. Dimanche dernier, le temps (être) magnifique, le soleil (briller) dans le ciel, puis, sur les coups de 17 heures la pluie (se mettre) à tomber brusquement.

e. Mourad et Caroline (regarder) la télévision, quand soudain ils (se rappeler) qu'ils (avoir) rendez-vous avec une amie.

f. À 22 heures, dès qu'il (entendre) ses parents rentrer, Sébastien (éteindre) la lumière.

4 Utiliser les temps du passé

Recopie l'extrait de conte ci-dessous en conjuguant les verbes entre parenthèses au temps qui convient (imparfait, passé simple ou plus-que-parfait).

Ils (arriver) enfin à la maison où (être) cette chandelle, non sans bien des frayeurs, car souvent ils la (perdre) de vue, ce qui leur (arriver) toutes les fois qu'ils (descendre) dans quelque fond. Ils (heurter) à la porte, et une bonne femme (venir) leur ouvrir. Elle leur (demander) ce qu'ils (vouloir) ; le Petit Poucet lui dit qu'ils (être) de pauvres enfants qui (se perdre) dans la forêt, et qui (demander) à coucher par charité.

Charles Perrault, « Le Petit Poucet », in *Contes de ma mère l'Oye*, 1697.

5 CONTRÔLE EXPRESS

Réécris le texte ci-dessous au passé. Attention à bien utiliser le temps qui convient (imparfait ou passé simple) selon ce qui est exprimé.

Cendrillon est une jeune fille douce et très belle. Elle vit avec son père, mais aussi sa méchante belle-mère et les deux filles de celle-ci, qui sont parfaitement odieuses. Cendrillon doit s'occuper de toutes les tâches ménagères et elle est au service de sa marâtre qui ne cesse de lui donner des ordres.
Un jour, grâce à l'aide de sa marraine la fée, elle parvient à se rendre au bal donné par le fils du roi. Celui-ci tombe aussitôt amoureux de la charmante jeune fille. À minuit, Cendrillon s'enfuit par peur de voir son carrosse transformé en citrouille. Dès le lendemain du bal, le prince retrouve Cendrillon grâce à une pantoufle de vair. Ils se marient et vivent heureux.

Corrigés p. 26 du livret.

25 Désigner et décrire un personnage

RETENIR

1 / Désigner un personnage

• Il y a différentes façons de désigner un personnage. Dans le récit, il faut penser à employer des **termes variés** pour éviter les répétitions et enrichir le texte.

■ Charlie Bucket vit très pauvrement avec sa famille. Il gagne une visite de la chocolaterie de Willy Wonka, qui va changer à jamais son existence.

• Un personnage peut être désigné par :
– son nom propre : Mr. Wonka, Charlie…
– un surnom : le Petit Poucet, le Petit Chaperon rouge…
– un terme précisant le type de personnage : le détective, la fée, l'ogre, le coupable…
– un terme précisant son rôle dans l'histoire : le héros, l'ennemi…
– le lien qu'il a avec les autres personnages : la fiancée, le fils, le grand-père…
– une périphrase (expression qui désigne le personnage). C'est une **reprise nominale**, qui permet d'éviter les répétitions tout en apportant des éléments descriptifs : la fillette capricieuse, le petit bonhomme étrange…

MOTS CLÉS

✔ **Personnage :** Dans un récit, les personnages évoluent au cours de l'histoire. On distingue les personnages principaux (ou héros) et les personnages secondaires.

✔ **Portrait :** Il consiste à décrire un personnage à travers ses caractéristiques physiques mais aussi morales.

2 / Décrire un personnage

• Au début d'un récit, on décrit généralement les personnages afin de les présenter et de préciser leur rôle. La description d'un personnage porte sur ses **caractéristiques physiques** (taille, cheveux…) et **morales** (qualités, défauts…).

L'Oompa-Loompa s'inclina et sourit, montrant ses belles dents blanches.

• Pour éviter d'employer systématiquement le nom du personnage, on utilise des **reprises pronominales** ; il est alors désigné par un pronom : il, celui-ci, lui-même…

LA MÉTHODE

▷ Faire un portrait

• On distingue deux types de portrait : **statique** (décrire un personnage en caractérisant les différentes parties de son corps, son visage, sa taille, etc.) et **en action** (décrire ses gestes, sa démarche, ses réactions, etc.).

Cette photo représentait un garçon de neuf ans, si gros et si gras qu'il avait l'air gonflé par une pompe extrapuissante. Tout flasque et tout en bourrelets. (*portrait statique*)

Elle parlait très vite et très fort à tout le monde, mais on avait du mal à la comprendre car, tout en parlant, elle mâchait du chewing-gum avec férocité. (*portrait en action*)

■ Roald Dahl, *Charlie et la chocolaterie*, Trad. É. Gaspar, « Folio Junior », © Éd. Gallimard, 1964.

• On peut décrire un personnage dans **un dialogue**, par ses paroles, le ton qu'il adopte, le registre de langue et le vocabulaire qu'il utilise.

• Il n'est pas nécessaire de faire une longue description du personnage au début du récit : ses actions, ses paroles, ses sentiments viendront compléter le portrait initial.

MINI INTERRO

1. Que doit-on décrire pour présenter un personnage ?
2. En quoi consiste un portrait en action ?

S'ENTRAÎNER

1 Quiz

Relie ces périphrases à ce qu'elles désignent.

a. La ville-lumière	o	o le chien
b. Le meilleur ami de l'homme	o	o Zeus
c. Le plus rusé des animaux	o	o Paris
d. Le dieu des dieux	o	o le renard

2 Analyser un portrait

Relève les éléments qui permettent de décrire le personnage dont il est question. Classe-les dans un tableau en distinguant les caractéristiques physiques et morales.

Mr. Wonka se tenait tout seul à l'entrée de la chocolaterie. Quel extraordinaire petit homme que ce Mr. Wonka ! Il était coiffé d'un chapeau haut de forme noir. Il portait un habit à queue d'un beau velours couleur de prune. Son pantalon était vert bouteille. Ses gants étaient gris perle. Et il tenait à la main une jolie canne à pommeau d'or. Une petite barbiche taillée en pointe – un bouc – ornait son menton. Et ses yeux – ses yeux étaient merveilleusement brillants. Ils semblaient vous lancer sans cesse des regards complices pleins d'étincelles. Tout son visage était, pour ainsi dire, illuminé de gaieté, de bonne humeur.

■ Roald Dahl, *Charlie et la chocolaterie*, Trad. É. Gaspar, « Folio Junior », © Éd. Gallimard, 1964.

3 Utiliser des pronoms

Réécris les phrases suivantes en utilisant des reprises pronominales pour supprimer les répétitions. Varie les pronoms utilisés.

a. Mr. Wonka veut prendre sa retraite. Mr. Wonka a lancé un grand concours pour trouver son successeur.

b. Les grands-parents de Charlie sont très vieux de sorte que les grands-parents de Charlie ne sortent plus de leur lit.

c. Les parents de Charlie sont si pauvres que les parents de Charlie ont à peine assez d'argent pour offrir à Charlie un cadeau d'anniversaire.

4 Rédiger des périphrases

Trouve des périphrases qui permettent de désigner les personnes et personnages cités ci-dessous. Ces périphrases doivent apporter des éléments de description.

Exemple : Victor Hugo → ce grand écrivain du XIXe siècle

a. Le Petit Poucet → ....

b. Mr. Willy Wonka → ....

c. Molière → ....

d. Ulysse → ....

5 LECTURE D'IMAGE

Observe l'image et réponds aux questions.

a. Quelle est la nature de l'image ? Qui en est l'auteur ?

b. Décris cette image en quelques mots.

c. Quelles sont les couleurs dominantes ?

d. Quelle est la particularité du visage ? Quel effet cela produit-il ?

e. Que constates-tu au sujet des yeux du personnage ? Que cela peut-il signifier ?

f. Selon toi, le peintre a-t-il cherché à représenter la réalité ?

g. Donne quatre adjectifs pour qualifier le personnage représenté. Justifie tes choix en t'appuyant sur des éléments précis du tableau.

Pablo Picasso (1881-1973), *Portrait de Dora Maar* (1937), huile sur toile, 92 × 65 cm, Musée Picasso, Paris.

Corrigés p. 27 du livret.

26 Faire parler un personnage

RETENIR

1 / Le dialogue dans un récit

• Dans un récit, le narrateur peut choisir de laisser parler les personnages : les paroles de ceux-ci sont alors **rapportées directement**. Cela permet de rendre le récit plus vivant et de décrire le personnage à travers son discours. (*Remarque* : les exemples sont tirés du dialogue de l'exercice 2 en page de droite.)

– Est-ce que je ne suis pas la plus belle, mon Zeus ? minauda Héra.

MOTS CLÉS

✓ **Paroles rapportées :** Dans un texte, on peut rapporter des paroles directement telles qu'elles ont été prononcées, ou indirectement en les intégrant au récit.

✓ **Proposition incise :** La proposition incise se trouve après une virgule, elle contient un verbe de parole et un sujet inversé. Par exemple : « Je trouve, **dit-il**, que ce tableau est magnifique. »

2 / Ponctuation et verbes de parole

• Pour **introduire un dialogue dans un récit**, on utilise un verbe introducteur suivi d'un deux-points (:) pour indiquer qu'un personnage s'apprête à parler. Les paroles sont ensuite introduites par **des guillemets**.

• Le verbe indiquant qu'un personnage parle (verbe de parole) peut aussi venir après le début du dialogue. Il se place soit au milieu de la phrase de dialogue encadré par des virgules, soit après les paroles. Il s'agit d'une **proposition incise**.

– Parce que tu ne t'es jamais intéressée à ce genre de choses, **répliqua** Héra, voilà pourquoi.

Parfois le verbe de parole est sous-entendu. On sait qu'un nouveau personnage parle car il y a **un nouveau tiret**.

– Il y a un début à tout. J'ai justement envie de séduire un peu ces temps-ci…
→ On sait que c'est Athéna qui prononce ces paroles car le tiret indique qu'on a changé de locuteur, or le dialogue se déroule entre Héra et Athéna.

• Il faut essayer de **diversifier les verbes de parole** pour ne pas utiliser systématiquement le verbe dire. Le choix de ce verbe se fait en fonction du contenu des paroles prononcées, de leur intensité, de l'intention et des sentiments de celui qui les prononce. Il existe de nombreux verbes de paroles : affirmer, crier, chuchoter, bougonner, murmurer, souffler, répliquer, répondre, nier, protester…

LA MÉTHODE

▷ Ponctuer un dialogue

• Pour signifier la présence d'un dialogue dans le récit, on utilise **des guillemets et des tirets**. On ouvre les guillemets («) avant la prise de parole du premier locuteur, puis on les referme (») après la dernière intervention du tout dernier locuteur : les guillemets permettent de signaler **l'ouverture et la fermeture du dialogue**.

Athéna **demanda** agressivement : **«** Ah oui ? Pourquoi toi ? Pourquoi MOI je ne serais pas la plus belle ? **»**

• À l'intérieur du dialogue, on utilise des tirets pour indiquer chaque **changement de locuteur**. Ainsi, tout nouveau tiret indique que la parole change d'émetteur. Attention, pour que le dialogue reste clair et facile à lire, il ne faut pas utiliser de guillemets à chaque changement de locuteur.

MINI INTERRO

1. Quelles sont les deux façons de rapporter des paroles ?
2. Comment ponctue-t-on un dialogue ?

S'ENTRAÎNER

1 Chercher l'intrus

Entoure l'intrus parmi les verbes de parole ci-dessous.

a. hurler • crier • marmonner • brailler

b. avouer • reconnaître • confesser • mentir

c. dire • nier • affirmer • clamer

d. protester • contredire • confirmer • contester

2 Analyser un dialogue

Souligne en noir le nom des interlocuteurs, en vert les paroles que prononcent les personnages, en bleu les signes qui permettent de ponctuer ce dialogue puis encadre les verbes de parole utilisés.

Héra, Athéna et Aphrodite se disputent la pomme d'or qui doit être attribuée à la plus belle des trois déesses…

– Est-ce que je ne suis pas la plus belle, mon Zeus ? minauda Héra.

– Ah oui ? Pourquoi toi ? Pourquoi MOI je ne serais pas la plus belle ? demanda agressivement Athéna.

– Parce que tu ne t'es jamais intéressée à ce genre de choses, voilà pourquoi, répliqua Héra.

– Il y a un début à tout. J'ai justement envie de séduire un peu ces temps-ci…

■ Béatrice Bottet, *Rififi sur le Mont Olympe*, © Éditions Casterman, 2003.

3 Placer des verbes de parole

Complète chacune des phrases avec le verbe de parole qui convient, en le conjuguant au présent de l'indicatif : *chuchoter* • *ordonner* • *répliquer* • *menacer.*

a. « Taisez-vous et sortez vos affaires dans le calme ! » .... le professeur en entrant dans la salle.

b. « Tu dis vraiment n'importe quoi ! » .... Perrine à Mouna.

c. « Vous serez privés de télévision jusqu'à ce que vous rangiez vos chambres ! » .... leur père.

d. « Approche, je vais te dire un secret… » .... Vincent à Mathilde.

4 Réécriture

Réécris les phrases en indiquant qui les prononce.

Exemple : Essuyez bien vos pieds avant d'entrer ! (la mère à ses enfants / rappeler) → *La mère rappelle à ses enfants : « Essuyez bien vos pieds avant d'entrer ! »*

a. Je pense que la plus belle des trois est Aphrodite. (*Pâris aux dieux / avouer*)

b. J'en ai plus qu'assez de vos chamailleries ! (*Zeus aux trois déesses / répliquer*)

c. Décerne-moi le prix et je t'offrirai la victoire dans tous les combats. (*Athéna à Pâris / promettre*)

5 LECTURE D'IMAGE

Observe l'image et réponds aux questions.

a. Quelle est la nature de l'image ? Qui en est l'auteur ?

b. Où se déroule la scène représentée ? À quelle époque de l'année ? Justifie tes réponses.

c. Combien y a-t-il de personnages représentés au premier plan ? Que fait chacun d'eux ?

d. Ces personnages appartiennent-ils à notre époque ? Justifie ta réponse.

e. Quelle atmosphère générale se dégage de cette scène ? Appuie-toi sur des éléments précis (attitude des personnages, couleurs, etc.).

Pierre Auguste Renoir (1841-1919), *Le Déjeuner des canotiers* (1881), huile sur toile, 1,28 × 1,73 m, The Phillips Collection, Washington DC.

Corrigés p. 27 du livret.

27 La poésie

RETENIR

1 / Le texte poétique

« On regarde voler les tirelires en l'air », Claude Roy.

- Le texte poétique se caractérise par une **mise en page** particulière : il donne à voir et à entendre. C'est le cas notamment des poèmes **calligrammes** dans lesquels le texte représente un dessin. La poésie est avant tout un jeu sur **le langage**, mais aussi **les sons** et **les rythmes**, elle se caractérise par sa **musicalité**.

- Le texte poétique se compose généralement de **vers**, toutefois il existe également ce que l'on appelle des **poèmes en prose**. Les vers sont regroupés en **strophes** séparées par des **espaces blancs** : ces espaces sont comme des temps de pause, de silence et de respiration.

- Grâce aux images qu'il utilise (la comparaison, la métaphore, etc.), le poète est créateur **d'un langage nouveau** avec lequel il célèbre par exemple la beauté du monde, la nature en la décrivant d'une manière nouvelle. C'est ainsi que le poète Paul Éluard affirme que : La terre est bleue comme une orange.

MOTS CLÉS

✔ **Alexandrin :**
Un alexandrin est un vers qui compte 12 syllabes.

✔ **Calligramme :**
Un calligramme est un poème dont la mise en page particulière représente un dessin (généralement en lien avec le thème du poème).

2 / Les principales notions de versification

- Lorsqu'un même son se répète en fin de vers, c'est une **rime**. Les rimes sont dites **féminines** quand elles se terminent par un ***e*** muet (escarcelle / hirondelle), sinon elles sont dites **masculines** (supposition / violon).

- Les vers se décomposent en **syllabes**. Un vers de 8 syllabes est un **octosyllabe** ; un vers de 10 syllabes est un **décasyllabe** ; un vers de 12 syllabes est un **alexandrin**.

  Les / dic / tées / tout / à / coup / ont / un / air / bien / bi / zarre.
  → Ce vers est un alexandrin.

- Les strophes se nomment différemment en fonction du nombre de vers qu'elles contiennent : une strophe de 2 vers est un **distique**, de 3 vers un **tercet** et de 4 vers un **quatrain**.

LA MÉTHODE

▷ Compter les syllabes d'un vers

- Pour bien compter le **nombre de syllabes** que comporte un vers, il faut faire attention à quelques règles. On ne compte pas un ***e*** qui se trouve en fin de vers ou qui est suivi par une voyelle (se / pro / non / ce es / car / celle). En revanche, on le compte lorsqu'il est suivi d'une consonne (u / **ne** / sup / po / si / tion).

- Parfois, pour avoir le nombre de syllabes qui convient, il faut **séparer deux sons prononcés** normalement dans un même souffle. Le mot concerné est ainsi mis en valeur par ce procédé appelé **diérèse** : vi / o / lon.

MINI INTERRO

1. Généralement, à quoi reconnaît-on un poème ?

2. Qu'est-ce qu'un quatrain ? un tercet ?

1 Vrai ou faux ?

Coche la case qui convient.

	V	F
a. Dans un poème, les vers sont regroupés en strophes.	❑	❑
b. Un décasyllabe est un vers de 11 syllabes.	❑	❑
c. Un distique se compose de 4 vers.	❑	❑
d. Une rime féminine se termine par un e muet.	❑	❑

2 Rimes féminines ou masculines ?

Entoure les mots à la rime et souligne en rouge les rimes féminines et en bleu les rimes masculines.

[…]
Suppose et supposons une supposition :
que le mot *ver luisant* se prononce *escarcelle*,
que le mot *chocolat* se prononce *violon*,
que le mot *tirelire* se prononce *hirondelle*.
[…]

■ Claude Roy, « Supposons une supposition », in *Nouvelles Enfantasques*, « Folio junior », © Éd. Gallimard, 1978.

3 Compter les syllabes

Sépare les syllabes des différents vers puis indique le nombre de syllabes qu'il y a dans chaque vers et précise comment se nomme chacun des vers.

[…]
Est-ce escarcelle ou escargot ? Est-ce cargo
ou tire-l'air, ou tire-l'eau, ou tire-d'aile ?
Est-ce chacal ou chocolat ? Est-ce hirondelle ?
[Est-ce rondeau ?
Est-ce vole-au-vent ? Est-ce violoncelle ?
[…]

■ Claude Roy, *ibidem*, © Éd. Gallimard, 1978.

4 Identifier un texte poétique

Indique s'il s'agit d'un texte poétique ou non. Justifie ta réponse.

Capitaine Renard allait de compagnie
Avec son ami Bouc des plus haut encornés :
Celui-ci ne voyait pas plus loin que son nez ;
L'autre était passé maître en fait de tromperie.
La soif les obligea de descendre en un puits :
Là chacun d'eux se désaltère.[…]

■ Jean de La Fontaine, « Le Renard et le Bouc », *Fables*, 1668.

5 Lire un calligramme

Lis le poème ci-contre et réponds aux questions.

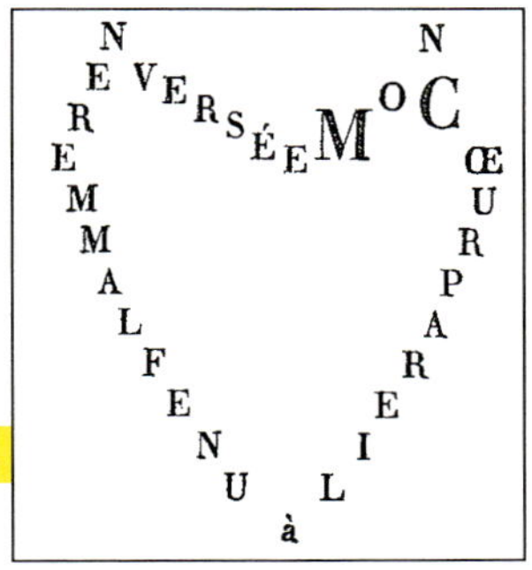

Guillaume Apollinaire, « Cœur », Extrait de *Calligrammes* (1918), « Poésie », © Nrf / Gallimard, 1970.

a. Combien de vers ce poème contient-il ?

b. En quoi peut-on dire que ce poème donne à voir et à entendre ?

c. Quel est le sujet du poème ? Quelle comparaison contient-il ? Quels sentiments du poète traduit-il ?

6 CONTRÔLE EXPRESS

Lis le poème, puis réponds aux questions.

Si les poissons savaient marcher
ils aimeraient bien aller le jeudi au marché.

Si les canards savaient parler
ils aimeraient bien aller le dimanche au café.

Et si les escargots savaient téléphoner
ils resteraient toujours au chaud dans leur coquille.

■ Claude Roy, « Avec des "si" », in *Enfantasques*, « Folio junior », © Éd. Gallimard, 1974.

a. Combien ce poème a-t-il de strophes ? Comment les nomme-t-on ?

b. Combien de syllabes y a-t-il dans chacun des vers de ce poème ? S'agit-il de vers réguliers ?

c. Quel est le sujet de ce poème ? En quoi est-il représentatif du rôle du poète en tant que créateur d'un monde nouveau ?

d. Continue ce poème en ajoutant une ou deux strophes.

Corrigés p. 27 du livret.

Mathématiques

DATE ÉVALUATION

Nombres et calculs

Géométrie

Grandeurs et mesures

Gestion de données

1 Les nombres décimaux

RETENIR

MOTS CLÉS

✓ **Nombre :** Il s'écrit avec des chiffres.

✓ **Rang :** Le rang d'un chiffre est sa position par rapport à la virgule (rang des unités, des dizaines… ; des dixièmes, des centièmes…).

millions	centaines de mille	dizaines de mille	unités de mille	centaines	dizaines	unités	dixièmes	centièmes	millièmes	dix-millièmes	cent-millièmes	millionièmes
		3	7	5	4	0 ,	8	5				

1 / Lire

37 540,85 se lit « 37 540 virgule 85 » ou « 37 540 unités et 85 centièmes ».

2 / Écrire

- $37\,540{,}85 = \underbrace{37\,540}_{\text{partie entière}} + \underbrace{0{,}85}_{\text{partie décimale}}$
- Un nombre entier est un nombre décimal particulier : sa partie décimale est nulle.

Exemple 38 = 38,0 = 38,00

- Un nombre décimal peut s'écrire sous forme de **fraction décimale**, c'est-à-dire sous forme de fraction dont le dénominateur est 10 ou 100 ou 1 000…

Exemple $4{,}72 = \dfrac{472}{100}$ (472 centièmes) ou $4{,}72 = \dfrac{4\,720}{1\,000}$ (4 720 millièmes)

3 / Chiffre et nombre

Attention à ne pas confondre chiffre et nombre !

Exemple Dans 37 540,85 le chiffre des dizaines est 4, mais le nombre de dizaines est 3 754.

LA MÉTHODE

▷ Multiplier par 10, par 100 ou par 1 000

Quand **je multiplie** un nombre par 10, par 100 ou par 1 000, je décale la virgule de 1, de 2 ou de 3 rangs **vers la droite**.

Exemples 64 × 10 = 64,0 × 10 = 640 23,6 × 100 = 23,60 × 100 = 2 360
0,07 × 1 000 = 70

▷ Diviser par 10, par 100 ou par 1 000

Quand **je divise** un nombre par 10, par 100 ou par 1 000, je décale la virgule de 1, de 2 ou de 3 rangs **vers la gauche**.

Exemples 53,2 ÷ 10 = 5,32 6,4 ÷ 100 = 006,4 ÷ 100 = 0,064
5 140 ÷ 1 000 = 5,140

MINI INTERRO

1. Quelle est la partie décimale de 308,15 ?
2. 150 est-il un nombre décimal ?

S'ENTRAÎNER

1 Vrai ou faux ?

Coche la case qui convient.

Dans 32,8 :

	V	F
a. le chiffre des centièmes est 8.	☐	☒
b. le chiffre des centaines est 3.	☐	☒
c. le chiffre des millièmes est 0.	☒	☐

2 Tout en chiffres

Écris en chiffres.

a. Dix mille deux : 10 002

b. Cent mille vingt-trois unités et douze millièmes :
100 023,012

c. Trois millions deux mille cent : 3 002 100

d. Trente mille quatre cent trois unités et huit centièmes : 30 403,08

e. Six mille deux cent quatre centièmes :
6 2,04

3 Différentes écritures

Entoure les nombres égaux à 7,02.

a. $0,702 \times 100$

b. 7,020

c. $7 + 0,002$

d. $7 + \dfrac{20}{1000}$

e. 7 020 millièmes

f. $\dfrac{702}{1000}$

4 Le rang de 6

Place la virgule pour que le chiffre 6 représente le chiffre des centièmes dans les écritures suivantes (si c'est nécessaire, ajoute des zéros).

a. 8 0 6 4 0 b. 7 6 0 0 0 c. 6 5 0

5 Trop de zéros

Barre les zéros et les signes inutiles.

a. 05,02 b. 860,0400 c. 0009,00

6 Touche pas à la touche [,]

Pour afficher 5,2 sur ta calculatrice, tu appuies sur les touches : [5] [,] et [2].
Sans se servir de la touche [,], Sophie affiche ce nombre en tapant : [5] [2] [÷] [1] [0] [=].

Utilise cette méthode pour afficher les nombres suivants :

a. 8,05 → 805 ÷ 100 = 8,05

b. 0,063 → 0063 ÷ 1000 = 0,063

7 Le bon nombre

Complète ces phrases par un nombre.

a. Un manuel de 6ᵉ pèse 0,490 kg.
Un paquet de 10 livres pèse 4,9 kg.

b. La voiture de M. Dupont consomme en moyenne 12 litres d'essence aux 100 km. La consommation pour 1 km est 0,12 L.

c. Une bouteille contient 0,75 L de sirop. 100 cartons de 10 bouteilles contiennent 750 L de sirop.

8 Devinette

Je suis un nombre décimal.
Ma partie décimale est la même que celle de 3,08.
Mon nombre de dizaines est 52.
Mon chiffre des unités est égal au chiffre des millièmes.
Qui suis-je ? 520,08

9 CONTRÔLE EXPRESS

La masse d'une pièce de 1 € est 6,9 g.

a. Quelle est la masse d'un tas de 1 000 pièces ?
6 900 g

b. Combien de billets de 10 € représente ce tas de pièces ? 100 billets

c. Une liasse compte 10 billets. Combien de liasses peut-on former ? 10 liasses

Corrigés p. 28 du livret.

2 La comparaison de nombres décimaux

RETENIR

MOTS CLÉS

✓ **Ordre croissant :** Ranger des nombres par ordre croissant, c'est les écrire du plus petit au plus grand.

✓ **Ordre décroissant :** Ranger des nombres dans l'ordre décroissant, c'est les écrire du plus grand au plus petit.

1 / Règle de comparaison de deux nombres décimaux

1er cas : les deux nombres ont des parties entières différentes. Le plus petit nombre est celui qui a la plus petite partie entière.

Exemple 7,52 < 12,3 (car 7 < 12)

2e cas : les deux nombres ont des parties entières égales. Il faut comparer leurs parties décimales.

Exemple Il y a deux méthodes pour comparer 78,35 et 78,329.

Première méthode
On compare chiffre par chiffre de gauche à droite :

7 8, 3 5
7 8, 3 2 9

comme 5 > 2 alors : 78,35 > 78,329

Deuxième méthode
On complète par des zéros « inutiles » pour avoir le même nombre de décimales : 78,35 = 78,350
Puis, on compare les parties décimales :

78,350
78,329

comme 350 > 329 alors : 78,35 > 78,329

2 / Encadrement

Encadrer un nombre, c'est trouver une valeur plus petite et une valeur plus grande de ce nombre.
On écrit 2 < 3,2 < 8,1. On dit : « 3,2 est compris entre 2 et 8,1. »

Exemples 15 < 15,38 < 16 est un encadrement de 15,38 à l'unité près.
15,3 < 15,38 < 15,4 est un encadrement de 15,38 au dixième près.

LA MÉTHODE

▷ Donner une valeur approchée

Exemple Le diamètre d'un cercle mesure 5 cm. Pour calculer son périmètre en cm, au dixième près par excès, j'utilise ma calculatrice.

1. **Je tape** le calcul du périmètre [5] [×] [π]. La calculatrice affiche : [15,70796327]
2. **Je « coupe »** ce résultat au dixième : 15,7
3. **J'écris** l'encadrement au dixième : 15,7 < 15,70796327 < 15,8
4. **Je choisis** la valeur par excès (celle de droite) : **15,8**

J'écris la réponse : 5 × π ≈ 15,8. Le diamètre mesure 15,8 cm.

MINI INTERRO

1. Quel est le plus grand nombre entier ayant deux chiffres différents ?

2. Quelle est la valeur approchée par excès à l'unité de 75,81 ?

S'ENTRAÎNER

1 Vrai ou faux ?

Coche la case qui convient.

	V	F
a. 32 dixièmes est plus petit que 1,8.	☐	☐
b. Il n'y a aucun nombre décimal compris entre 15,2 et 15,3.	☐	☐

2 < ou > ?

Complète avec le signe qui convient.

a. 67,080 67,8

b. 7 860 500 .... 7 860 055

c. 802 801,99

d. 657,09 657,1

3 Le bon choix

Complète par l'un des nombres :
68,02 58,2 0,1 8,2 158

a. 87 < ....

b. 0,108 > ....

c. 58,200 = ...

d. 7 < .... < 58,20

4 L'autre valeur approchée

La valeur approchée par excès au dixième d'un nombre est 79,3.

Quelle est la valeur approchée par défaut à l'unité de ce nombre ? ....

5 Le plus

a. Entoure le plus grand de ces deux nombres :

- trois cent dix-huit millièmes
- trente centièmes

b. Entoure le plus petit de ces deux nombres :

- $\frac{580}{100}$
- dix mille millièmes

6 Suite d'inégalités

Complète toujours par le même chiffre pour obtenir des nombres rangés dans l'ordre décroissant.

...81,5 > 7...5 > 776,...7 > 776,8...

7 La bonne place

Dans l'écriture de 8643, place une virgule pour avoir :

a. un nombre inférieur à 10 : ....

b. un nombre compris entre 100 et 1 000 : ....

8 Donner une valeur approchée

> **À LOUER**
> 1 578 m² de bureaux
> sur 5 étages

La surface est la même à chaque étage.

Quelle est la valeur approchée à l'unité près par excès de la surface de bureaux en m² par étage ? ....

9 Devinette

Je suis un nombre décimal écrit avec quatre chiffres.
Ma valeur approchée à l'unité par excès est 14.
Mon chiffre des centièmes est le même que celui des unités, et mon chiffre des dixièmes est plus grand que 8.

Qui suis-je ? ....

10 CONTRÔLE EXPRESS

Les nombres de ce tableau indiquent le poids et la taille de quatre amis.

Amis	Poids (kg)	Taille (m)
Mathias	44,5	1,45
Aurélien	40	1,3
Benoît	41,5	1,38
Samuel	32,0	1,05

Quel est celui qui mesure plus de 1,35 m et qui pèse moins de 42 kg ? ....

Corrigés p. 28 du livret.

L'addition et la soustraction

RETENIR

1 / Additionner des nombres décimaux

Les termes

315,76 + 7 + 37,6 = 360,36

Somme non effectuée — Somme effectuée

```
   2 1
   3 1 5 , 7 6
         7 ,
 +   3 7 , 6
 -------------
   3 6 0 , 3 6
```

MOT CLÉ

✓ **Terme :** Dans une somme ou une différence, chaque nombre est appelé terme.

Tu peux aussi vérifier le résultat avec ta calculatrice.

On vérifie le résultat :
- en recomptant de bas en haut dans le calcul posé ;
- en calculant un **ordre de grandeur** du résultat :

315,76	+	7	+	37,6	=	360,36	
↓		↓		↓		↑	
300	+	10	+	40	=	350	semble vrai

2 / Soustraire des nombres décimaux

Plus grand terme — Plus petit terme

92,88 − 8,275 = 84,605

Différence non effectuée — Différence effectuée

```
   9 ₁2 , 8 8 ₁0
 −    8 , 2 7 5
     1       1
 ---------------
   8 4 , 6 0 5
```

Pour calculer plus facilement, on complète la partie décimale avec des zéros.

On vérifie le résultat :
- en effectuant l'addition 8,275 + 84,605 = ... ;
- en calculant un **ordre de grandeur** du résultat : 90 − 10 = 80

LA MÉTHODE

▷ Résoudre un problème d'addition ou de soustraction

Dans un énoncé, les expressions ***de plus que*** ou ***de moins que*** peuvent être trompeuses et entraîner une solution erronée.

Exemple Kevin dit à Mathieu : « Je pèse 58,3 kg. »

Mathieu répond : « Alors, tu pèses 15 kg de plus que moi. »

Combien pèse Mathieu ?

→ Pour éviter de me tromper, je fais un schéma.

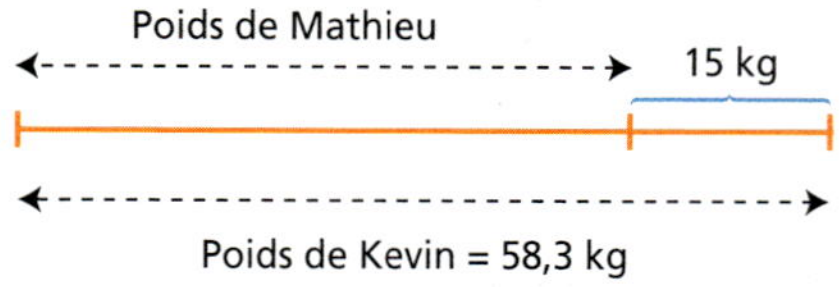

Ici, il ne faut pas faire une addition (mauvaise utilisation du mot ***plus***), mais une soustraction : 58,3 − 15 = 43,3

Mathieu pèse 43,3 kg.

MINI INTERRO

1. Quel est le nombre manquant dans l'égalité : ...... + 20 = 80 ?

2. Quel est le nombre manquant dans l'égalité : 3 - ..... = 2,5 ?

S'ENTRAÎNER

1 Vrai ou faux ?

Coche la case qui convient.

	V	F
a. Le résultat d'une addition est appelé une différence.	❑	❑
b. La différence entre les nombres 5,6 et 108,60 est un nombre entier.	❑	❑

2 Effectuer des opérations

a. 103,45 + 5 271 + 0,786 = ...

b. 35,08 + 609,7 + 37,275 = ...

c. 362,45 – 53,8 = ...

d. 2 050,6 – 65,37 = ...

3 Addition et soustraction

La différence entre deux nombres est 65,08.
L'un de ces nombres est 80.

Quel est l'autre nombre ? Combien y a-t-il de solutions ? ....

4 Addition ou soustraction

Christophe a tapé sur sa calculatrice 738,2 au lieu de 73,82.

Quel nombre doit-il ajouter ou retrancher pour obtenir 73,82 ? ....

5 Poids d'un manuel

32 manuels de 6e pèsent 15,680 kg.
33 manuels pèsent 16,170 kg.

Sans effectuer de division, calcule le poids d'un manuel. ....

6 Deux opérations

Deux barres de fer ont pour longueur 1,32 m et 0,78 m. On les soude de façon à ce qu'elles se recouvrent sur une longueur de 0,10 m.

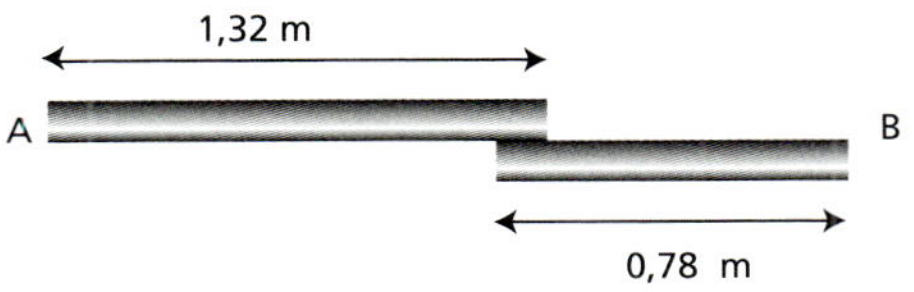

Calcule la longueur de AB : ....

7 3 virgules

Dans son addition, Rémi a oublié d'écrire les virgules.

Place-les pour que l'addition soit juste.

3 6 2 + 8 8 + 7 2 1 8 = 1 6 3 8

8 Casse-tête

Une veste et un pantalon coûtent ensemble 272 €. M. Durand choisit la veste, mais prend un autre pantalon. Il paie 20,65 € de moins.

Quel est le prix du pantalon choisi, si la veste seule coûte 160,50 € ? ....

9 Villes alignées

Deux panneaux indicateurs sont placés au bord de la route.

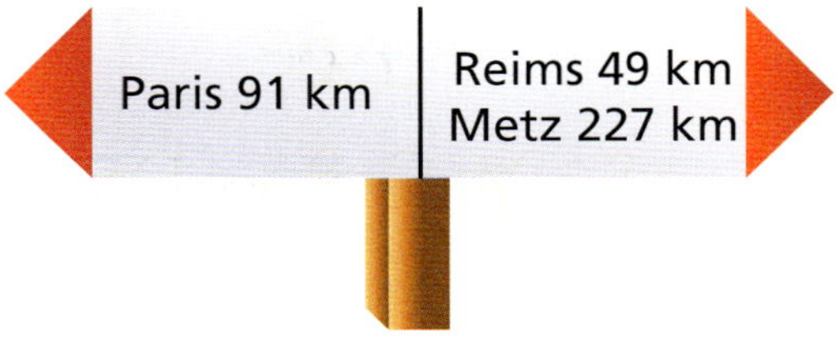

a. Calcule la distance Paris-Reims : ....

b. Calcule la distance Metz-Reims : ....

10 Calculs d'années et d'âge

Lorsque Mathieu est né, son père avait 29 ans. En 2018, Mathieu aura 22 ans.

Calcule :

a. l'année de naissance de Mathieu : ....

b. l'âge de son père en l'an 2010 : ....

c. l'année de naissance de son père : ....

11 CONTRÔLE EXPRESS

Dans sa tirelire, Guillaume a 62,40 €. Il a 18,65 € de moins que sa sœur Aude.

Combien d'argent Aude possède-t-elle ?

....

....

....

Corrigés p. 28 du livret.

4 La multiplication

RETENIR

1 / Multiplier des nombres décimaux

MOT CLÉ

✓ **Facteur :** Dans un produit, chaque nombre est appelé facteur.

Les facteurs

$2{,}48 \times 8{,}5 = 21{,}08$

Produit non effectué — Produit effectué

$$\begin{array}{rl} 2{,}4\,8 & \rightarrow \text{2 décimales} \\ \times \quad 8{,}\,5 & \rightarrow \text{1 décimale} \\ \hline 1\,2\,4\,0 & \\ 1\,9\,8\,4\,. & \rightarrow \text{décalage de 1 rang} \\ \hline 2\,1{,}\,0\,8\,0 & \leftarrow \text{3 décimales (1 + 2)} \end{array}$$

D'abord, on effectue la multiplication **sans tenir compte des virgules**. Puis, on place la virgule dans le résultat **en comptant le nombre de décimales** comme indiqué ci-dessus, dans la pose de l'opération.

2 / Vérifier le résultat d'une multiplication

Tu peux aussi vérifier le résultat avec ta calculatrice.

On vérifie le résultat en calculant un ordre de grandeur du résultat :

$$\begin{array}{ccccccc} 2{,}48 & \times & 8{,}5 & = & 21{,}08 \\ \downarrow & & \downarrow & & \uparrow \\ 2 & \times & 10 & = & 20 \end{array}$$

20 : semble vrai

LA MÉTHODE

▷ Calculer rapidement

- 444 × 85,9

Je pose l'opération comme indiqué ci-contre.
Ainsi, j'écris les trois mêmes calculs intermédiaires.

$$\begin{array}{r} 8\,5{,}9 \\ \times \;4\,4\,4 \\ \hline 3\,4\,3\,6 \\ 3\,4\,3\,6\;\; \\ 3\,4\,3\,6\;\;\;\; \\ \hline 3\,8\,1\,3\,9{,}6 \end{array}$$

- 275 × 30,6

J'effectue la multiplication comme indiqué ci-contre.
Le **décalage supplémentaire** est dû au 0 de 30,6.

$$\begin{array}{r} 2\,7\,5 \\ \times \;3\,0{,}6 \\ \hline 1\,6\,5\,0 \\ 8\,2\,5\,.\,. \\ \hline 8\,4\,1\,5{,}0 \end{array}$$

décalage supplémentaire

- 2,5 × 13 × 4

Je change l'ordre des facteurs pour simplifier les calculs.

2,5 × 13 × 4 = (2,5 × 4) × 13 = 10 × 13 = 130

Retiens ces produits :
2 × 0,5 = 1 ; 2 × 5 = 10 ;
4 × 2,5 = 10 ; 4 × 25 = 100

- Multiplier un nombre par 5

Je multiplie ce nombre par 10, et je divise le résultat par 2.

8,6 × 5 = (8,6 × 10) ÷ 2 = 86 ÷ 2 = 43

344 × 5 = (344 ÷ 2) × 10 = 172 × 10 = 1720

MINI INTERRO

1. Où doit se placer la virgule dans le résultat de l'opération 3,4 × 0,3 = 102 ?

2. Voici trois nombres : 806,52
373,12
290,02.
Un de ces nombres est égal à 70,4 × 5,3. Trouve-le en calculant un ordre de grandeur du résultat.

S'ENTRAÎNER

1 Vrai ou faux ?

Coche la case qui convient.

	V	F
a. 738 × 0,92 > 738	❑	❑
b. Multiplier par 0,5 puis par 2, c'est multiplier par 1.	❑	❑

2 Effectuer des opérations

a. 56,2 × 7,3 = ...

b. 7,82 × 0,350 = ...

c. 4 730 × 70,6 = ...

3 Une multiplication

208 × 715 = 148 720

Utilise ce résultat pour compléter, sans poser les multiplications, les égalités suivantes :

a. 2,08 × 71,5 = ...

b. 2 080 × 0,715 = ...

c. 0,0208 × 7,15 = ...

4 Chiffres inconnus

Complète cette multiplication et place la virgule qui manque.

		□ ,	□	9
×			4	□
		3	□	9
□	□ ,	3	□	
□	□ ,	6	6	□

5 Du gramme au kilogramme

Quel est le prix d'un rôti de bœuf de 800 g à 21,85 € le kg ? ....

6 Cinq fois et demie

Mathieu a quatre fois et demie plus d'argent que Jeanne qui a 19,70 €.

Ont-ils assez d'argent pour acheter un cadeau commun de 100 € environ à leur mère ? ....

....

7 Devinette

En multipliant un nombre par 8, on trouve le même résultat qu'en multipliant ce nombre par 7 et en lui ajoutant 13,4.

Quel est ce nombre ? ....

8 Intervalles

M. Toncle a planté 12 thuyas distants chacun de 1,5 m.

Calcule la distance entre le premier thuya et le dernier : ....

9 La poste

C'est l'anniversaire de Laurent. Son grand-père lui envoie un colis contenant :
– une voiture téléguidée pesant 1,700 kg et coûtant 26 € ;
– 3 bandes dessinées pesant chacune 390 g et coûtant 13,60 € chacune ;
– 2 tablettes de chocolat de 125 g chacune et coûtant 1,50 € l'une.
Il met le tout dans un emballage postal qu'il choisit selon le poids total des cadeaux.

Selon le tarif postal ci-dessous, calcule la dépense totale du grand-père de Laurent.

Formats	Poids maximum de	Prix
S	1 kg	7,95 €
M	3 kg	9,95 €
L	5 kg	12,00 €
XL	7 kg	14,50 €

....

....

....

....

10 CONTRÔLE EXPRESS

Un paquet de 100 enveloppes pèse 230 g.

Quel est le poids d'un tas de paquets de 100 enveloppes représentant 2 700 enveloppes ?

....

....

Corrigés p. 28 du livret.

5 La division

RETENIR

1 / Division euclidienne

Exemple 102 divisé par 43
Le quotient est : « En 102, combien de fois 43 ? »
ou « En 10, combien de fois 4 ? » → 2 fois.
$2 \times 43 = 86$ puis on soustrait 86 à 102.
On vérifie : $102 = 43 \times 2 + 16$

Dividende	Diviseur
1 0 2	4 3
– 8 6	2
0 1 6	Quotient entier
Reste	

Dividende = diviseur × quotient + reste (avec reste < diviseur)

Dans une division euclidienne, le dividende, le diviseur, le quotient et le reste sont des **nombres entiers**.

MOTS CLÉS

✓ **Multiple :** Le nombre *b* est multiple du nombre *a* si la multiplication de *a* par un entier est égal à *b*.

✓ **Diviseur :** Le nombre *c* est diviseur du nombre *d* si le reste de la division de *d* par *c* est nul.

2 / Division décimale

Exemple 102,8 divisé par 43
Après avoir calculé le quotient entier 2, on abaisse le chiffre des dixièmes : 8. Puis on place une virgule au quotient.
On recherche : « En 168, combien de fois 43 ? »
ou « En 16, combien de fois 4 ? » → 4 fois.

1 0 2 , 8	4 3
– 8 6 ↓	2, 3
0 1 6 8	Quotient au dixième
– 1 2 9	
0 3 9	

Le reste est égal à 3,9

Mais $4 \times 43 = 172$ et $172 > 168$, alors on essaie avec 3 fois.
On a $3 \times 43 = 129$ et on poursuit le calcul.

On vérifie : $102{,}8 = 43 \times 2{,}3 + 3{,}9$

Cette division ne « se termine » pas. Le quotient n'est pas un nombre décimal.
2,3 est une **valeur approchée** au dixième par défaut du quotient de 102,8 par 43.

3 / Multiples et diviseurs

Dans une division euclidienne, le reste peut être nul.

Exemple 98 divisé par 7
On écrit $98 = 7 \times 14$ ou $98 \div 7 = 14$.
On dit : « 98 est **un multiple** de 7 » ou « 98 est **divisible** par 7 »
ou « 7 est **un diviseur** de 98 ».

9 8	7
2 8	1 4
0	

Reste = 0

Remarque : Les soustractions intermédiaires ne doivent pas obligatoirement apparaître, surtout quand on peut faire les calculs de tête.

LA MÉTHODE

▷ Multiplier par 0,1 ou par 0,01 ou par 0,001

Quand je multiplie un nombre par 0,1 ou par 0,01 ou par 0,001, **je le divise par 10, par 100 ou par 1 000**.

Donc, je déplace la virgule de 1, de 2 ou de 3 rangs vers la gauche.

Exemples $83{,}2 \times 0{,}1 = 8{,}32$ ou $83{,}2 \div 10 = 8{,}32$
$500 \times 0{,}01 = 5$ ou $500 \div 100 = 5$

MINI INTERRO

1. Quel est le quotient de la division euclidienne de 13 par 2 ?
2. Quel est le quotient décimal de la division de 13 par 2 ?

S'ENTRAÎNER

1 Vrai ou faux ?

Coche la case qui convient.

Dans cette division :

```
 8   | 1 3
 8 0 |------
     | 0,6
   2 |
```

	V	F
a. le dividende est 8.	❑	❑
b. le reste est égal à 2.	❑	❑
c. 0,7 est une valeur approchée du quotient au dixième par excès.	❑	❑

2 Dividende inconnu

Dans une division, le reste est égal à 14, le quotient à 405 et le diviseur à 29.

Quel est le dividende ? ....

3 Opérations

Effectue les divisions suivantes.

a. (à l'unité)

```
7 6 2 5 | 3 7
        |-----
```

b. (au dixième)

```
3 0 6 0 , 7 | 5 8
            |-----
```

4 Reste et diviseur

En observant l'égalité suivante :

$$307 = 13 \times 22 + 21$$

Marc dit : « 21 est le reste de la division euclidienne de 307 par 13 » ;
Laura dit : « 13 est le quotient de la division euclidienne de 307 par 22 » ;
Marie dit : « 21 est le quotient de la division euclidienne de 307 par 22 ».

Qui a raison ? ....

5 = ou ≈

Calcule les quotients suivants avec une calculatrice et complète avec le signe qui convient = ou ≈. Si c'est ≈, donne le résultat au dixième.

a. 48 ÷ 36 ....

b. 82 ÷ 205 ....

c. 325 ÷ 57 ....

d. 2 813 ÷ 116 ....

6 Un de plus

M. Desvignes range 238 bouteilles dans des cartons de 12 bouteilles.

a. Combien de cartons faut-il ? ....

b. Combien de bouteilles y a-t-il dans le dernier carton ?

....

7 Division et multiplication

Le quotient exact de deux nombres est 42.
L'un de ces nombres est 966.

Trouve l'autre nombre. Donne toutes les solutions :

....

8 S'aider d'un schéma

Pierre pèse 2 fois plus que Louise.
Ensemble, ils pèsent 72 kg.

Calcule le poids de Louise, puis le poids de Pierre.

9 Multiples

Anne achète des abricots pour garnir des tartelettes. En mettant 6 abricots par tartelette, il n'en reste aucun. De même, en en disposant 5, il n'en reste aucun. En garnissant les tartelettes, Anne compte plus de 50 noyaux et moins de 80 noyaux.

Combien y avait-il d'abricots ? ....

10 CONTRÔLE EXPRESS

M. Madus achète un ordinateur à 1 345 €. Il paie uniquement avec des billets de 100 €.

a. Combien de billets doit-il donner ? ....

b. Combien lui rend-on ? ....

Corrigés p. 28 du livret.

NOMBRES ET CALCULS

6 Le quotient de deux nombres (1)

RETENIR

1 / Vocabulaire

- Le quotient du nombre a par le nombre b peut se noter : $\frac{a}{b}$ (a → numérateur ; b → dénominateur)

C'est une **écriture fractionnaire**.

Exemples $\frac{3{,}2}{7}$ (on lit « 3,2 sur 7 ») et $\frac{25}{0{,}5}$ sont des écritures fractionnaires.

- Si les nombres a et b sont des entiers, l'écriture fractionnaire $\frac{a}{b}$ s'appelle une **fraction**.

Exemple $\frac{15}{6}$ est une fraction. On lit « 15 sur 6 » ou « quinze sixièmes ».

MOT CLÉ

✔ **Quotient :** Le quotient de a par b est le nombre qui, multiplié par b, est égal à a.
$b \times \square = a$

2 / Fractions et nombres décimaux

- Certaines fractions sont des **nombres entiers**.

Exemple $\frac{18}{2} = 9$ car $18 \div 2 = 9$

- Certaines fractions sont des **nombres décimaux**.

Exemple $\frac{15}{6} = 2{,}5$ car $15 \div 6 = 2{,}5$

Attention ! La fraction $\frac{17}{6}$ n'est pas un nombre décimal. La division ne s'arrête pas.

```
1 7     | 6
  5 0   | 2,833...
    2 0 |
      2 0
        2
```

On peut donner :
- la valeur approchée à l'unité par défaut : $\frac{17}{6} \simeq 2$
- la valeur approchée au dixième par défaut : $\frac{17}{6} \simeq 2{,}8$
- l'encadrement à l'unité : $2 < \frac{17}{6} < 3$
- la valeur approchée au centième par excès : $\frac{17}{6} \simeq 2{,}84$

LA MÉTHODE

▷ Placer un quotient sur une demi-droite graduée

Exemple Pour placer $\frac{7}{3}$ sur une demi-droite graduée :

1. **Je choisis une unité** pouvant facilement **se partager en 3 parties égales** sur la demi-droite tracée (par exemple : 3 cm, 6 cm, etc.) et **je gradue**.

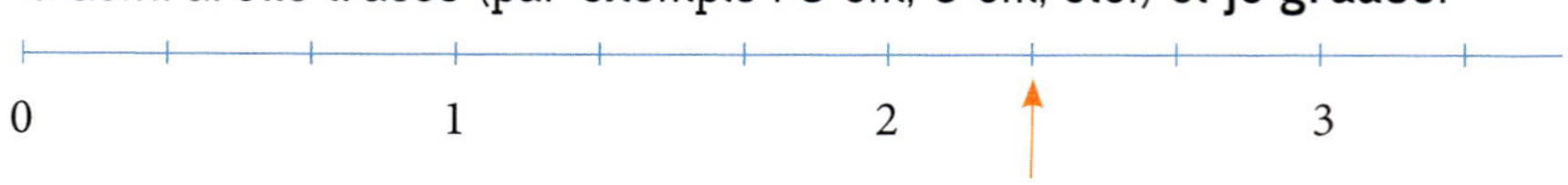

2. **Je compte de $\frac{1}{3}$ en $\frac{1}{3}$** jusqu'à $\frac{7}{3}$ et je place $\frac{7}{3}$.

MINI INTERRO

Parmi $\frac{1}{2}$; $\frac{7}{3}$ et $\frac{5}{4}$:

1. quelle fraction est comprise entre 1 et 2 ?
2. quelle est la fraction inférieure à 1 ?

S'ENTRAÎNER

1 Vrai ou faux ?

Coche la case qui convient.

La fraction $\frac{10}{4}$:

	V	F
a. se lit « dix quatrièmes ».	❑	❑
b. est égale à 2.	❑	❑

2 Des lettres et des chiffres

Complète quand c'est possible.

Écriture en lettres	Écriture décimale	Écriture fractionnaire
sept dixièmes	....	....
....	....	$\frac{8}{4}$
....	....	$\frac{4}{3}$
douze cinquièmes	....	....
cinq demis	....	....

3 Partage

Quelle est la fraction coloriée de chaque dessin ?

a.

....

b.

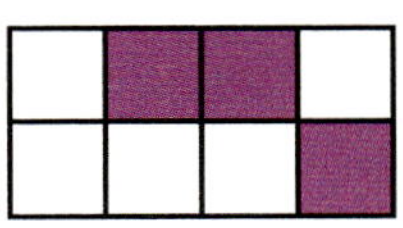

....

c.

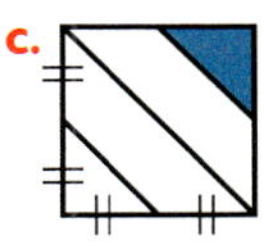

....

4 Cela s'arrêtera-t-il ?

Si c'est possible, écris chaque quotient sous forme de nombre décimal, sinon sous forme de fraction.

a. $28 \div 4 =$ ....

b. $6 \div 5 =$ ....

c. $8 \div 3 =$ ....

d. $27 \div 75 =$ ....

e. $11 \div 7 =$ ....

f. $1 \div 100 =$ ....

5 Numérateur ou dénominateur

Complète les fractions suivantes.

a. $\frac{\dots\dots}{3} = 5$

b. $\frac{6}{\dots\dots} = 1$

c. $\frac{\dots\dots}{10} = 0{,}8$

d. $\frac{1\,000}{\dots\dots} = 10$

6 Repérage

À quelle fraction correspond chaque lettre ?

A → .... B → .... C → .... D → ....

7 Dessin d'un rectangle

Sur une feuille de papier quadrillé, on a tracé un rectangle de 9 carreaux de long sur 5 carreaux de large.

Trouve le nombre de carreaux qui correspond aux $\frac{3}{5}$ de la surface : ....

8 Mentalement

Les dimensions de la salle de classe de Sophie sont $\frac{21}{3}$ m et $\frac{1}{2}$ dam.

Trouve, en mètres, les dimensions de cette salle :

....

9 Division décimale

Un pâtissier a fabriqué un gâteau au fromage d'un kilogramme qu'il a partagé en huit parts égales. Un premier client en achète trois morceaux, un deuxième prend un morceau, et un troisième, deux morceaux.

a. Quelle fraction du gâteau reste-t-il ? ....

b. Calcule le poids du morceau restant : ....

10 CONTRÔLE EXPRESS

En revenant du match de football, Kevin a d'abord bu une boisson tonique de 0,5 L, puis $\frac{1}{2}$ litre d'eau et enfin $\frac{3}{4}$ de litre de jus d'orange.

Quelle quantité de liquide a-t-il absorbée en cL ?

....

Mathématiques

Corrigés p. 29 du livret.

7 Le quotient de deux nombres (2)

RETENIR

1 / Quotients égaux

On ne change pas le quotient $\frac{a}{b}$ (ou la fraction $\frac{a}{b}$) si on multiplie ou si on divise a et b par un même nombre différent de 0.

Exemples $\frac{6}{9} = \frac{6 \times 4}{9 \times 4} = \frac{24}{36}$ $\frac{18}{24} = \frac{18 \div 6}{24 \div 6} = \frac{3}{4}$

On dit que $\frac{3}{4}$ est la **fraction simplifiée** de $\frac{18}{24}$.

MOTS CLÉS

✓ **Fraction :**
La fraction $\frac{a}{b}$ est le quotient de l'entier a par l'entier b.

✓ **Fraction décimale :**
Une fraction décimale est une fraction dont le dénominateur est 10, 100, 1 000, etc.

2 / Critères de divisibilité

Pour **simplifier une fraction**, on utilise les **critères de divisibilité.**
Un nombre entier est divisible :
– par 2 lorsque son chiffre des unités est 0, 2, 4, 6 ou 8 ;
– par 5 lorsque son chiffre des unités est 0 ou 5 ;
– par 3 lorsque la somme de ses chiffres est un multiple de 3 ;
– par 9 lorsque la somme de ses chiffres est un multiple de 9 ;
– par 4 lorsque le nombre formé par les chiffres des dizaines et des unités est un multiple de 4 ;
– par 10 lorsque son chiffre des unités est 0.

LA MÉTHODE

▷ Calculer le quotient de deux nombres décimaux

Je transforme leur écriture afin d'obtenir une division par nombre entier. Pour cela, je multiplie le numérateur et le dénominateur en utilisant la propriété du **1**, puis je pose la division.

Exemples $\frac{9,65}{2,3} = \frac{9,65 \times 10}{2,3 \times 10} = \frac{96,5}{23}$

9,65 | 2,3 ou 96,5 | 23

$\frac{35}{0,72} = \frac{35 \times 100}{0,72 \times 100} = \frac{3\,500}{72}$

35 | 0,72 ou 3 500 | 72

▷ Diviser par 0,1 ou par 0,01 ou par 0,001

Quand je divise un nombre par 0,1 ou par 0,01 ou par 0,001, je le **multiplie par 10, par 100 ou par 1 000.** Donc, je décale la virgule de 1, de 2 ou de 3 rangs vers la droite.

Exemples $13 \div 0,1 = 130$ ou $13 \times 10 = 130$
$3,8 \div 0,01 = 380$ ou $3,8 \times 100 = 380$

MINI INTERRO

1. Quelle est la fraction simplifiée de $\frac{6}{15}$?
2. Trouve un nombre entier formé des trois chiffres 3 ; 0 et 9 qui est divisible par 2.

S'ENTRAÎNER

1 Vrai ou faux ?

Coche la case qui convient.

	V	F
a. $\frac{3}{2} = \frac{12}{8}$	❑	❑
b. $\frac{700}{1\,000} = \frac{7}{10}$	❑	❑
c. $\frac{30}{4} = \frac{15}{1}$	❑	❑
d. $\frac{2}{6} = \frac{0}{3}$	❑	❑

2 Les bonnes cases

Mets une croix dans les cases qui conviennent.

est divisible par	2	3	4	5	9
24					
1 340					
645					
8 370					

3 Sans la calculatrice

Simplifie ces fractions.

a. $\frac{3}{9} = \frac{\ldots}{\ldots}$

b. $\frac{8}{16} = \frac{\ldots}{\ldots}$

c. $\frac{60}{90} = \frac{\ldots}{\ldots}$

4 Pas difficile !

Quelle fraction du rectangle est coloriée en bleu foncé ? Simplifie cette fraction.

....

5 Le quart de la figure

Entoure les figures dont le quart est coloré.

a.

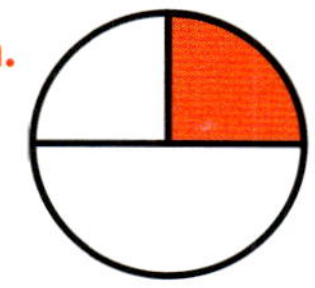

b.

c.

d.

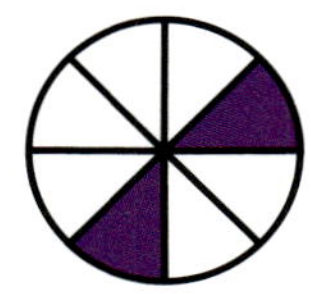

6 Énigme

Mathieu achète un paquet de 12 macarons dont 9 sont à la vanille, et le reste au chocolat. Au goûter, il mange tous les macarons au chocolat. Il dit à sa sœur Audrey : « J'ai mangé le quart du paquet de macarons ». Audrey lui répond : « Tu en as mangé plus… Tu as mangé les neuf douzièmes du paquet. »

Qu'en penses-tu ? ....

7 Devinette

Trouve l'intrus.

$\frac{21}{14}$ $\quad \frac{3}{2}$ $\quad \frac{36}{24}$ $\quad \frac{9}{4}$ $\quad \frac{300}{200}$ $\quad \frac{15}{10}$

8 La moitié de la moitié

Aujourd'hui, Nicolas va au collège de 8 h à 11 h, puis de 14 h à 17 h.

À quelle fraction de la journée correspond le temps passé au collège ? Simplifie cette fraction.

....

9 CONTRÔLE EXPRESS

Écris les nombres suivants sous la forme d'une fraction décimale. Si c'est possible, simplifie la fraction.

a. $1{,}4 = \frac{\ldots}{\ldots} = \frac{\ldots}{\ldots}$

b. $0{,}08 = \frac{\ldots}{\ldots} = \frac{\ldots}{\ldots}$

Corrigés p. 29 du livret.

8 Le produit d'un nombre par une fraction

MOT CLÉ

✔ Fraction d'un nombre :

$\frac{a}{b}$ de c, c'est $\frac{a}{b} \times c$ ou $c \times \frac{a}{b}$.

RETENIR

1 / Propriété

Prendre la fraction $\frac{a}{b}$ d'un nombre *c*, c'est **multiplier *c* par** $\frac{a}{b}$.

Exemple On prend les $\frac{3}{4}$ d'un paquet de 36 glaces.

Les $\frac{3}{4}$ de 36, c'est $\frac{3}{4} \times 36$ ou $36 \times \frac{3}{4}$.

2 / Calculer

Il existe **trois méthodes** pour calculer $c \times \frac{a}{b}$ ou $\frac{a}{b} \times c$.

1. On multiplie le nombre *c* par *a*, puis on divise le résultat par *b*. → $\frac{3}{4} \times 36 = \frac{3 \times 36}{4} = \frac{108}{4} = 27$

2. On divise le nombre *c* par *b*, puis on multiplie le résultat par a. → $\frac{3}{4} \times 36 = \frac{36}{4} \times 3 = 9 \times 3 = 27$

3. On calcule le quotient de *a* par *b* et on le multiplie par *c*. → $\frac{3}{4} \times 36 = 0{,}75 \times 36 = 27$

Les méthodes 2 et 3 peuvent être utilisées uniquement si $\frac{c}{b}$ et $\frac{a}{b}$ sont des nombres décimaux.

LA MÉTHODE

▷ Calculer $\frac{a}{b} \times c$ à la main ou mentalement

Avec la calculatrice, tu peux choisir la méthode que tu veux.

Exemples

- $\frac{3}{4} \times 36$ Je divise 36 par 4, j'obtiens mentalement le quotient 9 que je multiplie par 3. Je trouve 27. Ici, ce n'est pas intéressant de diviser 3 par 4, car ensuite je dois poser la multiplication $0{,}75 \times 36$ pour trouver le résultat 27.
- $17 \times \frac{6}{3}$ Je divise d'abord 6 par 3. Je trouve 2, et je calcule $2 \times 17 = 34$. Ce n'est pas intéressant de calculer $17 \times 6 = 102$, car après je dois poser la division de 102 par 3 pour trouver le résultat final.
- $\frac{15}{9} \times 6$ Les divisions de 15 par 9 et de 6 par 9 ne tombent pas juste. Je multiplie donc 15 par 6. Je trouve 90. Puis je divise 90 par 9 ; je trouve 10.

MINI INTERRO

1. Quels sont les $\frac{5}{3}$ de 300 ?
2. Calcule les $\frac{2}{4}$ de 10 litres.

S'ENTRAÎNER

1 Vrai ou faux ?

Coche la case qui convient.

	V	F
a. Les deux tiers de 24, c'est $(3 \times 24) \div 2$.	❑	❑
b. Les trois demis de 6 sont égaux à 9.	❑	❑

2 Opérations

Donne le résultat sous la forme d'un nombre décimal. Sinon, arrondis le résultat à l'unité.

a. $\frac{9}{4} \times 6$ ....

b. $300 \times \frac{12}{10}$ ....

c. $\frac{11}{3} \times 7$ ....

d. $\frac{11}{22} \times 0{,}7$ ....

3 Calcul mental

a. $20 \times \frac{7}{10} =$ ....

b. $83 \times \frac{7}{83} =$ ....

c. $\frac{15}{3} \times 4 =$ ....

d. $\frac{7}{3} \times 6 =$ ....

4 Plus ou moins de 100 g ?

Paul partage en six parts égales un gâteau de 300 g. Il en mange deux parts.

a. Quelle fraction du gâteau a-t-il mangée ?

....

b. Quel poids cela représente-t-il ?

....

5 Largeur < longueur

La longueur de la chambre de Caroline mesure 4 m.

La largeur est égale aux $\frac{5}{8}$ de la longueur.

Quelle est la largeur de cette chambre ? ....

6 Que d'eau !

L'eau contenue dans le corps humain représente les trois cinquièmes du poids de ce corps. Cette eau se trouve notamment dans les muscles, le sang, le cerveau et les os. M. Durand pèse 80 kg.

Calcule le poids de l'eau contenue dans son corps.

....

7 Plusieurs opérations

Fabrice a acheté un paquet de 20 gâteaux. Il en a mangé les trois quarts.

Combien lui reste-t-il de gâteaux ? ....

8 Casse-tête

Calcule la quantité de liquide contenue dans ce récipient.

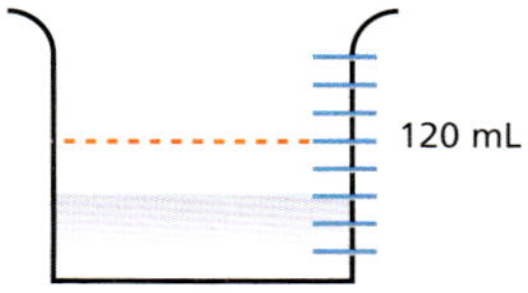

....

9 Énigme

Par quel nombre faut-il multiplier la fraction $\frac{3}{2}$ pour obtenir 30 ? ....

10 Gourmandise

Dans une boîte de 30 chocolats, $\frac{2}{5}$ des chocolats sont ronds et les $\frac{3}{4}$ des chocolats ronds sont fourrés.

Combien y a-t-il de chocolats ronds fourrés ?

....

11 CONTRÔLE EXPRESS

Les $\frac{7}{10}$ de la surface du globe terrestre sont occupés par les mers. La superficie de la planète est environ 510 035 000 km^2.

Quelle est la superficie des terres émergées (terres et glaces) ? ....

Corrigés p. 29 du livret.

9 Les premiers éléments de géométrie

RETENIR

1 / Vocabulaire et notation

MOTS CLÉS

✓ **Intersection :** point de rencontre de deux droites sécantes.

✓ **Milieu :** point d'un segment situé à égale distance des extrémités du segment.

	Point	Segment	Demi-droite	Droite
Dessin	A ; M	C, D	E, F	(d) P, R
Notation	A ; M	[CD] ou [DC]	[EF]	(PR) ou (RP) ou (d) ou *d*
Informations	Un point est noté par une majuscule.	Un segment a deux extrémités.	Une demi-droite a une origine.	Une droite est illimitée.

2 / Point

Des points sont alignés s'ils sont situés sur une même **droite.**

Exemple A, B et C sont alignés ainsi que A, B et K. Mais A, B et D ne sont pas alignés.

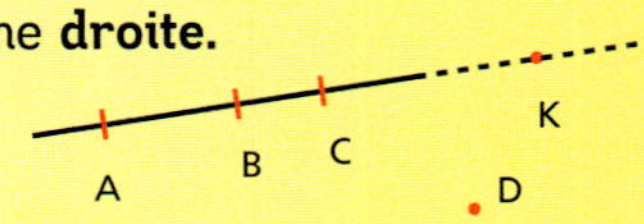

3 / Segment

Exemple La longueur du **segment** [EF] se note EF. On écrit : EF = 4 cm. Le point I est le milieu de [EF].

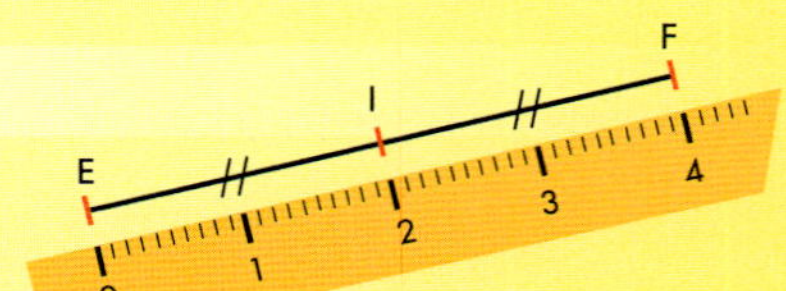

IE = IF = 2 cm

4 / Droite

Les droites (d) et (d') sont **sécantes** en un point A : c'est le **point d'intersection**.

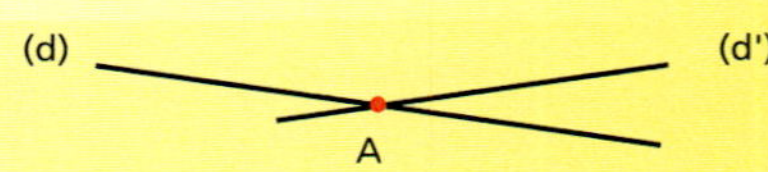

LA MÉTHODE

▷ Reporter la longueur d'un segment

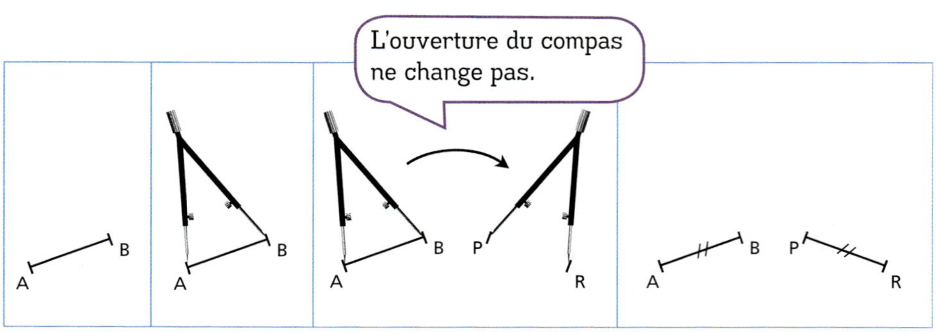

Les deux segments [AB] et [PR] ont la **même longueur** ou sont **superposables**. On note : AB = PR mais [AB] ≠ [PR].

MINI INTERRO

1. Nomme le point d'intersection des droites (AC) et (BC).
2. O est le milieu de [PR]. On a OP = 7 cm. Quelle est la longueur de [PR] ?

S'ENTRAÎNER

1 Vrai ou faux ?

Coche la case qui convient.

	V	F
a. Deux points sont toujours alignés.	❑	❑
b. AB = CD. Donc les segments [AB] et [CD] sont égaux.	❑	❑
c. Sur le dessin ci-dessous, il y a deux demi-droites.	❑	❑

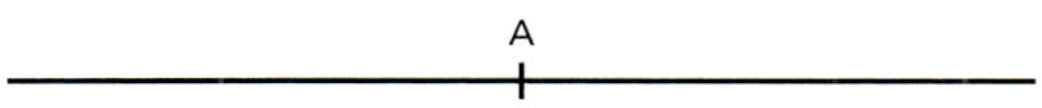

2 Dessiner

Sur la figure, trace :
– la droite (BC) en bleu ;
– le segment [AB] en rouge ;
– la demi-droite [CA) en vert.

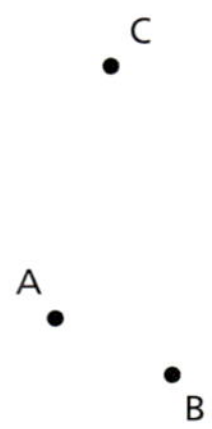

3 Programme de construction

Dessine un segment [AB] de 2,8 cm de longueur. Puis dessine le segment [AC] tel que B soit le milieu de [AC].

4 Affirmations

ABC est un triangle équilatéral.

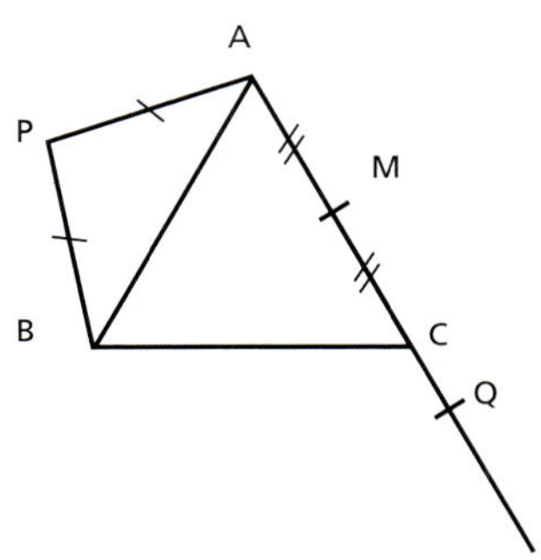

Mathieu dit : AB = BC
Jeanne dit : [AB] = [AC]
Ali dit : M est le milieu de [AC].
Fatou dit : P est le milieu de [AB].
Audrey dit : Q est sur la demi-droite [AM).

Quels sont les enfants qui se trompent ?

....

5 Points d'intersection

a. Quel est le point d'intersection de (EF) et (d) ?

....

b. (PR) et (EF) sont-elles sécantes ?
Si oui, dessine le point d'intersection.

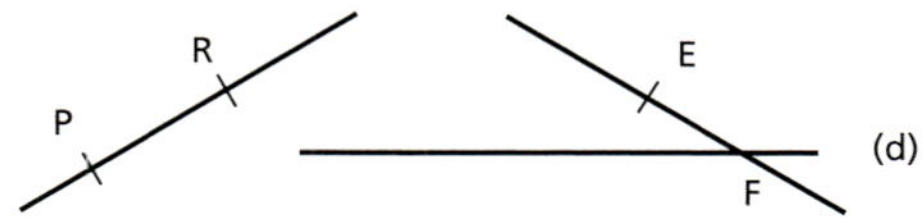

6 Point d'intersection effacé

Sur cette figure, les points A, L et M sont alignés, ainsi que les points B, O et M.

Retrouve la position du point M.

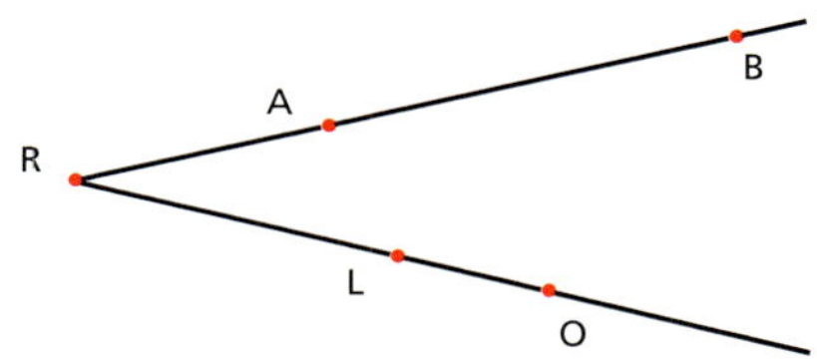

7 Casse-tête

Un supporter de football affirme qu'il peut, avec 6 ballons, faire 4 alignements de 3 ballons.

Fais le dessin.

8 CONTRÔLE EXPRESS

Place les points A, B, C et D sur la figure tels que :
– les droites (e) et (f) soient sécantes en C ;
– les points K, C et A soient alignés ;
– la droite (AB) coupe la droite (f) en D.

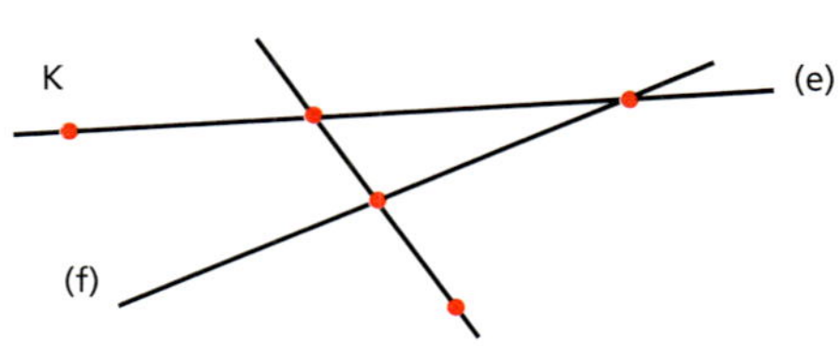

Corrigés p. 29 du livret.

10 Les droites perpendiculaires et les droites parallèles

RETENIR

1 / Droites perpendiculaires

Les droites d_1 et d_2 se coupent en formant quatre **angles droits**.

On dit que d_1 et d_2 sont **perpendiculaires**.
On note : $d_1 \perp d_2$ ou $d_2 \perp d_1$.

On code l'angle droit par un petit carré.

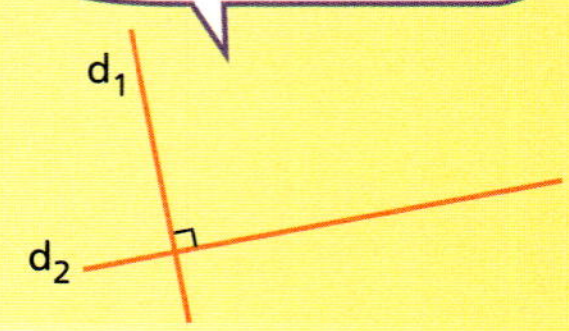

MOT CLÉ

✔ **Propriété :** énoncé mathématique comportant deux parties : des données et une conclusion.

2 / Droites parallèles

Les droites d_3 et d_4 ne se coupent jamais.
On dit que d_3 et d_4 sont **parallèles**.
On note : $d_3 \mathbin{/\mkern-5mu/} d_4$ ou $d_4 \mathbin{/\mkern-5mu/} d_3$.

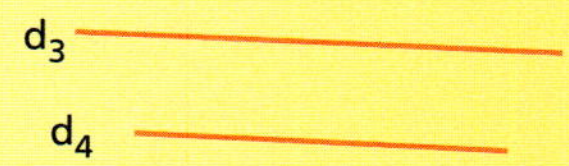

3 / Propriétés

Si deux droites sont parallèles, alors toute droite perpendiculaire à l'une est perpendiculaire à l'autre.

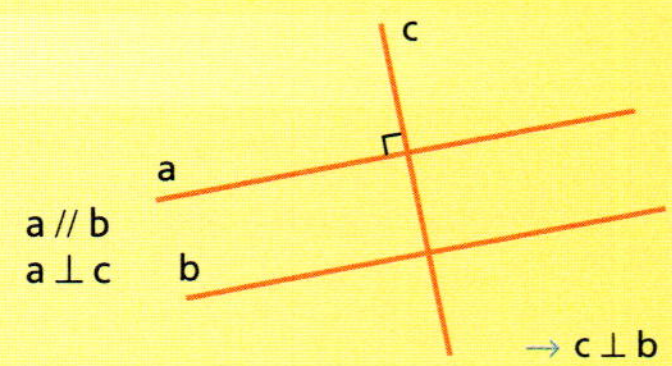

Si deux droites sont perpendiculaires à une même droite, alors ces deux droites sont parallèles entre elles.

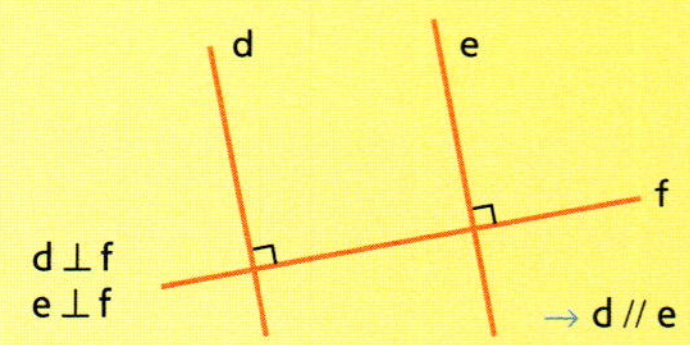

LA MÉTHODE

▷ Tracer, par un point donné, la perpendiculaire à une droite

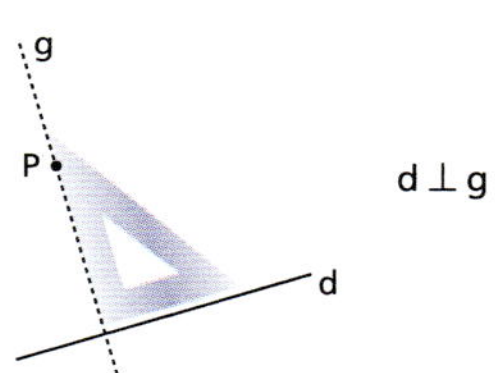

▷ Tracer, par un point donné, la parallèle à une droite

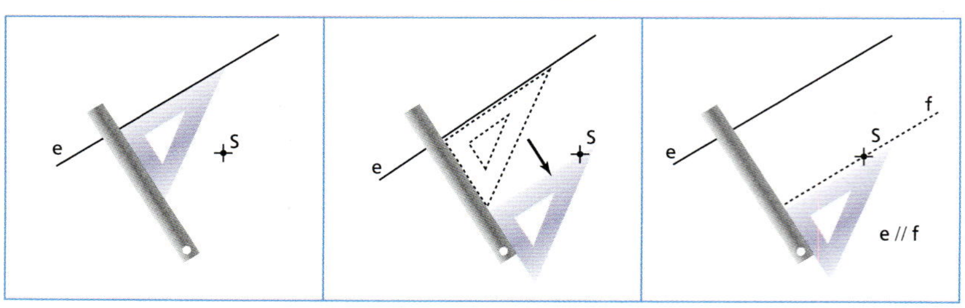

MINI INTERRO

Sur cette figure, quelles droites sont parallèles ? Lesquelles sont perpendiculaires ?

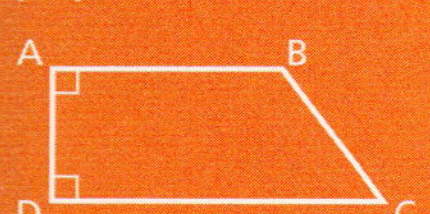

GÉOMÉTRIE

S'ENTRAÎNER

1 Vrai ou faux ?

Examine cette figure puis coche la case qui convient.

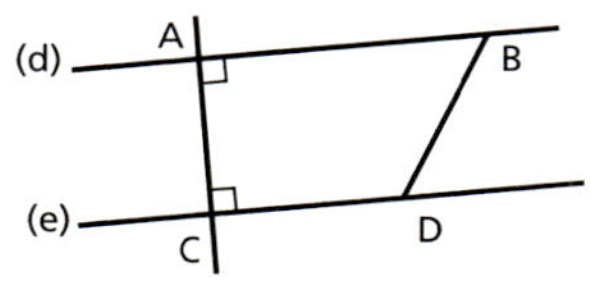

	V	F
a. (d) est perpendiculaire à (AC).	❑	❑
b. (AC) et (BD) sont perpendiculaires.	❑	❑
c. (d) et (e) sont parallèles.	❑	❑
d. (AC) et (BD) ne sont pas sécantes.	❑	❑
e. (AC) et (BD) ne sont pas parallèles.	❑	❑

2 Observer et trouver

Observe cette figure et nomme :

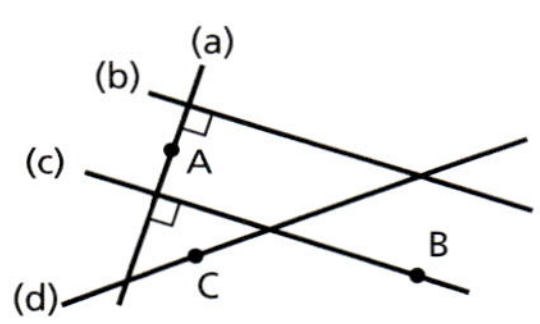

a. Deux droites perpendiculaires : ....

b. Deux droites parallèles : ....

c. La droite perpendiculaire à la droite (b) : ....

d. La droite perpendiculaire à la droite (a)

et passant par B : ....

3 Construction et propriété

a. Construis la figure suivante :

1. Place deux points A et B.
2. Trace une droite (a) passant par B, mais pas par A.
3. Dessine la droite (b) perpendiculaire à la droite (a) et passant par A.
4. Dessine la droite (c) parallèle à la droite (b) et passant par B.

b. Que peux-tu dire des droites (a) et (c) ?

....

c. Énonce la propriété utilisée.

....

....

....

4 Programme de construction

a. Dessine trois points quelconques A, B et C.

b. Construis la droite perpendiculaire à (AB) passant par C. Cette droite coupe (AB) en D.

c. Puis trace la parallèle à (AD) passant par C.

5 Des maths à la rédaction

Sur ce dessin, la droite (d) est parallèle à la droite (BC).

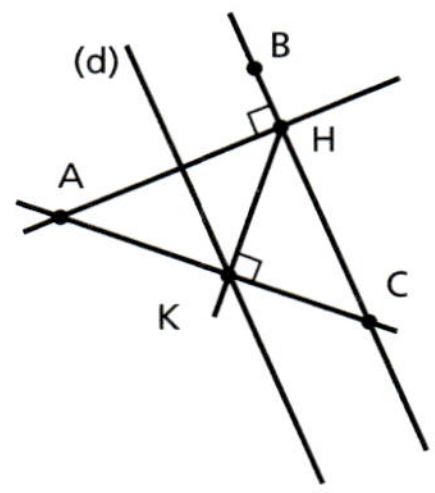

Rédige un programme de construction. Commence par : « Dessine trois points quelconques A, B et C. »

....

....

....

6 Casse-tête

Sur ce dessin, on a oublié de nommer les points.

Place les lettres A, B, C, D et E sachant que : (AB) ⊥ (DC) et (DA) // (EB).

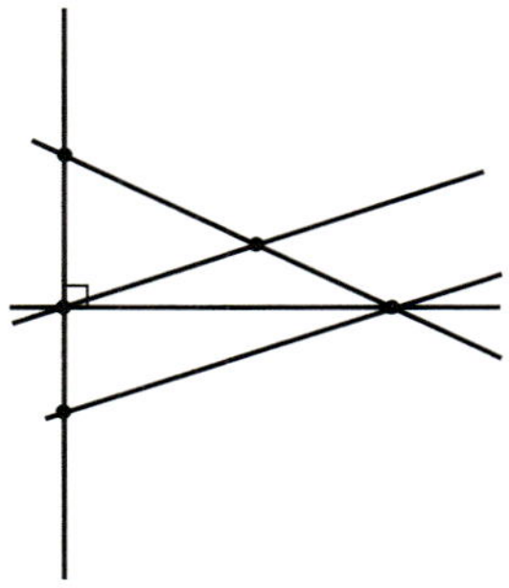

7 CONTRÔLE EXPRESS

Trace les quatre droites e, f, g et h telles que e ⊥ f, g ⊥ e et h // e.

Quelle figure obtiens-tu ?

....

Corrigés p. 00 du livret.

11 Le cercle

RETENIR

1 / Définition

Un **cercle** est l'ensemble de tous les points situés à une même distance d'un point unique appelé centre. Cette distance est le **rayon.**

MOTS CLÉS

✓ **Ligne :** Une ligne est formée d'une infinité de points.

✓ **Surface :** Une surface est une étendue limitée par une ligne.

2 / Vocabulaire

Les mots **rayon** et **diamètre** peuvent désigner :

– soit une longueur

Exemple Le diamètre AB mesure le double du rayon OE ;

– soit un segment

Exemple Le diamètre [AB] est perpendiculaire au rayon [OF].

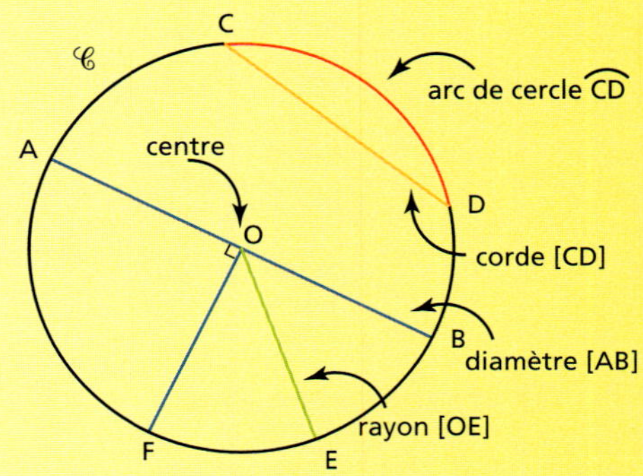

3 / Cercle et disque

- Le cercle est une ligne.
- L'intérieur du cercle 𝒞 s'appelle un **disque.** C'est une surface.

LA MÉTHODE

▷ Tracer une perpendiculaire à une droite avec le compas

- Le point est sur la droite.

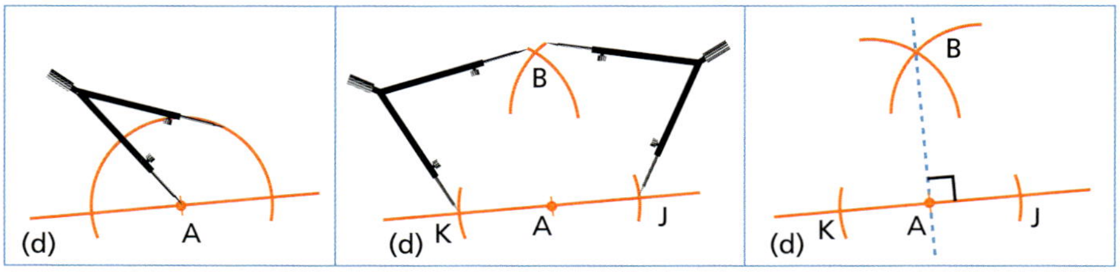

- Le point n'est pas sur la droite.

L'écartement du compas est le même.

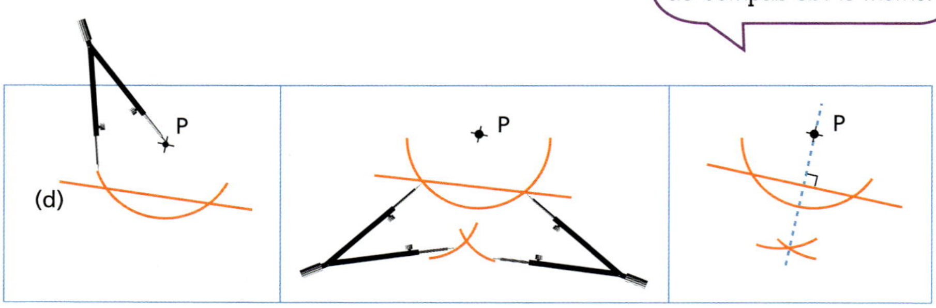

MINI INTERRO

R et S sont deux points diamétralement opposés d'un cercle de 3,5 cm de rayon. Combien mesure [RS] ?

S'ENTRAÎNER

1 Vrai ou faux ?

Coche la case qui convient.

	V	F
a. Le diamètre est la moitié du rayon.	❑	❑
b. Un diamètre est une corde passant par le centre.	❑	❑
c. Le centre d'un cercle n'est pas un point du disque.	❑	❑

2 Sans faute

Complète la description de cette figure.

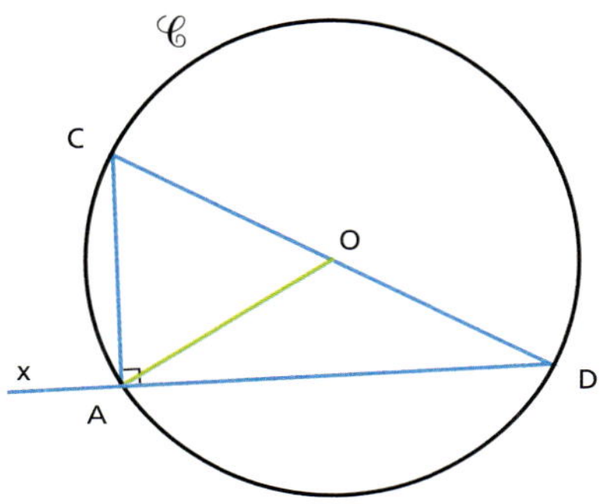

Le cercle .... de .... [CD] coupe la demi-droite [Dx) en .... Le .... O du cercle 𝒞 est le .... du segment [CD]. Le segment [OA] est un .... du cercle. La droite (AD) est perpendiculaire à la .... [CA] du cercle.

3 Recherche du centre

Construis un cercle de rayon [EF].

Combien y a-t-il de solutions ?

....

....

4 Programme de construction

a. Trace un segment [AB] mesurant 5 cm. Construis le cercle de centre A et de 4 cm de rayon, puis le cercle de centre B et de 3 cm de rayon. Ces deux cercles se coupent en C et D. Place C et D.

b. Sans utiliser de règle graduée, donne les longueurs de : CA = ... cm et DB = ... cm.

5 Difficile de compter !

Trace un segment [KL] de 4 cm. Construis un cercle passant par les points K et L.

Combien y a-t-il de solutions ?

....

6 Point de contact

Trace un segment [AB] mesurant 8 cm de longueur. Construis les cercles de centre A et de centre B et de même rayon de 4 cm.

Que constates-tu ? ....

7 Méli-mélo

a. Les quatre étapes d'un programme de contruction ont été mélangées. Remets-les dans l'ordre.

1. Puis place le point S diamétralement opposé à R.
2. Sur ce cercle, marque un point R.
3. Trace une corde [RT] de 5 cm de long.
4. Trace un cercle de centre O et de 3 cm de rayon.

b. Effectue la construction.

c. Quelle est la nature du triangle RTS ?

....

8 Casse-tête

Dessine un segment [RS]. Puis, construis un cercle dont le rayon mesure RS et qui passe par les points R et S.

9 CONTRÔLE EXPRESS

a. Construis un cercle de centre O et de 3 cm de rayon. Place un point P sur ce cercle. Indique un point R tel que [PR] soit une corde du cercle mesurant 3 cm. Trace [OP] et [OR].

b. Quelle est la nature de la figure OPR ?

Corrigés p. 30 du livret.

12 Les triangles

RETENIR

1 / Définition

Un triangle est une figure qui a **trois côtés.**

MOTS CLÉS

✓ **Sommet principal :** point d'intersection des deux côtés égaux d'un triangle isocèle.

✓ **Base :** Dans un triangle isocèle, la base est le côté dont la mesure est différente des deux autres côtés.

2 / Triangles particuliers

Triangle rectangle	Triangle isocèle	Triangle équilatéral
Un triangle rectangle a **deux côtés perpendiculaires.** Il a un **angle droit.** 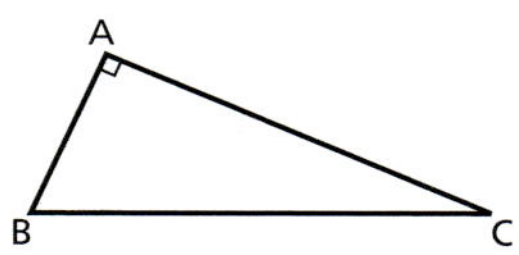	Un triangle isocèle a **deux côtés de même longueur.** 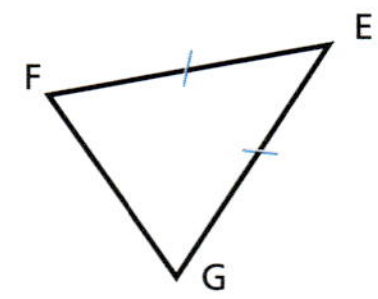	Un triangle équilatéral a **trois côtés de même longueur.** 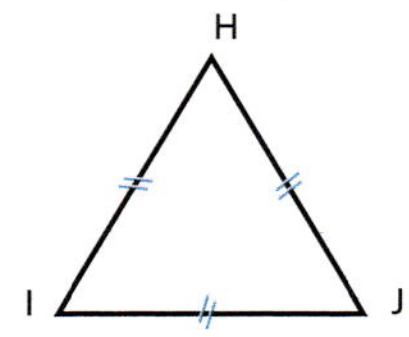
(AB) ⊥ (AC) $\widehat{A} = 90°$ [BC] est l'**hypoténuse.**	EF = EG E est le **sommet principal.** [FG] est la **base.**	HI = IJ = JH Le triangle équilatéral HIJ est **aussi isocèle** en H, en I et en J.
$\widehat{B} + \widehat{C} = 90°$	$\widehat{F} = \widehat{G}$	$\widehat{H} = \widehat{I} = \widehat{J} = 60°$

LA MÉTHODE

▷ Construire un triangle

Exemple Pour tracer un triangle RST avec RS = 4 cm, RT = 3 cm et ST = 2 cm,

1. Je trace un côté, par exemple [RS], de 4 cm de long. 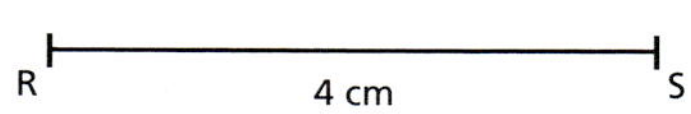	**2.** Je trace un arc de cercle de centre R et de 3 cm de rayon. 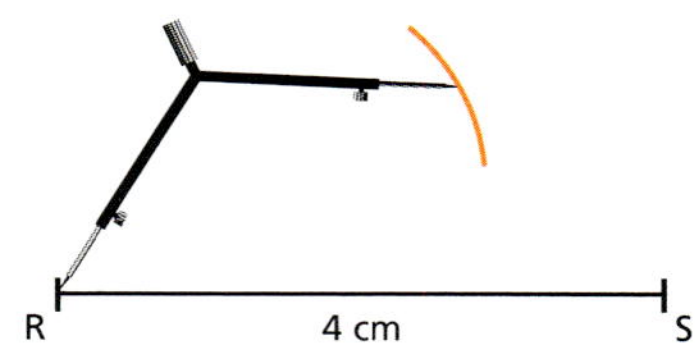
3. Je trace un arc de cercle de centre S et de 2 cm de rayon. 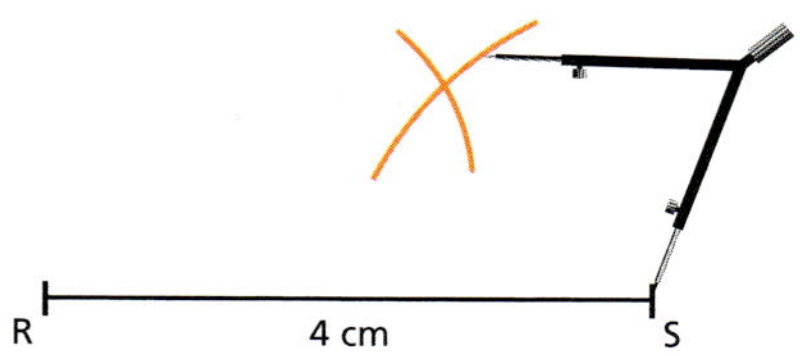	**4.** Je nomme T et je trace [TR] et [TS]. 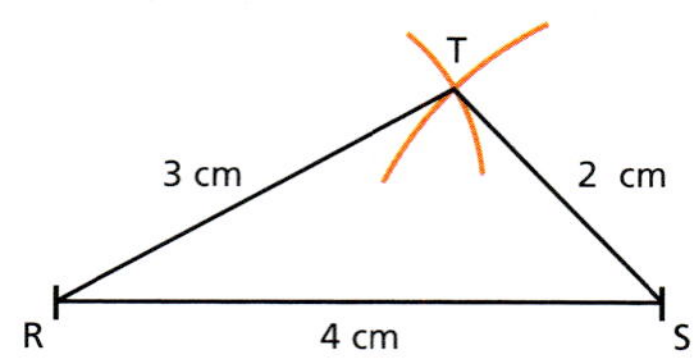

MINI INTERRO

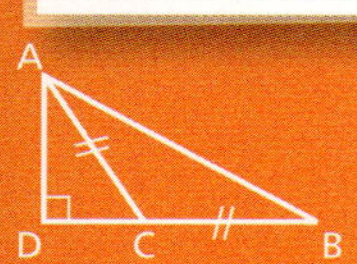

Quelle est la nature :

1. du triangle ABD ?
2. du triangle ABC ?

1 Vrai ou faux ?

Observe cette figure, puis coche la case qui convient.

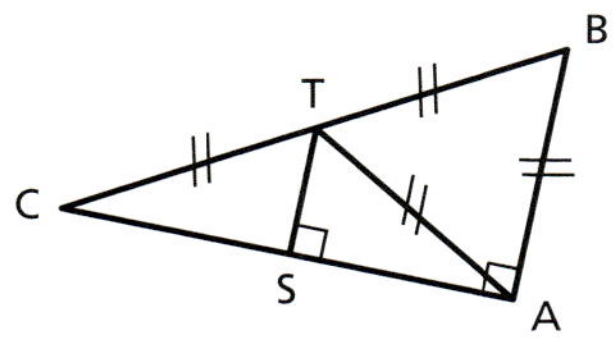

	V	F
a. Le triangle ACT est isocèle en T.	❑	❑
b. Le triangle CTS est rectangle.	❑	❑
c. [SA] est l'hypoténuse du triangle rectangle TSA.	❑	❑
d. Le triangle ATB est équilatéral.	❑	❑

2 Avec le compas

Construis un triangle ABC tel que :
AB = 4 cm, BC = 7 cm et AC = 5,5 cm.

3 Une ou deux solutions ?

Construis le point K sur la droite (e) pour obtenir un triangle isocèle HJK dont la base est JK.

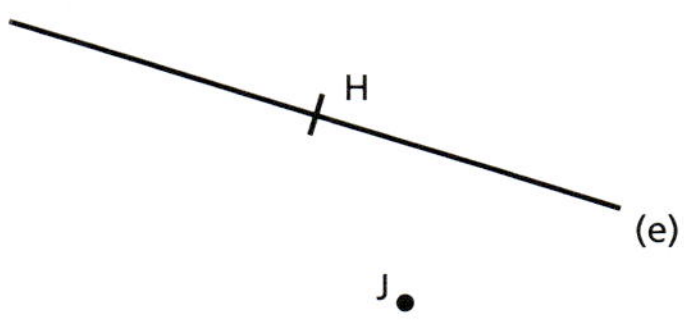

Combien y a-t-il de solutions ? ....

4 Le bon nombre

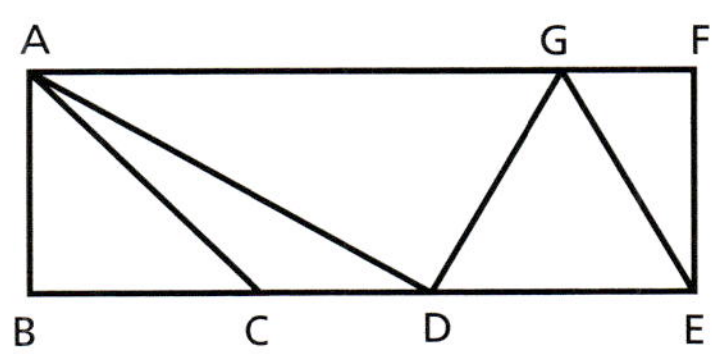

Utilise les instruments de géométrie pour trouver le nombre :

a. de triangles rectangles : ....

b. de triangles isocèles : ....

5 Codage

Code cette figure à l'aide du texte ci-dessous.

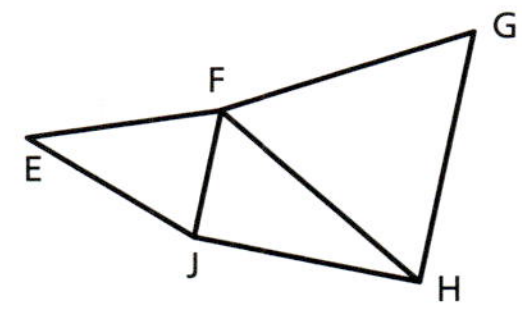

Le triangle FJH est rectangle en J.
[FJ] est la base du triangle isocèle EFJ.
Le triangle FGH est équilatéral.

6 Utiliser une propriété des droites

Sur la figure, les droites (AB) et (DE) sont parallèles, et les droites (CA) et (DE) sont perpendiculaires.

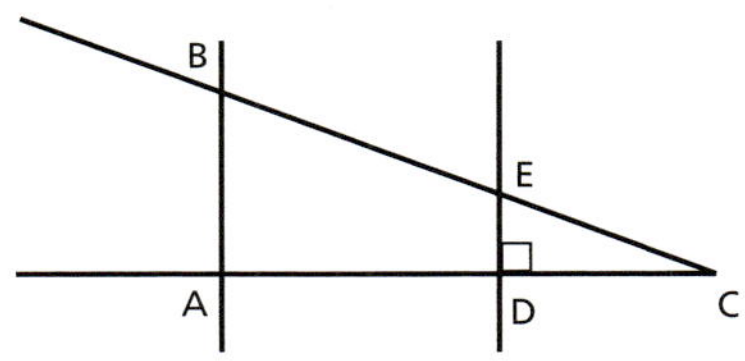

Que peux-tu dire du triangle CAB ? Justifie ta réponse.

....

....

7 CONTRÔLE EXPRESS

Sur cette figure, les cercles de centre O et O′ et de rayon égal à OO′ se coupent en E et F.

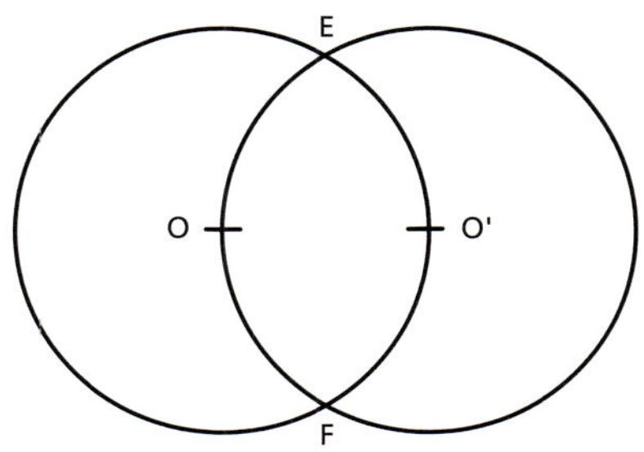

a. Quelle est la nature du triangle OEF ? ....

....

b. Quelle est la nature du triangle OEO′ ? ....

....

Corrigés p. 30 du livret.

13 Les quadrilatères

RETENIR

1 / Définition

MOTS CLÉS

✔ **Polygone :** figure fermée dont les côtés sont des segments.

✔ **Diagonale :** segment qui relie deux sommets non consécutifs d'un polygone.

Un **quadrilatère** est un polygone qui a **quatre côtés.**
Pour nommer le quadrilatère, on fait le tour des sommets dans un sens ou dans l'autre. Ainsi le quadrilatère ci-contre peut être nommé ABCD ou BCDA ou CBAD ou ADCB…
[BD] est aussi une diagonale.

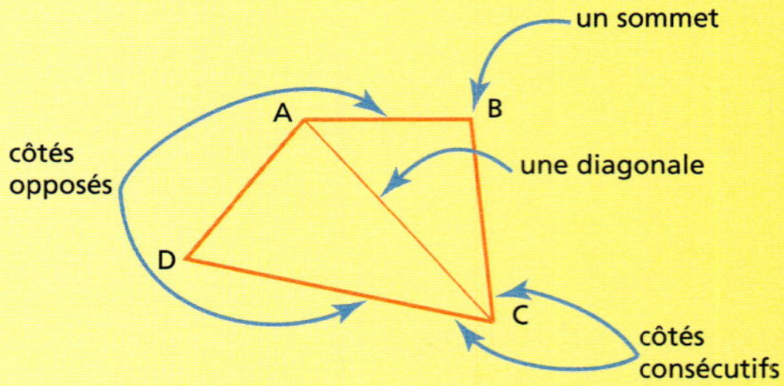

2 / Les quadrilatères particuliers

Voici un tableau récapitulatif des propriétés des quadrilatères particuliers :

Rectangle	Losange	Carré
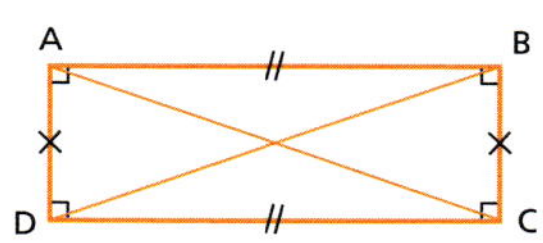	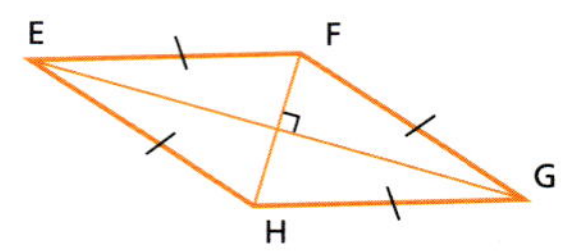	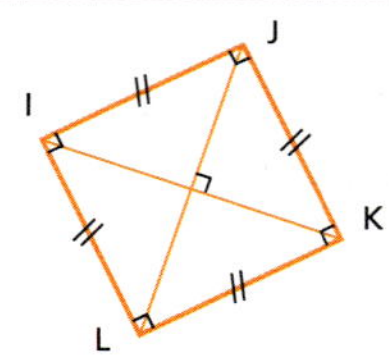
– côtés opposés de même longueur – côtés opposés parallèles	– 4 côtés de même longueur – côtés opposés parallèles	– 4 côtés de même longueur – côtés opposés parallèles
– 4 angles droits	– angles opposés égaux	– 4 angles droits
– diagonales se coupent en leur milieu – diagonales de même longueur	– diagonales se coupent en leur milieu – diagonales perpendiculaires	– diagonales se coupent en leur milieu – diagonales de même longueur – diagonales perpendiculaires

Remarque : Un carré est à la fois un losange et un rectangle.

LA MÉTHODE

MINI INTERRO

Cite tous les losanges de la figure :

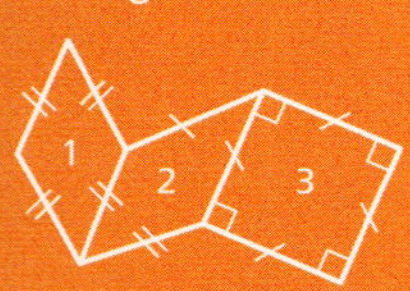

▷ Construire un quadrilatère particulier

Exemple Je trace un carré ABCD dont les diagonales mesurent 2 cm.

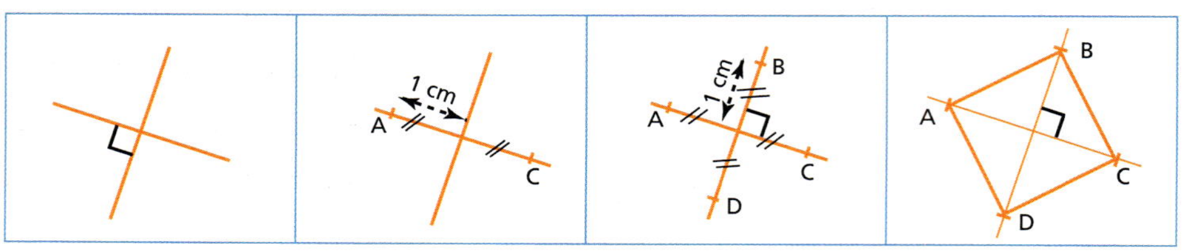

S'ENTRAÎNER

1 Vrai ou faux ?

Coche la case qui convient.

	V	F
a. Un triangle rectangle est un quadrilatère.	❑	❑
b. Un carré est un losange.	❑	❑
c. Un quadrilatère qui a quatre angles droits est un carré.	❑	❑

2 À la suite

Trois élèves ont nommé ce quadrilatère.
Paul : « UTSR »
Léa : « STRU »
Sarah : « RSTU »

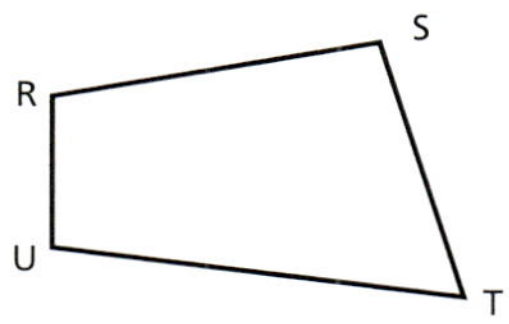

Quel élève s'est trompé ? ....

3 Devinette

Dans cette figure, Julien a trouvé 8 rectangles.

Est-ce vrai ? ....

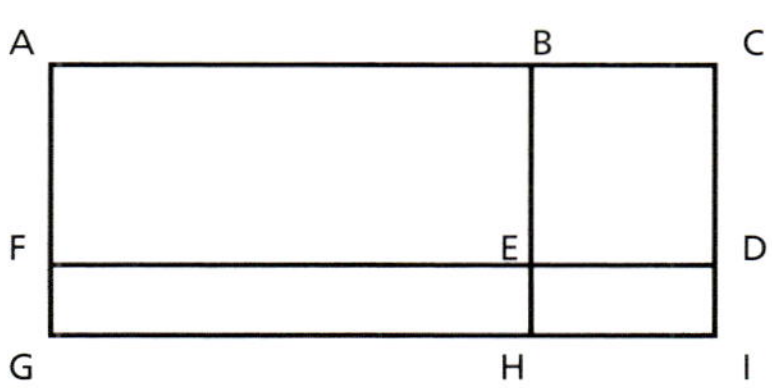

4 Perpendiculaire

Construis le rectangle ABCD tel que le point D soit situé sur la droite (e).

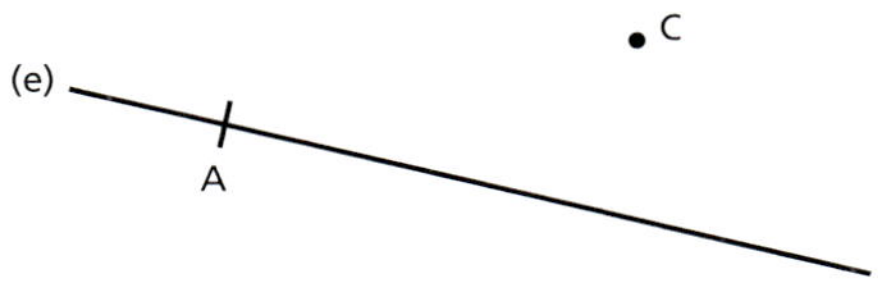

5 Longueurs égales

Construis le losange ABCD tel que la diagonale [AC] soit située sur (d).

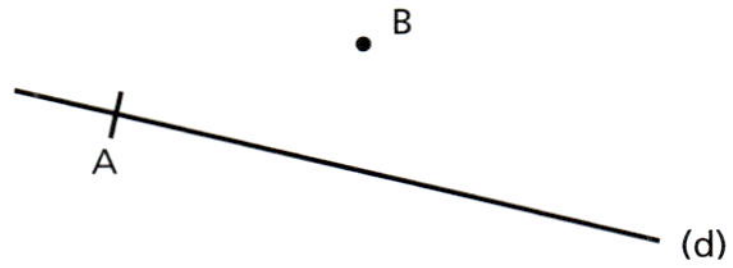

6 Construction

Trace un triangle ABC rectangle en C, puis un carré BAFG.

7 Casse-tête

Entoure la figure qui correspond à l'énoncé suivant :

Trace un losange EFGH, puis un rectangle EGRS tel que H soit un point du côté [RS].

a.

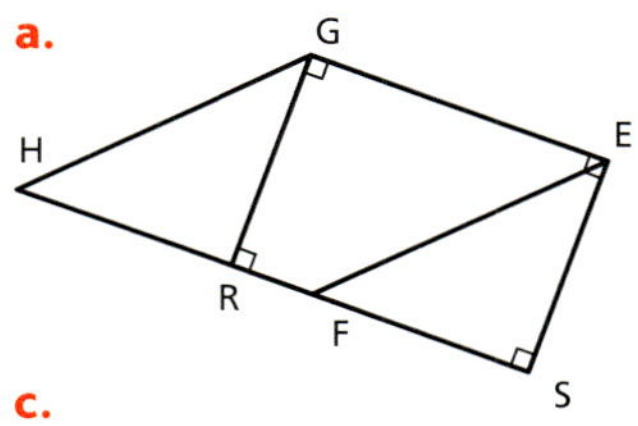

c.

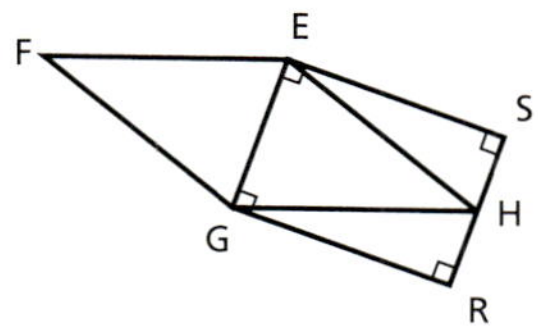

b.

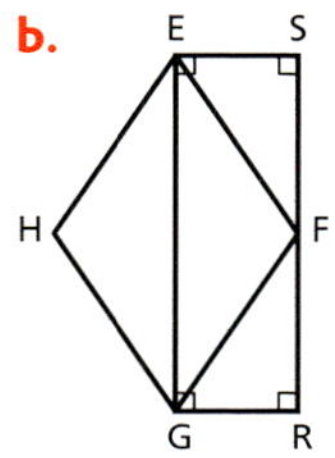

8 Raisonner

ABCD est un carré et ADFE est un losange.

Quelle est la nature du triangle EAB ? Justifie.

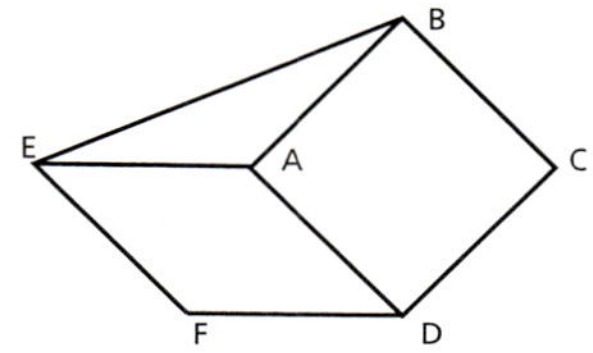

9 CONTRÔLE EXPRESS

Complète avec l'un des mots : carré, losange ou rectangle.

a. En reliant dans l'ordre les milieux des côtés d'un rectangle, on obtient un ....

b. En dessinant un losange avec un angle droit, on obtient un ....

c. En traçant deux diamètres d'un même cercle et en reliant dans l'ordre les points d'intersection, on obtient un ....

Mathématiques

Corrigés p. 31 du livret.

14 La symétrie par rapport à une droite

RETENIR

MOT CLÉ

✓ **Axe de symétrie :** C'est une droite telle que deux figures se superposent si on plie la feuille le long de cette droite.

1 / Symétrique d'un point

- A′ est le symétrique de A par rapport à la droite (d). A et A′ sont symétriques par rapport à (d).
- Le symétrique de M situé sur l'axe est le point lui-même. M et M′ sont confondus.

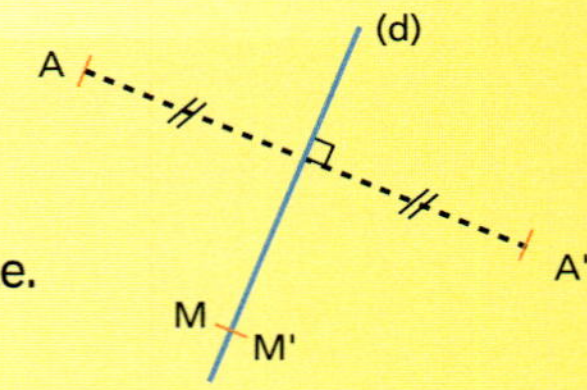

2 / Symétriques de figures

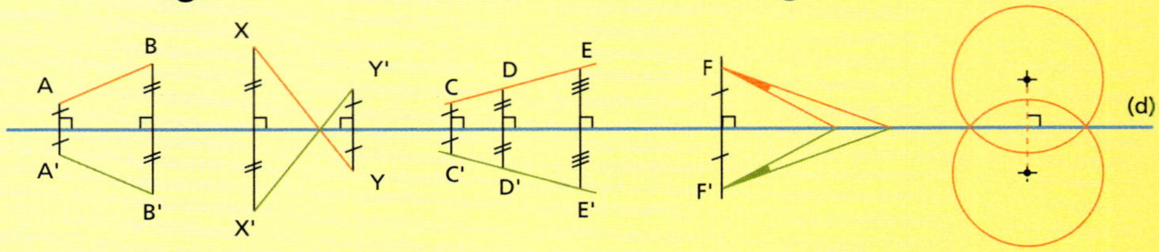

3 / Axe de symétrie

Une figure a un **axe de symétrie** (d) si le symétrique de cette figure par rapport à (d) est la figure elle-même.

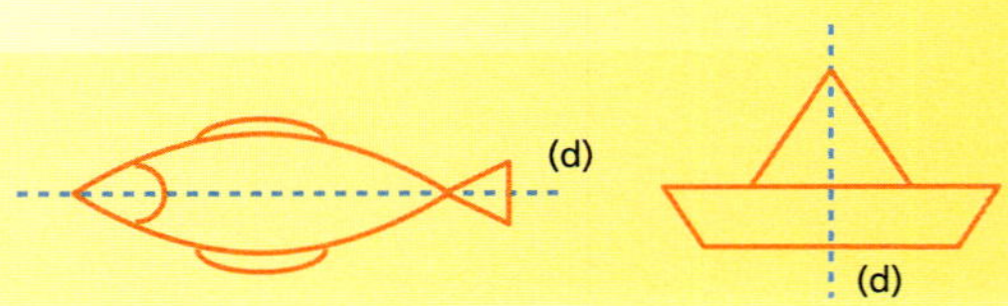

LA MÉTHODE

▷ Construire le symétrique d'un point

- **Avec l'équerre et la règle**

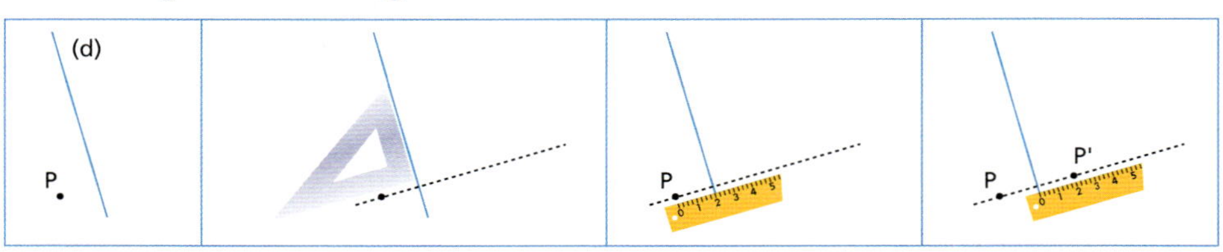

- **Avec le compas**

L'écartement du compas est le même.

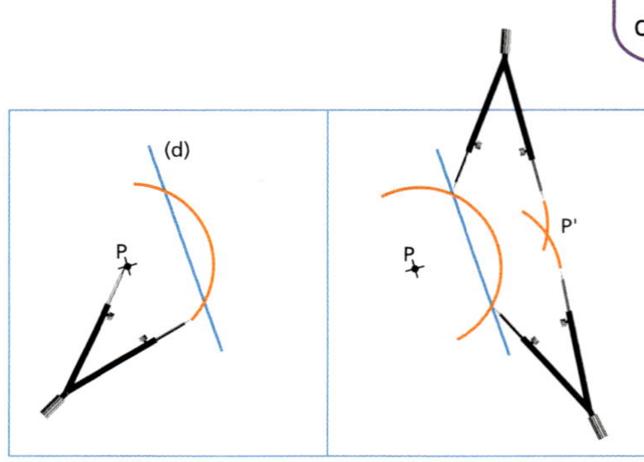

MINI INTERRO

Les points A′ et B′ sont les symétriques des points A et B par rapport à (d).

Nomme le symétrique de [AB], [BA] et (AB′).

S'ENTRAÎNER

1 Vrai ou faux ?

Coche la case qui convient.

Sur la figure ci-dessous, par rapport à la droite (d) :

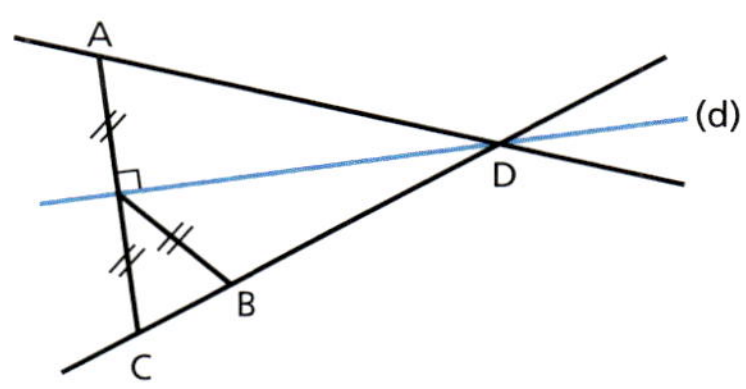

	V	F
a. les points A et B sont symétriques.	❑	❑
b. le point D n'a pas de symétrique.	❑	❑
c. les droites (CD) et (AD) sont symétriques.	❑	❑

2 Points symétriques

Dessine les symétriques A′, B′, C′ et D′ des points A, B, C et D par rapport à la droite (d).

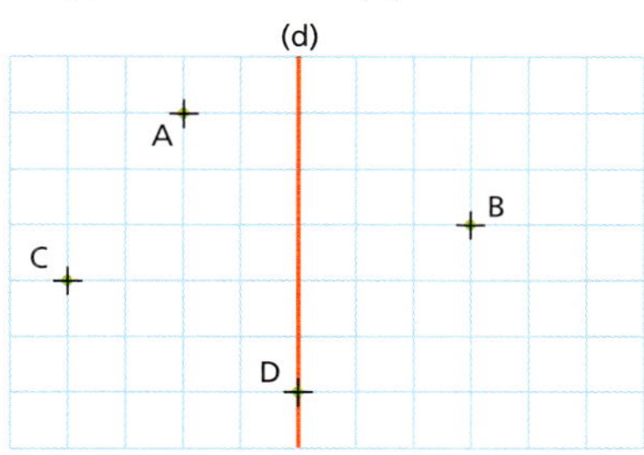

3 Symétrie et rectangle

Trace le symétrique de ce rectangle par rapport à la droite (d).

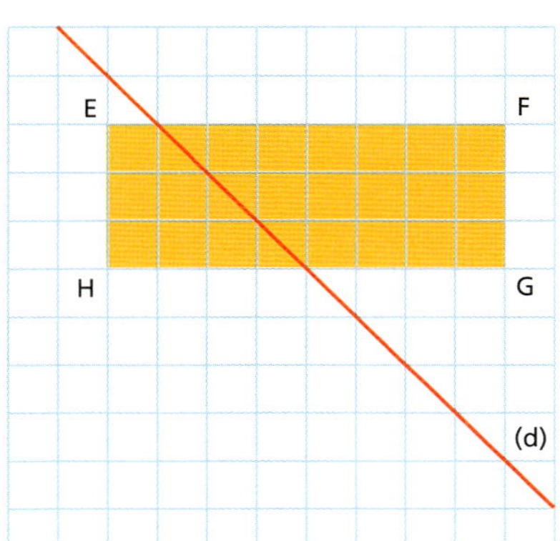

4 Points d'intersection

a. Trace un carré SRTU de 6 cm de côté. Place les points A milieu de [SR] et B milieu de [RT].

b. Trace le symétrique S′R′T′U′ du carré SRTU par rapport à la droite (AB).

c. Quel est le point d'intersection des droites (SR) et (S′R′) ?

d. Quel est le point d'intersection des droites (RT) et (R′T′) ?

5 Avec la règle et le compas

Reproduis cette figure selon les dimensions indiquées. Construis son symétrique par rapport à la droite (g).

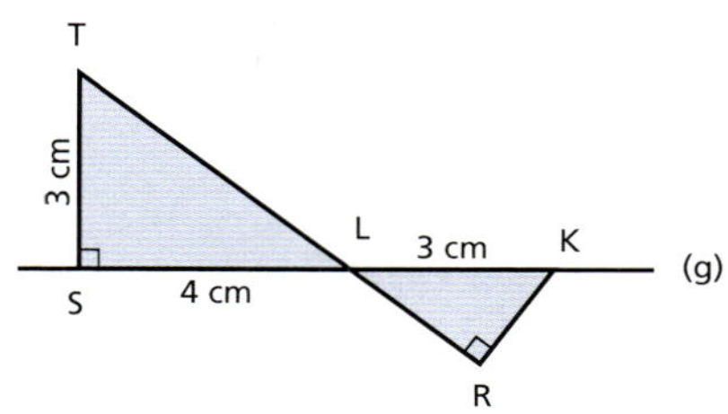

Vérifie que les points T′, L et R′ sont alignés.

6 Avec la règle non graduée

a. Trace un segment [AB] et une droite (d). Construis avec le compas le symétrique A′ du point A par rapport à (d).

b. On a tracé la droite (AB). Trace avec ta règle non graduée trois droites pour obtenir le symétrique B′ du point B par rapport à (d).

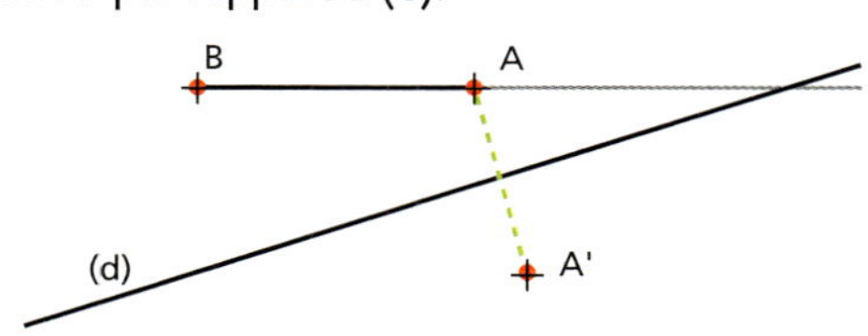

7 CONTRÔLE EXPRESS

a. Construis un triangle ABC isocèle en A tel que : AB = 4 cm et BC = 6 cm.
Construis le triangle symétrique de ABC par rapport à la droite (BC). Appelle D le symétrique de A.

b. Quelle est la nature du quadrilatère ABDC ?

Corrigés p. 31 du livret.

15 La médiatrice et la bissectrice

RETENIR

1 / Médiatrice

- La médiatrice d'un **segment** est la **droite perpendiculaire** à ce segment **en son milieu.**
- La médiatrice d'un segment est **axe de symétrie** de ce segment.

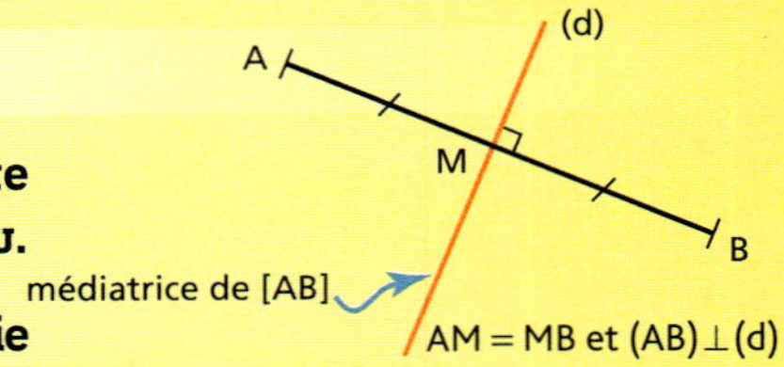

Propriétés :
1. M est sur la médiatrice de [AB], donc MA = MB.
2. PA = PB, donc P est sur la médiatrice de [AB].

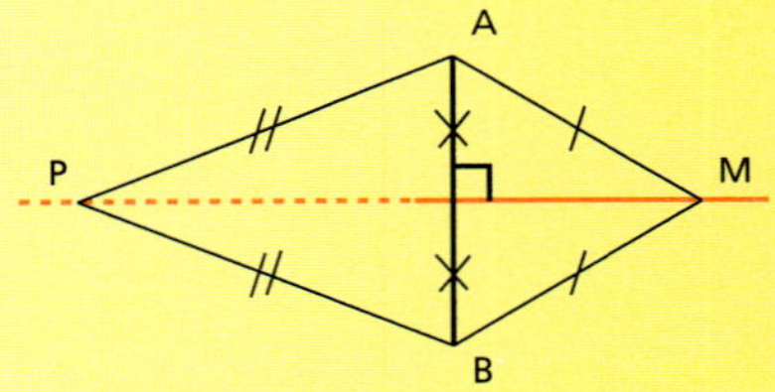

2 / Bissectrice

- La bissectrice d'un **angle** est la **demi-droite qui partage** cet angle en **deux angles égaux.**
- La bissectrice d'un angle est **axe de symétrie** de cet angle.

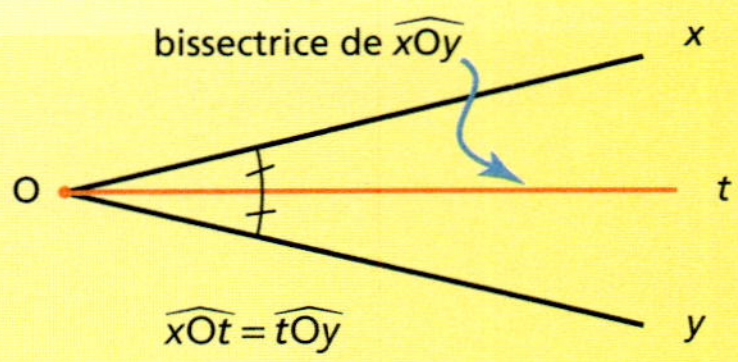

MOTS CLÉS

✓ **Médiatrice :** axe de symétrie d'un segment.

✓ **Bissectrice :** axe de symétrie d'un angle.

GÉOMÉTRIE

LA MÉTHODE

▷ Construire la médiatrice d'un segment

Méthode 1

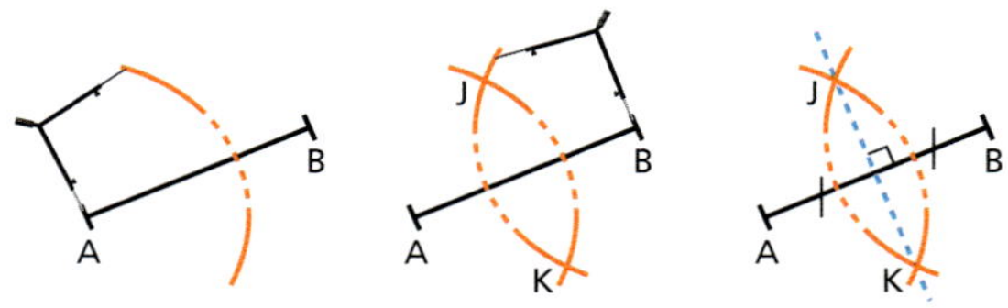

L'écartement du compas est le même.

Méthode 2

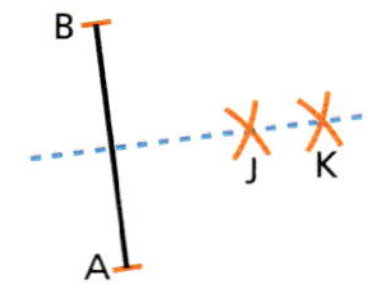

Je peux construire J et K du même côté.

▷ Construire la bissectrice d'un angle

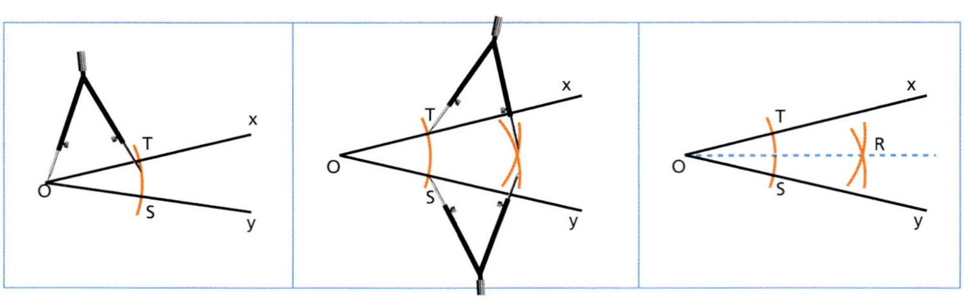

MINI INTERRO

Dans cette figure, nomme :

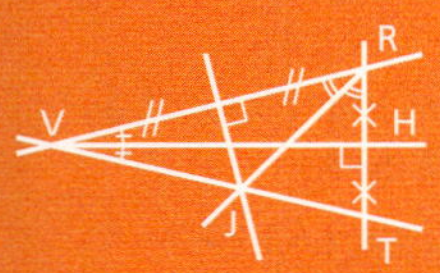

1. la médiatrice de [RT].
2. la bissectrice de $\widehat{RVT}$.

1 Vrai ou faux ?

Coche la case qui convient.

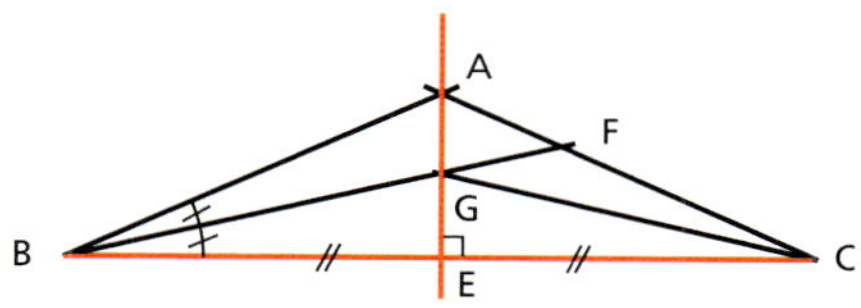

	V	F
a. (AE) est axe de symétrie de [BC].	❑	❑
b. (BF) est la médiatrice de [AC].	❑	❑
c. [BF) est la bissectrice de $\widehat{AGC}$.	❑	❑
d. (EG) est axe de symétrie de $\widehat{BAF}$.	❑	❑
e. [BG) est la bissectrice de $\widehat{ABC}$.	❑	❑

2 Le bon choix

En utilisant l'équerre et la règle graduée, nomme les segments de la figure ayant la droite (d) pour médiatrice : ....

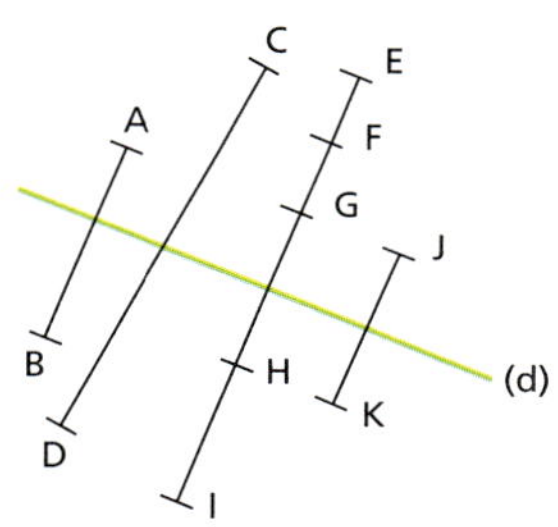

3 Un rectangle particulier

Trace un rectangle de 6 cm sur 9 cm. Construis les bissectrices des angles droits de ce rectangle. En se coupant, ces bissectrices forment un quadrilatère.

Quelle est sa nature ? ....

4 Perpendiculaires et parallèles

a. Trace une droite. Places-y dans cet ordre les points M, P et R. Construis la médiatrice (d) de [MP] et la médiatrice (e) de [PR].

b. Que peux-tu dire des droites (d) et (e) ? Énonce la propriété utilisée.

....

....

....

5 Rapporteur et compas

Dessine un angle $\widehat{tOs}$ de 58°.
À l'aide du compas, construis la demi-droite [Ox) telle que [Ox) soit la bissectrice de $\widehat{tOs}$.

6 Égal à 90° ?

On donne $\widehat{AOB} = 112°$ et $\widehat{BOC} = 33°$.

a. Construis la bissectrice de $\widehat{AOB}$.

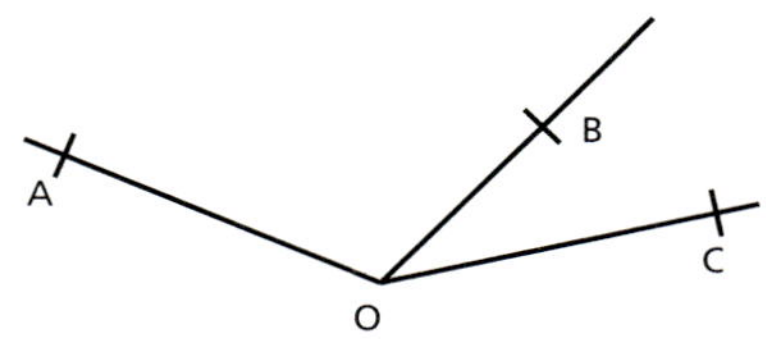

b. Cette bissectrice est-elle perpendiculaire à (OC) ? Justifie ta réponse.

....

7 Résoudre un problème

Les triangles ABC et EBC sont isocèles.

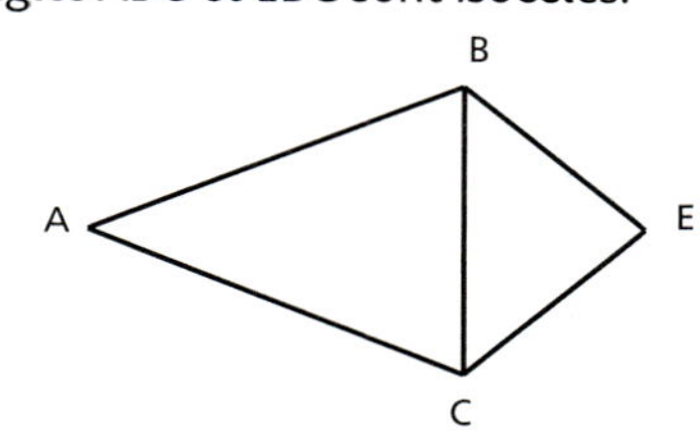

a. Marque les égalités de longueur.

b. Pourquoi la droite (AE) est-elle médiatrice du segment [BC] ? ....

8 CONTRÔLE EXPRESS

EFGH forme un losange.

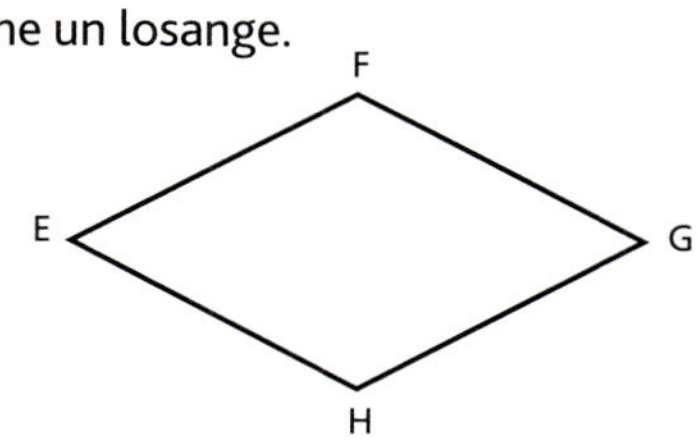

a. Construis la médiatrice (d) de [FH].

b. Que représente cette médiatrice pour le losange ?

....

c. Que représente (d) pour l'angle $\widehat{FEH}$? ....

Corrigés p. 32 du livret.

16 Les axes de symétrie de figures usuelles

RETENIR

MOTS CLÉS

✓ **Côté opposé :** Dans un quadrilatère, deux côtés opposés sont deux côtés non consécutifs.

✓ **Sommet opposé :** Dans un quadrilatère, deux sommets opposés sont deux sommets non consécutifs.

Nom	Nombre d'axes	Désignation des axes de symétrie	Figure
Triangle isocèle	1	La médiatrice de la base ou la bissectrice de l'angle au sommet principal.	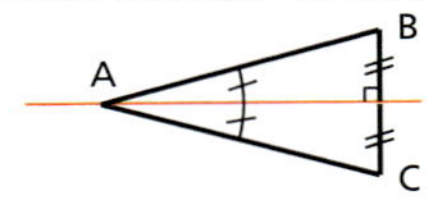
Triangle équilatéral	3	Les médiatrices des côtés ou les bissectrices des angles.	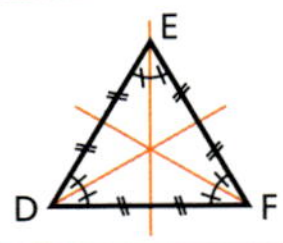
Losange	2	Les diagonales (qui sont les bissectrices des angles opposés).	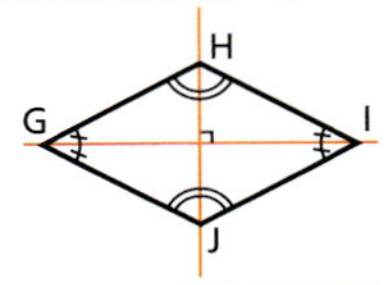
Rectangle	2	Les médiatrices des côtés opposés. O est le centre du rectangle.	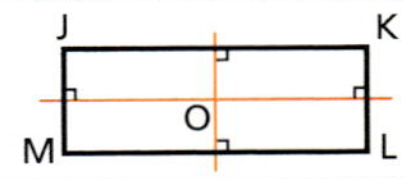
Carré	4	Les diagonales et les médiatrices des côtés opposés.	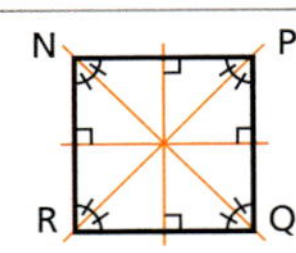

LA MÉTHODE

▷ Construire une figure connaissant un axe de symétrie

• Pour construire le triangle isocèle EFG dont le sommet principal G est sur (d) : 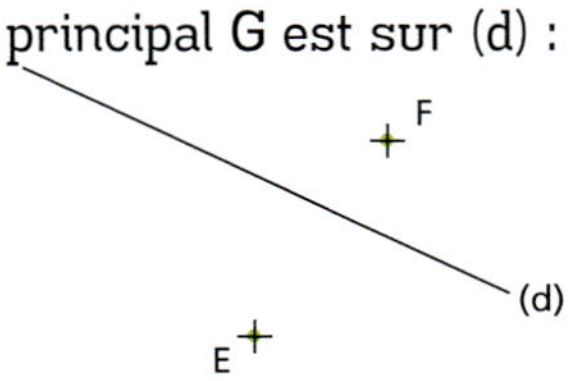	**1. Je trace** l'axe de symétrie, c'est-à-dire la médiatrice de [EF]. 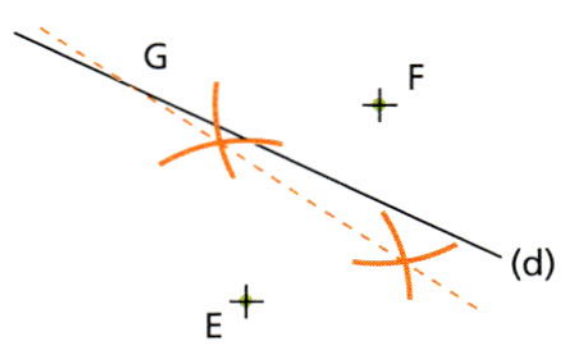	**2.** La médiatrice coupe (d) en G. **Je relie** les points E, F et G. 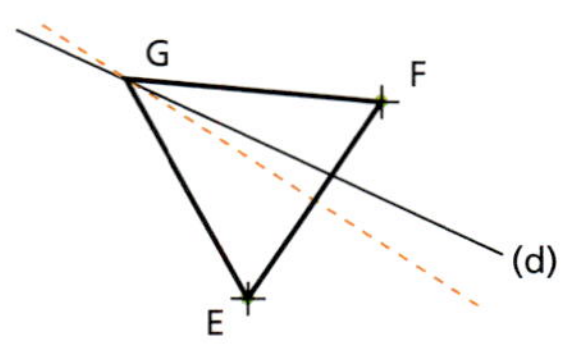
• Pour construire le rectangle RSTV dont (d) est un axe de symétrie : 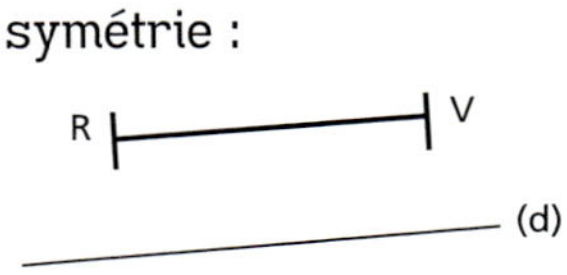	**1. Je construis** les symétriques S et T des points R et V. 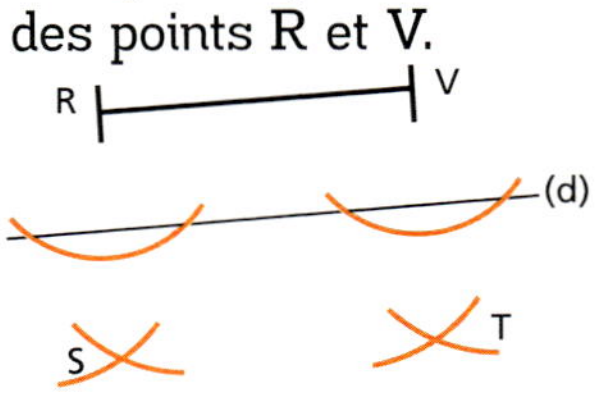	**2. Je relie** les points dans l'ordre. 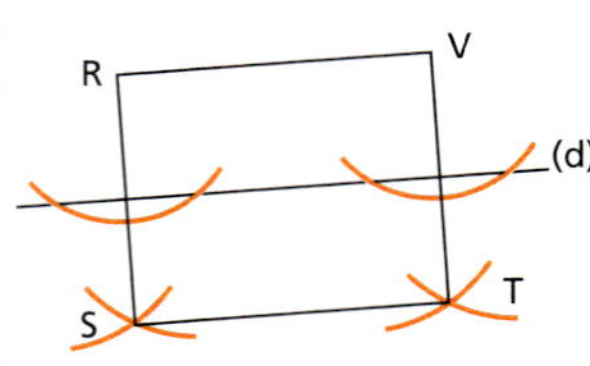

MINI INTERRO

Nomme les figures qui ont au moins deux axes de symétrie.

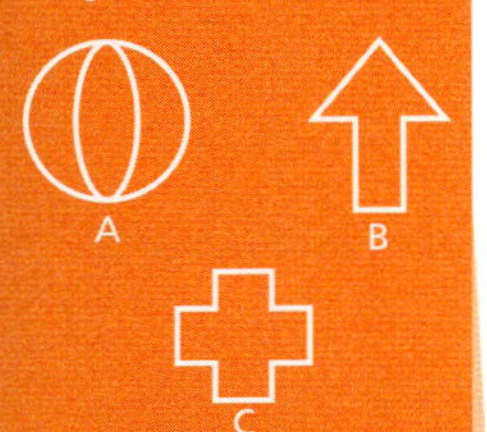

GÉOMÉTRIE

1 Vrai ou faux ?

Coche la case qui convient.

	V	F
a. La droite (AX) est un axe de symétrie du triangle ABC.	❑	❑

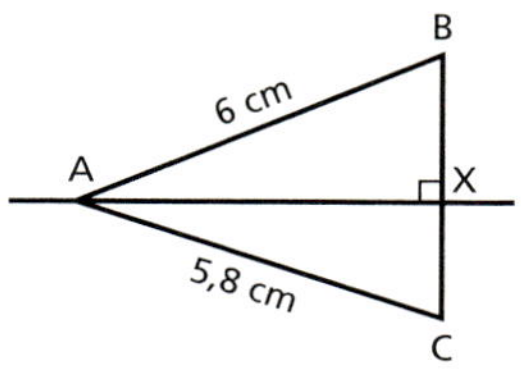

	V	F
b. Un disque n'a qu'un axe de symétrie.	❑	❑
c. Dans un triangle rectangle, la médiatrice de l'hypoténuse est un axe de symétrie du triangle.	❑	❑

2 Avec une règle

Trace les axes de symétrie de cette figure.

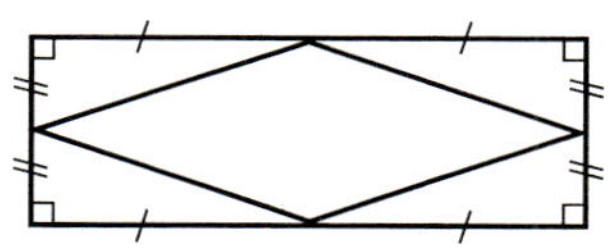

3 Casse-tête

Dans ce carré, colorie les cases en bleu, en rouge ou en vert pour que le dessin ait deux axes de symétrie.

4 Avec le compas

Construis le triangle RST isocèle en T, ayant la droite (e) pour axe de symétrie et dont le côté [TR] mesure 4 cm.

5 Avec la règle et le compas

PRST est un carré, mais son sommet T n'est pas sur la feuille.

Trace la diagonale [PS] et la partie de la diagonale [RT] visible. Puis trace les autres axes de symétrie du carré.

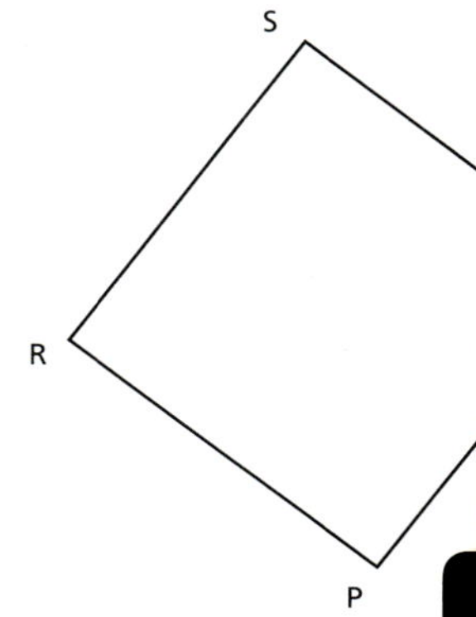

6 Devinette

La figure suivante est formée de deux pinces identiques. Trace son axe de symétrie.

7 Résoudre un problème

La droite (d) est axe de symétrie du rectangle ABCD. (d) est aussi axe de symétrie du losange HARD.

Construis ces deux figures.

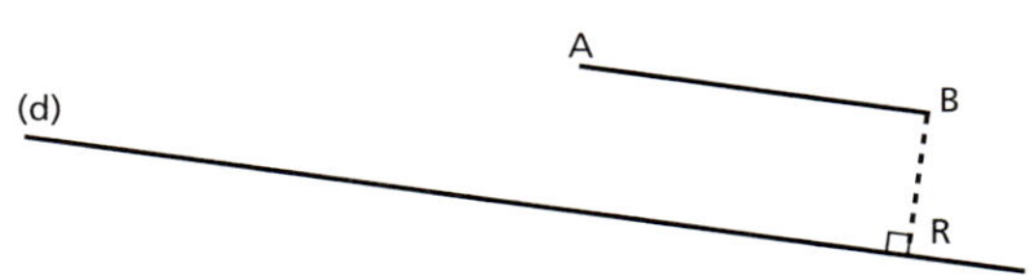

8 CONTRÔLE EXPRESS

Trace le ou les axes de symétrie de ces deux dominos.

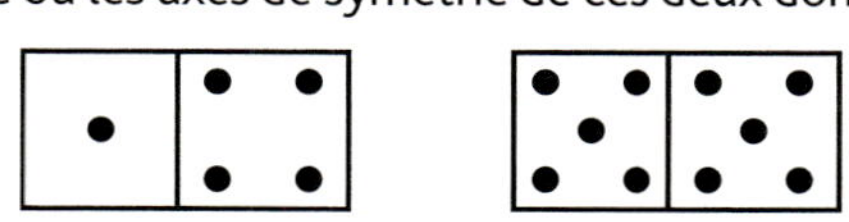

17 Le parallélépipède rectangle

GÉOMÉTRIE

RETENIR

1 / Parallélépipède rectangle et cube

- Un **parallélépipède rectangle** (ou pavé droit) est un **solide qui a 6 faces rectangulaires.**
- Un **cube** est un pavé droit dont les **6 faces sont des carrés.**

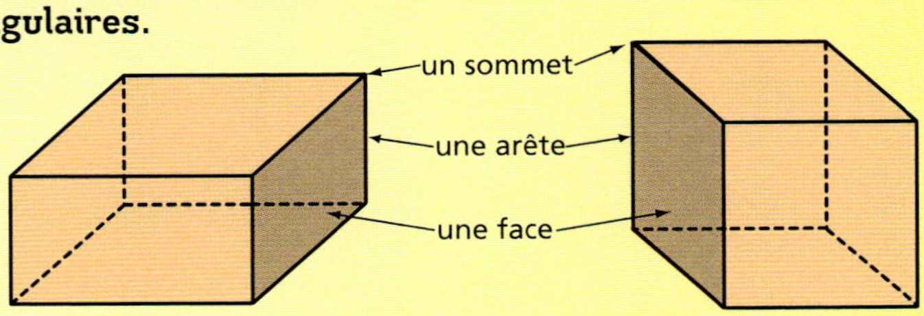

Représentations en perspective cavalière

MOTS CLÉS

✓ **Parallélogramme :** quadrilatère dont les côtés opposés sont parallèles.

✓ **Patron d'un solide :** figure qui permet, après découpage et pliage, de fabriquer ce solide.

2 / Perspective cavalière

Dans une **perspective cavalière** d'un pavé droit ou d'un cube :
- les faces avant et arrière sont des rectangles superposables (ou des carrés) ;
- les autres faces sont représentées par des parallélogrammes ;
- les arêtes parallèles sont représentées par des segments parallèles et de même longueur ;
- les arêtes cachées sont tracées en pointillés.

LA MÉTHODE

▷ Dessiner en perspective cavalière

- Je construis un rectangle, puis un autre rectangle de côtés parallèles et de mêmes dimensions que le premier. Je trace 4 segments reliant leurs sommets.

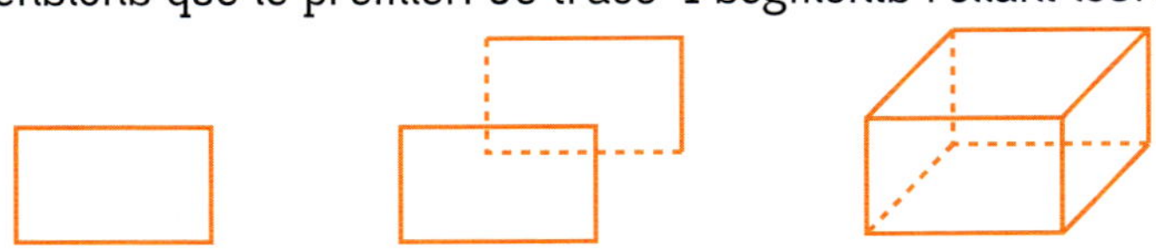

- Ou bien, je construis un 1er rectangle, puis je trace à partir de ses sommets 4 segments parallèles et de même longueur, et je trace le 2e rectangle.

▷ Construire un patron de pavé droit

Mesure des arêtes : 9 cm, 5 cm et 7 cm.

1. Je trace d'abord deux paires de rectangles de mêmes dimensions.

échelle $\frac{1}{10}$

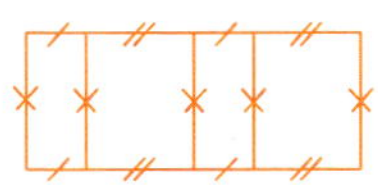

2. Je trace une troisième paire de rectangles superposables.

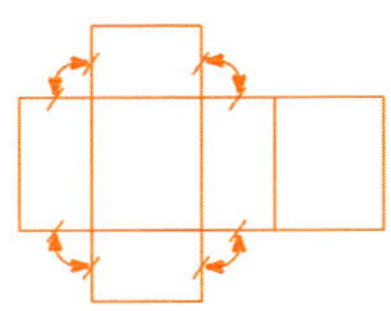

ou

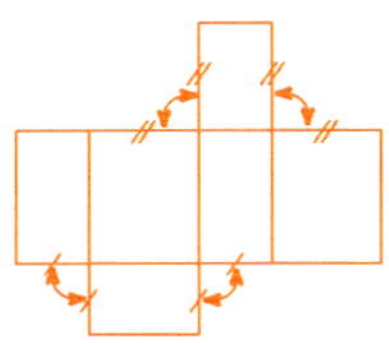

MINI INTERRO

Indique le nombre :

1. de sommets non visibles de ce pavé droit ;
2. de faces non visibles ;
3. d'arêtes non visibles.

S'ENTRAÎNER

1 Vrai ou faux ?

Ce pavé droit est représenté en perspective cavalière.

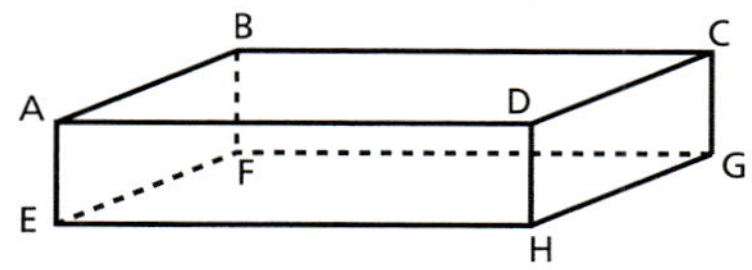

Coche la case qui convient.

	V	F
a. [FG] est une arête.	❑	❑
b. EFGH est une face.	❑	❑
c. [DC] et [DH] sont parallèles.	❑	❑
d. Dans la réalité, la face DCGH est un losange.	❑	❑
e. B est le sommet caché.	❑	❑

2 Un solide particulier

Comment s'appelle le pavé droit dont les arêtes ont la même longueur ?

3 Rectangle, losange ou carré

Dessine, en grandeur réelle, la face EFGH du pavé droit représenté ci-dessous.

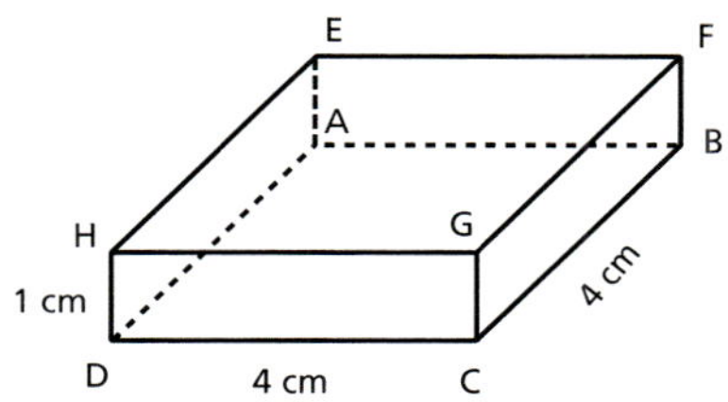

4 Trois arêtes en pointillés

On a commencé à dessiner un pavé droit en perspective cavalière.

Termine le dessin.

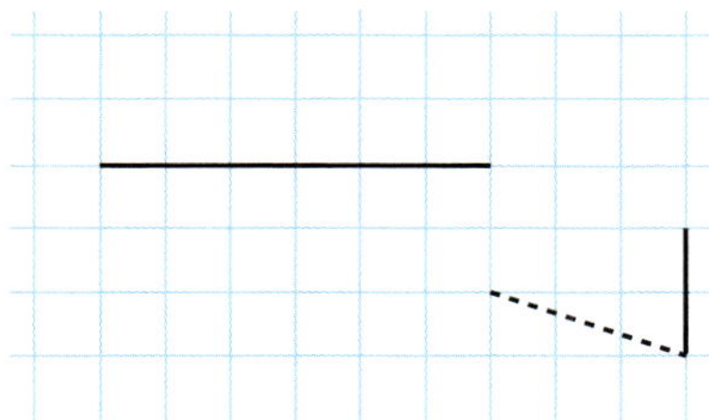

5 Face manquante

Ce dessin est le patron incomplet d'un parallélépipède rectangle.

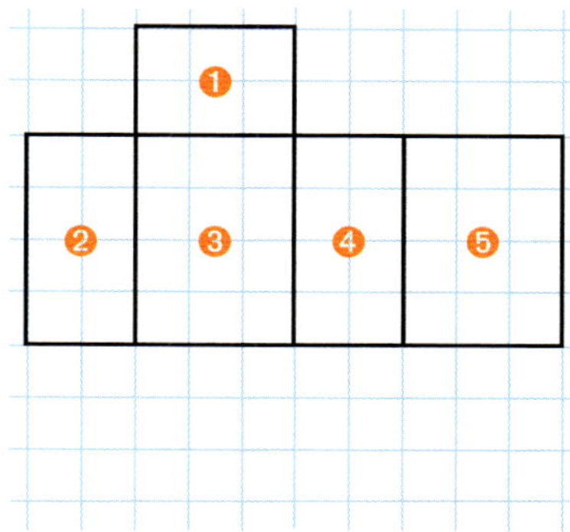

a. Dessine la face manquante 6 sous la face 5.

b. Reproduis ce patron incomplet et dessine cette fois la face manquante 6 sous la face 2.

6 Casse-tête

Voici quatre positions différentes d'un même cube.

Colorie la face avant de la position 4.

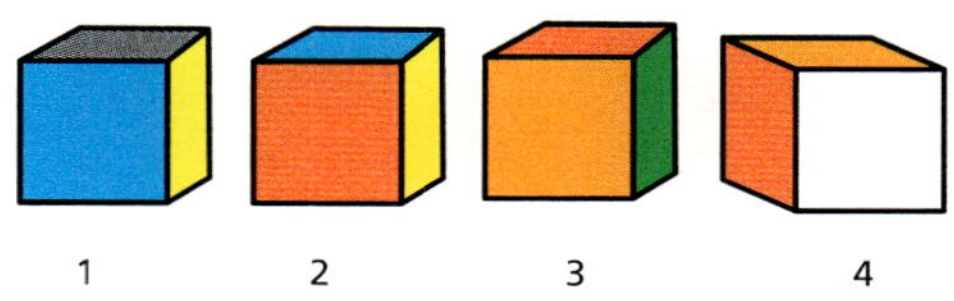

7 CONTRÔLE EXPRESS

a. Ce dessin est-il une perspective cavalière d'un parallélépipède rectangle ? Justifie ta réponse. ....

....

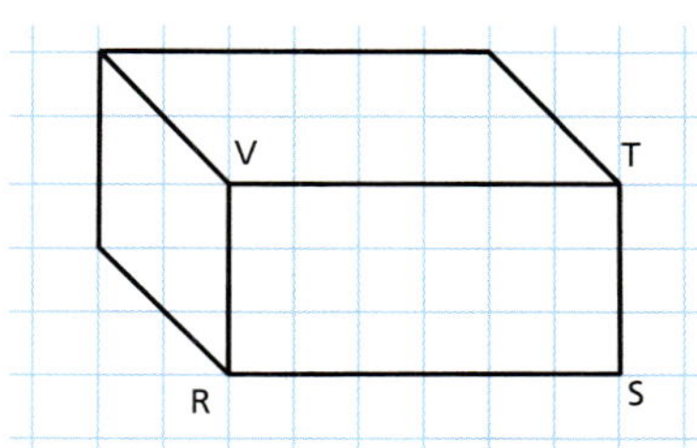

b. Dessine les arêtes cachées.

c. Nomme les sommets sachant que STPL et PLOC sont des faces du parallélépipède.

Corrigés p. 32 du livret.

18 Les durées

RETENIR

1 / Les unités de durée

L'unité principale de durée est la **seconde** (s).

jour	heure	minute	seconde	dixième de seconde	centième de seconde
j	h	min	s		
24 h	60 min 3600 s	60 s	1 s	0,1 s	0,01 s

MOT CLÉ

✓ **Temps :** Ce mot a deux sens différents :
– un **instant** (il est 5 h) ;
– une **durée** (un voyage de 5 heures).

2 / Convertir

• ... en unités plus petites

Exemples 2 j 10 h = (2 × 24) h + 10 h = 58 h
5 h et quart = (5 × 60) min + 15 min = 300 min + 15 min = 315 min

• ... en unités plus grandes

Exemples 13 dixièmes de seconde = 1,3 s
85 s = 60 s + 25 s = 1 min 25 s
1 508 min = 25 h 8 min car

1 5 0 8	6 0
3 0 8	2 5
8	

LA MÉTHODE

▷ Additionner des durées

1. J'additionne séparément les différentes unités.

2. Je convertis si un total « atteint » ou « dépasse » 60.
77 min = 60 min + 17 min, soit 77 min = 1 h 17 min.

3. J'écris le résultat final.

	h	min	s
	12 h	53 min	
+	2 h	24 min	40 s
	14 h	(77) min	40 s
	1 h	17 min	
	15 h	17 min	40 s

▷ Soustraire des durées

1. Je soustrais successivement les secondes, les minutes et les heures.

2. Dans la colonne des minutes, la soustraction 25 – 30 n'est pas possible.
Je transforme : 3 h, c'est 2 h + 1 h (convertie en 60 min) ; je remplace 3 h 25 par 2 h 85 min.

3. Je continue les calculs.

	h	min	s
	3 h	25 min	40 s
–	1 h	30 min	16 s
	......	....	24 s

	h	min	s
	2 h	85 min	
	~~3 h~~	~~25~~ min	40 s
–	1 h	30 min	16 s
	1 h	55 min	24 s

MINI INTERRO

Combien de temps s'écoule-t-il :

1. entre 8 h 45 min et 10 h ?
2. entre 5 h et demie et midi ?

S'ENTRAÎNER

1 Vrai ou faux ?

Coche la case qui convient.

	V	F
a. 1 heure est égale à 3 600 secondes.	❑	❑
b. De midi à minuit, il y a 620 minutes.	❑	❑
c. De 22 h à 3 h du matin, il y a 19 heures.	❑	❑

2 Conversions

a. 72 min = ... h + ... min

b. 100 s = ... min + ... s

c. 58 h = ... j + ... h

d. 88 min = ... h + ... min

e. 12 dixièmes de seconde = ... s

3 Opérations.

a. 8 h 10 min + 2 h 37 min = ...

b. 15 h 22 min – 6 h 04 min = ...

c. 5 h 47 min + 3 h 30 min = ...

d. 17 min 18 s – 2 min 58 s = ...

e. 43 min 37 s + 1 h 20 min 12 s = ...

4 Le bon choix

Voici des horaires de train entre Paris et Marseille :

n° de train	6 103	5 102	6 105	6 109
Paris-Gare de Lyon	07.20		08.20	10.20
Avignon	09.59	10.20		
Marseille Saint-Charles	10.30	11.02	11.21	19.30

n° de train	6 118	6 120	6 124	6 126
Marseille Saint-Charles	12.29	14.31	16.29	16.59
Avignon	12.58		17.04	17.28
Paris-Gare de Lyon	15.48	17.31	19.45	20.11

Jeanne habite Paris. Elle veut aller à Marseille pour manger une bouillabaisse au déjeuner avec son cousin.

Quels trains peut-elle prendre :

a. pour aller à Marseille ? ....

b. pour rentrer le soir à Paris avant 8 h ? ....

5 Joyeux anniversaire

Mathieu dit à son copain Mustapha :

« Dans 10 368 000 s, c'est mon anniversaire. »

Mustapha prend sa calculatrice et dit :

« Alors, c'est dans .... jours. »

Complète la réponse de Mustapha.

6 À midi moins ...

Un représentant doit prendre un train qui part à midi et quart.
Il lui faut 25 minutes pour aller à pied à la gare et 10 minutes au maximum pour prendre son billet au guichet automatique.

À quelle heure au plus tard devra-t-il partir de chez lui s'il ne veut pas rater son train ?

....

7 Décalage horaire

Mademoiselle Cristal est dans un avion qui décolle de Paris à 10 h 45 pour Cayenne (Guyane française).
La durée du vol est de 9 h 05 min.
Elle arrive à Cayenne à 15 h 50 (heure locale) le même jour.

a. Quelle heure est-il à Paris quand son avion atterrit à Cayenne ? ....

b. Quel est le décalage horaire entre Paris et Cayenne ?

....

c. Le premier lancement de la fusée Ariane 5 ES pouvant emporter des charges de 20 t a été réussi le 9 mars 2008 à Cayenne à 1 h 03 min (heure locale).

Quelle heure était-il à Paris ? ....

8 CONTRÔLE EXPRESS

Pour effectuer tous les exercices de cette page, Mario a mis 100 minutes, Abel $\frac{5}{4}$ h et Audrey 1 heure et demie.

Qui a mis :

a. le moins de temps ? ....

b. le plus de temps ? ....

Corrigés p. 33 du livret.

19 Les longueurs, les masses et les capacités

RETENIR

1 / Les unités principales

L'unité principale de longueur est le **mètre** (m).
Celle des masses est le **gramme** (g) et celle des capacités est le **litre** (L).

MOT CLÉ

✓ **Masse :** C'est la quantité de matière d'un objet.
Il ne faut pas confondre la **masse** d'un objet avec son **poids** qui est variable : un objet est 6 fois moins lourd sur la Lune que sur la Terre, mais sa masse ne varie pas.

2 / Les différentes unités

- Les préfixes **kilo** (k), **hecto** (h) et **déca** (da) indiquent les **multiples** de l'unité principale de mesure :
kilo → 1 000 unités • hecto → 100 unités • déca → 10 unités

Exemple un hectolitre = 100 litres.

- Les préfixes **déci** (d), **centi** (c) et **milli** (m) indiquent les **sous-multiples** :
déci → $\frac{1}{10}$ unité • centi → $\frac{1}{100}$ unité • milli → $\frac{1}{1\,000}$ unité

Exemple un décimètre = 0,1 mètre.

Unités	kilo	hecto	déca		déci	centi	milli
de longueur	km	hm	dam	m	dm	cm	mm
de masse	kg	hg	dag	g	dg	cg	mg
de capacité	—	hL	daL	L	dL	cL	mL

3 / D'autres multiples du gramme pour les grandes masses

On utilise souvent la tonne (1 t = 1 000 kg) ou le quintal (1 q = 100 kg).
Il n'y a pas de nom pour une dizaine de kilogrammes.

LA MÉTHODE

▷ Convertir les unités de longueur, de masse ou de capacité

- **À l'aide d'un tableau :** j'écris les nombres avec un chiffre par colonne.

Exemples 8,573 hL = ... L

hL	daL	L	dL
8	5	7	3

→ 8,573 hL = 857,3 L

54 dam = ... km

km	hm	dam	m
0	5	4	

→ 54 dam = 0,54 km

- Directement en **multipliant** ou en **divisant par 10** successivement

Exemples

hL daL L
8 , 5 7 , 3
× 10 × 10

km hm dam
0 , 5 4
÷ 10 ÷ 10

MINI INTERRO

Parmi les masses suivantes, laquelle est égale à 70 kg ?
7 000 g ; 7 q ; 0,07 t.

S'ENTRAÎNER

1 Vrai ou faux ?

Coche la case qui convient.

	V	F
a. Un centième de mètre, c'est 10 mm.	☐	☐
b. Un million de milligrammes, c'est 1 kg.	☐	☐
c. Un millier de litres, c'est 1 hL.	☐	☐
d. Dix mille kilogrammes, c'est 100 t.	☐	☐
e. Un millième d'hectolitre, c'est 1 dL.	☐	☐

2 Convertir

a. 658 dg = ... hg

b. 9,5 km = ... dam

c. 0,084 hL = ... L

d. 64 300 cm = ... hm

e. 500 000 dL = ... hL

f. 2 000 000 g = ... t

3 La bonne mesure

Coche la bonne réponse.

a. La Loire mesure :

☐ 1 022 hm ☐ 1 022 km ☐ 1 022 m

b. Le poids d'un éléphant est :

☐ 2 500 g ☐ 2 500 mg ☐ 2 500 kg

c. La citerne d'un camion a une capacité de :

☐ 250 hL ☐ 250 L ☐ 250 cL

d. Le poids total de la tour Eiffel est :

☐ 8 757 kg ☐ 8 757 q ☐ 8 757 t

e. La hauteur d'une grue est :

☐ 2 m ☐ 2 dam ☐ 2 hm

4 Bien choisir

Complète avec l'unité qui convient.

a. Pierre pèse 8 ..... de moins que Paul.

b. La distance Lune-Terre est de 380 000 .....

c. Le réservoir d'une voiture a une capacité de 45 .....

d. Le pied de ton professeur mesure 26 .....

e. Cette bouteille contient 75 ..... de jus d'orange.

5 Mètre, kilogramme, litre…

M. Dupont dit à M. Dupond :
« J'ai acheté une voiture 15 000 euros. Elle est longue de 420 cm et large de 0,17 dam. Son poids est 12 000 000 dg. Elle consomme 650 cL tous les 1 000 hm. »

Réécris ce texte en utilisant des unités usuelles.

6 Multiple de 25

Mathieu et sa casquette pèsent 50,100 kg.
Mathieu pèse 50 kg de plus que sa casquette.

Quelle est la masse de la casquette en g ?

....

7 Casse-tête

La longueur d'une allumette est 4,5 cm.
Il y a 50 allumettes dans une boîte.
La distance Paris-Nice est de 900 km.

Combien de boîtes d'allumettes faudrait-il si on mettait bout à bout des allumettes entre Paris et Nice ?

....

8 Avec un schéma

Si Corinne ajoute son poids à celui de sa mère, elle trouve 81,5 kg. Si elle soustrait son poids à celui de sa mère, elle trouve 25,5 kg.

Combien pèse Corinne ? ....

9 CONTRÔLE EXPRESS

Trois chemins vont de la maison de Bastien à la mare aux canards.

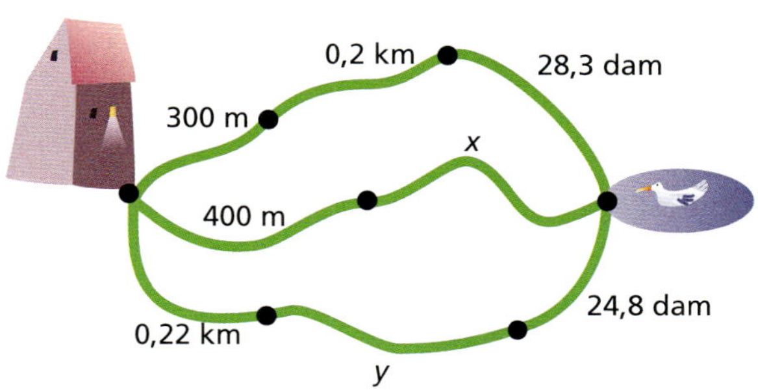

Sachant que les trois chemins ont la même longueur, trouve les distances manquantes en mètres :

$x =$ .... $y =$ ....

Corrigés p. 33 du livret.

20 Les périmètres

RETENIR

1 / Formules de périmètre

On désigne par P le périmètre.

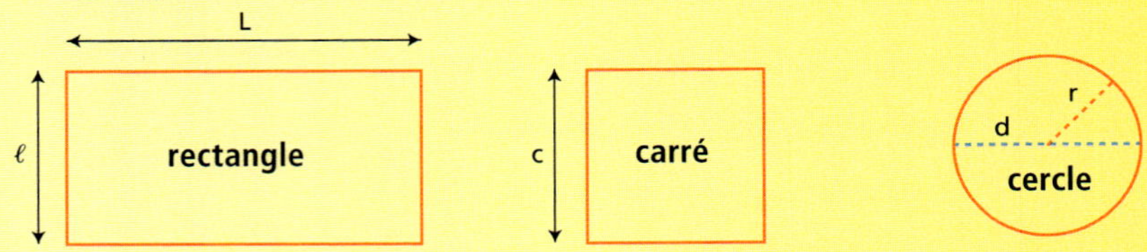

P = 2 × (L + ℓ)   P = 4 × c   P = π × d = 2 × π × r

MOT CLÉ

✓ **Périmètre :** longueur du tour d'un polygone.

2 / Le nombre π (pi)

π = 3,141 592 653 589 793 238 462 643 383 279 502 884 197 169 399 375...

Le nombre π (pi) n'est pas un nombre décimal.

Si les calculs sont faits à la main ou si c'est écrit dans l'énoncé, on utilise la valeur approchée **3,14.** Sinon, avec la calculatrice, on utilise la touche [π] qui donne aussi une valeur approchée, mais plus précise que 3,14.

LA MÉTHODE

▷ Calculer un périmètre

• Additionner des longueurs

Exemple Pour calculer le périmètre de la figure ci-contre : je décompose le contour de la figure en portions dont je connais la longueur ou dont je sais calculer la longueur.

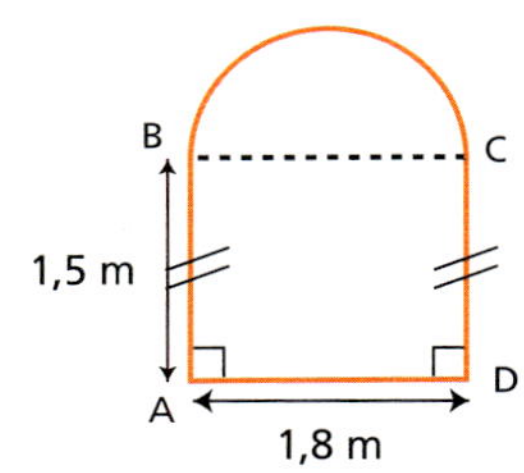

Il y a trois segments et un demi-cercle dont le rayon est 1,8 ÷ 2 = 0,9.

$$\begin{aligned} \text{Périmètre} &= AB + \overset{\frown}{BC} + CD + DA \\ &= 1{,}5 + \pi \times 0{,}9 + 1{,}5 + 1{,}8 \\ &\approx 7{,}6 \end{aligned}$$

→ Le périmètre de la figure est environ 7,6 m.

• Appliquer une formule

Exemple Calculer le périmètre P d'un rectangle de 4 dm de long sur 3 cm de large.

→ Les dimensions sont connues, j'applique la formule : P = 2 × (L + ℓ) où L est la longueur et ℓ est la largeur du rectangle.
Mais attention, j'exprime les dimensions dans la même unité, soit en cm (40 cm et 3 cm), soit en dm (4 dm et 0,3 dm).
Donc, le périmètre du rectangle est 2 × (40 + 3) = 86 cm ou 2 × (4 + 0,3) = 8,6 dm.

MINI INTERRO

Quelle est la valeur approchée, par excès au mm près, de la longueur d'un cercle de rayon 1 cm ?

S'ENTRAÎNER

1 Vrai ou faux ?

Coche la case qui convient.

Le périmètre de cette figure est égal à :

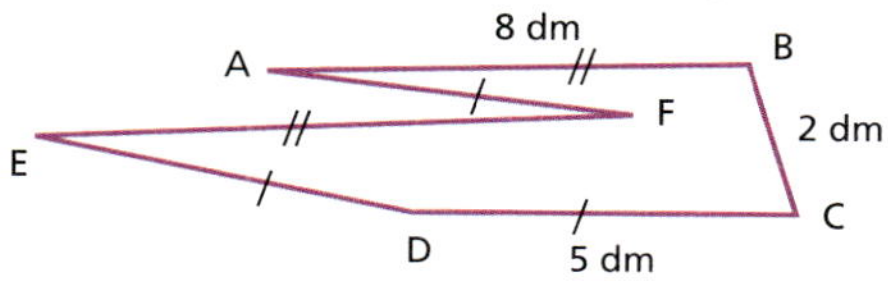

	V	F
a. $5 + 5 + 8 + 5 + 8 + 2$	❑	❑
b. $5 \times 2 \times 8$	❑	❑
c. $(5 \times 3) + (8 \times 2) + 2$	❑	❑
d. $(8 + 5) \times 3$	❑	❑

2 Dimension manquante

Le périmètre d'un rectangle est un kilomètre.
L'une de ses dimensions mesure 150 m.

Est-ce sa longueur ou sa largeur ? ....

....

3 Sans longueur ni largeur

Si on augmente de 5 cm la largeur d'un rectangle, on obtient un carré dont le périmètre est 50 cm.

Calcule le périmètre de ce rectangle : ....

....

4 Carré rentrant

Peux-tu calculer le périmètre de cette figure, dont tous les angles sont droits ?

Si oui, calcule ce périmètre. Sinon, indique les mesures qui manquent.

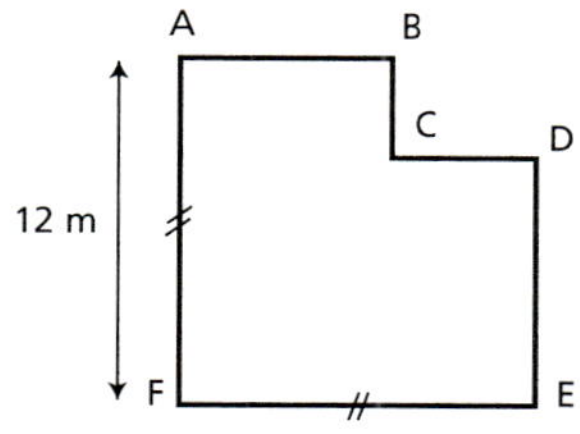

5 Calculs avec $\pi = 3{,}14$

Quelle figure a le plus petit périmètre ?

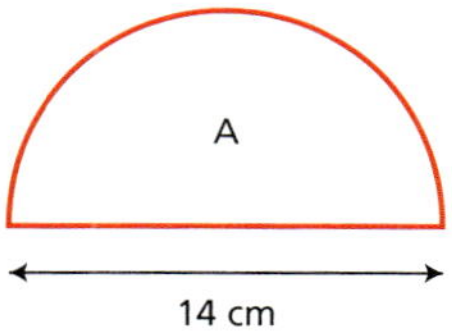

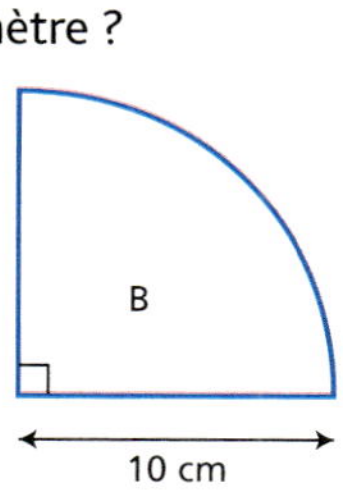

6 Soustraction et addition

Dans le quadrilatère ABCD, on sait que le périmètre du triangle ABC est 23,5 m et celui du triangle ADC est 37 m. Les diagonales [AC] et [BD] mesurent respectivement 9 m et 6 m.

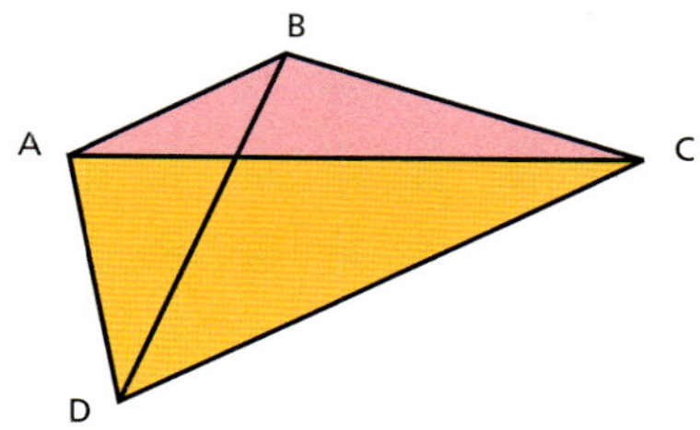

Calcule le périmètre du quadrilatère ABCD.

....

7 Casse-tête

Une feuille d'un livre rectangulaire mesure 95 cm de périmètre. La différence entre les deux dimensions est 8,5 cm.

Calcule les deux dimensions de cette feuille. (Vérifie en mesurant une feuille de *Tout savoir*.)

....

8 Les largeurs ne comptent pas

Quel est le périmètre du stade ? (Arrondis au mètre.)

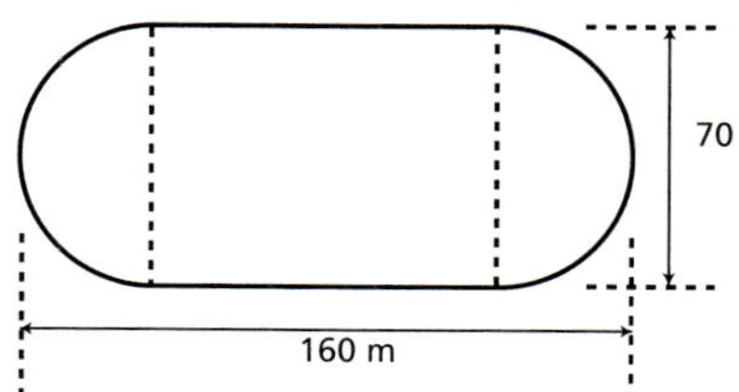

9 CONTRÔLE EXPRESS

Le périmètre de ce rectangle mesure 33 m.

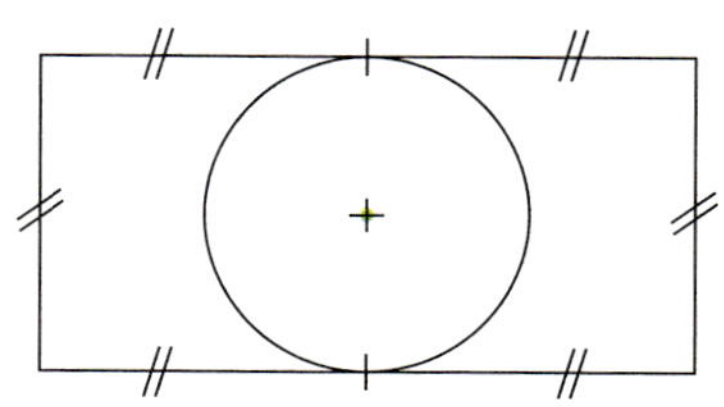

Calcule la longueur du cercle.

....

Corrigés p. 33 du livret.

21 Les aires

RETENIR

MOTS CLÉS

✓ **Surface :** partie située à l'intérieur d'une figure.

✓ **Aire :** mesure de la surface d'une figure.

1 / Comparaison d'aires

Les **surfaces** A et B n'ont pas la même forme, mais elles ont la même aire.

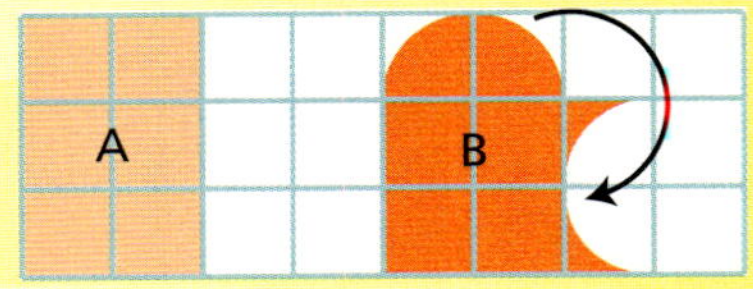

2 / Unités d'aire

L'unité principale d'aire est le mètre carré. Les autres unités sont :

km^2 hm^2 dam^2	m^2	dm^2 cm^2 mm^2
multiples	mètre carré	sous-multiples

$1\ km^2 = 100\ hm^2$, $1\ hm^2 = 100\ dam^2$, $1\ dam^2 = 100\ m^2$, $1\ m^2 = 100\ dm^2$...

3 / Formules d'aire

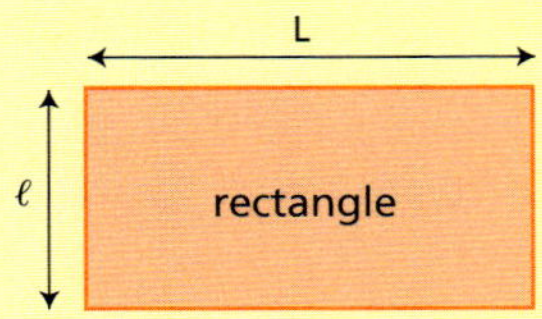

Aire $= L \times \ell$

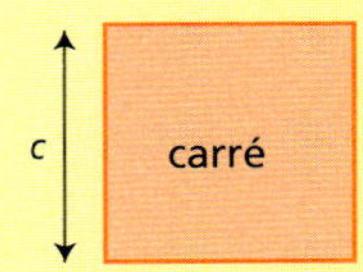

Aire $= c \times c = c^2$

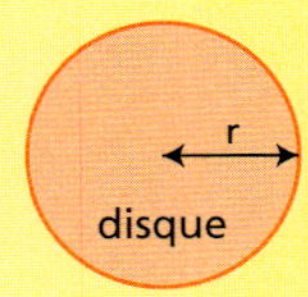

Aire $= \pi \times r \times r$

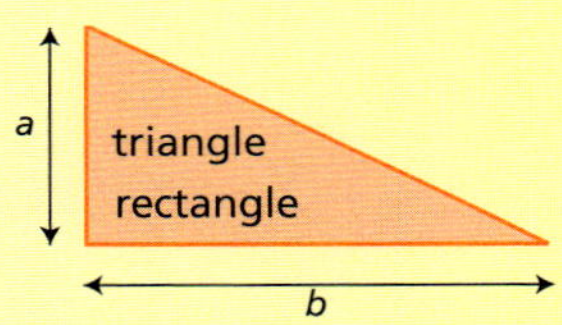

Aire $= \dfrac{a \times b}{2}$

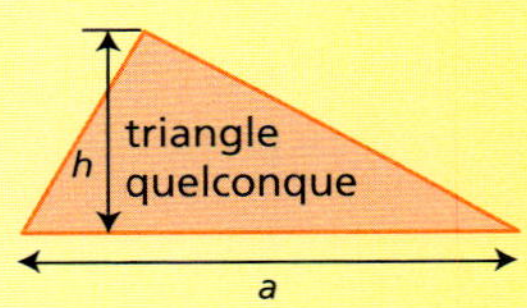

Aire $= \dfrac{a \times h}{2}$

LA MÉTHODE

▷ Convertir les unités d'aire

- **À l'aide d'un tableau :** j'écris les nombres avec deux chiffres par unité.

Exemples $8{,}4\ m^2 = ...\ cm^2$

m^2		dm^2		cm^2		mm^2	
	8	4	0	0	0		

→ $8{,}4\ m^2 = 84\ 000\ cm^2$

$53\ 000\ dam^2 = ...\ hm^2$

km^2		hm^2		dam^2		m^2	
	5	3	0	0	0		

→ $53\ 000\ dam^2 = 530\ hm^2$

- Directement en **multipliant** ou en **divisant par 100** successivement.

Exemples

m^2 dm^2 cm^2
8 , 4 0 0 0
×100 ×100

hm^2 dam^2
5 3 0 , 0 0
÷100

MINI INTERRO

Quelle est l'aire du triangle colorié ?

S'ENTRAÎNER

1 Vrai ou faux ?

Coche la case qui convient.

	V	F
a. 1 m² est égal à 100 cm².	❑	❑
b. 1 cm² est l'aire d'un carré de 10 mm de côté.	❑	❑
c. L'aire d'un disque de rayon 10 cm est environ égale à 31,4 cm².	❑	❑

2 Convertir

a. 38,2 dm² = ... cm²

b. 6,02 hm² = ... m²

c. 64 000 cm² = ... m²

d. 8 km² = ... m²

3 Bien choisir

Complète avec l'unité qui convient.

a. 28 000 dam² = 2,8 ....

b. 7,12 km² = 712 ....

c. 300 000 mm² = 0,3 ....

d. 8,6 m² = 86 000 ....

4 Dans la même unité

Calcule l'aire d'un rectangle mesurant 8 cm sur 50 mm : ....

5 Deux calculs possibles !

Calcule l'aire du triangle ABC.

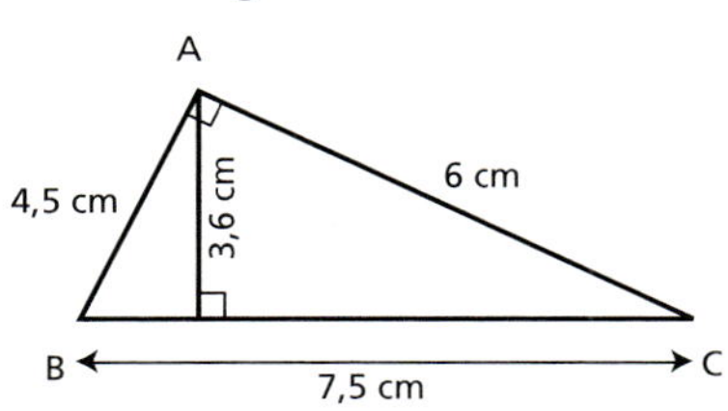

6 Longueur ou largeur ?

L'aire d'un rectangle est 1 m². Une de ses dimensions est 0,8 m.

Est-ce sa longueur ou sa largeur ? ....

7 Périmètre et aire

Deux terrains de jeu ont le même périmètre. L'un, de forme rectangulaire, a pour dimensions 50 m sur 20 m. L'autre est carré.

Quel est le terrain le plus étendu ? ....

8 Casse-tête

Une feuille de carton a une forme rectangulaire. Si l'on découpe dans le sens de la longueur une bande rectangulaire de 2 cm de large, l'aire de la feuille diminue de 24 cm². Si l'on découpe dans le sens de la largeur une bande rectangulaire de 2 cm de large, l'aire de la feuille diminue de 14 cm².

Calcule l'aire de la feuille de carton : ....

....

9 π = 3,14

Un bricoleur passe deux couches de peinture sur les deux faces d'une table circulaire de 2 m de diamètre.

Sachant qu'avec un pot de 1 kg, on peut peindre 4 m², combien de pots doit-il acheter ?

....

10 Aires comparées

Ces trois fanions rectangulaires ont les mêmes dimensions. La largeur des bandes blanches est la même (3 cm).

a. Les surfaces coloriées des trois fanions ont-elles la même aire ?

b. Calcule l'aire de chaque surface colorée.

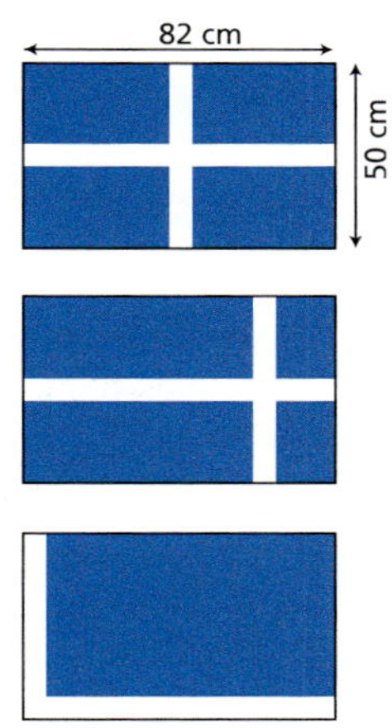

11 CONTRÔLE EXPRESS

Un carré et un rectangle ont la même aire.
Le côté du carré est 4,5 m et un des côtés du rectangle mesure 5 m.

Combien mesure l'autre côté du rectangle ?

....

Corrigés p. 34 du livret.

22 Les volumes

RETENIR

MOT CLÉ

✓ **Volume :** mesure de l'espace occupé par un solide ou un liquide.

1 / Unités de volume

- Un **mètre cube** (m^3) est le volume d'un cube de 1 m d'arête.
Il y a aussi les unités : le décimètre cube (dm^3) ; le centimètre cube (cm^3) ; le millimètre cube (mm^3).
- On a : $1\ m^3 = 1\ 000\ dm^3$; $1\ dm^3 = 1\ 000\ cm^3$; $1\ cm^3 = 1\ 000\ mm^3$

2 / Correspondance entre contenance et volume

Pour exprimer une unité de volume en unité de contenance (ou de capacité), on doit savoir que : **1 L = 1 dm³**.

3 / Formules de volume

Volume = $L \times \ell \times h$

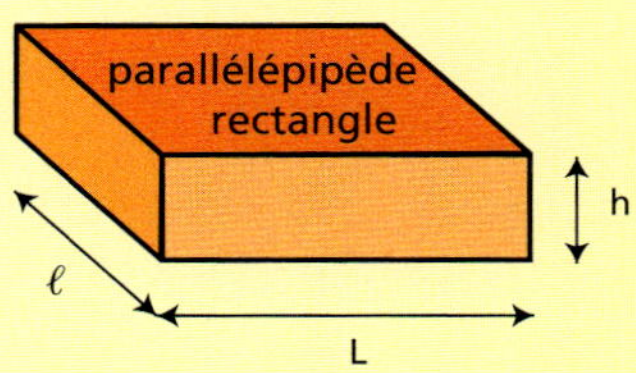

Volume = $a \times a \times a$

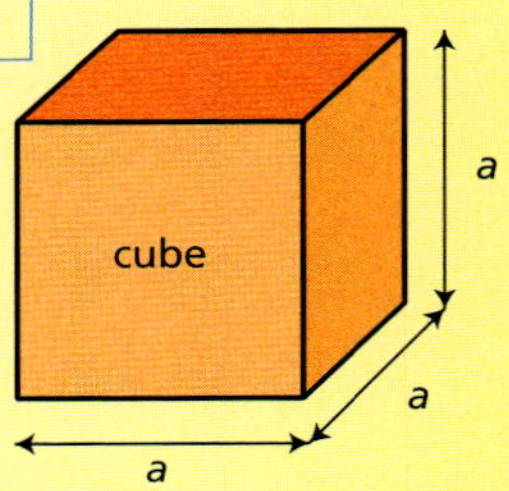

LA MÉTHODE

▷ Convertir les unités en cube

- **À l'aide d'un tableau**

J'écris le nombre dans un tableau avec trois chiffres par unité.

Exemples $4{,}6\ m^3 = ...\ cm^3$; $800\ dm^3 = ...\ m^3$.

m³			dm³			cm³			mm³		
		4	6	0	0	0	0	0			
		0	8	0	0						

→ $4{,}6\ m^3 = 4\ 600\ 000\ cm^3$
→ $800\ dm^3 = 0{,}8\ m^3$

- **Directement** en **multipliant** ou **en divisant par 1 000** successivement.

▷ Convertir des unités en litre en unités « en cube »

Exemple $3{,}4\ dL = ...\ cm^3$

Je convertis 3,4 dL en L (3,4 dL = 0,34 L), puis en dm^3 ($0{,}34\ L = 0{,}34\ dm^3$), et enfin en cm^3 ($0{,}34\ dm^3 = 340\ cm^3$).

dm³			cm³			mm³		
hL	daL	L	dL	cL	mL			
			3	4	0			

→ $3{,}4\ dL = 340\ cm^3$

MINI INTERRO

Combien faut-il de cubes de 1 cm d'arête pour construire un cube de 1 dm³ ?

S'ENTRAÎNER

1 Vrai ou faux ?

Coche la case qui convient.

	V	F
a. Un mètre cube et demi, c'est 1 500 dm^3.	❑	❑
b. 1 dm^3 est égal à 100 cL.	❑	❑
c. 1 m^3 est le volume d'un cube de 1 mm d'arête.	❑	❑

2 Convertir

a. 200 dm^3 = ... m^3

b. 15,2 dm^3 = ... cm^3

c. 17 000 mm^3 = ... cm^3

d. 8 dm^3 = ... mm^3

3 Volume et contenance

a. 4,5 m^3 = ... L

b. 70 000 cm^3 = ... L

c. 150 000 cL = ... m^3

d. 15 hL = ... dm^3

4 Deux méthodes

Détermine de deux façons différentes le volume de ce solide formé de cubes de 4 cm d'arête :

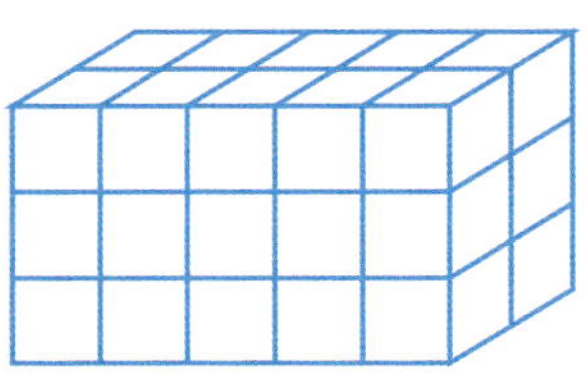

a. En calculant le nombre de cubes, puis le volume d'un cube et celui du pavé.

b. En calculant les dimensions du pavé, puis en appliquant la formule du volume du pavé.

5 Cubes et pavé

Ce pavé est formé de 4 cubes égaux.

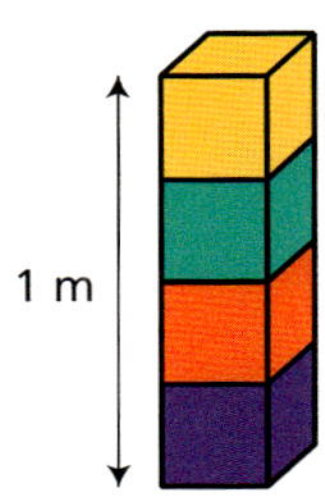

Calcule son volume en dm^3.

....

6 Une pile de 10 cubes

Les dimensions d'un pavé droit sont 5 dm, 2 dm et 1 dm. On le découpe en cubes de 1 dm^3 que l'on empile.

Quelle est la hauteur de la pile obtenue ?

....

7 $2 \times 2 \times 2 = 8$

On plonge un petit cube dans un pavé droit rempli aux deux tiers d'eau.

a. Calcule le volume du cube.

....

b. Peux-tu trouver l'arête du cube ?

....

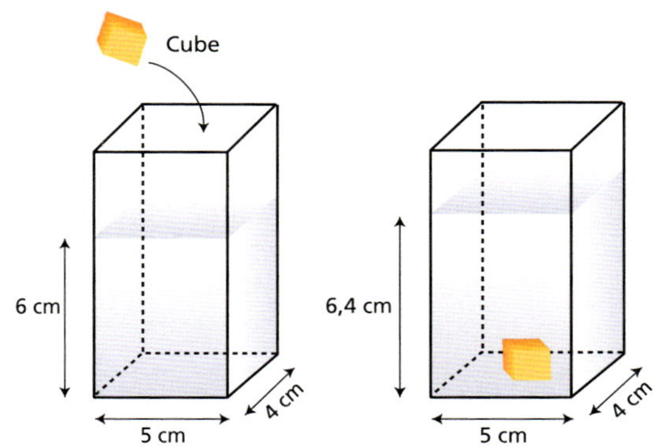

8 Calcul réfléchi

Cette boîte contient 6 sardines.

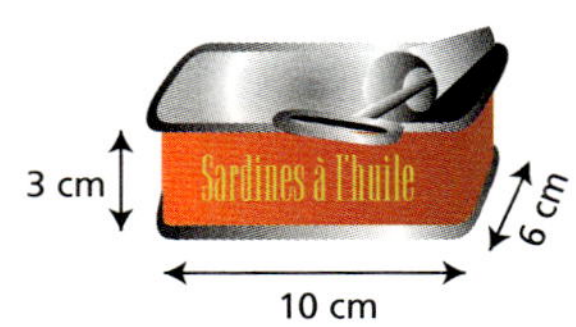

On double chaque dimension de la boîte. (La boîte de sardines est assimilée à un pavé droit.)

Combien de sardines pourra-t-on y mettre ?

....

9 CONTRÔLE EXPRESS

Une bouteille de 1,5 L est entièrement remplie d'eau. On la verse dans un récipient en forme de pavé droit dont les dimensions sont : 12 cm, 12 cm et 11 cm.

L'eau va-t-elle déborder ? ....

Corrigés p. 34 du livret.

23 Les angles

RETENIR

1 / Vocabulaire et notation

Les demi-droites [Ox) et [Oy) sont les côtés de cet angle. Le point O est le sommet de l'angle. Cet angle se note $\widehat{xOy}$ ou $\widehat{yOx}$.

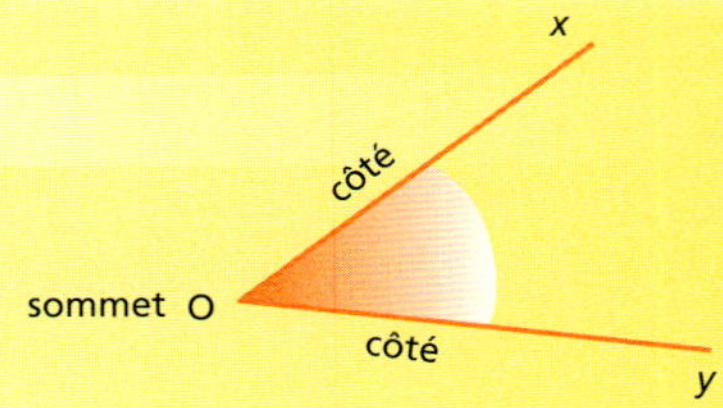

MOT CLÉ

✓ **Degré :** unité de mesure d'angle. Son symbole est : °.

2 / Les différents angles

Angle nul	Angle aigu	Angle droit	Angle obtus	Angle plat
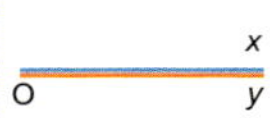	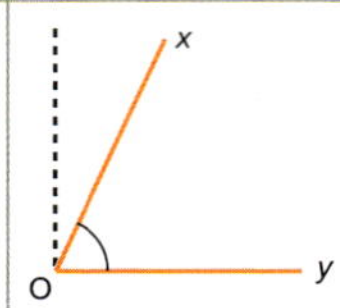	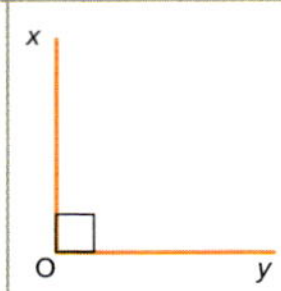	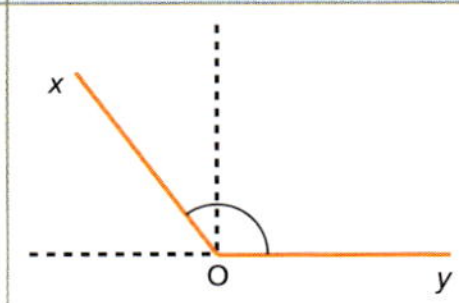	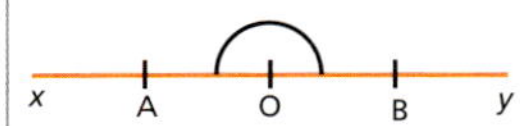
$\widehat{xOy} = 0°$	La mesure de $\widehat{xOy}$ est comprise entre 0° et 90°.	$\widehat{xOy} = 90°$	La mesure de $\widehat{xOy}$ est comprise entre 90° et 180°.	$\widehat{xOy} = 180°$ A, O et B sont alignés.

LA MÉTHODE

▷ Mesurer un angle avec un rapporteur

1. Je place le rapporteur pour que :
– son centre et le sommet de l'angle coïncident ;
– le zéro de la graduation soit sur l'un des côtés de l'angle.

2. Je lis la graduation sur l'autre côté de l'angle :
$\widehat{xOy} = 110°$.

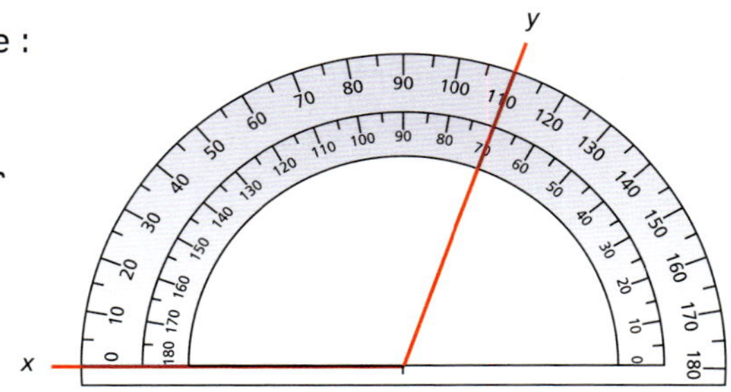

Parfois, il est nécessaire de prolonger un côté.

▷ Tracer la bissectrice d'un angle

- avec le compas : voir page 90
- avec le rapporteur :

je mesure l'angle $\widehat{tOz}$: 40°.
Je calcule la moitié de 40°, soit 20°.
Puis **je trace** la demi-droite [Ox) telle que $\widehat{xOt} = 20°$.

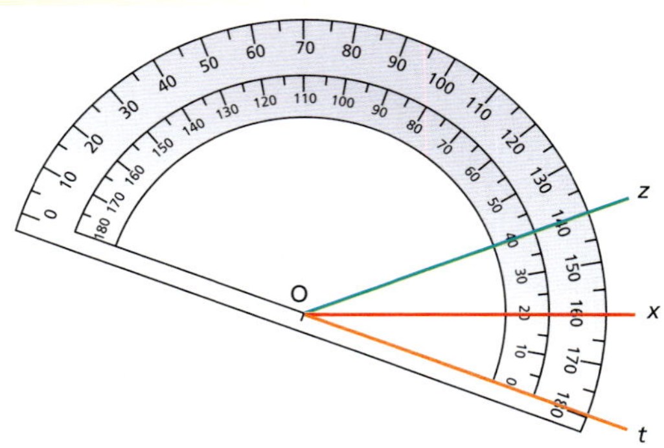

MINI INTERRO

Sur le dessin ci-dessous, les points B, A et C sont-ils alignés ?

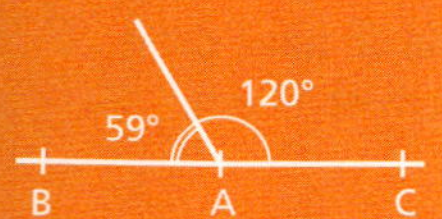

S'ENTRAÎNER

1 Vrai ou faux ?

Coche la case qui convient.

	V	F
a. Les côtés d'un angle plat sont perpendiculaires.	❑	❑
b. La mesure d'un angle obtus est comprise entre 0 et 180°.	❑	❑
c. Les côtés d'un angle nul sont confondus.	❑	❑
d. La somme des mesures de deux angles aigus quelconques est supérieure à 90°.	❑	❑

2 L'intruse

Parmi ces différentes écritures, l'une ne désigne pas le même angle.

Entoure-la.

$\widehat{xAy}$ $\widehat{KAB}$ $\widehat{JAI}$ $\widehat{BAC}$ $\widehat{IAB}$

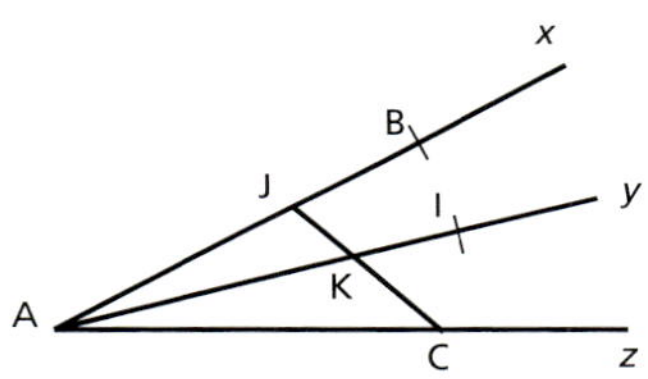

3 Somme = deux angles plats

a. Avec ton rapporteur, mesure ces angles.

- $\widehat{BOA}$ = ... °
- $\widehat{DOC}$ = ... °
- $\widehat{BOC}$ = ... °
- $\widehat{AOD}$ = ... °

b. Additionne ces quatre mesures. Que trouves-tu ?

....

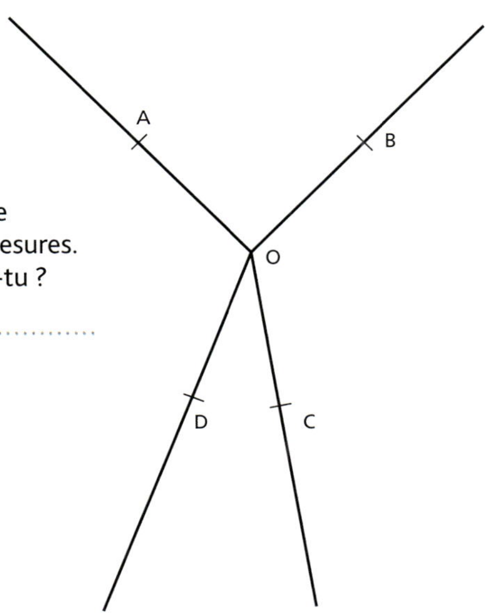

4 Petits calculs

Sans utiliser ton rapporteur, calcule la mesure des angles de cette figure dessinée à main levée.

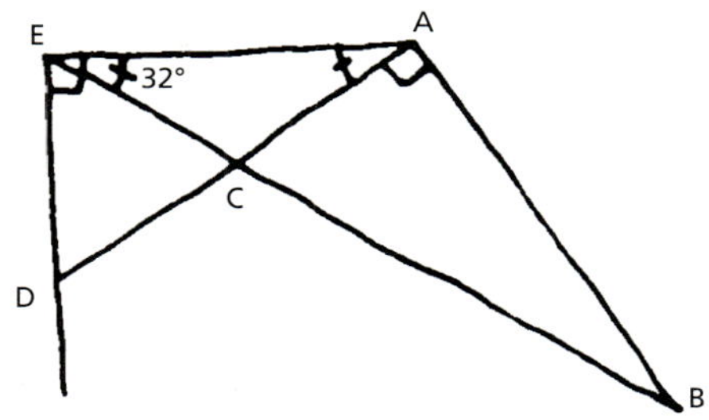

a. $\widehat{EAC}$ = ... °

b. $\widehat{CED}$ = ... °

c. $\widehat{BAE}$ = ... °

5 Un faux angle droit

Pierre a construit deux angles dont les mesures sont : $\widehat{xOy} = 32°$ et $\widehat{yOz} = 58°$.

Sans faire aucune mesure, peux-tu dire pourquoi sa figure est fausse ?

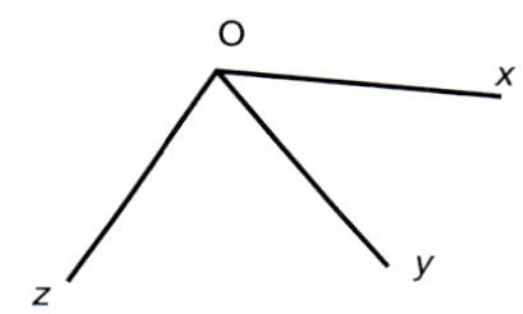

6 Avec le rapporteur

Construis la demi-droite [Ot) telle que $\widehat{xOt} = \widehat{xOy}$.

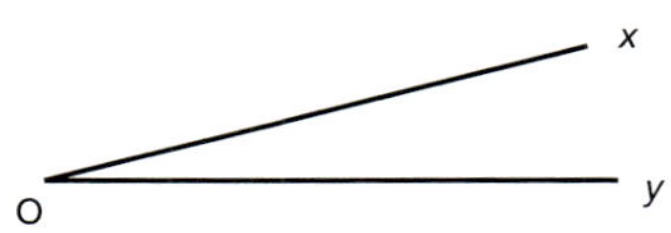

7 CONTRÔLE EXPRESS

On a oublié d'indiquer le point R.

Mais on sait que $\widehat{TSR} = 42°$ et que $\widehat{STR} = 26°$.

Construis ce point R, puis mesure $\widehat{SRT}$.

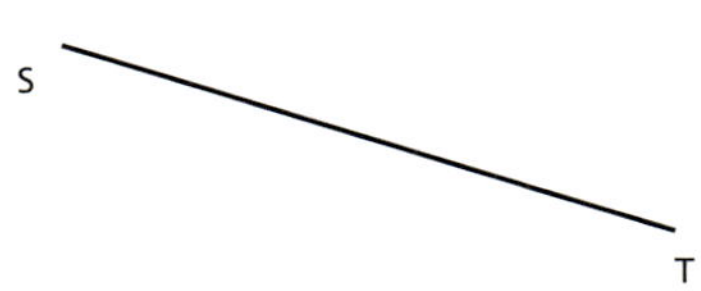

$\widehat{SRT}$ = ... °.

Corrigés p. 34 du livret.

24 La proportionnalité

RETENIR

1 / Tableau de proportionnalité

MOT CLÉ

✓ **Proportionnalité :** Il y a situation de proportionnalité si deux grandeurs sont liées l'une à l'autre par une multiplication (ou une division).

Un tableau de nombres est un tableau de proportionnalité si on obtient les nombres d'une ligne en multipliant ceux de l'autre ligne par un même nombre. Ce nombre s'appelle le **coefficient de proportionnalité.**

Exemple Le tableau indique la quantité de farine pour un cake selon le nombre de personnes.

Nombre de personnes	4	2	6	10
Quantité de farine (g)	200	100	300	500

$\times 50$ $\times 0{,}02$

Dans ce tableau, on a le choix entre deux coefficients :
- la 2e ligne est proportionnelle à la 1re ligne, le coefficient est 50 ;
- la 1re ligne est proportionnelle à la 2e ligne, le coefficient est 0,02.

On dit que la quantité de farine et le nombre de personnes sont **deux grandeurs proportionnelles**.

2 / Tableau de non-proportionnalité

Exemple Ce tableau donne la hauteur d'un arbre en fonction de son âge.

Âge (années)	1	2	3
Hauteur (m)	0,5	1	1,6

$\times 0{,}5$ (barré)

$1 \times 0{,}5 = 0{,}5$
$2 \times 0{,}5 = 1$
mais $3 \times 0{,}5 \neq 1{,}6$

→ Ce n'est pas une situation de proportionnalité.

LA MÉTHODE

▷ Résoudre un problème de proportionnalité

Exemple Le boucher dit à Mme Benoît : « Pour faire cuire un rôti au four, il faut 20 min pour 500 g. Pour votre rôti, comptez 50 min de cuisson. » Quel est le poids du rôti acheté par Mme Benoît ?

• À l'aide d'un tableau

1. Je construis un tableau de proportionnalité.

Durée (min)	20	50
Poids (kg)	500	?

$\times \ldots$

2. Je détermine le coefficient de proportionnalité : $\dfrac{500}{20} = 25$.

3. Puis je calcule : $50 \times 25 = 1\,250$ g ou 1,250 kg

• Sans tableau

1. Je recherche d'abord la valeur de l'unité, c'est-à-dire le nombre de grammes pour 1 min de cuisson, soit $\dfrac{500}{20}$ (quotient égal à 25).

2. Je calcule le poids du rôti pour 50 min de cuisson :
$25 \times 50 = 1\,250$ g

MINI INTERRO

Pour un cari de thon de 4 personnes, il faut 1 kg de thon.

Combien faut-il de thon pour 10 personnes ?

S'ENTRAÎNER

1 Vrai ou faux ?

Coche la case qui convient.

	V	F
a. L'aire du carré est proportionnelle à son côté.	❑	❑
b. Le périmètre du cercle est proportionnel à son diamètre.	❑	❑
c. 3 serviettes de bain mettent 1 heure pour sécher au soleil. 6 serviettes mettront 2 heures pour sécher.	❑	❑
d. Le prix des brioches est proportionnel à la quantité des brioches achetées.	❑	❑

2 Le bon choix

Trouve les tableaux de proportionnalité et indique le coefficient de proportionnalité dans le sens de la flèche.

a. (flèche de la 1re ligne vers la 2e ligne : ....)

3	4	5	6
12	16	20	24

b. (flèche de la 2e colonne vers la 1re colonne : ....)

0	2
2	4
3	6

c. (flèche de la 2e colonne vers la 1re colonne : ....)

21	7
30	10
6	2

d. (flèche de la 1re ligne vers la 2e ligne : ....)

1,5	40	0,8
15	400	80

3 Mentalement

a. Complète ce tableau pour qu'il soit un tableau de proportionnalité.

15	...	5	7,5	...
3	6	...	...	10

b. Quel est le coefficient de proportionnalité qui permet de passer :

– de la 2e ligne à la 1re ligne ? ....

– de la 1re ligne à la 2e ligne ? ....

4 Proportionnalité dans un triangle

a. Complète la phrase.

Un triangle équilatéral a .... côtés de même longueur.

b. Complète le tableau donnant la longueur d'un côté de quatre triangles équilatéraux.

Côté (cm)	3	5	7,5	4,2
Périmètre (cm)	...	...	...	...

c. Le périmètre du triangle équilatéral est-il proportionnel à son côté ? ....

5 Âge et poids

Ce tableau indique le poids, en kg, de Nicolas en fonction de son âge.

Âge en années	1	2	3	4	5
Poids en kg	6,5	13	17		

a. Est-ce une situation de proportionnalité ?

b. Peux-tu retrouver le poids de Nicolas à 5 ans ?

6 Proportionnalité ?

Voici quatre problèmes.

a. Pour préparer 8 tasses de café, il faut 100 g de café moulu. Combien faut-il de café pour 3 tasses ?

b. Deux frères mettent 20 min pour aller de leur maison au collège. Quel temps met l'un des frères pour parcourir le même trajet ?

c. Pour faire 100 km, une voiture consomme en moyenne 6,5 L d'essence. Calcule la consommation si la voiture parcourt 300 km à la même vitesse.

d. Florent a mis 10 min pour faire un exercice de mathématiques. Combien de temps mettra-t-il pour faire 4 exercices ?

Pour chaque problème, indique :
– les deux grandeurs qui interviennent ;
– si ces deux grandeurs sont proportionnelles.
Puis résous ces problèmes si c'est possible.

7 CONTRÔLE EXPRESS

Pour faire des beignets aux pommes, la grand-mère de Victor utilise 2 pommes pour 3 personnes.

a. Pour combien de personnes peut-elle faire des beignets avec 9 pommes ? ....

b. Combien de pommes lui faut-il pour faire des beignets pour 5 personnes ? ....

Corrigés p. 34 du livret.

25 Les pourcentages

RETENIR

1 / Signification

MOT CLÉ

✓ **Pourcentage :**
Un pourcentage est un nombre.
La notation % signifie « divisé par 100 ».

15 % se lit **15 pour cent**
et représente le nombre $\frac{15}{100}$ ou **0,15.**

Cela signifie que :
– pour un livre coûtant 100 €, la réduction est de 15 € ;
– pour un livre coûtant 10 €, la réduction est de 1,5 € ;
– pour un livre coûtant 20 €, la réduction est de 3 € ;
– pour un livre coûtant 30 €, la réduction est de 4,5 € ; etc.

15 %
de réduction
sur tous les livres

2 / Application d'un taux de pourcentage

La réduction et le prix sont deux grandeurs proportionnelles.

Exemple

Prix du livre (€)	10	18
Réduction (€)	1,5	?

$\times \frac{15}{100}$

donc : ? $= 18 \times \frac{15}{100} = 2,7$

Pour calculer ***x*** **%** d'un nombre, je multiplie ce nombre par $\frac{x}{100}$.

3 / Pourcentages particuliers

Calculer **50 %** d'un nombre, c'est prendre la **moitié de ce nombre**.
Calculer **10 %** d'un nombre, c'est **diviser ce nombre par 10**.
Calculer **25 %** d'un nombre, c'est prendre le **quart de ce nombre**.

LA MÉTHODE

▷ Appliquer un taux de pourcentage

Exemple 60 % des 25 élèves de la classe de Taoufik ont eu la moyenne au dernier contrôle de mathématiques. Combien d'élèves n'ont pas eu la moyenne ?

→ Il y a deux solutions possibles :

- Je calcule 60 % de 25 : j'effectue $25 \times \frac{60}{100}$ ou $25 \times 0,60$ ou $\frac{60}{100} \times 25$.

Le résultat est 15. Il y a 15 élèves ayant obtenu la moyenne.
Il y a donc 10 élèves (25 – 15) qui n'ont pas eu la moyenne.

- Je calcule le pourcentage d'élèves n'ayant pas eu la moyenne :

100 % – 60 % = 40 %

Puis j'effectue $25 \times \frac{40}{100} = 10$. Donc 10 élèves n'ont pas eu la moyenne.

MINI INTERRO

Quelle étiquette indique une réduction de 10 % ?

S'ENTRAÎNER

1 Vrai ou faux ?

Coche la case qui convient.

	V	F
a. Les 10 % de 100, c'est 10.	❑	❑
b. Les 50 % de 50, c'est 50.	❑	❑
c. Les 25 % de 400, c'est 100.	❑	❑
d. Les 10 % de 10, c'est 5.	❑	❑
e. Le 1 % de 1000, c'est 100.	❑	❑

2 Pas de calcul !

Cette année, dans la classe de Kevin, 100 % des élèves ont réussi le brevet. Il y avait 29 élèves dans cette classe.

Combien y a-t-il eu d'élèves admis ? ....

3 Filles-garçons

Dans une classe de 6e, il y a 25 élèves dont 60 % sont des filles.

Quel est le nombre de garçons ? ....

4 Soldes

Un vélo coûte 120 €. Le commerçant propose une remise de 15 %.

Quel est le nouveau prix ? ....

5 Un carré qui augmente

a. Mesure le côté de ce carré.

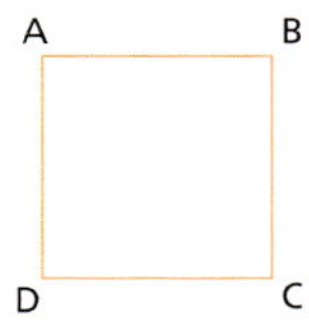

b. Calcule son périmètre.

c. Audrey reproduit ce carré en augmentant la mesure de son côté de 80 %. Calcule la mesure du côté du carré agrandi, puis son périmètre.

d. Est-ce que le périmètre a augmenté de 80 % ?

....

6 Comptant et content

M. Durand achète un téléviseur qui coûte 882 €. Le magasin lui propose deux possibilités de paiement :
– payer comptant avec une remise de 5 %.
– payer à crédit, c'est-à-dire verser un acompte de 200 € et payer 3 mensualités de 248 €.

Quelle est l'économie réalisée s'il choisit de payer comptant par rapport au paiement à crédit ?

....

7 Deux ou trois fois ?

Si le prix d'un article de 100 € augmente de 200 %, alors son prix double.

Est-ce vrai ? ....

8 Gourmandise

M. Legros pèse 135 kg. Il fait un régime et perd 10 % de son poids en une semaine. La semaine suivante, il déjeune plusieurs fois au restaurant et son poids augmente de 10 %. M. Legros dit : « J'ai quand même maigri, je pèse moins de 135 kg. »

Est-ce vrai ? Combien pèse-t-il désormais ?

....

9 Casse-tête

Un professeur de mathématiques a corrigé un paquet de 30 copies.

Complète son tableau récapitulatif.

	Note < 8	$8 \leq$ note ≤ 12	Note ≥ 12
Pourcentage d'élèves	20 %	50 %	....
Nombre d'élèves	6	....	....

10 CONTRÔLE EXPRESS

Un article qui valait 80 € coûte maintenant 100 €.

Son prix a-t-il augmenté de 20 % ? ....

Corrigés p. 34 du livret.

26 Les graphiques

RETENIR

1 / Graphique cartésien

MOT CLÉ

✓ **Graphique cartésien :** Il est composé de points reliés par des segments. Ce graphique donne l'évolution d'une grandeur en fonction d'une autre.

Exemple Voici la **courbe de croissance** du poids d'un enfant au cours de ses 12 premières années.

Ce **graphique** représente le poids en fonction de l'âge.
→ **Les points ne sont pas alignés.**

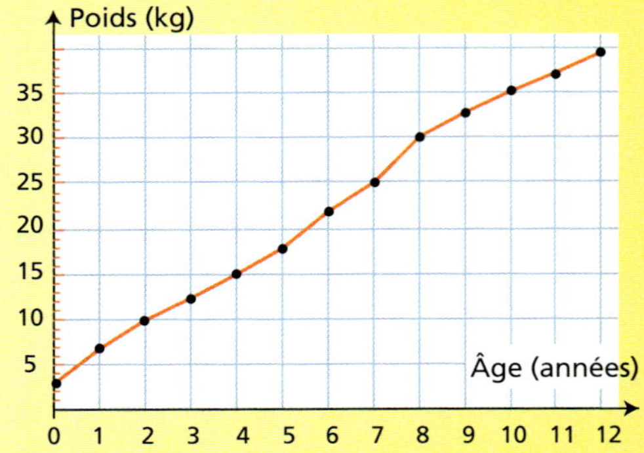

2 / Graphique et proportionnalité

Exemple On achète des kiwis à 0,50 euro l'unité.

Le prix des kiwis en fonction de la quantité est représenté par un graphique.

Tous les points sont alignés sur une droite passant par le point de coordonnées (0 ; 0).
→ Le graphique représente une **situation de proportionnalité**.

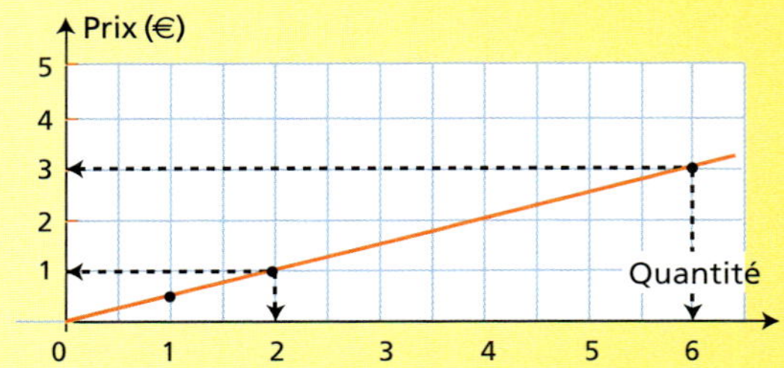

LA MÉTHODE

▷ Représenter graphiquement une situation

Exemple Pour représenter graphiquement le poids du cerveau d'un enfant en fonction de son âge (de 0 à 4 ans) :

Âge (années)	0	1	2	3	4
Poids (kg)	0,4	0,8	1	1,1	1,2

1. **Je trace** deux axes perpendiculaires.
2. **Je gradue** régulièrement :
– l'axe des abscisses après avoir choisi une échelle (1 cm pour 1 an) ;
– l'axe des ordonnées en prenant comme échelle 1 cm (ou 10 mm) pour 1 kg, soit 1 mm pour 0,1 kg.

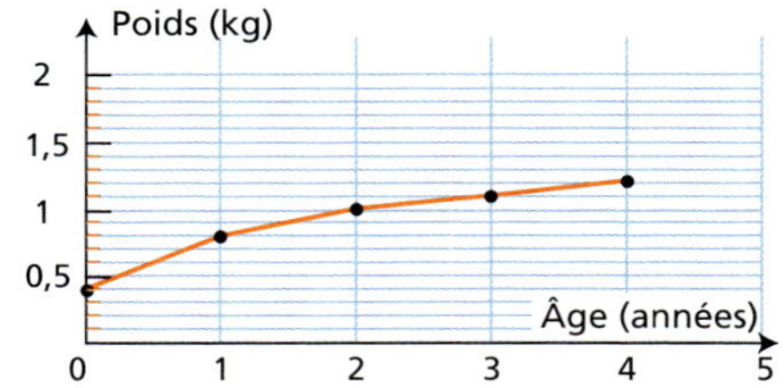

3. **Je place** les points correspondant aux couples de nombres du tableau.
4. **Je relie** les points.

MINI INTERROGATION

Selon le graphique 1 de « Retenir », quelle est l'augmentation du poids de l'enfant entre 4 et 7 ans ?

S'ENTRAÎNER

1 Vrai ou faux ?

Un père a tracé la représentation graphique du poids de son bébé de 0 à 5 mois.

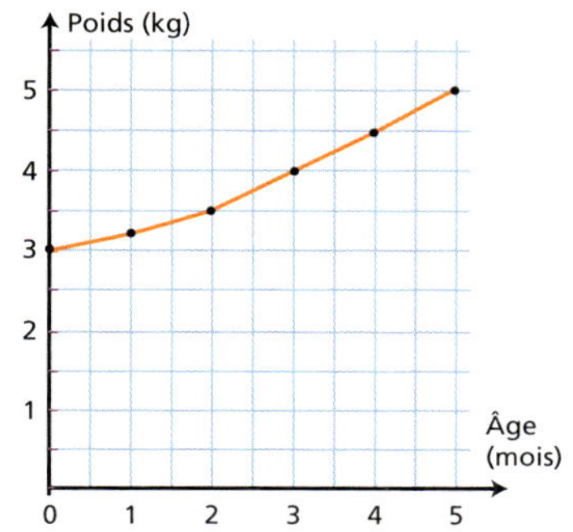

Coche la case qui convient.

	V	F
a. Sur l'axe vertical, un carreau représente 1 kg.	❑	❑
b. À 4 mois, le bébé pesait 3,5 kg.	❑	❑
c. Quand il est né, le bébé pesait moins de 4 kg.	❑	❑

2 Durée et tarif

Ce graphique cartésien représente le tarif d'un abonnement à une revue en fonction de sa durée.

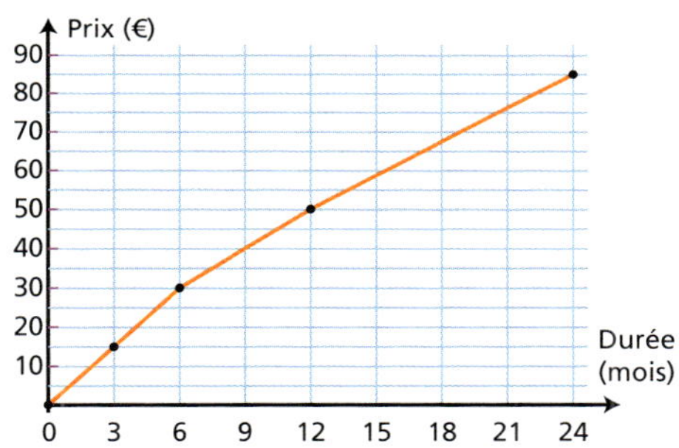

Complète le tableau à l'aide du graphique.

Durée (mois)	0	3	6	12	24
Prix (euros)	0	....	....	....	....

3 Étude d'un graphique

Ce graphique indique le prix d'œufs en chocolat en fonction de leur nombre.

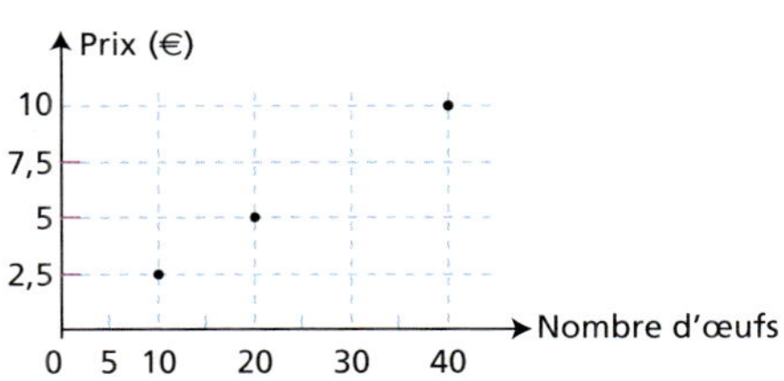

a. S'agit-il d'une situation de proportionnalité ? ....

b. Combien coûtent 30 œufs ? ....

c. Calcule le prix de 22 œufs. ....

d. Avec 4 €, combien as-tu d'œufs ? ....

4 600 m en 25 minutes !

Ce graphique représente le déplacement de Mathieu à son collège mardi.

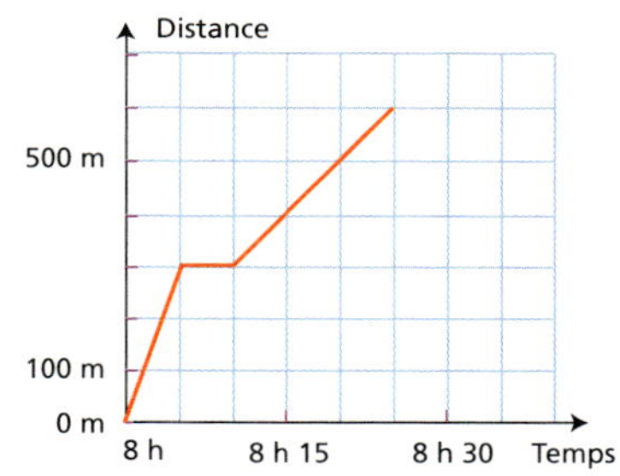

a. Quelle est la distance entre la maison de Mathieu et son collège ? ....

b. À quelle heure est-il arrivé au collège ? ....

c. À 8 h 05, il s'est arrêté devant la maison de son ami Taoufik. Pendant combien de temps ? ....

d. À quelle distance du collège se trouvent les deux enfants à 8 h 20 ? ....

5 CONTRÔLE EXPRESS

Le graphique suivant représente la croissance d'un hamster en fonction de son âge.

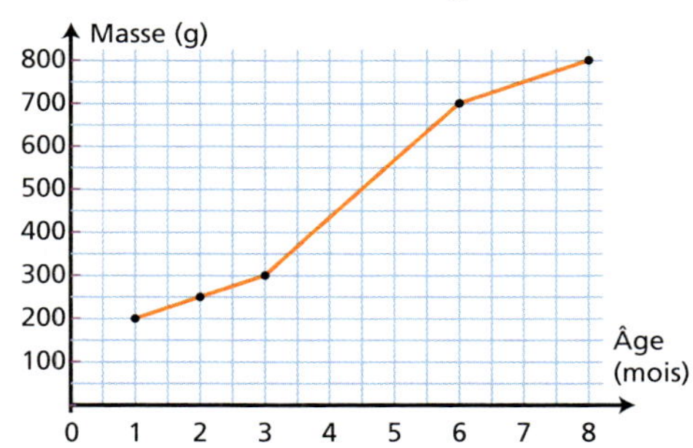

a. Combien pesait ce hamster à 6 mois ? ....

b. Quel était l'âge du hamster quand il pesait 300 g ?

....

c. De combien de grammes a augmenté la masse du hamster entre les 6e et 8e mois ? ....

Corrigés p. 35 du livret.

27 La demi-droite graduée

RETENIR

1 / Définition

Sur une **demi-droite graduée**, chaque point est repéré par un nombre appelé **abscisse**.

MOTS CLÉS

✓ **Demi-droite graduée :** demi-droite sur laquelle une unité de longueur est reportée régulièrement à partir de l'origine.

✓ **Origine :** Le point O d'abscisse 0 est appelé l'origine de la demi-droite.

2 / Exemples

• Sur la demi-droite ci-dessous, l'abscisse du point A est 3. Celle du point B est comprise entre 8 et 9.

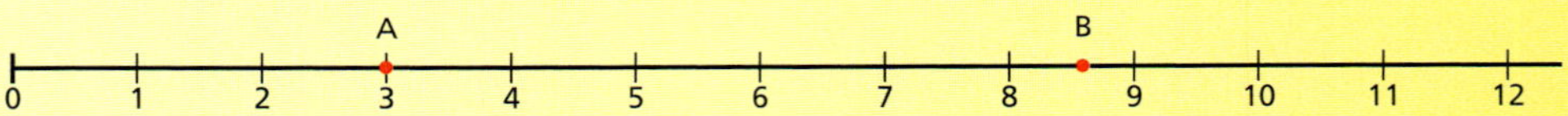

• L'abscisse du point C est 5,8.

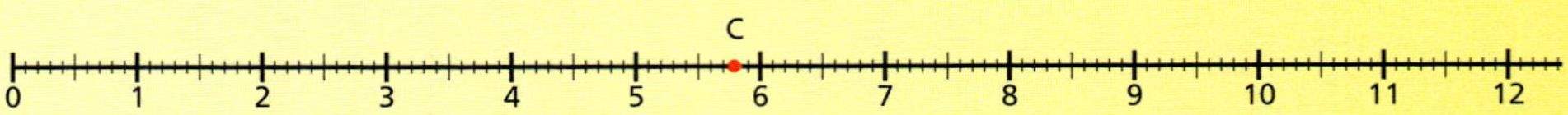

• L'abscisse du point D est 2 plus $\frac{1}{3}$, soit $\frac{7}{3}$. L'abscisse du point E est comprise entre $\frac{4}{3}$ et $\frac{5}{3}$.

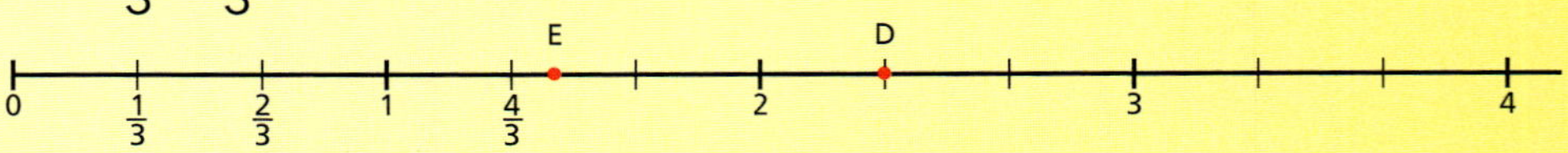

LA MÉTHODE

▷ Graduer une demi-droite et placer des repères

Exemple Un magasin vend différents appareils aux prix suivants :
Lecteur DVD = 199 € • Appareil photo = 280 € • Téléviseur = 450 €.

Pour indiquer ces prix sur cette demi-droite :

1. **Je mesure** l'intervalle entre 0 et 500 €.
2. **Je gradue** cette demi-droite.

Pour cela, je cherche à répondre à la question :
« À combien d'euros correspond 1 cm ? »

Longueur (cm)	10	1
Prix (€)	500	?

(× …)

Je construis un tableau de proportionnalité.

Après avoir déterminé le coefficient de proportionnalité, je trouve que : 1 cm correspond à 50 €.

3. **Je place** avec précision (ou approximativement) les points L, A et T correspondant aux prix du lecteur DVD, de l'appareil photo et du téléviseur.

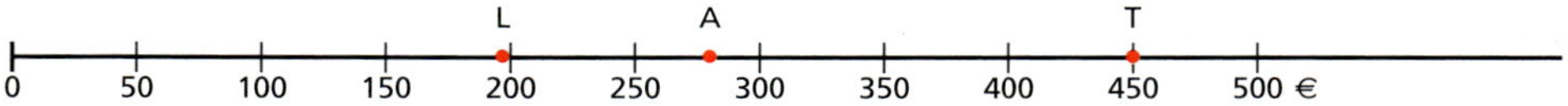

MINI INTERRO

Quelle est :
1. l'abscisse du point A ?
2. l'abscisse du point B ?

S'ENTRAÎNER

1 Vrai ou faux ?

Coche la case qui convient.

V F

Sur le dessin ci-dessous :

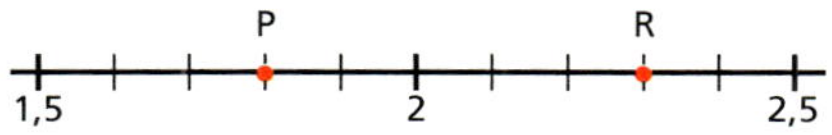

a. le point d'abscisse 2,3 est P. ❑ ❑

b. l'abscisse du point R est comprise entre 2 et 3. ❑ ❑

2 Repérage

À quelle abscisse correspond chaque point ?

a.

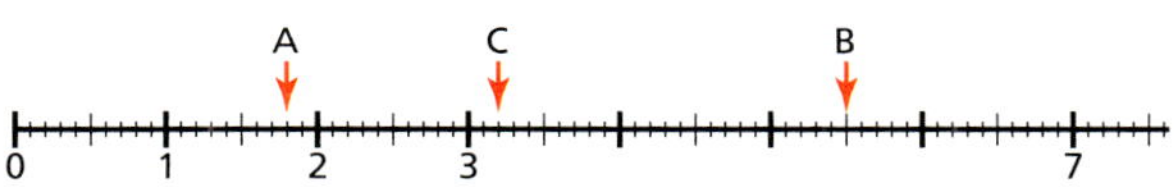

A → .... B → .... C → ....

b.

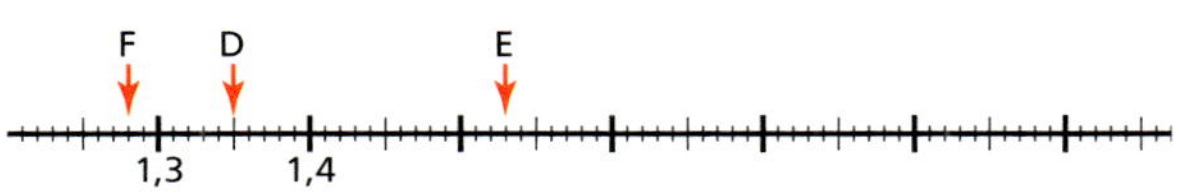

D → .... E → .... F → ....

3 Quiz

Trouve les points de cette droite numérique qui ont les abscisses suivantes :

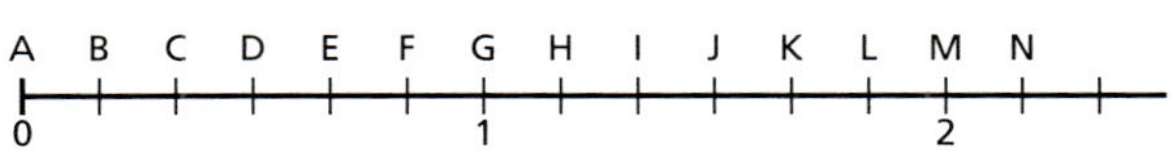

a. $\frac{5}{6}$ → .... **b.** $\frac{12}{6}$ → .... **c.** $\frac{1}{2}$ → ....

d. $\frac{2}{3}$ → .... **e.** $\frac{3}{2}$ → .... **f.** $\frac{4}{3}$ → ....

4 Diviser pour placer

Place ces trois points sur la droite graduée.

A → 5,8 B → $\frac{23}{5}$ C → $\frac{62}{10}$

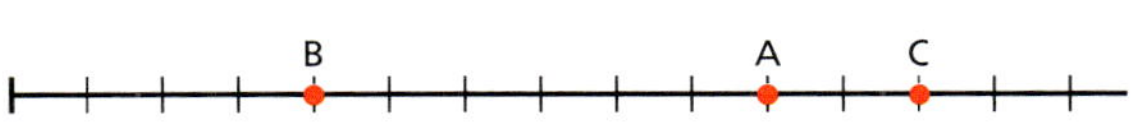

5 Un carreau pour 1/6

Sur la droite dessinée ci-dessous, continue la graduation de telle sorte que tu puisses placer exactement les nombres suivants :

$A = \frac{3}{2}$; $B = \frac{7}{3}$; $C = 1$; $D = \frac{11}{6}$; $E = 2{,}5$.

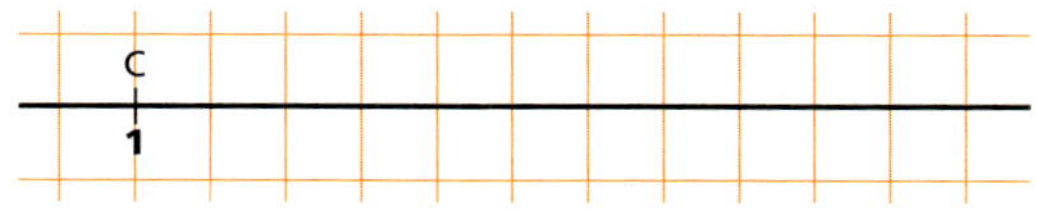

6 Avec la proportionnalité

Sur la ligne ci-contre, les cinq repères A, F, M, L et J correspondent à la taille de Ali, Fatou, Mathieu, Lou et Jeanne.

a. Trouve…

– l'enfant le plus grand : ....

– l'enfant dont la taille est le double de celle d'un autre : ....

– les enfants dont la taille est le tiers de celle d'un autre : ....

....

b. Sachant que l'intervalle entre O et A représente 202,5 cm, calcule la taille de chaque enfant.

Ali : ....

Fatou : ....

Mathieu : ....

Lou : ....

Jeanne : ....

7 CONTRÔLE EXPRESS

Parmi 10 ; 50 ; 200 ; 90 ; 60 ; 120, quelles abscisses correspondent aux repères X, Y et Z ?

X → ....

Y → ....

Z → ....

Corrigés p. 35 du livret.

28 Les diagrammes

RETENIR

MOT CLÉ

✓ **Diagramme :** représentation graphique d'un ensemble de données.

Exemple Sur les 24 élèves d'une classe de collège, 8 garçons et 4 filles viennent à pied, 2 garçons et 1 fille en patins à roulettes, 4 garçons et 5 filles en bus.

On peut **représenter ces données** à l'aide d'un tableau ou de diagrammes.

- **Un tableau**

	Garçons	Filles	Total
À pied	8	4	12
En patins	2	1	3
En bus	4	5	9

- **Un diagramme en bâtons**

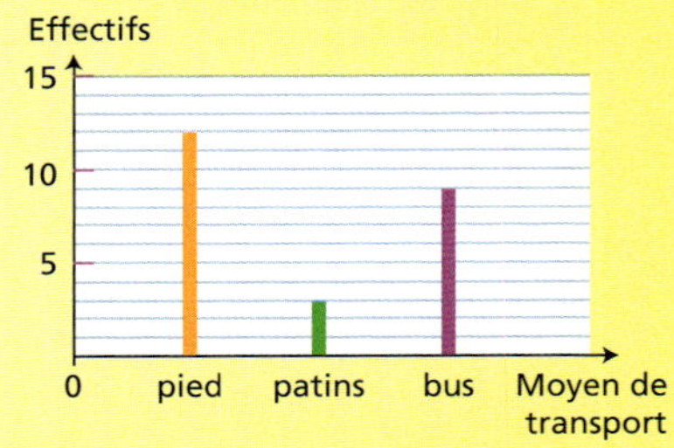

- **Un diagramme circulaire**

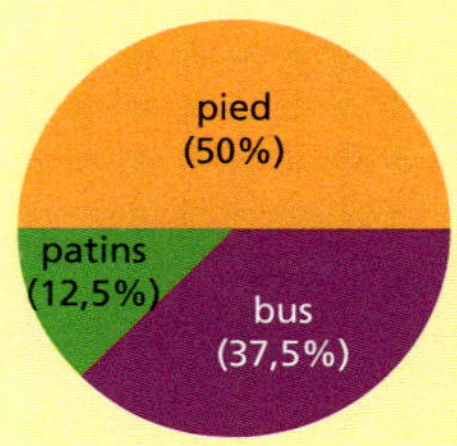

- **Un diagramme demi-circulaire**

Voici une représentation de la colonne « Filles ».

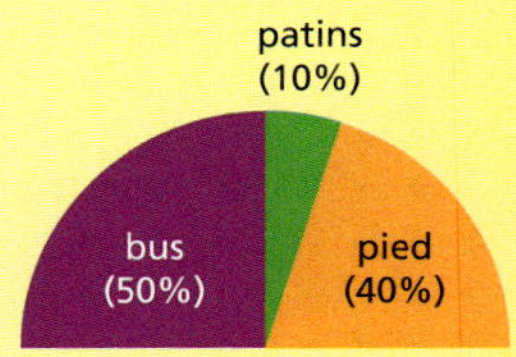

Pour les diagrammes circulaires et demi-circulaires, la mesure de l'angle est proportionnelle à l'effectif qu'il représente. L'effectif peut être indiqué en pourcentage.

LA MÉTHODE

▷ Construire un diagramme en bâtons

Exemple Construire un diagramme en bâtons représentant les résultats d'un sondage réalisé auprès d'une classe de 32 élèves :
« Êtes-vous pour les devoirs de vacances ? »

Pour	Contre	Sans opinion
14	8	10

1. **Je trace** 2 axes perpendiculaires.
2. **J'inscris** le nom des axes : « Opinion » et « Effectifs ».
3. **J'écris** sur l'axe des abscisses les rubriques : « pour », « contre » et « sans ».
4. **Je gradue** régulièrement l'axe des ordonnées en prenant par exemple 2 mm pour 1 élève.
5. **Je trace** les bâtons.

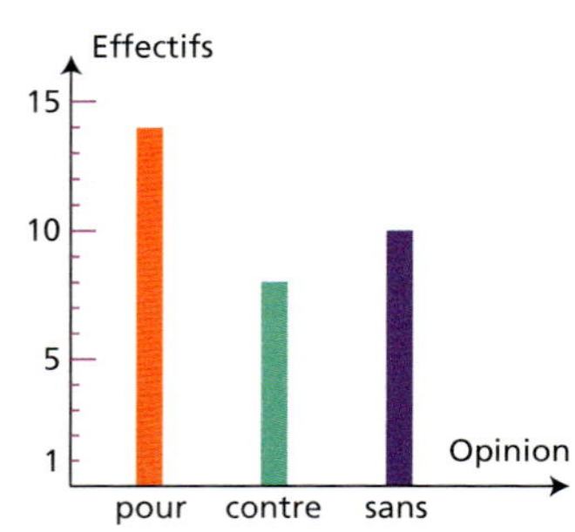

MINI INTERRO

Quelle fraction d'un diagramme demi-circulaire représente le déplacement à pied de la situation ci-dessus ?

S'ENTRAÎNER

1 Vrai ou faux ?

Coche la case qui convient.

	V	F
a. Dans un diagramme en bâtons, il y a au minimum 3 segments.	❑	❑
b. Le diagramme circulaire correspondant à un diagramme de 4 bâtons comporte 3 secteurs.	❑	❑
c. Dans un diagramme demi-circulaire, un angle de 90° représente 50 % de l'effectif total.	❑	❑

2 Bruns = blonds + châtains

Dans une classe de 28 élèves, la couleur des cheveux des élèves se répartit suivant ce diagramme.

Combien y a-t-il d'élèves ayant :

a. les cheveux bruns ?

....

b. les cheveux châtains ?

....

c. les cheveux blonds ?

....

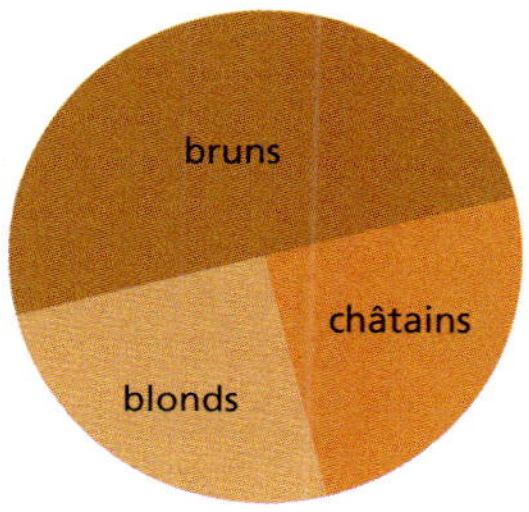

3 12 100 000 élèves au travail !

À la rentrée scolaire de septembre 2013, il y avait 12 100 000 élèves ainsi répartis :
– primaire : 6 700 000 ;
– collège : 3 300 000 ;
– lycée : 2 100 000.

Construis un diagramme en bâtons en prenant pour échelle : 1 cm pour 1 000 000 élèves.

4 Casse-tête

Dans une classe de 28 élèves, 14 élèves ont 12 ans, 6 élèves ont 11 ans et 8 élèves ont 13 ans.

Parmi les trois diagrammes demi-circulaires, lequel représente cette situation ?

a.

b.

c.

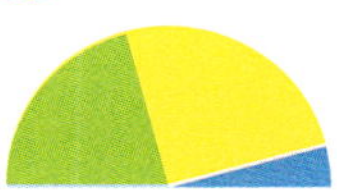

5 Alimentation

Le diagramme en bâtons montre la consommation par jour et en grammes de quelques aliments d'un jeune de 11 ans.

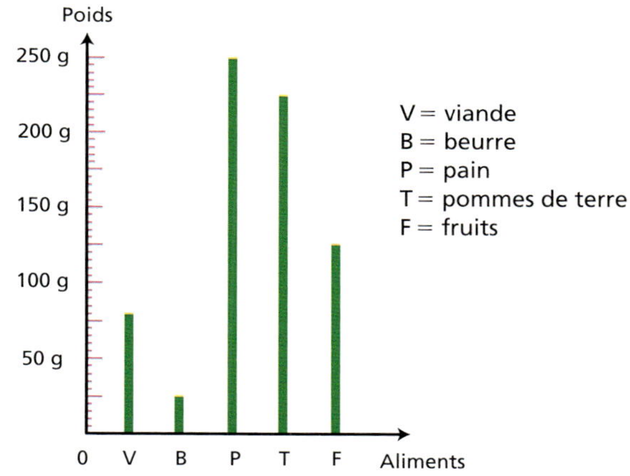

a. Quel est l'aliment le plus consommé ? ....

b. Quel est l'aliment le moins consommé ? ....

c. Est-il vrai qu'un jeune consomme deux fois plus de pain que de fruits ? ....

d. Trouve le poids de pommes de terre consommées et celui du beurre. ....

6 CONTRÔLE EXPRESS

Mathieu a représenté par un diagramme en bâtons le sport pratiqué par ses camarades de classe, excepté quatre qui ne font pas de sport pour des raisons de santé.

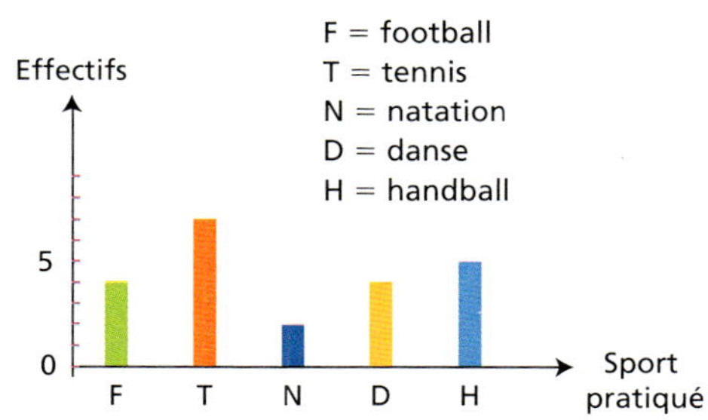

a. Combien y a-t-il d'élèves dans la classe de Mathieu ?

....

b. Quel est le sport le plus pratiqué ? ....

c. Combien d'élèves pratiquent la natation ? ....

Corrigés p. 35 du livret.

Histoire-Géographie
Éducation civique

Plus d'entraînement sur
www.hatier-entrainement.com

1 L'Orient au IIIe millénaire avant notre ère

RETENIR

1 / Les premières écritures

- Les populations se fixent le long des grands fleuves. Des **villes** et des **États** se constituent. **L'écriture naît, d'abord sous forme de pictogrammes, puis d'idéogrammes et de hiéroglyphes.** Les chefs l'utilisent pour inventorier leurs biens et pour envoyer des ordres.

2 / La Mésopotamie : une civilisation brillante

- Les Mésopotamiens pratiquent la navigation à voile, réalisent les premières **tablettes pictographiques** et établissent **l'écriture cunéiforme**. Les premières **cités-États** se constituent (Ur, Uruk…) puis s'affrontent.

3 / L'Égypte, « don du Nil »

- Les populations nomades se sont fixées le long du **Nil, dont les crues déposent des limons** qui fertilisent la terre. L'Égypte est un **carrefour**. Son histoire est marquée par des phases d'expansion suivies de troubles.
- Vers –3500, **Pharaon** réunit Haute et Basse-Égypte. Il organise une armée de métier et **unifie le pays grâce à l'écriture**. Les **scribes** assurent la transmission des ordres et la comptabilité des ressources royales.
- Les Égyptiens sont **polythéistes**. Ils édifient des **pyramides** pour Pharaon, considéré comme un **demi-dieu**. Chaque ville possède son temple.

MOTS CLÉS

✓ **Pictogramme/idéogramme :** le pictogramme représente un objet, tandis que l'idéogramme représente une idée.

✓ **Écriture cunéiforme :** écriture dont les caractères sont en forme de coin ou de clou.

MINI INTERRO

1. À quoi servent les premières écritures ?
2. Cite le nom d'une cité-État mésopotamienne.
3. Quel fleuve traverse l'Égypte ?

Histoire

LE DOCUMENT CLÉ

▷ Les pyramides de Saqqarah et de Gizeh

La pyramide de Saqqarah.

Les pyramides de Gizeh.

1. **Présenter.** Première pyramide construite vers –2750 pour le pharaon Djéser, la pyramide de Saqqarah se distingue par son allure en escalier : c'est une pyramide « à degrés ». En revanche, les pyramides de Gizeh, construites vers – 2600 / – 2500 pour recevoir les dépouilles de Chéops, Chéphren et Mykerinos, sont des pyramides « lisses ».

2. **Expliquer.** La pyramide de Saqqarah résulte d'une série d'agrandissements d'un premier mastaba (tombeau), ce qui explique sa forme en escalier. Ensuite, les pyramides ont été construites en un seul édifice. Leurs murs sont donc « droits ».

3. **Conclure.** L'allure extérieure d'une pyramide égyptienne permet de la situer dans le temps.

S'ENTRAÎNER

1 Quiz

Dès le IVe millénaire, les Égyptiens dessinent ce qu'ils veulent exprimer. **Relie le bon pictogramme ou le bon idéogramme au mot qui lui correspond.**

a.	○	○ L'eau
b.	○	○ La marche
c.	○	○ Le ciel
d.	○	○ La Lune
e.	○	○ Le soleil
f.	○	○ La joie
g.	○	○ La Terre

2 Les outils pour écrire

Observe les documents ci-contre, puis réponds aux questions.

a. À quoi servent le godet, le lissoir et la palette ? ....

....

b. Quel outil utilisé pour l'écriture cunéiforme le scribe égyptien a-t-il gardé ? Sur quoi écrit-il ? ....

....

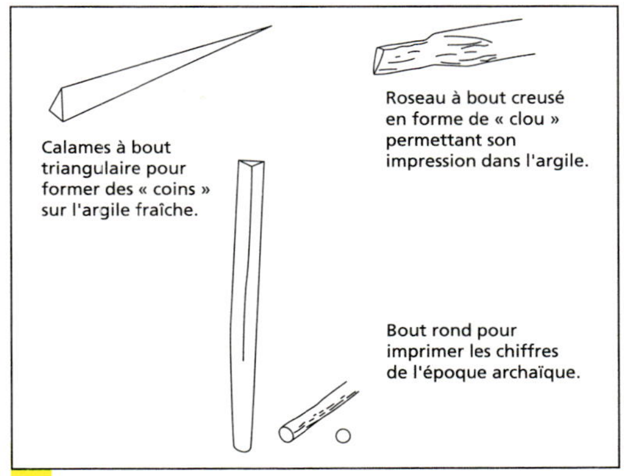

Les outils pour l'écriture cunéiforme.

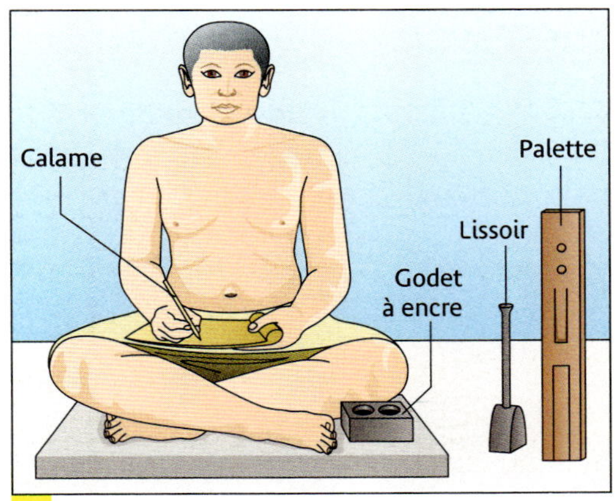

Les outils du scribe.

3 CONTRÔLE EXPRESS

Observe bien la carte ci-dessous, puis réponds aux questions.

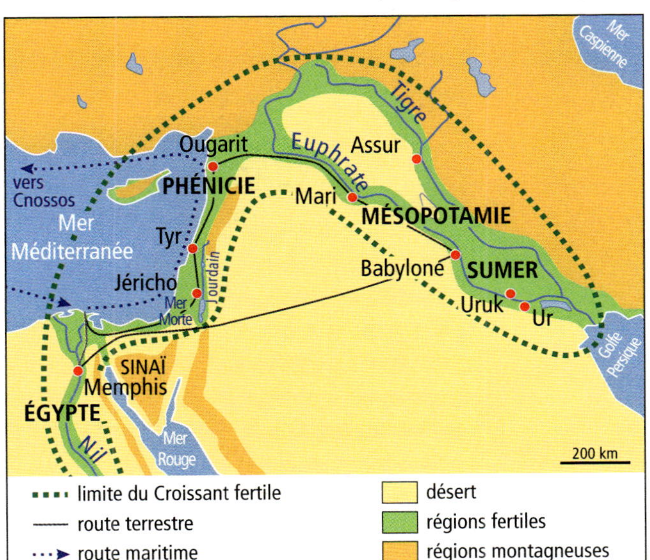

L'Égypte et la Mésopotamie au IIIe millénaire.

a. Quel est le point commun entre l'Égypte et la Mésopotamie ? ....

....

....

b. Pourquoi ces régions ont-elles accueilli les premières civilisations ? ....

....

....

c. Pourquoi appelle-t-on cet espace le « Croissant fertile » ? ....

....

....

....

....

Corrigés p. 35 du livret.

2 Au fondement de la Grèce

RETENIR

Le monde grec, ou **Hellade**, présente un territoire très morcelé. Le rivage très découpé favorise la vie maritime.

1 / Les colonies : le nouvel espace grec

- Les Grecs s'organisent en petits États indépendants : les **cités**, composées d'une ville et de la campagne environnante. Mais la pauvreté du territoire les pousse à conquérir de nouveaux espaces : les **colonies**, soumises aux mêmes lois que la **métropole**. Les Grecs colonisent les points stratégiques du pourtour méditerranéen.

2 / Mythes, héros et dieux

- Dans **l'*Iliade*** et **l'*Odyssée*, Homère** (VIIIe s. av. J.-C.) vante les hauts faits d'armes des rois et des héros (Agamemnon, Ulysse, Achille). D'abord transmis oralement par des **aèdes**, puis mis par écrit entre le VIIIe et le VIe siècle, ces poèmes sont la base de l'éducation des garçons.

- Chaque cité a son dieu protecteur, mais tous les Grecs honorent les mêmes dieux et héros. Les dieux ressemblent aux hommes. La **mythologie** raconte leurs aventures. On organise des **concours artistiques et sportifs** (théâtre, jeux olympiques) en leur honneur. Des sortes de pèlerinages se tiennent dans des **sanctuaires panhelléniques** (Delphes, Olympie).

MOTS CLÉS

✔ **Métropole** : cité-mère qui domine les colonies qu'elle a fondées.

✔ **Sanctuaire panhellénique** : site religieux où les Grecs de toutes les cités se retrouvent pour célébrer leurs dieux (Zeus, Apollon…).

MINI INTERRO

1. Qu'est-ce qu'une cité dans la Grèce antique ?
2. Où sont situées les colonies grecques ?
3. À quel siècle Homère a-t-il vécu ?

HISTOIRE

LE DOCUMENT CLÉ

▷ La colonisation grecque du VIIIe au VIe siècle avant J.-C.

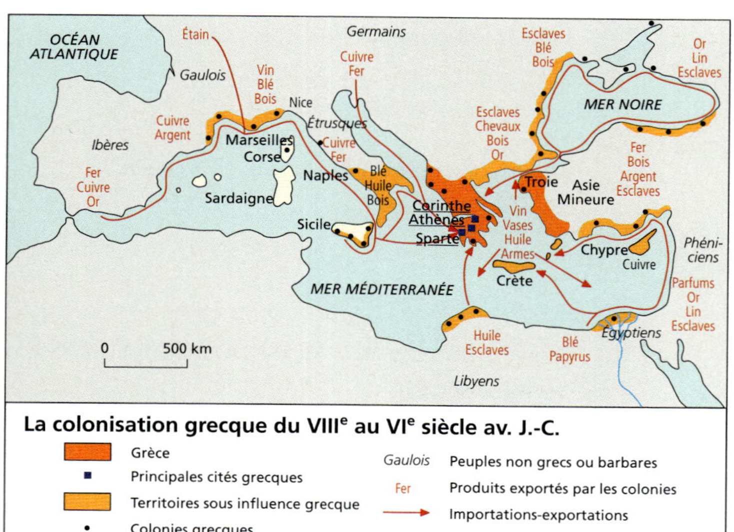

La colonisation grecque du VIIIe au VIe siècle av. J.-C.

1. **Présenter.** Le titre indique le thème (la colonisation grecque) et l'époque (du VIIIe au VIe siècle av. J.-C.).

2. **Expliquer.** La légende permet d'interpréter la carte. La Grèce est en rouge et les territoires sous son influence en orange. Sparte, Corinthe et Athènes, représentées par un carré, sont les trois principales métropoles. Les colonies, symbolisées par un point, s'éparpillent autour de la Méditerranée et de la mer Noire. Les flèches signalent les échanges commerciaux.

3. **Conclure.** La Grèce avait une forte influence politique et économique en Méditerranée.

S'ENTRAÎNER

1 Quiz

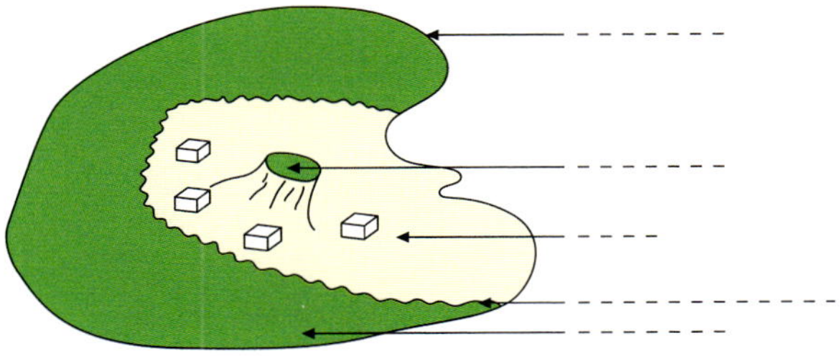

a. Complète le croquis avec les mots suivants : *acropole* • *campagne* • *ville* • *limites de la cité* • *fortifications.*

b. Vrai ou faux ?

	V	F
La cité grecque est indépendante de la campagne qui l'entoure.	❑	❑
Elle en est séparée par des fortifications.	❑	❑

2 Le relief du monde grec

Dégage les informations fournies par la carte en répondant aux questions.

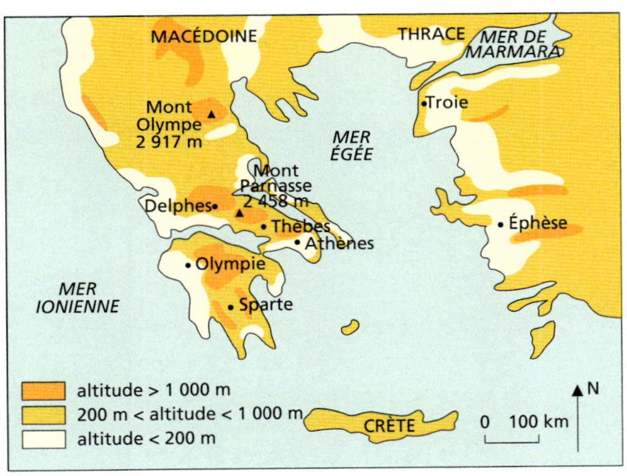

a. Quelles formes de relief dominent ? Où se trouvent-elles ?

....

....

....

b. Relève le nom des deux principaux sommets. Quelle est leur altitude ?

....

....

....

c. Où se situent les plaines ? Sont-elles développées ?

....

....

....

d. Pourquoi les Grecs ont-ils quitté leur pays pour aller fonder des colonies ?

....

....

....

3 CONTRÔLE EXPRESS

Lis attentivement le texte, puis réponds aux questions.

Ulysse et le cheval de Troie

Ulysse a une idée : faire croire aux Troyens que les Achéens partent. Il laisse un cheval de bois aux portes de Troie. Dans le ventre du cheval, des soldats sont cachés. Les Troyens traînent le cheval à l'intérieur des remparts.

Le cheval était là, et les Troyens assemblés tout autour proposaient plusieurs solutions. Les uns voulaient l'éventrer, les autres conseillaient de le traîner et de le précipiter du haut du rocher, et d'autres soutenaient qu'il fallait le laisser comme offrande aux dieux. Ce dernier avis l'emporta. La nuit venue, les Grecs, sortis du ventre du cheval comme d'une caverne, saccagèrent la ville.

■ *Odyssée*, chant VIII.

a. Qui a écrit l'*Odyssée* ?

....

....

b. À l'aide de la carte de l'exercice 2, indique où se trouve Troie.

....

....

c. Quelle ruse Ulysse utilise-t-il pour tromper les Troyens ? Réussit-il ?

....

....

....

....

Corrigés p. 35 du livret.

3 La cité des Athéniens

HISTOIRE

RETENIR

Athènes domine un petit territoire, l'Attique.

1 / Une puissance militaire et maritime

• En – 499, les **guerres médiques** opposent les Grecs aux Perses (les Mèdes). Darius, le roi perse, est battu à **Marathon** en – 490. En – 480, les Grecs remportent la victoire navale de **Salamine.** Athènes et les cités littorales de la mer Égée s'unissent (**ligue de Délos**).

2 / Une société unie

• Environ 400 000 Grecs vivent en Attique. Athènes est devenue une grande **cité maritime** (pêche, commerce). La **religion** unit les Athéniens, qui adorent Athéna, protectrice de leur cité. Ils lui consacrent l'Acropole où ils ont bâti le **Parthénon**. Détruit par les Perses en – 490, le temple est reconstruit par le sculpteur **Phidias**. Les **Panathénées** célèbrent la fondation d'Athènes.

3 / Une démocratie incomplète

• Les **hoplites** veulent participer au gouvernement. En – 510, la **démocratie directe** est instaurée. Tous les citoyens peuvent participer à l'Assemblée du peuple, l'**ecclésia**. La **boulê**, conseil de 500 membres, prépare les lois et contrôle les **magistrats**, tirés au sort. Les principaux sont les dix **stratèges**, élus pour 1 an. 6 000 citoyens volontaires composent le tribunal le plus important, l'**héliée**.

• Cependant, seuls les **citoyens** participent à la vie politique. Femmes, étrangers et esclaves n'ont aucun droit. Les **métèques** (résidents étrangers) n'ont pas de droits politiques mais font le service militaire et paient un impôt particulier.

MOTS CLÉS

✓ **Démocratie directe :** régime politique dans lequel les citoyens participent directement aux décisions politiques, sans l'intermédiaire de représentants.

✓ **Citoyen :** à Athènes, homme né de père citoyen et dont la mère est elle-même fille de citoyen.

MINI INTERRO

1. Qui sont les principaux adversaires des Grecs au début du Vᵉ siècle ?
2. Qui a reconstruit le Parthénon ?
3. En quoi les Athéniens sont-ils inégaux ?

LE DOCUMENT CLÉ

▷ Le plan de la frise des Panathénées

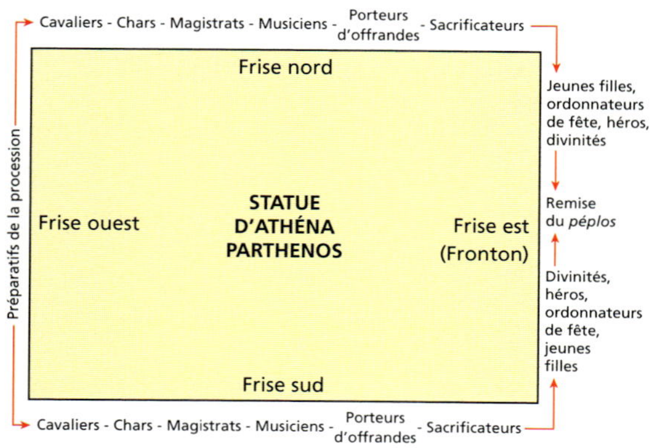

1. **Présenter.** Il s'agit du plan de la frise des Panathénées. Réalisé par Phidias entre – 443 et – 438, ce bas-relief recouvre les murs de la cella, chambre principale du Parthénon.

2. **Expliquer.** Les Panathénées sont les fêtes organisées en l'honneur d'Athéna. Toute la population libre participe à la *pompé*, procession qui se rend à l'Acropole. La frise part de l'ouest (cavaliers) et se termine par la représentation des héros, des divinités et des jeunes filles qui apportent un nouveau *péplos* (voile), des offrandes et des sacrifices à la déesse.

3. **Conclure.** La religion réunit toutes les catégories de la population libre.

S'ENTRAÎNER

1 Quiz

Relie chaque définition au mot qui lui correspond.

a. Assemblée des citoyens	Le métèque
b. Tribunal formé de 6 000 citoyens	La boulê
c. Conseil qui prépare les lois et contrôle les magistrats	L'ecclésia
d. Étranger qui n'a pas de droits politiques, mais fait le service militaire et paie des impôts	L'héliée

2 La bataille de Salamine

Lis le texte et réponds aux questions.

La bataille de Salamine racontée par un messager à la cour de Perse

« Dès que le jour eut illuminé la terre, une immense clameur s'éleva au milieu des Hellènes. Ils chantaient, avançaient audacieusement au combat et toutes les nefs[1] nous apparurent. On entendait ce chant immense : "Ô enfants des Hellènes, allez ! Délivrez la patrie, vos enfants, vos femmes, les demeures des dieux, de vos pères, les tombeaux de vos aïeux." Les deux flottes se jetèrent l'une sur l'autre. D'abord le torrent de l'armée persique résista, mais quand la multitude de nos nefs se fut resserrée dans les passages étroits, elles ne purent s'entraider. Elles se heurtèrent de leur proue d'airain[2], les nefs hellénistiques nous enveloppant habilement, perçaient les nôtres qui se renversaient et couvraient la mer de débris de naufrage, de corps morts. Les rochers du rivage étaient pleins de cadavres… À coup d'aviron brisé et de banc de rameur, les Perses étaient écrasés ou déchirés comme des thons ou d'autres poissons pris au filet et toute la mer retentissait de sanglots et de lamentations. »

Eschyle (525-456 av. J.-C.), *Les Perses*.

1. les navires.
2. de bronze.

a. De quelle œuvre est extrait ce texte ? Qui en est l'auteur ? Qui raconte la bataille ?

b. À quel moment de la journée la bataille a-t-elle lieu ? Justifie ta réponse.

c. Pourquoi les Grecs chantent-ils ?

d. Relève une phrase montrant la puissance des Perses.

e. Comment les Grecs procèdent-ils pour anéantir les Perses ? Ont-ils réussi ?

3 CONTRÔLE EXPRESS

Regarde attentivement le bas-relief et réponds aux questions.

Trière de guerre athénienne (400 av. J.-C.), bas-relief sur pierre, Athènes, musée de l'Acropole.

a. Qu'est-ce qu'une trière ?

b. Comment est-elle organisée ? Combien a-t-elle de niveaux ? Qui sont les rameurs ?

Corrigés p. 36 du livret.

4 La Grèce des savants Alexandre le Grand

RETENIR

MOTS CLÉS

✓ **Civilisation gréco-orientale :** civilisation mêlant des éléments grecs et des éléments provenant des civilisations (égyptienne, perse…) conquises par Alexandre.

✓ **Royaumes hellénistiques :** royaumes résultant de la division de l'empire d'Alexandre après sa mort.

La **guerre du Péloponnèse** oppose Sparte à Athènes à partir de – 431. Sparte écrase Athènes en – 404, mais Athènes reste la capitale intellectuelle et artistique de la Grèce. Au milieu du IVe siècle, **Philippe de Macédoine** soumet toutes les cités et constitue la ligue de Corinthe. Son fils Alexandre lui succède en – 333.

1 / Une civilisation rayonnante

- **Hippocrate** (460-377 av. J.-C.) base la médecine sur l'observation. **Aristote** (384-322) s'intéresse à l'anatomie, la physiologie, la politique et rédige des traités de logique. **Euclide** (330-270) fait progresser les mathématiques. **Archimède** (287-212) détermine la valeur de π à 3,1416. **Eratosthène** (284-192) dresse la première carte du monde. Les philosophes **stoïciens** méprisent la souffrance ; les **épicuriens** profitent de tous les instants de la vie.
- À Alexandrie, le Musée renferme environ 700 000 ouvrages, soit toute la littérature grecque. La **civilisation hellénistique** rayonne sur tout l'Orient.

MINI INTERRO

1. Sur quel pays régnait Philippe ?
2. Quels éléments traduisent la puissance de la Grèce ?
3. Qui est Sérapis ?

2 / Une civilisation gréco-orientale

- Alexandre conquiert l'Empire perse et unit Grecs et Macédoniens dans une **civilisation gréco-orientale**. Il fonde plus de 70 villes.
- À sa mort en – 323, **l'Empire est partagé** entre ses généraux. Ce sont les **royaumes hellénistiques**, administrés par des Grecs et des Macédoniens. En Égypte, Ptolémée Ier crée un dieu, Sérapis, commun aux Grecs et aux Égyptiens.

LE DOCUMENT CLÉ

▷ Alexandre victorieux des Perses

■ *Bataille d'Alexandre le Grand contre Darius*, mosaïque de la maison du Faune à Pompéi, IIe-Ier s. av. J.-C., Musée archéologique national, Naples.

1. **Présenter**. Cette mosaïque représente la bataille d'Issos en – 333. Elle orne un mur d'une maison de Pompéi, en Italie.

2. **Analyser la composition**. À gauche, Alexandre surgit sur son cheval, Bucéphale. Il semble décidé à gagner la bataille. Darius, le roi perse, est sur son char. Il fuit, l'air effrayé. À l'arrière-plan, on ne voit que les sarisses (longues lances des soldats).

3. **Conclure**. Cette œuvre souligne la violence des combats et la supériorité d'Alexandre.

HISTOIRE

S'ENTRAÎNER

1 L'empire d'Alexandre

Observe attentivement la carte, puis réponds aux questions.

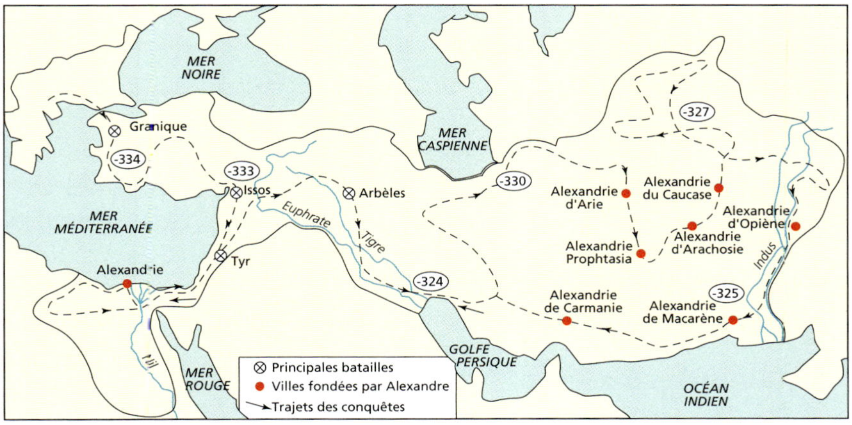

a. Combien d'années a-t-il fallu aux troupes d'Alexandre pour arriver jusqu'à la vallée de l'Indus ?

....

b. Repasse en rouge les limites de l'empire d'Alexandre.

c. Comment les villes fondées par Alexandre s'appellent-elles ?

....

....

2 CONTRÔLE EXPRESS

Alexandrie d'Égypte était la ville la plus peuplée du monde hellénistique.
Regarde bien le plan, puis réponds aux questions.

Alexandrie d'Égypte.

a. Comment qualifierais-tu le plan de la ville ?

....

....

....

b. Relève le nom des monuments typiquement grecs.

....

....

....

c. Relève les éléments qui montrent la diversité des influences.

....

....

....

d. Repère un bâtiment ou un lieu représentant chacune des fonctions de la cité : politique, religieuse, culturelle et commerciale.

....

....

e. Dans le dictionnaire ou une encyclopédie, cherche le rôle du Musée dans l'Antiquité.

....

....

Corrigés p. 36 du livret.

5 Rome, des origines à la fin de la République

RETENIR

Selon la légende, Rome a été fondée en –753 par Romulus.

1 / La conquête de l'Italie

• Les Romains se dotent d'une armée nombreuse, conquièrent toute l'Italie et y installent des **colonies de soldats-laboureurs.** Certaines cités deviennent des **municipes** : leurs habitants ont les mêmes droits que les Romains, sauf le droit de vote. Les autres gardent leur autonomie mais doivent participer aux guerres. Un vaste réseau de **voies romaines** permet de contrôler le territoire.

2 / Une société inégalitaire

• Les **patriciens**, riches, occupent les postes importants. Les **plébéiens** n'ont aucune influence politique mais doivent servir dans l'armée et payer des impôts. Les plus pauvres sont vendus comme **esclaves**. Après deux siècles de lutte, les plébéiens obtiennent le droit de vote.

• Les assemblées du peuple, ou **comices**, votent les lois et élisent les **magistrats** qui constituent le **Sénat**. Mais en fait, seuls les plus riches votent.

3 / La fin de la République

• Les Romains gagnent les **guerres puniques** contre Carthage (–202), annexent l'Orient hellénistique et la Gaule. Les prisonniers de guerre deviennent des esclaves.

• Les ***imperatores*** (généraux en chef) jouent un rôle croissant. Entre –58 et –51, **César** triomphe des Gaulois (Alésia, –52) et prend le pouvoir à Rome. Il est assassiné en –44. En –31, c'est la fin de la République.

MOT CLÉ

✓ **République :** régime politique dans lequel le peuple exerce sa souveraineté par l'intermédiaire de représentants élus.

MINI INTERRO

1. Selon la légende, quand Rome a-t-elle été fondée ?
2. Comment appelle-t-on les assemblées du peuple ? Quel est leur rôle ?
3. En quelle année Jules César a-t-il vaincu Vercingétorix ? Dans quelle localité ?

LE DOCUMENT CLÉ

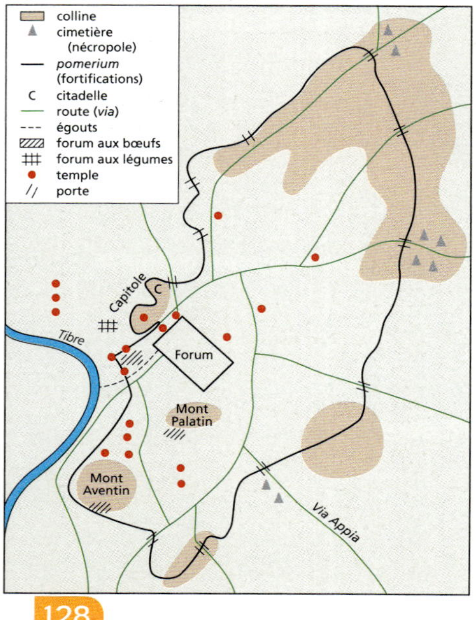

▷ Le plan de Rome au IIe siècle avant J.-C.

1. **Analyser le site.** La ville est bien protégée par sept collines. Le méandre du Tibre est intéressant pour le commerce.

2. **Observer les aménagements.** Des fortifications protègent la ville. Les temples sont nombreux. Cinq forums sont dédiés aux activités politiques, aux bestiaux et aux légumes. De nombreuses routes se croisent et le Tibre, large, permet le transport par bateaux. Le centre est traversé par un égout et les cimetières sont en dehors des fortifications.

3. **Conclure.** Rome est une ville active et soucieuse de l'hygiène.

S'ENTRAÎNER

1 Vocabulaire

Corrige les erreurs contenues dans le texte suivant.

Cinq collines dominent Rome qui est traversée par le Tigre. Les cimetières, que les Romains appellent les *pomerium*, se trouvent à l'intérieur des fortifications. La nécropole est une vaste place où les Romains aiment se retrouver.

2 L'équipement du légionnaire

Regarde attentivement la tenue du légionnaire romain et réponds aux questions.

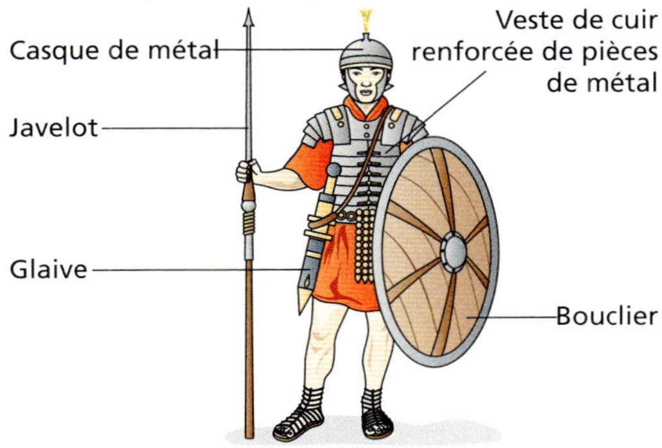

a. Comment le légionnaire est-il protégé des attaques ?

....

....

b. Avec quoi attaque-t-il et se défend-il ?

....

....

3 Les fortifications devant Alésia

Les fortifications devant Alésia avaient pour but d'empêcher les Gaulois de sortir de la ville et de recevoir des renforts.

À partir de la reconstitution ci-dessous, explique la victoire de Jules César en répondant aux questions.

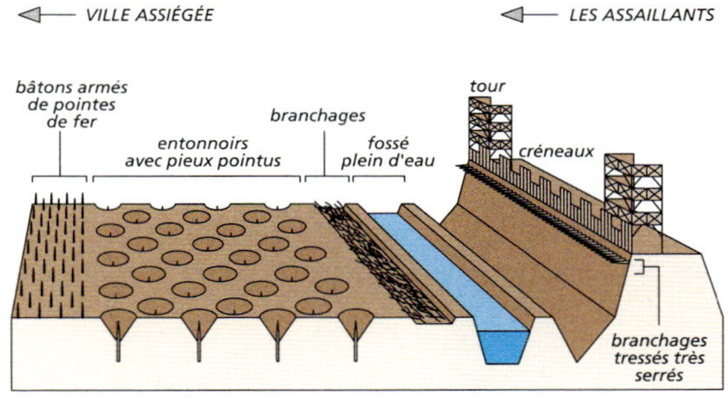

a. À quoi servent les tours ?

....

b. Quels obstacles se dressent entre les assaillants et la ville assiégée ?

....

c. Pourquoi les pieux pointus sont-ils plus resserrés à proximité de la ville ?

....

....

d. À ton avis, Vercingétorix avait-il des chances de gagner ? Justifie ta réponse.

....

....

4 CONTRÔLE EXPRESS

Observe la carte et complète la légende.

- ☐ Italie romaine en – 272
- ☐ Provinces conquises au cours des guerres puniques
- ☐ Provinces conquises à la mort de César en – 44
- ☐ Peuples soumis à Rome après – 44

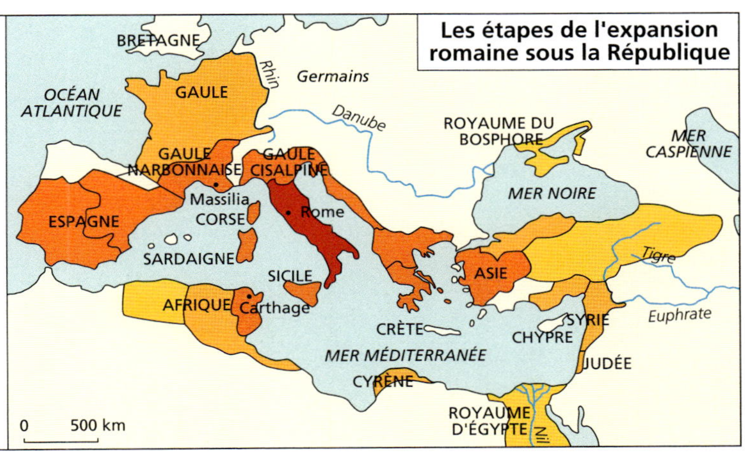

Corrigés p. 36 du livret.

6 L'Empire romain

RETENIR

1 / La puissance de l'empereur

- L'Empire est organisé par Octave, qui règne sous le nom d'Auguste de 27 av. J.-C. à 14 apr. J.-C. Fils adoptif de Jules César, Octave a le titre d'**empereur César-Auguste**. Empereur vient de *imperator* (général en chef). Auguste en latin veut dire « celui qui a été augmenté », sous-entendu par la volonté des dieux. L'empereur a donc à la fois la puissance des magistrats de la République et un **caractère divin**. Le titre est **héréditaire**.
- L'empereur a un **pouvoir absolu**. Les 44 provinces de l'Empire sont gérées par des **gouverneurs**. Les empereurs morts sont considérés comme des dieux et on honore le **génie** de l'empereur régnant. Le but est de rassembler les habitants autour d'un chef à l'**autorité incontestée**.

MOTS CLÉS

✓ **Pouvoir absolu :** pouvoir qui s'applique à tout et est concentré entre les mains d'une seule personne.

✓ **Titre héréditaire :** titre qui se transmet de père en fils.

2 / La paix romaine

- L'Empire est vaste. **450 000 soldats** garantissent la **paix romaine** (*pax romana*). Les frontières, les ***limes***, sont **fortifiées** aux points les plus sensibles. 90 000 km de routes principales relient les provinces entre elles, facilitent le déplacement des troupes, le commerce et l'acheminement des courriers impériaux. En 70, les Juifs se révoltent. Jérusalem est rasée et les Juifs dispersés.

3 / Rome, capitale de l'Empire

- Rome (environ un million d'habitants) concentre le pouvoir et les richesses : le plus grand théatre peut accueillir 35 000 spectateurs et le Grand Cirque, où ont lieu les courses de char, 450 000. Au **Colisée** se déroulent les combats de gladiateurs. Mais la ville compte aussi des quartiers insalubres.

LE DOCUMENT CLÉ

▷ La statue de Trajan

1. **Présenter.** Il s'agit d'une statue, sculpture en ronde-bosse (dont on peut faire le tour). Elle représente l'empereur Trajan prononçant un discours. Trajan, né en Espagne en 53 après J.-C, remplit toutes les magistratures de la carrière des honneurs, puis règne de 98 à 117.

2. **Observer.** Le sculpteur lui a donné une attitude majestueuse. Il se tient bien droit et son bras levé souligne sa volonté de dominer, de s'imposer. Il porte la toge, robe des magistrats. Sa cuirasse ouvragée rappelle qu'il est le chef des armées.

3. **Conclure.** Cette statue rend hommage à un empereur conquérant.

Trajan cuirassé (après 108 apr. J.-C.), marbre, Ht : 2 m, Paris, musée du Louvre.

MINI INTERRO

1. Combien de temps Auguste a-t-il régné ?
2. Comment appelle-t-on la frontière fortifiée de l'Empire romain ?
3. Quelle est la longueur du réseau routier ? À quoi sert-il ?

S'ENTRAÎNER

1 Quiz

Observe cette pièce de monnaie et souligne en rouge les fonctions de l'empereur Trajan.

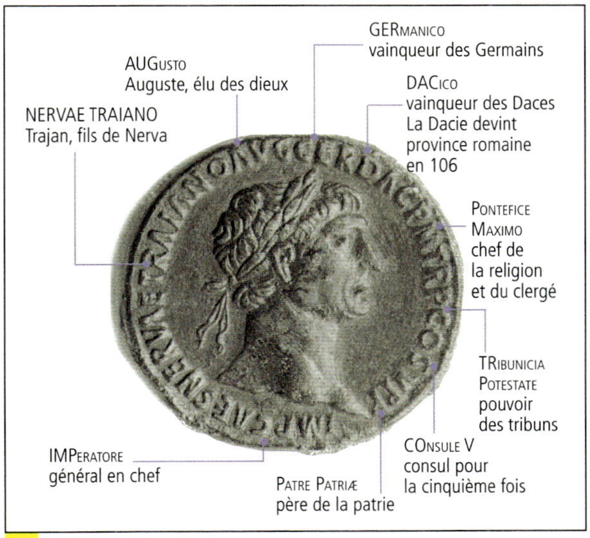

Monnaie en bronze à l'effigie de l'empereur Trajan (53-117).

2 Vivre à Rome : le point de vue d'un poète latin

Lis le texte, puis réponds aux questions.

Les embarras de Rome d'après Juvénal

[...] le flot qui me précède fait obstacle à ma hâte ; la foule pressée qui me suit me comprime les reins. L'un me heurte du coude, l'autre avec une poutre. Mes jambes se couvrent d'une boue grasse. Voilà un soldat qui pose son gros pied sur mon orteil. J'en retire un clou que sa botte y a laissé. Considère également les dangers de la nuit. Combien de fois des vases fêlés tombent des fenêtres. Tout ce que tu peux espérer c'est que les fenêtres se contentent de t'inonder du contenu de leurs pots. Tu n'es pas au bout de tes peines. Il ne manquera pas de gens pour te dépouiller une fois les maisons closes, quand partout, les boutiques font silence, volets fermés, chaînes de sûreté en place. Il arrive aussi que surgisse un bandit qui joue du couteau.

■ Juvénal (60-130 apr. J.-C.), *Satire III*.

a. Quels sont les inconvénients de la vie à Rome dans la journée ?

b. Quels dangers présentent les sorties nocturnes ?

c. À ton avis, Juvénal nous brosse-t-il un tableau réel ou exagère-t-il ?

3 CONTRÔLE EXPRESS

Observe attentivement le schéma et réponds aux questions.

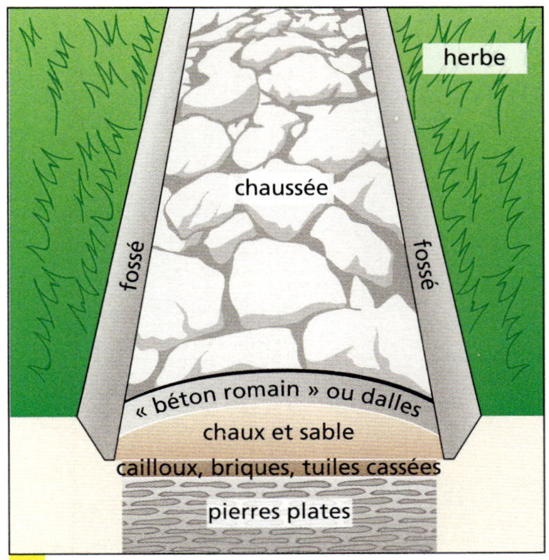

Coupe d'une voie romaine.

a. Plus de deux mille ans après, ces routes sont toujours praticables. Pourquoi ?

....

....

....

....

....

....

b. Quelles précautions les Romains avaient-ils prises pour que les routes ne soient pas inondées ?

....

....

....

....

....

....

Corrigés p. 36 du livret.

7 La romanisation

RETENIR

MOTS CLÉS

✓ **Annone :** réquisition d'une partie des productions pour ravitailler Rome. C'est un impôt.

✓ **Art officiel :** expression artistique autorisée et encadrée par le pouvoir.

MINI INTERRO

1. Cite trois éléments caractéristiques des villes romaines.
2. Que prévoit l'édit de Caracalla ?
3. Comment les populations intégrées à l'Empire lui marquent-elles leur attachement ?

L'Empire est prospère. Les inventions gauloises favorisent l'agriculture. Les mines sont exploitées. **L'annone** assure le ravitaillement de Rome.

1 / Rome, un modèle

- La société de l'Empire est surtout **rurale**. Les riches familles possèdent de grands domaines, les ***villae***.
- Les villes ressemblent à Rome : forum à l'intersection du ***cardo*** et du ***decumanus***, temples, théâtres, thermes, aqueducs...

2 / La romanisation des populations

- **L'édit de Caracalla** (212) fait de tous les habitants de l'Empire des citoyens. Le latin se répand, sauf dans les provinces orientales qui parlent grec. Les citadins aisés habitent des ***domus*** (grandes maisons organisées autour d'un jardin) et latinisent leur nom.
- L'art officiel est un mélange d'art grec et d'art romain (**art gréco-romain**) ou d'art romain et d'art gaulois (**civilisation gallo-romaine**). Les Romains respectent les croyances des pays conquis.

LE DOCUMENT CLÉ

▷ La *villa* de Montmaurin (Haute-Garonne)

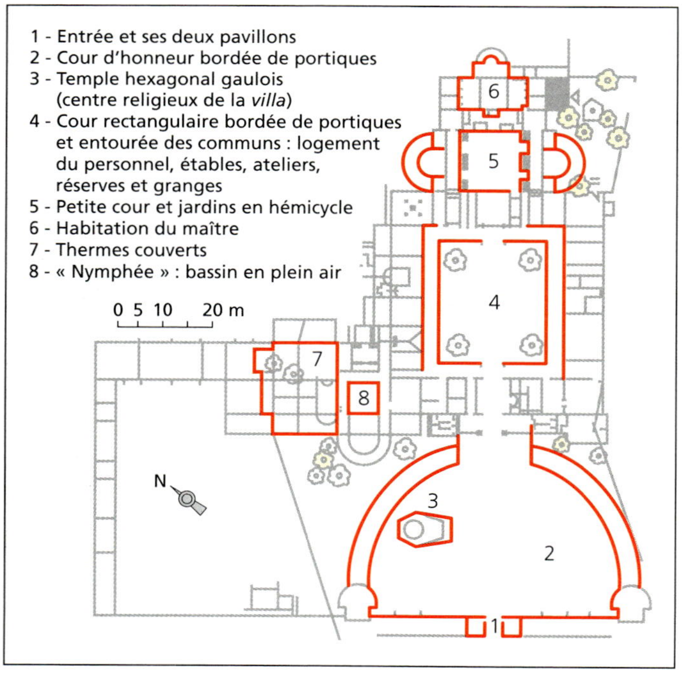

1. **Présenter**. Il s'agit de la reconstitution d'une *villa* datant du IIIe ou du IVe siècle, située dans l'ancienne Gaule aquitaine. Les archéologues ont réalisé ce dessin à partir des vestiges mis au jour.

2. **Analyser**. Plusieurs éléments rappellent la *villa* romaine : la surface imposante, l'entrée majestueuse et ses deux pavillons, la cour d'honneur, la cour rectangulaire bordée de portiques, les thermes couverts pour les bains en hiver et le bassin en plein air. Dans le temple gaulois, situé à l'entrée, la famille et les domestiques venaient se recueillir et prier.

3. **Conclure.** Cette *villa* appartenait à un riche gaulois qui avait adopté, au moins partiellement, le style de vie des Romains.

S'ENTRAÎNER

1 Vrai ou faux ?

Coche la case qui convient.

	V	F
a. L'ancien nom de Lyon est Lugdunum.	❑	❑
b. Un aqueduc est une construction en pierre qui, grâce à une succession de ponts, de tunnels et de siphons, permet de ravitailler une ville en eau.	❑	❑
c. Vercingétorix a battu Jules César à Alésia.	❑	❑
d. Nîmes était la capitale de la Gaule.	❑	❑
e. Les Gaulois rejettent les dieux romains.	❑	❑
f. L'annone est la culture de l'anis.	❑	❑
g. Le forum se trouve à la sortie de la ville.	❑	❑
h. La société romaine est surtout urbaine.	❑	❑
i. Les Gaulois aisés latinisent leur nom.	❑	❑
j. Le *cardo* et le *decumanus* sont les rues principales de la ville romaine.	❑	❑

2 Des Gaulois au Sénat de Rome

Lis attentivement le texte ci-dessous et réponds aux questions.

L'empereur Claude vient de faire entrer des jeunes Gaulois au Sénat romain. Il justifie sa décision.

« Voyez tous ces brillants jeunes gens qui sont devant vos yeux ! Il n'y a pas de raison de regretter de les voir sénateurs. Si l'on considère que pendant dix ans les habitants de la Gaule chevelue ont tenu en haleine par la guerre le divin Jules, qu'on oppose à cela cent années de fidélité inébranlable. Ce sont eux, qui quand mon père Drusus soumettait la Germanie, assurèrent à ses arrières une paix sans inquiétude. »

■ D'après les *Tables claudiennes*, 48 apr. J.-C.

a. Qui est le « divin Jules » ?

b. Quels sont les arguments utilisés par Claude pour justifier l'entrée des Gaulois au Sénat ?

c. Explique l'appellation « Gaule chevelue ».

3 CONTRÔLE EXPRESS

Regarde attentivement ce bas-relief et réponds aux questions.

Cernunnos partageant les richesses entre Apollon et Mercure (Ier s. apr. J.-C.), autel gallo-romain en pierre, Reims, musée de la Ville.

a. Rappelle la définition du bas-relief.

....

....

b. Quels éléments rappellent la civilisation celte ? la civilisation romaine ?

....

....

c. Où se trouve le dieu celte Cernunnos ? Que tient-il dans les bras ? À ton avis, que représente ce dieu celte ?

....

....

d. D'après ce bas-relief, peut-on dire que la Gaule est totalement romanisée ? Justifie ta réponse.

....

....

....

Corrigés p. 36 du livret.

8 Les débuts du judaïsme

RETENIR

Sous la conduite du patriarche Abraham, les Hébreux quittent la Mésopotamie au cours du IIe millénaire avant notre ère et atteignent l'Égypte. Ils en sont chassés en –1330 et errent dans le Sinaï pendant 40 ans : c'est l'**Exode. Moïse** leur fait adopter une religion nouvelle qui n'adore qu'un seul dieu, **Yahvé.** C'est la première religion **monothéiste** de l'Histoire.

1 / Israël, puissance et fragilité

- Le roi David (– 1010 à – 970) fonde Israël et fait de Jérusalem sa capitale. Mais en – 930, le royaume se scinde en deux États rivaux : Israël au nord et le royaume de Juda au sud. Attaquée par les Assyriens puis les Babyloniens, la population fuit. C'est le début de la **diaspora.**

- À partir de – 586, Israël est successivement occupé par les Perses, les Grecs et les Romains. Le roi perse Cyrus autorise les Israélites à rentrer à Jérusalem. Ils constituent un minuscule État, la **Judée,** dont les habitants s'appellent les Judéens ou **Juifs**. Après les révoltes des Juifs, les Romains rasent Jérusalem et son Temple en 70 et, en 135, ils changent le nom de la Judée, qui devient la **Palestine** (la terre des Philistins).

2 / Les Juifs écrivent les premiers livres de la Bible

- À partir du VIIIe siècle avant notre ère, prêtres et scribes israélites écrivent l'histoire de leur peuple. Ce sont **les Écritures**, une vingtaine de livres réunis au Ier siècle de notre ère. Répartis en trois grands chapitres (la Torah ou la loi, les Prophètes et les Écrits), ils constituent la **Bible hébraïque**. Pour les chrétiens, c'est l'Ancien Testament, première partie de la Bible.

MOTS CLÉS

✔ **Monothéisme :** religion qui n'admet qu'un seul dieu.

✔ **Diaspora :** dispersion des Juifs autour du bassin méditerranéen après les attaques des Assyriens et des Babyloniens et la destruction de Jérusalem.

Histoire

MINI INTERRO

1. Comment s'appelle le dieu des Hébreux ?
2. Qui a fondé Israël ?
3. En quelle année Jérusalem et son Temple ont-ils été détruits ?

LE DOCUMENT CLÉ

▷ La présentation des Tables de la Loi aux Hébreux

■ *Histoire de Moïse : la présentation des Tables de la Loi aux Hébreux*, fresque du début du XVIe siècle réalisée par l'école de Raphaël, Loges du Vatican, Rome.

1. **Présenter**. Ce document est une fresque, c'est-à-dire une peinture réalisée directement sur un mur. Elle a pour titre *Présentation des Tables de la Loi aux Hébreux*. Elle orne le mur des Loges du Vatican. Elle a été réalisée par Raphaël au XVIe siècle, donc longtemps après la mort de Moïse.

2. **Expliquer**. Moïse est présenté en vieil homme montrant les Tables de la Loi, écrites sur une stèle de pierre taillée, à une assemblée de fidèles. Il est au centre du tableau, de face. C'est à lui que Yahvé a remis les Tables de la Loi.

3. **Conclure**. Cette fresque souligne l'importance de Moïse, pour les Juifs comme pour les chrétiens.

S'ENTRAÎNER

1 Frise chronologique

Complète la frise.

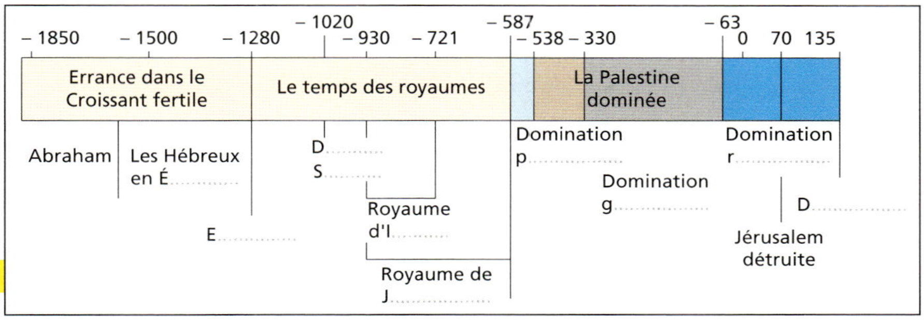

2 000 ans d'histoire des Hébreux.

2 Moïse et le buisson ardent

Le livre de l'Exode raconte la vie de Moïse, la sortie d'Égypte et le don de la Torah au mont Sinaï.

Moïse faisait paître le troupeau de son beau-père Jethro…

Il l'emmena par-delà le désert et parvint à la montagne de Dieu, l'Horeb. L'Ange de Yahvé lui apparut, dans une flamme de feu, du milieu d'un buisson. Moïse regarda : le buisson était embrasé mais le buisson ne se consumait pas. Moise dit : « Je vais faire un détour pour voir cet étrange spectacle, et pourquoi le buisson ne se consume pas. » Yahvé vit qu'il faisait un détour pour voir, et Dieu l'appela du milieu du buisson. « Moïse, Moïse » dit-il et il répondit : « Me voici. » Il dit : « N'approche pas d'ici, retire tes sandales de tes pieds car le lieu où tu te tiens est une terre sainte. » Et il dit : « Je suis le Dieu de tes pères, le Dieu d'Abraham, le Dieu d'Isaac et le Dieu de Jacob. » Alors Moïse se voila la face, car il craignait de fixer son regard sur Dieu.

■ La Bible, Exode 3, 1 à 6.

a. À quel moment se situe cet extrait ?

b. Sous quelle forme Dieu apparaît-il à Moïse ?

c. Pourquoi Dieu demande-t-il à Moïse d'enlever ses sandales ?

d. Pourquoi Moïse craint-il de regarder Dieu ?

3 CONTRÔLE EXPRESS

Regarde bien la carte et réponds aux questions.

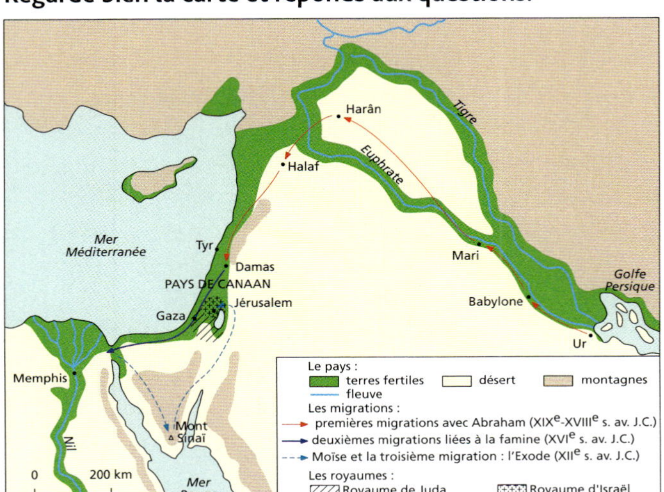

Les migrations des Hébreux du XIXe au XIIe siècle av. J.-C.

a. D'où sont partis les Hébreux ?

....

....

....

b. Pourquoi s'étaient-ils installés en Mésopotamie ?

....

....

....

c. Quelles furent les étapes de leurs migrations ?

....

....

....

Corrigés p. 37 du livret.

9 Les débuts du christianisme

RETENIR

À la fin du Ier siècle av. J.-C., les Juifs attendent la venue du **Messie**, l'envoyé de Dieu. Ce sera **Jésus-Christ** dont la prédication s'accompagne de **miracles**. Il persuade les Juifs qu'il va les libérer des Romains. Son enseignement est contenu dans le **Nouveau Testament**, rédigé entre 70 et 95.

1 / Le nouveau message du christianisme

- Jésus-Christ fait passer son message par des **paraboles** (récits imagés), annonce la **Bonne Nouvelle** (**évangile** en grec) : la venue imminente du règne d'un **Dieu d'amour** dont le fils, Jésus, est venu sauver les hommes en les délivrant du péché. Jésus ne prend jamais de position politique par rapport à l'occupation romaine, ce qui déçoit les Juifs. Condamné, livré au gouverneur **Ponce Pilate**, il est crucifié vers 30.

2 / Le difficile triomphe du christianisme

- Les **apôtres** essaient de convertir les Juifs. **Paul** multiplie les **voyages missionnaires** et dissocie véritablement le christianisme du judaïsme.
- Le christianisme gagne l'Asie mineure, la Grèce, Rome. Les premières communautés de croyants inquiètent les autorités romaines. Certains empereurs les **persécutent** et les massacrent. Malgré les nombreux **martyrs**, les chrétiens sont de plus en plus nombreux à partir du IIIe siècle.
- En 313, par l'**édit de Milan**, l'empereur **Constantin** autorise les chrétiens à célébrer leur culte librement. En 395, **Théodose** déclare le christianisme seule religion autorisée.

MOT CLÉ

✓ **Martyr** : signifiant « témoin » en grec, ce mot désigne un chrétien victime de sévices mais qui préfère mourir plutôt que de renoncer à sa foi.

MINI INTERRO

1. Qu'est-ce que le Nouveau Testament ?
2. Quel empereur romain a autorisé le christianisme ? En quelle année ?

LE DOCUMENT CLÉ

▷ Une frise chronologique : l'expansion du christianisme

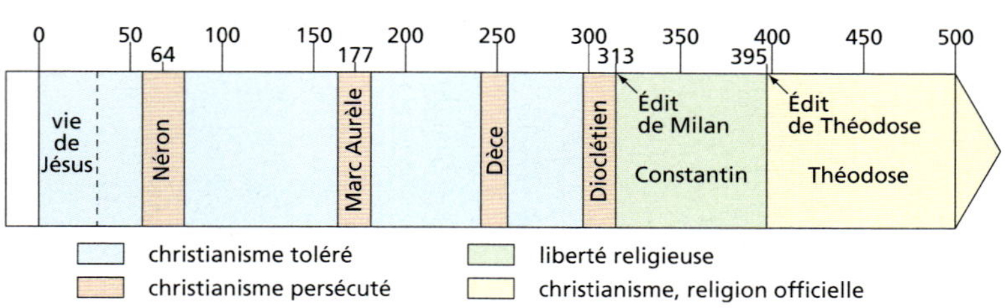

1. **Présenter**. Une frise situe les événements les uns par rapport aux autres. Il faut donc bien lire les événements et les dates qui leur correspondent. Celle-ci concerne l'histoire du christianisme de la naissance de Jésus (vers – 5) à la fin de l'Empire d'Occident (476).

2. **Analyser**. Le christianisme n'a pas toujours été toléré. Les chrétiens ont été persécutés sous les règnes de Néron, Marc Aurèle, Dèce et Dioclétien. Il faut attendre Constantin pour que la liberté religieuse soit reconnue par l'édit de Milan.

3. **Conclure**. Les phases de répression violente n'ont pas anéanti le christianisme.

S'ENTRAÎNER

1 Vrai ou faux ?

Coche la case qui convient.

	V	F
a. Théodose a signé l'édit de Milan en 393.	❑	❑
b. L'Ancien Testament a été écrit après la mort de Jésus.	❑	❑
c. Le christianisme est une religion monothéiste.	❑	❑
d. Une parabole est un récit imagé.	❑	❑

2 Une Épître et un Évangile

Lis ces deux textes et réponds aux questions.

Les **Évangiles** rapportent des actions et des paroles de Jésus, sans doute sur la base de témoignages transmis oralement avant d'être mis par écrit.
Les **Actes des Apôtres** continuent l'Évangile de Luc et racontent la naissance de l'Église chrétienne.
Les **Épîtres** sont des lettres adressées à des Églises ou à des hommes, afin d'éclairer ou de conforter leur foi.

Applique-toi à rester irréprochable. Que ton ambition soit de pouvoir te présenter à Dieu homme digne d'approbation. C'est pourquoi : fuis les passions de la jeunesse, détourne-toi des désirs et des convoitises auxquels sacrifient les autres jeunes. Que ton but soit de mener une vie intègre, remplie de foi, d'amour et de paix. Recherche l'harmonie et la concorde avec tous ceux qui invoquent le Seigneur d'un cœur pur.

■ Épître de Paul, II, Timothée 2, 15, 22.

Quand ils approchèrent de Jérusalem, Jésus envoya deux disciples en leur disant : « Rendez-vous au village […] vous trouverez à l'attache, une ânesse avec son ânon ; détachez-les et amenez-les moi […]. » Les disciples amenèrent l'ânesse et l'ânon. Puis, ils disposèrent sur eux leurs manteaux et Jésus s'assit dessus. Alors les gens étendirent leurs manteaux sur le chemin, coupaient des branches au sol et en jonchaient le chemin […]. Quand il entra dans Jérusalem toute la ville fut agitée. « Qui est-ce ? » disait-on, et les foules disaient « C'est le prophète Jésus, de Nazareth en Galilée ».

■ Évangile selon Matthieu, 21, 1-10.

a. Relève les mots qui doivent, selon Paul, caractériser la vie d'un chrétien.

b. Est-ce une vie facile qu'il propose ?

c. Que relate le deuxième texte ?

d. Pourquoi les gens étalent-ils leurs manteaux et coupent-ils des branches dont ils jonchent le sol ?

3 CONTRÔLE EXPRESS

Observe cette carte et réponds aux questions.

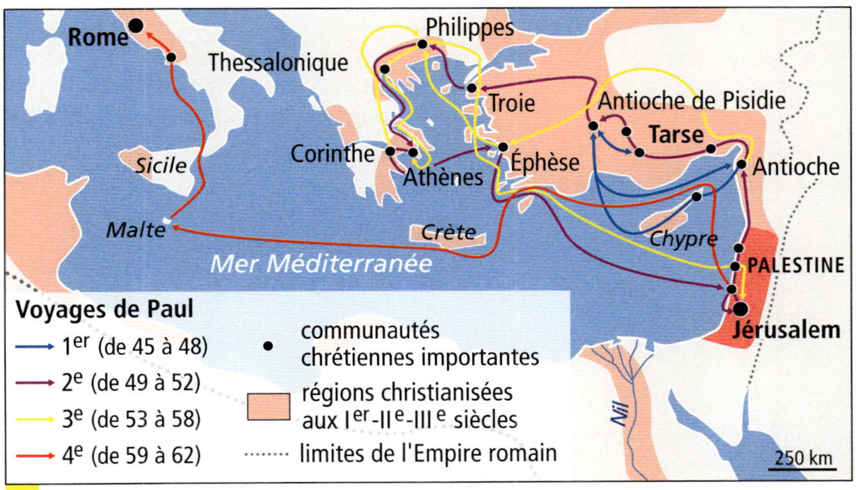

Les voyages de Paul de Tarse.

a. Combien de voyages Paul de Tarse a-t-il effectué ? Quel est l'objet de ces voyages ?

……………………………………

……………………………………

b. De quelle partie de l'Empire romain le christianisme vient-il ? Pourquoi ?

……………………………………

……………………………………

c. Où le christianisme se diffuse-t-il en premier ?

……………………………………

……………………………………

Corrigés p. 37 du livret.

Histoire

10 L'Empire byzantin (IVe-XVe s.)

RETENIR

En 395, l'Empire romain est divisé en deux : l'Empire romain d'Occident et **l'Empire romain d'Orient ou Empire byzantin** (capitale Byzance, ancien nom de Constantinople).

1 / L'ancien Empire romain reconstitué

- **Justinien** (règne de 527 à 565) attaque les royaumes barbares (Vandales, Ostrogoths, Wisigoths), les Perses, les Slaves et les Bulgares. Il reconstitue ainsi l'ancien Empire romain, dans lequel il s'efforce d'établir une **unité religieuse et politique**. Il s'appuie sur les ministres et les **fonctionnaires** et rassemble les lois romaines dans un recueil, le **Code Justinien**.

2 / Une civilisation brillante

- Justinien encourage les artistes et fait construire de nombreux monuments (**basilique Sainte-Sophie**). Constantinople est une ville très active. Elle importe des produits précieux, abrite des artisans habiles et des savants qui étudient les ouvrages de l'Antiquité. Les moines Cyrille et Méthode **évangélisent** les Slaves, qui sont influencés par la culture byzantine. Les croyants adorent des **icônes** (images saintes).

3 / Les difficultés de l'Empire byzantin

- L'empereur et le patriarche de Constantinople doivent garantir l'**orthodoxie** (les vraies croyances). Mais à partir du XIe siècle, les relations entre le pape de Rome (qui parle latin) et le patriarche de Constantinople (qui parle grec) se détériorent. En 1054, l'Église catholique et l'Église orthodoxe se séparent : c'est le **schisme**. La situation de l'Empire se dégrade. En 1453, Constantinople est prise par les Turcs.

MOTS CLÉS

✓ **Orthodoxie :** conformité au dogme, à la doctrine d'une religion ; nom donné après 1054 à l'Église chrétienne d'Orient.

✓ **Schisme :** séparation des fidèles d'une religion en deux Églises distinctes.

MINI INTERRO

1. Qu'est-ce que le Code Justinien ? Quel avantage a-t-il pour les Byzantins ?
2. Qui a évangélisé les Slaves ?

LE DOCUMENT CLÉ

▷ La basilique Sainte-Sophie de Constantinople

Sainte-Sophie de Constantinople, vue extérieure, Istanbul (Turquie).

1. **Présenter.** Il s'agit d'une photographie de la basilique Sainte-Sophie à Constantinople (Istanbul).

2. **Expliquer.** La basilique a été construite sous le règne de Justinien. Elle est de forme rectangulaire. Les coupoles sont typiques de l'art byzantin. La coupole centrale est immense (54 m de hauteur et 100 m de circonférence). Les minarets, sur les côtés, ont été construits par les Turcs après leur conquête de Constantinople.

3. **Conclure.** La basilique Sainte-Sophie traduit la puissance de l'empire de Justinien.

S'ENTRAÎNER

1 Vrai ou faux ?

Coche la case qui convient.

	V	F
a. Justinien a en partie reconstitué l'Empire romain.	❑	❑
b. Cyrille et Méthode sont deux ministres de Justinien.	❑	❑
c. Le patriarche de Constantinople parle latin.	❑	❑
d. Le schisme entre catholiques et orthodoxes a eu lieu en 1504.	❑	❑
e. Le Code Justinien est un code de la route.	❑	❑
f. L'Empire romain est divisé en 935.	❑	❑
g. Le Code Justinien établit l'égalité des hommes devant la loi.	❑	❑

2 Justinien et le droit

« Montrez [aux étudiants] la voie que nous avons tracée de sorte [...] qu'ils deviennent de parfaits serviteurs de la justice et de l'État », dit Justinien aux professeurs de droit.

Pourquoi Justinien encourage-t-il les études de droit ?

3 Constantinople

Observe attentivement le plan de Constantinople et réponds aux questions.

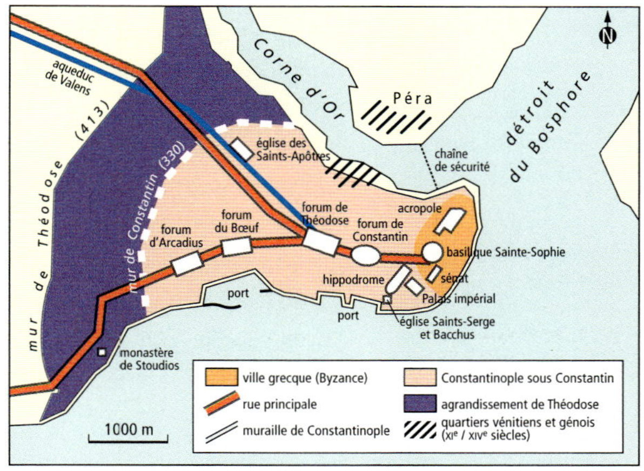

a. Sous quels empereurs Constantinople a t-elle été agrandie ?

b. Quels éléments traduisent l'occupation romaine ?

c. Quels éléments font penser à une influence grecque ?

d. Pourquoi la ville est-elle entourée de murailles ?

Histoire

4 CONTRÔLE EXPRESS

Compare cette carte de l'Empire byzantin avec celle de l'expansion romaine page 129, puis réponds aux questions.

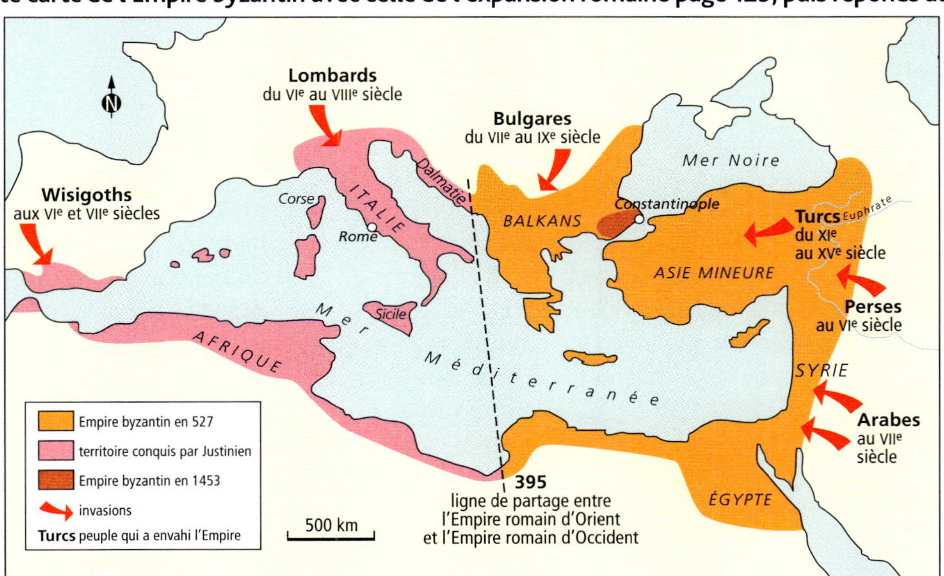

L'Empire byzantin entre 527 et 1453.

a. Quels territoires Justinien a-t-il reconquis ? Quels territoires sont restés hors de son contrôle ?

b. Justinien a-t-il vraiment reconstitué l'Empire romain ?

Corrigés p. 37 du livret.

11 L'Empire carolingien

RETENIR

En 732, Charles Martel arrête les Arabes à Poitiers. En 751, son fils Pépin le Bref fonde la dynastie des **Carolingiens**. Sacré roi par le pape, il a un caractère **divin**. Son fils Charles (Charlemagne) lui succède en 768.

1 / Un pouvoir centralisé

- Charlemagne mène de nombreuses guerres, agrandit le royaume et impose le **christianisme** aux peuples conquis. Sacré empereur par le pape en 800, il gouverne de façon autoritaire.
- Chefs militaires, comtes et ducs nommés par l'empereur dirigent les provinces. De nombreuses lois, ou **capitulaires**, sont publiées. Des ***missi dominici*** parcourent les provinces, veillent à l'application des lois et recueillent les doléances des habitants. La paix rétablie, la prospérité revient.
- Charlemagne fait ouvrir des **écoles** et fait traduire et copier les livres écrits en latin. Les **enluminures** décorent les **manuscrits**. Les **orfèvres** produisent des pièces de grande valeur. Il fait construire des églises dont la décoration intérieure s'inspire de la civilisation byzantine (ex. : Aix-la-Chapelle).

2 / Les difficultés de l'Empire

- Charlemagne meurt en 814. En 843, l'Empire est partagé entre ses trois petits-fils (**traité de Verdun**). Les trois royaumes (France, Germanie et Lotharingie) sont envahis. En France, en 987, les seigneurs élisent Hugues Capet roi. Il fonde la dynastie des **Capétiens**.

MOTS CLÉS

✔ **Monarchie de droit divin :** monarchie qui affirme tirer son pouvoir de dieu. La fonction royale est bénie lors d'un office religieux, le sacre.

✔ **Enluminure :** illustration en couleurs d'un manuscrit.

MINI INTERRO

1. Pourquoi peut-on dire de l'empire de Charlemagne qu'il est centralisé ?
2. Comment appelle-t-on les lois publiées sous le règne de Charlemagne ?
3. En quelle année le traité de Verdun a-t-il été signé ?

LA MÉTHODE

▷ Comprendre un texte historique

Le portrait de Charlemagne par Eginhard

Charles était gros, robuste et d'une taille élevée. Il avait le sommet de la tête rond, les yeux grands et vifs, le nez un peu long, les cheveux beaux, la physionomie ouverte et gaie. Qu'il fut assis ou debout, toute sa personne commandait le respect et respirait la dignité. [...] Le cou gros et court et le ventre proéminent, il marchait d'un pas ferme. Sa voix, quoique perçante, paraissait trop grêle pour son corps. Il s'adonnait assidûment aux exercices du cheval et de la chasse. Il aimait beaucoup les bains d'eaux naturellement chaudes et s'exerçait fréquemment à nager. [...] Doué d'une éloquence abondante et forte, il s'exprimait avec une grande netteté sur toute espèce de sujets. Il donna beaucoup de soin à l'étude des langues étrangères. Passionné par les arts libéraux il respectait les hommes qui s'y distinguaient et les comblait d'honneurs.

■ Eginhard, *Vie de Charlemagne*.

1. **Je présente le document.** Ce texte est un témoignage écrit par un contemporain de l'empereur. Il donne des informations sur sa personnalité et ses habitudes.
2. **J'analyse le texte.** Je surligne en vert les éléments de sa silhouette, en rouge les traits de sa personnalité, en jaune ses activités.
3. **Je conclus.** Charlemagne avait une stature imposante, faisait beaucoup d'exercices physiques mais aimait aussi les activités intellectuelles et artistiques, qu'il encourageait.

S'ENTRAÎNER

1 Quiz

Relie chaque événement à la date qui lui correspond.

a. Charlemagne est couronné empereur. ○	○ 843
b. Hugues Capet fonde la dynastie des Capétiens. ○	○ 768
c. Pépin le Bref fonde la dynastie des Carolingiens. ○	○ 732
d. Le traité de Verdun partage l'empire en trois. ○	○ 800
e. Charles Martel arrête les Arabes à Poitiers. ○	○ 751
f. Charlemagne devient roi. ○	○ 987

2 Une attaque de Normands en 890

Souligne les informations essentielles contenues dans ce texte, puis résume en quelques phrases l'enchaînement des événements.

Les Normands vivent alors en Scandinavie.

Les Normands poussèrent leur flotte vers les frontières de Bretagne. Ils assiégèrent, dans le territoire de Coutances, le château de Saint-Lô. Lorsqu'ils eurent intercepté tout accès vers la source des eaux, les habitants assoiffés se rendirent à la condition suivante : on leur promit seulement la vie, le reste devait leur être pris. Et quand les habitants furent sortis de leurs remparts, cette population perfide, reniant ses promesses, les égorgea tous sans que rien ne la retînt. L'évêque de l'église de Coutances fut tué avec tous les habitants.

■ D'après les *Annales* de Metz, IXe siècle.

....

....

....

....

....

....

....

....

....

3 CONTRÔLE EXPRESS

Lis attentivement le texte, observe la sculpture et réponds aux questions.

Saint Grégoire et les scribes, ivoire carolingien, IXe siècle, Kunstkammer, Vienne.

Aux prêtres,
Nous demandons de s'assurer que les prêtres fassent honneur à leur charge par leur bonne conduite.
Qu'ils attirent ainsi beaucoup de monde au service de Dieu ; qu'ils rassemblent et s'associent des enfants non seulement d'humble condition mais aussi les fils bien nés. Et qu'il y ait des écoles pour l'instruction des garçons. Corrigez bien dans chaque monastère ou évêché, les psaumes, les chants, la grammaire et tous les livres catholiques. En effet, il arrive que certains prient mal à cause de livres mal corrigés. Ne laissez pas ces mauvais livres nuire à vos élèves qui les lisent ou les copient.

■ Charlemagne, *Exhortation générale*, 23 mars 789.

a. Pourquoi Charlemagne veut-il que les prêtres aient des élèves ?

b. De quels livres demande-t-il la correction ? Pourquoi ?

c. Quels livres ne peuvent être copiés que par des adultes ? Pour quelles raisons ?

d. Que voit-on sur cet ivoire ? Où sommes-nous ?

e. Pourquoi les livres sont-ils si précieux ?

Corrigés p. 37 du livret.

12 Les mondes lointains

RETENIR

1 / Le rayonnement culturel chinois

- En **Chine**, de – 206 à 220 apr. J.-C, la dynastie des **Han** mène une politique d'**expansion territoriale**, ouvre la **route de la soie** et installe des **ambassades** en Perse, chez les Parthes et dans l'Empire romain. L'empereur Wudi (140-87 av. J.-C.) érige le **confucianisme** en système politique. Le **bouddhisme** pénètre en Chine au Ier siècle av. J.-C.
- **L'invention du papier** favorise la littérature. La soie est **exportée**. Les techniques agricoles évoluent. Le **gouvernail** et la **boussole** facilitent la navigation. Zhang Heng invente le **sismographe**, Hua Tuo et Zhang Zhongjing pratiquent la première **anesthésie générale**.

MOT CLÉ

✔ **Confucianisme :** doctrine philosophique et morale enseignée par Confucius (v. 551-479 av. J.-C.).

2 / En Inde, une très riche civilisation

- La dynastie des **Gupta** (IVe-Ve siècles) unifie l'Inde du Nord. Elle accepte les trois religions, **bouddhisme**, **hindouisme** (ou brahmanisme) et **jaïnisme**. L'art religieux repose sur des traditions mais subit l'influence de l'art du **Gandhâra**, lui-même influencé par l'art grec.
- Deux écoles de sculpture dominent : **Mathura** (Bouddha debout, grès rouge) et **Sârnâth** (Bouddha assis, grès beige). Le style d'**Ajanta** marque la fin de la période (Bouddha empâté). La sculpture gupta reflète la **beauté spirituelle**. La femme est représentée de façon très poétique (les yeux sont des pétales de lotus, la bouche un fruit…).
- **Sanctuaires** creusés dans la roche et **stupas** (monuments funéraires) décorés de bas-reliefs retracent l'histoire du bouddhisme. L'emplacement du temple et de ses éléments décoratifs est fixé par la **loi des nombres sacrés**.

MINI INTERRO

À quel style indien rapportes-tu ce bouddha ? Justifie ta réponse.

Bouddha debout (Ve s.), pierre, Musée gouvernemental.

LE DOCUMENT CLÉ

▷ Vishnu conserve le monde

Vishnu sommeillant sur Ananta, le serpent de l'éternité, détail d'un bas-relief du temple de Dasâvâtâra à Deogarh, Inde (début du VIe s.).

1. **Présenter**. Il s'agit d'un bas-relief, réalisé à la fin de la période gupta : c'est le style d'Ajanta. Vishnu, l'un des principaux dieux hindous, médite sur le monde entre deux périodes cosmiques.
2. **Analyser**. Vishnu est allongé sur le serpent Ananta (« Infini »), pourvu d'une multitude de têtes qui lui servent de dais. À ses pieds, se tient son épouse Lakshmi, déesse de la fortune. Brahma, assis sur un lotus, se trouve en haut, au milieu. Il est doté de quatre visages et quatre mains, qui expriment la supériorité des dieux sur les hommes.
3. **Conclure**. L'art gupta est avant tout religieux.

HISTOIRE

S'ENTRAÎNER

1 Vocabulaire

Complète le texte avec les mots suivants :
soie • *bouddhisme* • *lettrés* • *papier* • *Mathura* • *boussole* • *stupas* • *nombres sacrés* • *gouvernail* • *confucianisme*.

Sous la dynastie des Han, la Chine connaît un essor remarquable. Les savants inventent le ...., le .... et la .... qui facilitent le commerce de la .... L'empereur Wudi érige le .... en système politique. Les fonctionnaires, ... au vaste savoir, facilitent la mise en place d'une administration très centralisée. En Inde, les sculptures .... sont réalisées en grès rouge. Les monuments funéraires, appelés .... , nous permettent de connaître l'histoire du .... La loi des .... fixe l'emplacement des temples.

2 Le sismographe de Zhang Heng

Regarde attentivement le sismographe et réponds aux questions.

Mécanisme intérieur du sismographe de Zhang Heng.

a. À quoi sert un sismographe ?

b. Huit dragons en bronze sont disposés sur le sismographe, chacun indiquant une direction : N, NE, E, SE, S, SO, O, NO. Lorsqu'il y a un tremblement de terre, le centre de gravité de la tige se déplace, actionne le levier qui ouvre la bouche d'un dragon et libère une petite bille qui tombe dans la bouche d'une grenouille. Quelles conclusions pouvaient alors tirer les savants chinois de l'époque ?

3 CONTRÔLE EXPRESS

Observe la reproduction ci-dessous et réponds aux questions.

L'Empereur Wudi envoie chercher un lettré, soie peinte (XVIIe s.), Paris, Bibliothèque nationale.

a. Où ce lettré habite-t-il ?

....

....

b. À quelle obligation ce lettré est-il soumis après avoir suivi les cours de l'Académie impériale ?

....

....

c. Quels éléments montrent le prestige dont jouissaient les lettrés ?

....

....

....

....

....

....

....

Corrigés p. 37 du livret.

13 Mon espace proche

RETENIR

Mon logement se situe dans une rue, un quartier, une ville. C'est mon **territoire**, mon espace proche.

1 / Qu'est-ce qu'un territoire ?

- C'est un **espace** dont on peut reconnaître les **limites**. Ce peut être un quartier, une ville, un département, un pays. Autrefois, les remparts délimitaient une ville.
- Un territoire a des **relations particulières** avec les territoires voisins. Il a ses **spécificités** (quartier d'affaires, résidentiel…) et sa **physionomie** (son allure) car l'homme l'**aménage** en fonction du **site** (plaine, montagne) et de la **situation** (bord de mer, confluence). Mais un territoire **évolue** au fil des années.

2 / Des cartes pour me repérer

- Pour situer mon territoire, je dispose de **cartes**. Pour les dessiner, le cartographe **réduit** toutes les dimensions du territoire qu'il veut représenter : il détermine une **échelle**. Les plus courantes sont 1/25 000 et 1/50 000, utilisées par l'IGN (Institut géographique national). Une carte indique la **latitude** (position par rapport à l'équateur) et la **longitude** (position par rapport au méridien de Greenwich).

MOT CLÉ

✓ **Échelle :** rapport entre les distances mesurées sur la carte et les distances réelles.

MINI INTERRO

1. Un lotissement est-il un territoire ?
2. Un territoire est-il un espace isolé ?
3. Qu'est-ce que la latitude ?

LA MÉTHODE

▷ Calculer la distance entre deux points sur une carte

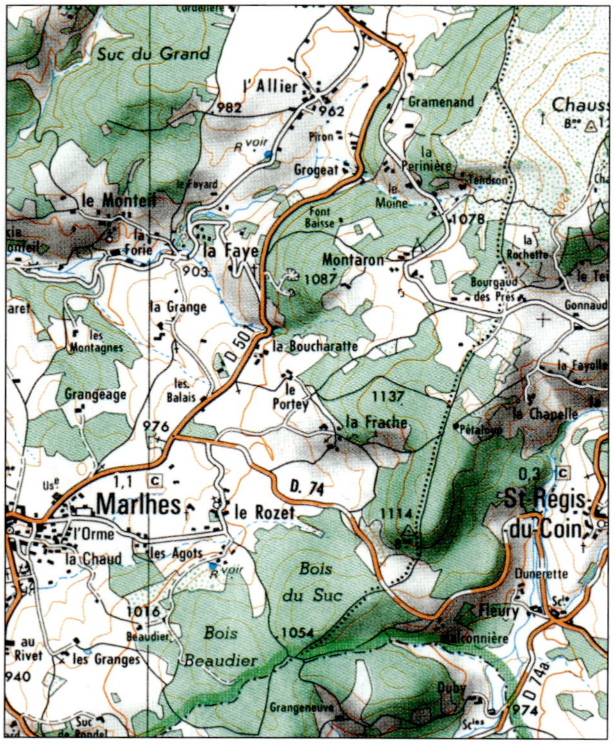

Sur la carte ci-contre, pour calculer la distance entre Marlhes et Saint-Régis-du-Coin :

1. **Je repère l'échelle de la carte.** Elle est de 1/50 000. Donc 1 cm sur la carte représente $1 \times 50\ 000 = 50\ 000$ cm ou 500 m dans la réalité.

2. **Je mesure sur la carte** la distance entre les deux localités. Elle est de 7,5 cm.

3. **Je multiplie par le dénominateur** de l'échelle. L'échelle est de 1/50 000. Donc, la distance entre Marlhes et Saint-Régis-du-Coin est de $7{,}5 \times 50\ 000 = 375\ 000$ cm soit 3,750 km. C'est la distance « à vol d'oiseau ».

Un automobiliste doit tenir compte du **tracé de la route**. Il relèvera donc la distance de Marlhes au point 976 (2,5 cm), puis du point 976 à Malconnière (4 cm) et enfin de Malconnière à Saint-Régis (3 cm). Au total, cela fait 9,5 cm. L'automobiliste parcourra donc $9{,}5 \times 50\ 000 = 475\ 000$ cm soit 4,750 km.

S'ENTRAÎNER

1 Échelle et repérage

Observe ces quatre cartes, puis réponds aux questions.

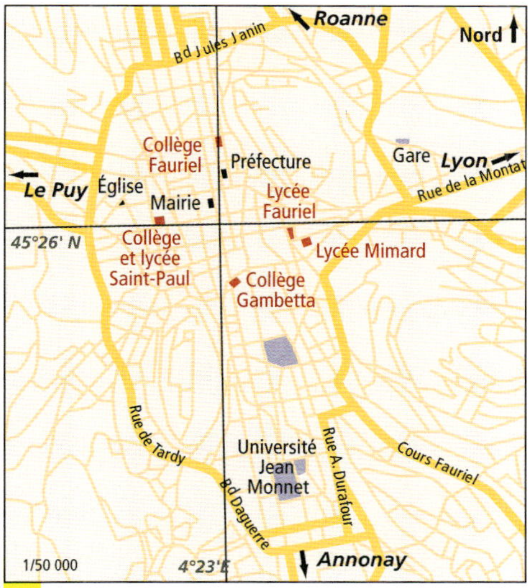

Plan de Saint-Étienne au 1/5 000.

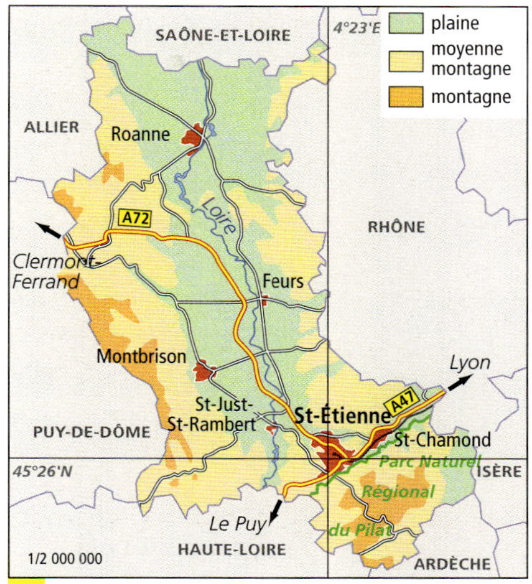

Carte du département de la Loire au 1/200 000.

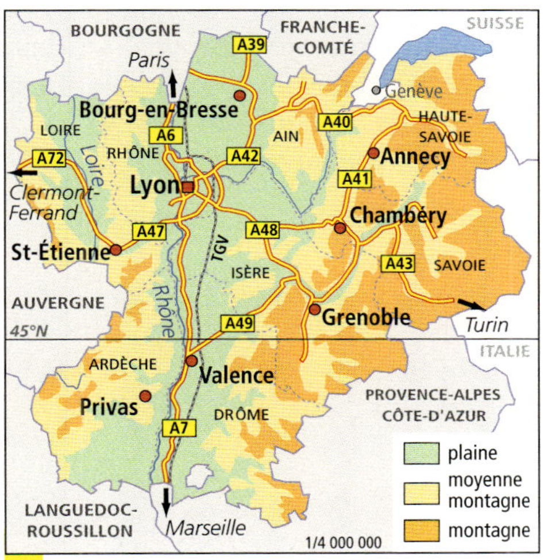

Carte de la région Rhône-Alpes au 1/4 000 000.

Carte de France au 1/20 000 000.

a. Quelle échelle donne les informations les plus détaillées ? les moins détaillées ?

....

....

b. Tu en déduis que la carte la plus précise est celle dont l'échelle a :

❑ le plus petit dénominateur.

❑ le plus grand dénominateur.

c. Quelle carte représente l'espace le plus étendu ?

....

....

d. De quelle carte un étranger qui veut visiter la France a-t-il besoin ?

....

....

....

e. Dans le calendrier des postes ou sur Google Maps, prends le plan de ta ville et calcule la distance qui sépare ton domicile de ton collège « à vol d'oiseau ».

....

....

....

Corrigés p. 37 du livret.

14 Où sont les Hommes ?

RETENIR

La Terre compte environ 7 milliards d'habitants, très inégalement répartis.

1 / Une inégale répartition

- Les hommes se sont surtout établis le **long des côtes** pour plusieurs raisons :
  - économiques : pendant longtemps, le commerce ne s'est fait que par mer ;
  - agricoles : en Asie, la culture du riz ne pouvait se développer que dans les deltas ;
  - climatiques : le climat y est plus agréable ;
  - historiques (les **mouvements migratoires**) : les migrants arrivaient par bateau et s'installaient dans le port où ils accostaient.
- À l'inverse, **déserts** chauds ou froids, **hautes montagnes** et **régions équatoriales** couvertes de forêts très denses sont très peu peuplés.

2 / Densité, citadins, ruraux

- La **densité** est le nombre moyen d'habitants par kilomètre carré. On la calcule en divisant le nombre d'habitants par la surface de l'endroit considéré.
- Environ 50 % des hommes sur la Terre vivent en ville (**citadins**). Certaines villes, appelées agglomérations, ont une **banlieue** très étendue. Quelquefois, plusieurs agglomérations se rejoignent et forment une **mégalopole**. Les plus grandes agglomérations se trouvent près de l'embouchure ou le long d'un fleuve (New York, Calcutta...), quelques-unes sont bâties en altitude.
- Près de la moitié des hommes vivent à la campagne. Ce sont des **ruraux** mais ils ne sont pas obligatoirement des agriculteurs.

MOT CLÉ

✓ **Mouvement migratoire :** déplacement de population d'un pays (ou d'une région) à un autre.

MINI INTERRO

1. Quels facteurs expliquent les faibles densités de population ?
2. Comment appelle-t-on plusieurs agglomérations qui se rejoignent ?
3. Où se trouvent les plus grandes agglomérations ?

LE DOCUMENT CLÉ

▷ La répartition de la population mondiale

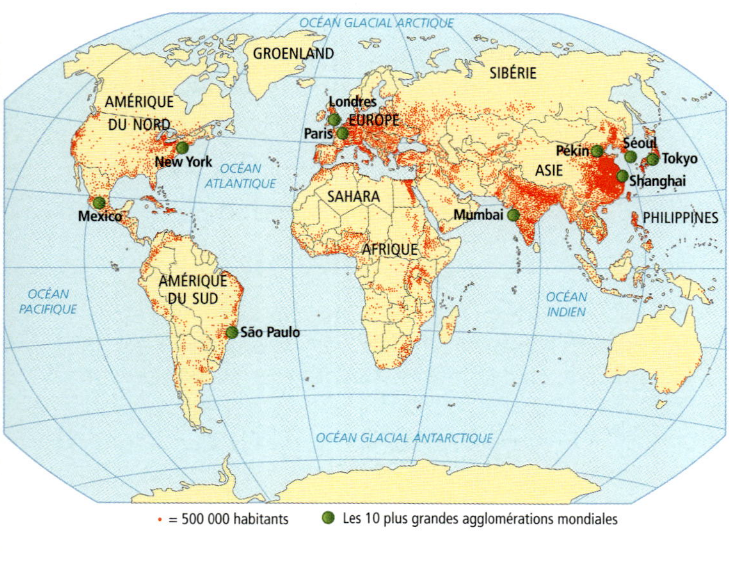

• = 500 000 habitants ● Les 10 plus grandes agglomérations mondiales

1. **Présenter.** Ce planisphère montre la répartition de la population mondiale actuelle. Ce type de carte utilise soit des plages de couleurs, soit des points. Ici, un point représente 500 000 personnes.

2. **Analyser.** L'hémisphère nord est beaucoup plus peuplé que l'hémisphère sud. L'Asie du Sud et de l'Est est le principal foyer de peuplement. Les foyers secondaires sont l'Europe du Nord-Ouest, le Nord-Est américain et la Californie, le Mexique, la côte brésilienne, la côte du golfe de Guinée et la basse Égypte.

3. **Conclure.** La population mondiale est inégalement répartie.

S'ENTRAÎNER

1 Quiz

Relie chaque mot à sa définition.

a. Nombre d'habitants par km²	o	o	Mégalopole
b. Habitants des villes	o	o	Agglomération
c. La ville et sa banlieue	o	o	Citadins
d. Plusieurs agglomérations qui se rejoignent	o	o	Densité

2 Comparer des densités de population

Lis le tableau, puis réponds aux questions.

États	Population (2011)	Superficie (en km²)	Densité (hab./km²)
Allemagne	81 800 000	356 755	....
Belgique	11 200 000	30 521	....
Chine	1 344 000 000	9 596 000	....
Espagne	47 270 000	504 782	....
États-Unis	313 900 000	9 529 000	....
France	65 400 000	549 192	....
Italie	60 720 000	301 255	....
Pays-Bas	16 690 000	33 938	....
Royaume-Uni	62 740 000	244 046	....
Suède	9 449 000	449 964	....

a. Calcule la densité moyenne de population de chaque État.

b. Un nombre élevé d'habitants est-il obligatoirement synonyme de forte densité ? Donne un exemple.

....

....

....

c. Quel État a la plus forte densité de population ?

....

....

d. Quels sont, en considérant le nombre d'habitants, les deux États les plus peuplés ?

....

....

e. Compare la densité de population de ces deux États à celle de la France. Quelle conclusion tires-tu ?

....

....

....

3 CONTRÔLE EXPRESS

Observe la carte, puis réponds aux questions.

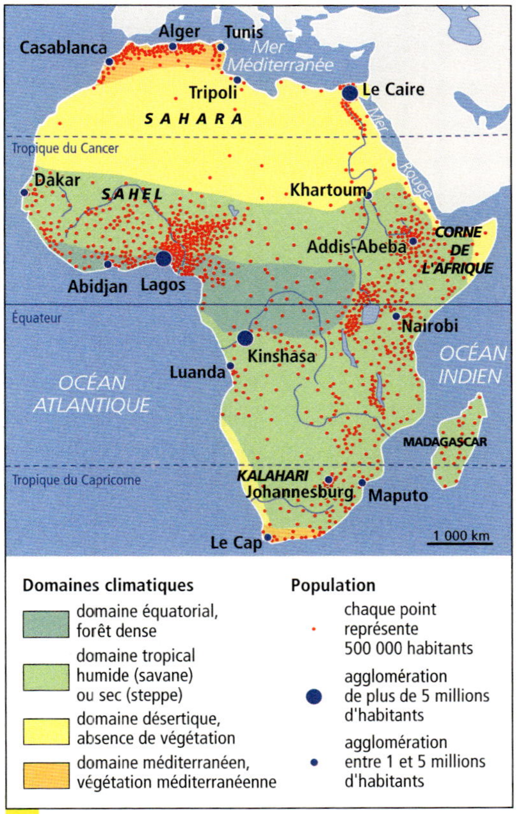

La répartition de la population africaine.

a. Combien d'habitants chaque point représente-t-il ?

....

b. La population est-elle également répartie dans l'espace ?

....

c. Quelles sont les régions les plus peuplées ? Pourquoi ?

....

d. À quels espaces climatiques correspondent les régions les moins peuplées ?

....

Corrigés p. 37 du livret.

Géographie

15 L'Asie de l'Est et l'Europe de l'Ouest

RETENIR

L'Asie de l'Est et l'Europe de l'Ouest sont les deux plus grands foyers de peuplement.

1 / En Asie de l'Est, la culture du riz a fixé les populations

- La **Chine** et l'**Inde** (38 % de la population mondiale) comptent chacune plus d'un milliard d'habitants. Deltas, vallées et littoraux concentrent les grandes villes et les plus fortes densités : Bombay, Calcutta, Shanghai et Tokyo dépassent 10 millions d'habitants.

- D'abord cultivé dans les deltas, les plaines fluviales et les plaines littorales balayées par la **mousson** (vent saisonnier apportant d'abondantes précipitations), le **riz** constitue la base de l'agriculture asiatique. Il exige une abondante main-d'œuvre. Aujourd'hui, l'**irrigation** permet la culture en terrasses à flanc de montagne. Les paysans pratiquent une **agriculture très intensive**, proche du jardinage. Le riz a fixé les premières villes. Commerce et industrie ont favorisé les ports.

MOTS CLÉS

✓ **Agriculture intensive :** agriculture qui produit de forts rendements sur des surfaces restreintes.

✓ **Urbanisation :** développement des villes.

2 / En Europe de l'Ouest, de fortes densités liées au commerce et à l'industrie

- Comme en Asie, les littoraux attirent les hommes. Cependant, on note de **fortes densités continentales**.

- Le réseau routier romain avait favorisé **l'urbanisation des plaines et vallées**. Puis la conquête des Amériques et les **relations avec les colonies** ont développé les **ports** de la façade ouest. Certains bénéficient d'un vaste **arrière-pays** (région continentale avec laquelle les ports pratiquent d'importants échanges).

- Au XIXe siècle, l'essor de la sidérurgie et de la métallurgie dans les **régions minières** a profité aux villes continentales. Les régions agricoles sont peu peuplées car l'agriculture, très mécanisée, requiert peu de main-d'œuvre.

MINI INTERRO

1. Quels éléments ont favorisé le peuplement en Asie de l'Est ? En Europe de l'Ouest ?
2. Comment appelle-t-on une agriculture très mécanisée ?

LE DOCUMENT CLÉ

▷ La riziculture en Asie

■ Repiquage du riz à Bali.

1. **Présenter.** Il s'agit d'une photographie prise à Bali, une île indonésienne, qui montre des paysans en train de repiquer des plants de riz.

2. **Analyser**. La photo montre des parcelles inondées très petites, séparées par des digues. Le repiquage se fait à la main, plant par plant. C'est un travail long, minutieux et pénible : les riziculteurs travaillent le dos courbé et les pieds dans l'eau toute la journée.

3. **Conclure.** La riziculture est une culture intensive qui demande beaucoup de main-d'œuvre.

Géographie

S'ENTRAÎNER

1 Vrai ou faux ?

Coche la case qui convient.

	V	F
a. La mousson est un violent orage.	❑	❑
b. La riziculture est une culture extensive.	❑	❑
c. L'irrigation permet l'essor de la riziculture en terrasses.	❑	❑
d. La riziculture en terrasses est pratiquée sur les balcons des maisons asiatiques.	❑	❑

2 Riziculture et démographie

Lis le texte et réponds aux questions.

Dans la deuxième moitié du xxe siècle, suite à une forte augmentation de leur population, les États d'Asie ont dû augmenter la production de riz.

La riziculture aux Philippines

Aux Philippines, la pression démographique a conduit à un paysage construit, marqué par une agriculture intensive. À l'assaut des versants des volcans grimpent des rizières en terrasses, sur des centaines de mètres. Cette organisation de l'espace demande un énorme travail de construction et d'entretien (400 jours de travail par hectare par an). L'autosuffisance est réalisée grâce aux deux récoltes annuelles. Aussi remarquable soit-elle, l'agriculture intensive du riz a ses limites : une solution actuelle consiste à déplacer la population « en surnombre » vers des îles moins peuplées.

■ *TDC* n° 455.

a. Pourquoi les habitants ont-ils aménagé des terrasses sur les pentes du volcan ?

....

....

b. Pourquoi parle-t-on de paysage « construit » ?

....

....

c. L'aménagement des terrasses a-t-il été suffisant ?

....

d. Les densités de population sont-elles susceptibles de diminuer ?

....

3 CONTRÔLE EXPRESS

Observe ces deux cartes et complète le texte par les expressions ou mots suivants.

riziculture • réseau routier • ports • densités • deltas • régions continentales • plaines littorales • attiré • mines

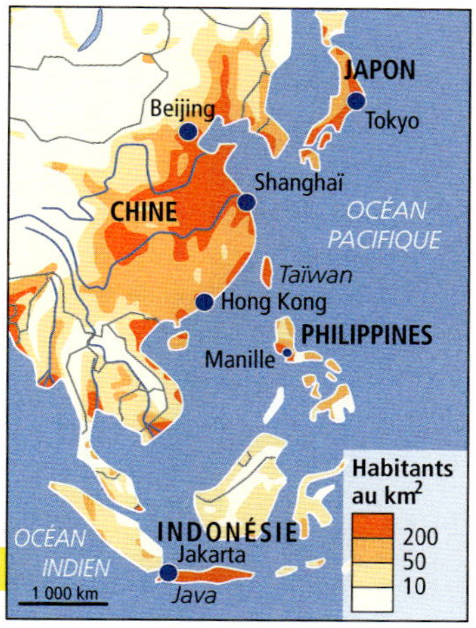

Les densités de population en Asie de l'Est.

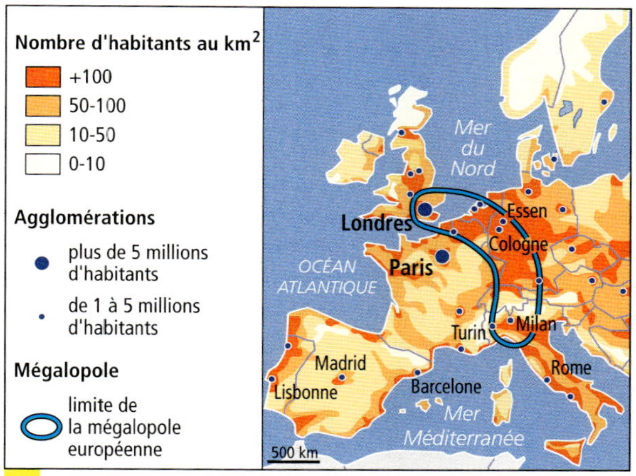

Les densités de population en Europe de l'Ouest.

En Asie de l'Est et en Europe de l'Ouest, les littoraux ont .... les hommes. Les très grandes villes sont surtout des .... Cependant, alors que la population asiatique est surtout installée dans les .... et les ...., en Europe les plus fortes .... se remarquent dans les .... En Asie, cela s'explique par l'importance de la .... En Europe, plusieurs facteurs se conjuguent : mise en place du .... par les Romains, conditions naturelles, ... de charbon et de fer dans la partie continentale.

Corrigés p. 38 du livret.

Habiter la ville

RETENIR

MOTS CLÉS

✓ **Espace périurbain :** espace autour de la ville, comprenant la banlieue et les communes proches.

✓ **Accroissement naturel :** différence entre le nombre de naissances et le nombre de décès sur une année donnée.

Environ 50 % des hommes vivent en ville. **Centre des pouvoirs**, la ville organise l'espace qui l'entoure. Les **cités-dortoirs** constituent l'**espace périurbain**.

1 / La ville dans les pays développés

- Dans les pays développés, les villes concentrent environ **75 %** de la population. En Europe, elles sont développées autour d'un **vieux centre historique**. Aux États-Unis, elles s'organisent autour du centre des affaires (**le CBD**).
- Aux XIXe et XXe siècles, les villes se sont développées grâce à l'industrialisation. Aujourd'hui, les industries s'installent en périphérie. Le centre-ville, **réhabilité**, attire surtout les **activités tertiaires** (services).

2 / La ville des pays en voie de développement (PED)

- Dans les PED, le nombre de **citadins a été multiplié par 3,5 en 35 ans** en raison de l'**accroissement naturel** et de l'**exode rural**. La ville attire les jeunes ruraux. Pour beaucoup, c'est la dernière étape avant l'émigration.
- Dans le centre-ville et les anciens quartiers coloniaux, des immeubles de bureaux et des logements de luxe rappellent les grandes villes des pays développés. Population pauvre et migrants s'installent à la périphérie dans les **bidonvilles**.
- Les villes des PED connaissent de nombreux **problèmes**, mais elles stimulent l'**agriculture** de leur périphérie et maintiennent l'**artisanat** local.

MINI INTERRO

1. Où s'installent les industries dans les pays développés ? En a-t-il toujours été ainsi ?
2. Comment s'appellent les quartiers dans lesquels vivent les populations pauvres dans les PED ?

LA MÉTHODE

▷ Réaliser un croquis à partir d'une photographie

São Paulo (Brésil)

1. **J'observe.** La photographie montre São Paulo, la plus grande agglomération du Brésil. Au 1er plan, les *favelas* (bidonvilles), habitations faites de tôles et de planches où vit la population pauvre, sont fermées par un mur. Au 2e plan, on voit des maisons individuelles occupées par une population relativement aisée ; au 3e plan, des immeubles modernes (bureaux et logements).

2. **Je dessine le croquis.** À l'aide d'une feuille de papier-calque, je trace au crayon les limites de chaque plan. Je numérote ou colorie chacun d'entre eux.

3. **Je complète la légende** en indiquant la spécificité de chaque quartier. Je donne un titre à mon croquis : « L'organisation de l'espace de São Paulo. »

① Favela – habitat insalubre
② Quartier résidentiel – habitat pavillonnaire
③ Quartier d'affaires – immeubles
Mur de séparation

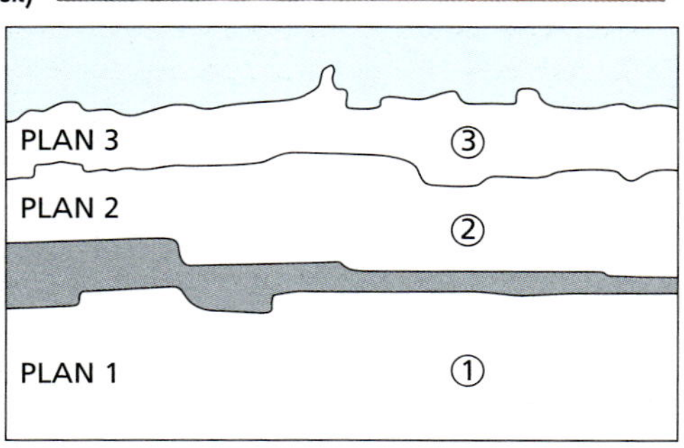

L'organisation de l'espace de São Paulo.

S'ENTRAÎNER

1 Vrai ou faux ?

Coche la case qui convient.

	V	F
a. La ville européenne s'est développée autour du CBD.	❑	❑
b. Dans les PED, la ville stimule l'artisanat.	❑	❑
c. Les bidonvilles sont les quartiers où vit la population aisée.	❑	❑
d. L'exode rural favorise la ville dans les pays développés.	❑	❑
e. L'industrialisation a favorisé l'essor de la ville européenne.	❑	❑

2 Réaliser quatre croquis de villes

Voici quatre photographies prises dans différentes villes, sur quatre continents.

Lagos (**Nigeria**), décharge au premier plan et centre-ville avec constructions récentes à l'arrière-plan.

Norilsk (**Russie**) et sa carrière de minerai, dans le nord de la Sibérie.

Madrid (**Espagne**), vue générale avec le palais royal au premier plan.

Quito (**Équateur**), avec la Cordillère des Andes à l'arrière-plan.

a. Dans un atlas, cherche la latitude et la longitude de ces villes. Laquelle est la plus proche de l'équateur ? du pôle Nord ?

b. Pour chaque photographie, à l'aide d'une feuille de papier calque, délimite au crayon à papier les différents espaces. Tu détermineras ainsi la silhouette ou le croquis de chaque ville.

c. Sur la silhouette, hachure en noir les espaces de forte pente et colorie en vert les espaces couverts de végétation (bois, forêts…).

d. Colorie en marron foncé les espaces industriels, en orange les espaces occupés par les immeubles de bureau, en jaune les zones résidentielles.

e. Trace en rouge les principales routes.

f. En-dessous de chaque croquis, réalise la légende en indiquant la spécificité de chaque espace et la couleur qui lui correspond. N'oublie pas le titre du croquis, c'est-à-dire le nom de la ville qui doit être écrit en haut, en caractères d'imprimerie et à l'encre.

Corrigés p. 38 du livret.

17 Deux villes : Montréal et Dakar

RETENIR

Toutes les villes sont organisées selon des **quartiers.** L'histoire a laissé son empreinte sur les **paysages urbains.**

1 / Montréal, une ville également souterraine

- Montréal est l'une des grandes villes du Québec, au Canada. Malgré la latitude (45° N), les **conditions climatiques** sont rudes. L'hiver long et très froid (– 20 °C), est un gros handicap pour les communications. L'été est chaud et étouffant.
- L'agglomération compte aujourd'hui **3,8 millions** d'habitants. Les quartiers se sont organisés à partir du **port** : quartiers aisés à la périphérie, ethniques de chaque côté de l'artère principale. Mais la ville ne peut guère s'étendre. Pour faciliter la vie des habitants, une véritable **ville souterraine** a été construite.

2 / Dakar, une ville à la structure coloniale

- Le Sénégal est un pays en développement. En 2012, l'agglomération de Dakar comptait **2,7 millions** d'habitants, soit **le quart de la population du pays** et **80 % de ses activités.**
- Coincée à l'extrémité de la presqu'île du Cap-Vert, Dakar montre la structure classique des villes portuaires africaines : **quartier colonial** à l'urbanisme en échiquier et **quartier indigène, la médina**. De nouveaux quartiers se sont organisés. C'est un port très actif, auquel l'aéroport donne une **dimension internationale.** Mais la ville a su préserver un grand espace vert, le parc zoologique de Hann. Ambassades et consulats rappellent que Dakar est la capitale du Sénégal.

MOT CLÉ

✓ **Paysage urbain :** empreinte de l'organisation de la ville dans l'espace (originalité des quartiers, trace de remparts, parcs et jardins, etc.).

MINI INTERRO

1. Quelle est la particularité de Montréal ?
2. Comment est organisée la ville de Dakar ?

LE DOCUMENT CLÉ

▷ Le site de Montréal

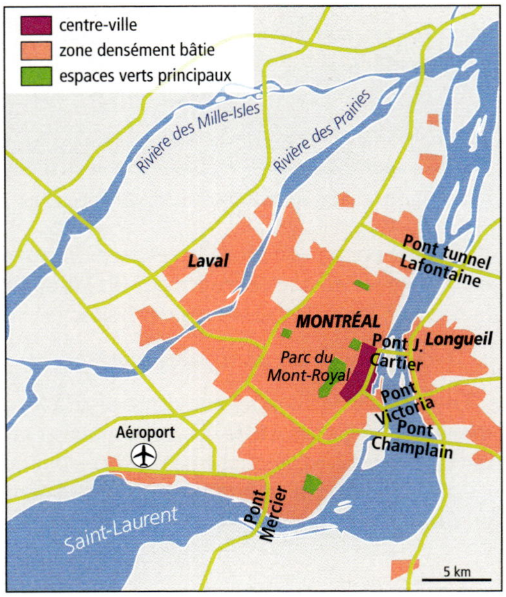

1. **Présenter.** Ce plan montre le site de Montréal, composé de 113 îles enserrées entre les bras du Saint-Laurent, de la rivière des Prairies et de la rivière des Mille-Isles. À l'origine, la ville occupait la plus grande île.

2. **Expliquer.** Le Saint-Laurent permettait des relations avec les Grands Lacs et l'océan Atlantique. Un port fut aménagé, mais la largeur du fleuve fut vite insuffisante. La ville s'est étendue sur la rive sud grâce à des ponts et des ponts-tunnels gigantesques (Victoria, Cartier...). Aujourd'hui, la ville est un carrefour de communications à l'intense activité commerciale.

3. **Conclure.** Montréal a su s'adapter à un site particulièrement contraignant.

GÉOGRAPHIE

S'ENTRAÎNER

1 Vrai ou faux ?

Coche la case qui convient.

	V	F
a. Une partie de la ville de Montréal est construite sous terre.	❑	❑
b. Montréal se trouve à la même latitude que Bordeaux.	❑	❑
c. À Dakar, la médina est le quartier colonial.	❑	❑
d. Dakar concentre la majorité de la population du Sénégal.	❑	❑

2 L'histoire inscrite dans le paysage urbain

Regarde les plans de Montréal et Dakar, et réponds aux questions.

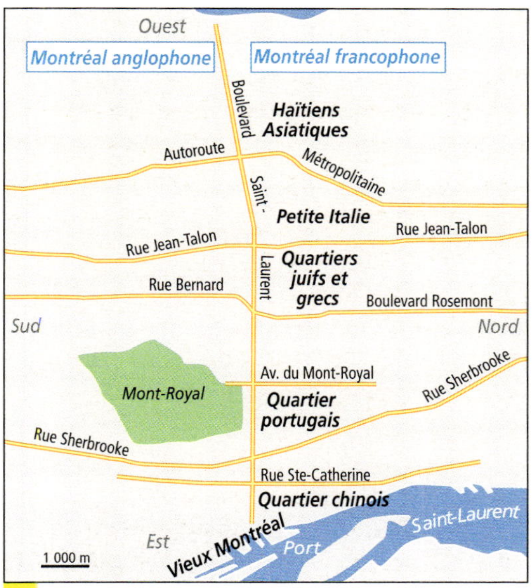

Montréal, ville multiculturelle.

a. Relève les éléments qui indiquent les influences française et anglo-saxonne à Montréal.

....

....

b. Quelles sont les autres influences ?

....

....

Les quartiers de Dakar.

c. Le Sénégal fut une colonie française. Quel élément indique la présence française à Dakar ?

....

....

....

3 CONTRÔLE EXPRESS

Rédige une synthèse.

En prenant appui sur le document clé de la page 152 et sur les plans de l'exercice 2, réponds à la question suivante : pourquoi les sites de Montréal et Dakar sont-ils contraignants pour le développement des deux villes ?

....

....

....

....

....

....

....

....

Corrigés p. 38 du livret.

18 Habiter le monde rural

RETENIR

1 / Dans les pays développés

- L'**exode rural** a entraîné un **vieillissement** de la population agricole. La **périurbanisation** contribue au rajeunissement des campagnes proches des villes. Mais les nouveaux arrivants ne sont pas agriculteurs : les communes rurales deviennent des **cités-dortoirs**.
- Les agriculteurs pratiquent une agriculture **scientifique** très **mécanisée**, ce qui diminue les besoins en main-d'œuvre. Ils travaillent souvent avec une industrie agroalimentaire. C'est une agriculture **commerciale** (**agrobusiness**).

2 / Dans les PED

- Les PED se trouvent majoritairement dans la zone **intertropicale**.
- En Afrique, la population rurale, exclusivement paysanne, a organisé son territoire en **auréoles** autour du village. Plus on s'en éloigne, plus l'agriculture est **extensive**. La **jachère** permet à la terre de se reconstituer. La pratique du **brûlis** assure un peu d'engrais.
En Amérique latine, des terres sont conquises par les **fronts pionniers**.
Dans les régions de mousson, la **riziculture** inondée occupe l'espace. À la limite des déserts, les **agriculteurs sédentaires** s'opposent aux **éleveurs nomades**.
- C'est une **agriculture vivrière** aux **rendements faibles**. Une **agriculture commerciale** se développe.

MOTS CLÉS

✓ **Exode rural :** migration durable des ruraux vers la ville.

✓ **Agriculture vivrière :** agriculture destinée à subvenir aux besoins alimentaires essentiels d'une population.

LE DOCUMENT CLÉ

▷ L'agriculture des pays développés

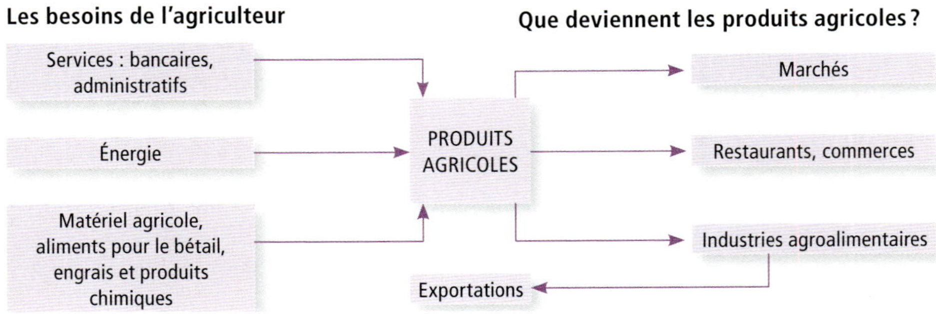

1. **Présenter.** Il s'agit d'un organigramme, schéma qui met des éléments en relation par des flèches. Il faut faire attention à la direction de celles-ci.
2. **Expliquer.** L'agriculteur des pays développés n'est qu'un maillon d'une longue chaîne. Il sollicite tous les secteurs d'activité : primaire (énergie), secondaire (produits de l'industrie), tertiaire (services). Il vend ses produits sur le marché local ou à une industrie agroalimentaire qui les exporte.
3. **Conclure.** L'agriculture doit satisfaire les besoins des citadins.

MINI INTERRO

1. Quel autre terme emploie-t-on pour désigner l'agriculture commerciale ?
2. Quel est l'intérêt de la jachère?
3. Quelle différence y a-t-il entre un agriculteur sédentaire et un éleveur nomade ?

S'ENTRAÎNER

1 Quiz

Coche la case qui convient.

a. Comment qualifie-t-on une agriculture très mécanisée ?

❑ sédentaire ❑ scientifique ❑ vivrière

b. L'agriculture vivrière permet-elle de nourrir la population des PED ?

❑ oui ❑ non

c. Quelle conséquence la périurbanisation a-t-elle sur la population rurale des pays développés ?

❑ Elle la rajeunit. ❑ Elle la vieillit.

d. Quelle pratique permet aux paysans des PED d'apporter de l'engrais à leurs terres ?

❑ La jachère ❑ Le brûlis

e. Les éleveurs nomades vivent :

❑ dans la forêt. ❑ à la limite du désert.

2 La riziculture en terrasses

Observe la photographie ci-dessous, puis réponds aux questions.

Village et rizière en terrasses sur l'île de Luçon (Philippines).

a. De quelle culture s'agit-il ? Comment appelle-t-on ce type de paysage ?

b. Où le village se trouve-t-il par rapport aux rizières ? Pourquoi ?

3 CONTRÔLE EXPRESS

Observe attentivement les deux photographies aériennes, puis réponds aux questions.

Ville d'Ablis dans les Yvelines, vue aérienne.

Régions de Kayes (Mali), village dans la brousse, vue aérienne.

a. Où sont situés les deux espaces photographiés ?

b. Répertorie les différents éléments des paysages.

c. À l'aide des consignes données dans la méthode de la page 150, réalise sur un papier calque un croquis à partir de chaque photographie, sans oublier de les légender et de leur donner un titre.

d. Quelle forme a la localité des Ablis ? le village malien ?

e. Quelle est l'utilité des haies au Mali ? Pense aux conditions climatiques pour t'aider.

Corrigés p. 38 du livret.

19 Deux exemples d'occupation de l'espace rural : Brésil et États-Unis

RETENIR

1 / Les fronts pionniers brésiliens

- Malgré la **réforme agraire** des années 1980, les **paysans sans terre** sont encore très nombreux. La modernisation de l'agriculture les contraint à l'exode, près des petites villes. Ils sont alors **saisonniers** ou **journaliers** sur les grands domaines.

- Le **mouvement des paysans sans terre** demande le partage des terres. L'**aménagement de la forêt amazonienne** devait permettre de distribuer des terres à chacun. En fait, les grandes exploitations d'**élevage extensif** se sont développées.

- Les agriculteurs sont attirés par les terres nouvelles des **fronts pionniers**. Mais les sols amazoniens qui ne sont plus protégés par la forêt disparaissent sous l'effet du ruissellement lié aux violentes pluies équatoriales.

2 / Aux États-Unis, des campagnes sans homme

- L'agriculture des États-Unis est la première du monde. Pourtant, **moins de 2 %** des actifs du pays sont des agriculteurs. Un agriculteur américain peut :
  - être **retraité** ou avoir un **emploi en ville**, tout en vendant ses productions ;
  - être un ***farmer*** : il occupe la ferme familiale, de taille moyenne, dispose du minimum de matériel et réserve sa production au marché intérieur ;
  - être un **ingénieur agronome**, qui gère son exploitation comme une entreprise, utilise massivement engrais et irrigation, suit les cours de la bourse, est en relation avec les chercheurs et les industries agroalimentaires.

MOTS CLÉS

✔ **Front pionnier** : espace compris entre une zone cultivée et une zone en friche progressivement mise en valeur.

✔ **Paysan journalier** : paysan sans terre qui va de ferme en ferme proposer ses services et est payé à la fin de sa journée de travail.

MINI INTERRO

1. Quel effet néfaste le défrichement de la forêt amazonienne a-t-il sur les sols ?
2. L'agriculture américaine emploie-t-elle beaucoup de main-d'œuvre ?

LE DOCUMENT CLÉ

▷ Une image satellite : la forêt amazonienne

Une image satellite enregistre le rayonnement émis ou réfléchi par la Terre. Celui-ci dépend de la couleur et de la composition du sol, de son humidité, de la nature et de l'importance des plantes, des constructions. Les couleurs enregistrées ne correspondent donc pas aux couleurs réelles.

1. **Présenter.** Cette image satellite montre une partie de la forêt amazonienne, au nord du Brésil.

2. **Expliquer.** Le rouge vif indique la forêt, le rouge foncé la végétation des zones humides. Les espaces défrichés ou les broussailles sont en vert bleuté.

3. **Conclure.** Les défrichements dans la forêt amazonienne ont un effet néfaste sur l'environnement.

S'ENTRAÎNER

1 Vrai ou faux ?

Coche la case qui convient.

	V	F
a. Aux États-Unis, on pratique principalement une agriculture vivrière.	❑	❑
b. Les fronts pionniers permettent de conquérir de nouvelles terres.	❑	❑
c. L'agriculture des États-Unis est la première du monde.	❑	❑
d. Un *farmer* dispose d'une vaste propriété.	❑	❑

2 L'agriculture aux États-Unis

Observe la photographie ci-dessous, puis réponds aux questions.

Des ouvriers récoltent des laitues et les déposent dans des cartons, Californie.

a. Pourquoi y a-t-il des boîtes au milieu du champ de salades ?

b. Qu'observes-tu en arrière-plan ?

c. Rédige une phrase dans laquelle tu qualifieras l'agriculture des États-Unis.

3 CONTRÔLE EXPRESS

Regarde attentivement les photographies ci-dessous, puis réponds aux questions.

Une plantation de café au nord du Brésil.

a. En appliquant la méthode donnée page 150, réalise un croquis montrant l'organisation de cette exploitation caféière. Indique les bois en vert foncé, les plantations de café en vert clair, les pistes en rouge et les maisons en noir.

b. S'agit-il d'une exploitation traditionnelle ? commerciale ? Justifie ta réponse.

Le quartier de Rio das Pedras à Rio de Janeiro (Brésil). Des familles de paysans sans terre se sont installées dans des logements de fortune.

c. Comment pourrais-tu qualifier ce quartier ?

d. À partir des photographies, rédige un paragraphe montrant les contrastes de la vie des paysans au Brésil.

Corrigés p. 39 du livret.

20 Habiter les littoraux

RETENIR

1 / Habiter un littoral industrialisé

- Les ports reçoivent des supertankers et des minéraliers toujours plus grands. Le **commerce maritime** ne cesse de se développer et les échanges concernent autant les **produits manufacturés** que les **matières premières et les sources d'énergie**.
- Les ports ont aménagé de vastes **zones industrielles**. Parfois, comme au Japon, des terres ont été gagnées sur la mer : les **polders**. Mais la concentration des usines crée des nuisances.

MOTS CLÉS

✓ **Minéralier, supertanker :** ce sont des types de bateaux : un minéralier transporte des minerais (fer), un supertanker des milliers de tonnes de pétrole.

✓ **Polder :** terre gagnée sur la mer.

2 / Habiter un littoral touristique

- Les **stations balnéaires** attirent de plus en plus de vacanciers. Ports de plaisance, terrains de camping, hôtels et résidences sont construits.
- En été, le **littoral méditerranéen** connaît des problèmes de ravitaillement en eau et des feux de forêt. Dans les **îles tropicales**, les **écosystèmes** sont menacés. Mais le tourisme est la principale source d'emplois et de **devises**.

GÉOGRAPHIE

LE DOCUMENT CLÉ

Le littoral japonais

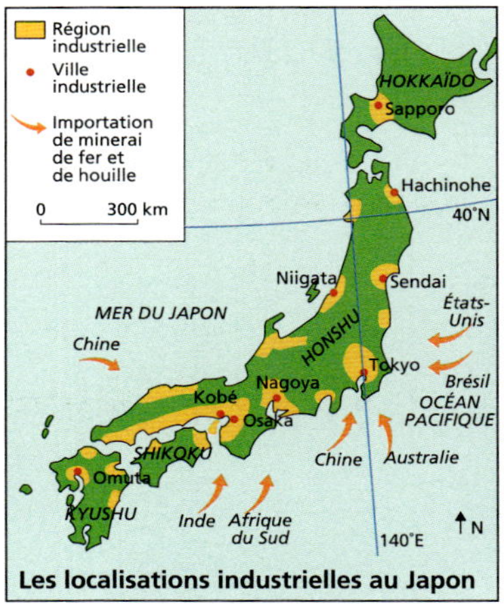

Les localisations industrielles au Japon

Le port de Kobé.

1. **Analyser la carte.** Les régions industrielles sont situées le long des littoraux. Le Japon doit importer les matières premières et les sources d'énergie dont il a besoin. Le littoral sud offre des sites portuaires bien abrités.

2. **Analyser la photographie.** Kobé est le principal port du sud du Japon. La ville est coincée entre la montagne et l'océan. Au 1er plan, on aperçoit la ville industrielle, le port de commerce et les entrepôts bâtis sur des polders. À l'arrière-plan, de grands immeubles abritent des bureaux.

3. **Conclure.** Le Japon a aménagé son littoral malgré le manque de terrains.

MINI INTERRO

1. Pourquoi certains ports aménagent-ils des polders ?
2. Quelles sont les conséquences du développement du tourisme sur les littoraux ?

S'ENTRAÎNER

1 Vocabulaire

Complète le texte en utilisant les mots suivants.

CBD • agglomération • banlieue • périurbanisation • polders • tourisme • industrialisation

L'.................. marseillaise a connu un fort développement de sa .... La création du complexe industrialo-portuaire de Fos-Marseille en 1965 a permis à des pétroliers géants d'accoster. Mais il ne fut pas nécessaire de construire de vastes .... L'industrie du pétrole a servi de base à une .... plus diversifiée. L'arrivée d'ouvriers de l'Est de la France a entraîné un mouvement de .... Les calanques ont été préservées et une importante activité liée au .... s'est développée. Le centre de Marseille, véritable ...., a dû s'adapter. Mais l'agglomération marseillaise a perdu des habitants et n'est plus que la troisième de France.

2 CONTRÔLE EXPRESS

Examine la photographie aérienne et l'extrait de la carte, puis réponds aux questions.

Plage Richelieu et île des Loisirs, Cap d'Agde.

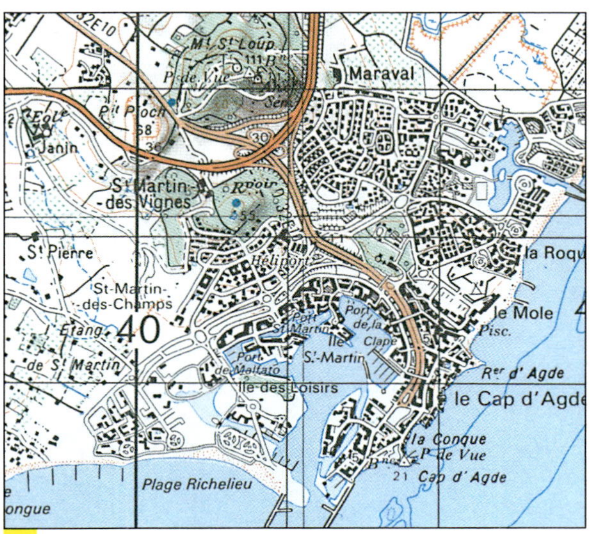

Carte topographique du Cap d'Agde au 1/50 000.

a. L'échelle de la carte topographique du Cap d'Agde est au 1/50 000. Que signifie cette valeur ?

....

....

....

b. Quels aménagements ont été spécialement réalisés pour les touristes ?

....

....

....

c. Quels éléments observés sur la carte retrouves-tu sur la photographie ?

....

....

d. Comment qualifierais-tu l'habitat ?

....

....

....

e. Quel est le nom de la mer que l'on voit en arrière-plan ?

....

....

....

Corrigés p. 39 du livret.

21 Deux exemples de mise en valeur de littoraux : Gioia Tauro et La Réunion

RETENIR

Les littoraux sont des espaces convoités.

1 / Gioia Tauro : la valorisation d'une situation exceptionnelle

- Gioia Tauro est située dans le sud de l'Italie, région surtout agricole au niveau de vie moins élevé que dans le reste du pays. La **construction du port** fut décidée en 1975.
- C'est le **premier port de porte-conteneurs** d'Italie et le cinquième d'Europe. Il assure le **tiers du trafic méditerranéen**, transborde les marchandises des navires en provenance de l'océan sur des navires plus petits, qui assurent ensuite leur redistribution dans 12 pays du bassin méditerranéen. Il est bien relié au reste de l'Italie et de l'Europe par la voie ferrée. Des entreprises se sont installées et ont créé plus de mille emplois.

2 / Habiter une île touristique : La Réunion

- Département français d'outre-mer, l'île de La Réunion manque de matières premières et souffre de l'éloignement de la métropole. Le tourisme représente l'**espoir économique**. Mais cela suppose des **investissements.** Un schéma de développement et d'aménagement touristique a donc été élaboré.
- La Réunion accueille 300 000 touristes par an et en attend un million en 2020. 10 000 emplois devraient être créés et les **capacités d'accueil** accrues. Le plan intègre également l'aménagement des ports (pêche et plaisance) et les transports aériens. Cependant une trop forte concentration de population menace l'équilibre des **écosystèmes** d'un milieu déjà fragile.

MOTS CLÉS

✔ **Conteneur ou container :** grande caisse de format standardisé pour les marchandises, transportée sur un navire appelé porte-conteneurs.

✔ **Écosystème :** ensemble de la faune et de la flore vivant dans un milieu naturel particulier.

MINI INTERRO

1. Quels sont les atouts du port de Gioia Tauro ?
2. Quels sont les avantages et les inconvénients du tourisme pour La Réunion ?

LE DOCUMENT CLÉ

▷ La carte topographique de Gioia Tauro au 1/200 000

1. **Lire le titre et l'échelle.** Il s'agit de la carte topographique de Gioia Tauro au 1/200 000.

2. **Analyser.** Le port industriel est bien protégé par une longue digue de 3 km (1,5 cm sur la carte, donc 1,5 × 200 000 = 300 000 cm ou 3 km). Il est desservi par une multitude de routes, une autoroute, une voie ferrée et des canaux.

3. **Conclure.** Le site de Gioia Tauro est très favorable à l'activité maritime et commerciale.

S'ENTRAÎNER

1 Quiz

Relie chaque définition au mot qui lui correspond.

a. Monnaie différente de celle du pays. ○	○ marina
b. Ville de bord de mer accueillant des touristes. ○	○ devise
c. Résidence construite en bord de mer. ○	○ écosystème littoral
d. Faune et flore vivant sur la plage et dans la mer. ○	○ station balnéaire

b. Quel océan baigne les côtes réunionnaises ?

....

c. Rappelle la définition de la densité.

....

....

d. À ton avis, la population est-elle bien répartie sur le territoire ?

....

e. Où se trouvent les villes ? Pourquoi ? Quelle particularité peux-tu remarquer en lisant leur nom ? Quelles sont leurs activités ?

....

....

2 La Réunion

La densité moyenne de population à La Réunion avoisine 300 hab./km^2, soit près de trois fois plus qu'en métropole. **Observe la carte et réponds aux questions.**

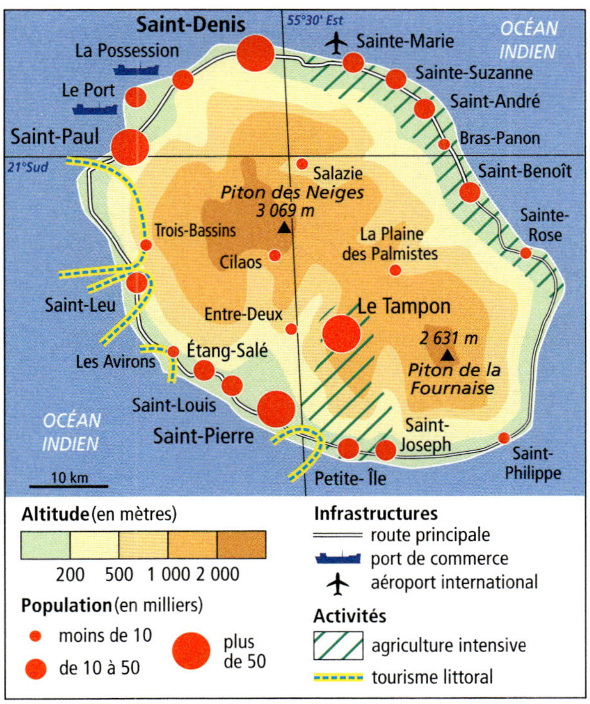

a. Dans quel hémisphère l'île de La Réunion se trouve-t-elle ? À quelle latitude ? À quelle longitude ?

....

....

....

3 CONTRÔLE EXPRESS

Regarde attentivement la carte, puis réponds aux questions.

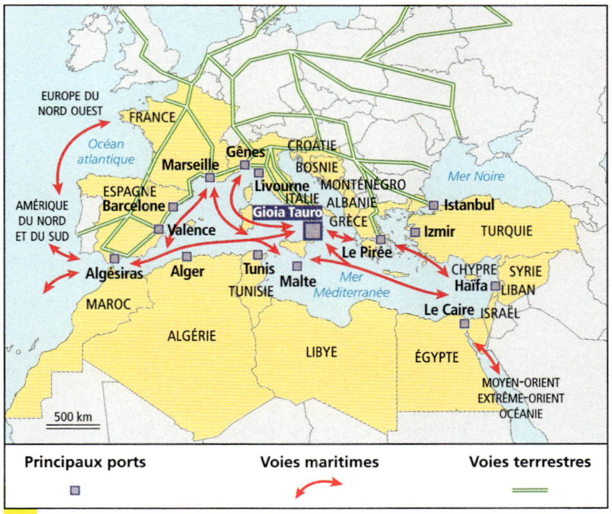

Gioia Tauro en Méditerranée.

a. En quoi la situation du port de Gioia Tauro est-elle exceptionnelle ?

....

....

b. En quoi consiste essentiellement l'activité de Gioia Tauro ?

....

....

....

Corrigés p. 39 du livret.

22 Habiter des espaces à forte contrainte

RETENIR

1 / Habiter la montagne

- Avec l'altitude, **l'oxygène manque**. La température diminue. La **pente** oblige l'homme à aménager l'espace (**terrasses**).
- Dans la zone **tempérée**, les cultures occupent les fonds de vallées. L'élevage se pratique sur les alpages (**transhumance**) et les forêts sont exploitées. **L'exode rural** est important mais la neige est devenue un atout (sports d'hiver). Cependant, les aménagements aggravent la fragilité du milieu.
- Dans la **zone intertropicale**, la montagne offre un climat plus agréable que les plaines chaudes et humides. Partout, les activités sont **étagées**.

2 / Habiter un désert

- Dans les **déserts froids**, les Esquimaux se sont adaptés au grand froid (– 20 °C, – 30 °C), au vent glacial (**blizzard**) et à la longue **nuit polaire**. Des **villes pionnières** ont été construites aux **carrefours stratégiques** ou près des **réserves de minerais ou de pétrole**.
- Les **déserts chauds**, formés de dunes de sable (**erg**) ou de cailloux (**reg**), sont parcourus par des cours d'eau intermittents (**oued**). La population **nomade** s'est adaptée à des précipitations rares et irrégulières. Les **oasis** ont fixé les hommes. Quelques déserts disposent d'importantes richesses en **hydrocarbures** et s'urbanisent.

MOTS CLÉS

✓ **Transhumance :** migration des troupeaux de la plaine vers les alpages, qui a lieu chaque année à la fin du printemps.

✓ **Ville pionnière :** ville créée de toutes pièces pour des raisons géopolitiques ou pour l'exploitation de richesses minières ou énergétiques.

MINI INTERRO

1. Quelles sont les contraintes de la vie en montagne ? dans les déserts ?
2. Qu'est qu'un oued ?

LE DOCUMENT CLÉ

▷ L'étagement de la végétation dans la montagne européenne

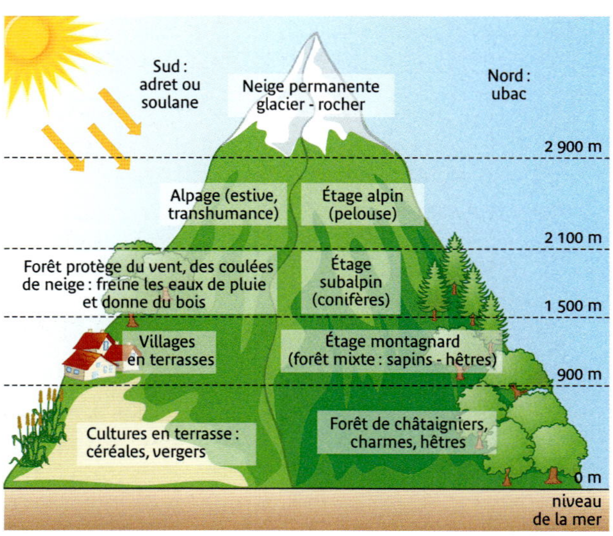

1. **Présenter.** Ce schéma montre l'étagement de la végétation en montagne en Europe.

2. **Expliquer.** Il met trois points en évidence :
– la forêt occupe l'ubac, versant le moins ensoleillé. Les espèces d'arbres varient selon l'altitude ;
– au-delà de 2 000 m, il n'y a plus de forêt. Ce sont des pelouses, les alpages fréquentés par les bergers en été ;
– le village, installé à mi-coteau sur l'adret, est construit en terrasses. La forêt le protège du vent, freine les eaux de pluie et la neige.

3. **Conclure.** Habiter un espace montagnard suppose une adaptation à des contraintes de relief et de climat.

S'ENTRAÎNER

1 Quiz

Complète le texte avec les mots suivants.
aride • densité • dunes • erg • irrigation • nomades • oasis • sirocco • reg • oued

En quittant Tunis, la végétation se fait rare, sauf lorsque l'homme a développé l'.................. qui a permis l'essor des plantations d'orangers. Il a plu récemment : dans le fond d'un ...., quelques touffes d'herbe ont poussé. Après Djerba, en direction du Sud, ce n'est pas encore un désert de sable mais un .... Les Tunisiens exploitent ici plusieurs mines mais les habitants sont regroupés dans l'.................. de Tozeur. Les .... de sable sont de plus en plus imposantes, regroupées en .... Le vent, le ...., qui souffle toujours dans la même direction, leur a donné la forme d'un croissant de plusieurs dizaines de mètres de haut. La.................. de population est presque nulle dans ce milieu particulièrement .... Seuls quelques .... osent s'aventurer.

2 Un désert froid : le Groenland

Observe attentivement la carte et réponds aux questions.

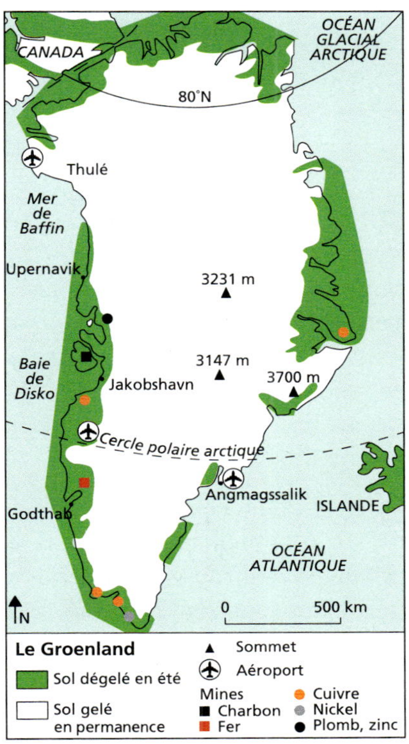

a. À quelle latitude le Groenland est-il situé ?

....

b. Où se situent les villes ? Pourquoi ?

....

c. Quelle est la principale source d'emplois ?

....

3 CONTRÔLE EXPRESS

Observe la photographie et réponds aux questions.

Village de La Grave au pied de la Meije, Alpes.

a. À l'aide du schéma de la page 162, indique sur quelle face de la montagne se situe le village de La Grave.

....

b. À quel étage de végétation le village se trouve-t-il ?

....

c. Comment les maisons occupent-elles l'espace ?

....

d. Sur une feuille de papier calque, selon la méthode indiquée page 150, réalise un croquis montrant l'organisation de l'espace. N'oublie pas de lui donner une légende et d'indiquer son titre.

Corrigés p. 39 du livret.

23 Deux milieux à forte contrainte : le Sahara et les Andes

RETENIR

1 / Vivre dans le Sahara

• Le Sahara est un **désert chaud**, un milieu **aride**. La végétation est rare et la densité de population extrêmement faible. Les habitants se sont adaptés à ce milieu très hostile. Certains sont **nomades** (les **Touaregs**) et vont de point d'eau en point d'eau. Ils sont aussi commerçants. D'autres populations sont **sédentaires** et vivent dans une **oasis**, une **palmeraie**. La présence de l'eau permet l'**irrigation** et une agriculture intensive.

• La découverte de **pétrole** et de **gaz naturel** a profondément modifié le paysage et les genres de vie. De grandes villes ont surgi des sables et attiré les populations. Les nomades se sédentarisent et les oasis connaissent un important exode.

2 / Vivre dans les Andes

• Les Andes sont situées en zone tropicale. Marquées par des glaciers et des **volcans en activité**, elles culminent à 6 000 m d'altitude et longent la côte pacifique de l'Amérique du Sud. Les Andes ont toujours été **attractives** et l'urbanisation y est ancienne (Machu Picchu).

• À une altitude comprise entre 2 000 et 4 000 m, l'**Altiplano** a fixé les hommes et les activités. Les **Amérindiens** ont aménagé des terrasses et pratiquent une agriculture vivrière. Mais les rendements restent faibles et les populations sont attirées par les **villes** : Quito en Équateur (2 850 m d'altitude), La Paz en Bolivie (3 650 m) ou Bogota en Colombie (2 650 m).

MOTS CLÉS

✓ **Milieu hostile :** espace dont les conditions climatiques rendent la vie très difficile.

✓ **Irrigation :** technique qui consiste à apporter de l'eau à une région ou un terrain trop sec.

MINI INTERRO

1. Comment les populations s'adaptent-elles à l'hostilité du Sahara ? des Andes ?
2. Qu'est-ce qu'une oasis ?

LE DOCUMENT CLÉ

▷ Le climat de Tamanrasset

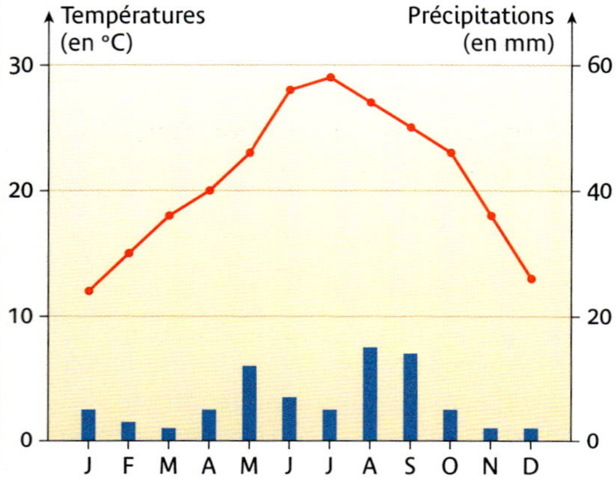

1. **Présenter.** Un graphique climatique (ou ombro-thermique) permet de visualiser l'évolution des températures mensuelles moyennes au cours de l'année et la répartition mensuelle des précipitations. À gauche, les températures (courbe rouge) ; à droite, la hauteur des précipitations (histogramme bleu).

2. **Analyser.** L'hiver est doux (12 °C en janvier) et l'été agréable (29 °C en juillet et août). Les précipitations sont très faibles. Les mois les plus humides (mai, août et septembre) ne reçoivent qu'environ 15 mm d'eau. Au total, il ne tombe que 60 mm de précipitations sur l'année (800 mm environ à Nice).

3. **Conclure.** Tamanrasset a un climat désertique.

S'ENTRAÎNER

1 Vrai ou faux ?

Coche la case qui convient.

	V	F
a. Un nomade vit dans une oasis.	❑	❑
b. Le paysan de l'oasis pratique une agriculture intensive.	❑	❑
c. Quito, La Paz et Bogota se situent à plus de 2 000 m d'altitude.	❑	❑
d. Tamanrasset bénéficie d'un climat méditerranéen.	❑	❑

2 L'oasis de Ghardaïa (Algérie)

Observe les photographies de l'oasis de Ghardaïa, puis réponds aux questions.

A

Vue générale de Ghardaïa.

B

Palmeraie de Ghardaïa.

a. Recopie et complète le tableau ci-dessous en notant tous les éléments que tu observes.

Photo A
– Aux 1er et 3e plans, comment sont les maisons ? (disposition, couleur des façades ?) : ....
– Au 2e plan et en arrière-plan, quels sont les arbres ? Qu'est-ce que cela prouve ? Quel est l'intérêt d'une palmeraie ? : ....
– Quelle est la couleur du sol ? À quoi cela te fait-il penser ? ....

Photo B
– Que montre-t-elle ? ....
– Quelle est la taille des terrains ? Pourquoi ? Que vois-tu au milieu ? ....
– Quelle est la couleur de la terre ? S'agit-il de sable ? ....
– Que fait le paysan ? ....
– Comment est-il habillé ? Pourquoi ? ....

b. Rédige un paragraphe qui montre que l'oasis est un endroit privilégié dans le désert.

3 CONTRÔLE EXPRESS

Lis le texte, puis réponds aux questions.

Comment une population s'adapte à un environnement difficile

Les Indiens Quechoua vivent au Pérou à 4 500 m d'altitude. Ils sont exposés quotidiennement au froid et à une faible quantité d'oxygène. Ils portent des vêtements protecteurs efficaces. Leur corps s'adapte aux contraintes, leur température interne s'abaisse à 36° environ. Ils se sont adaptés au milieu. Ils ont une forte capacité thoracique : leurs poumons plus développés peuvent emmagasiner plus d'air. Leur muscle cardiaque est plus développé. Mais la vie dans ces milieux sains a fait disparaître certains anticorps qui permettent de faire face aux maladies tropicales. Les Indiens Quechoua sont donc plus facilement malades dans les milieux chauds et humides des basses terres d'Amazonie.

■ D'après J. Bittel, G. Savourey et R. Deloince, in *Sciences naturelles et montagnes*, Éd. du CTHS, 1993.

a. Pourrais-tu vivre à 4 500 m d'altitude ? Pourquoi ?

....

....

b. Comment l'organisme des Indiens Quechoua s'est-il adapté à la haute montagne ?

....

....

c. Les Indiens Quechoua pourraient-ils s'installer en Amazonie ? Pourquoi ?

....

....

Corrigés p. 40 du livret.

24 Le collégien

RETENIR

1 / Les missions du collège

- En France, tous les collégiens suivent le même enseignement et passent le brevet des collèges à la fin de la classe de 3e. Pendant ces quatre années, le collégien acquiert des **connaissances** et des éléments de **culture générale**.
- Les professeurs et les adultes du collège lui apprennent à devenir **autonome** et à **s'organiser** dans son travail. Les **travaux de groupe** l'obligent à prendre des **initiatives** et à acquérir des **méthodes de travail**. Au CDI, il **recherche des informations** et **exerce son esprit critique**.

2 / Un lieu régi par des règles

- Le **règlement intérieur** du collège établit les **devoirs** et les **droits** de chacun. Le collégien doit le signer, le connaître et s'y conformer. Respecter ces règles, c'est respecter les adultes et ses camarades. Les élèves s'exercent à la **citoyenneté** et à la **démocratie** en élisant leurs **délégués** qui participent au conseil de classe. Dans un collège public, la **laïcité** permet toutes les convictions religieuses, mais les signes religieux trop visibles sont interdits.

3 / Des inégalités subsistent

- En France, **l'enseignement est obligatoire** pour tous les enfants jusqu'à 16 ans. Dans beaucoup de PED, l'école est réservée aux garçons et beaucoup n'y vont pas ; les enfants travaillent en usine ou sont **embauchés comme soldats**.
- Même en **France**, il existe **des inégalités**. Les établissements scolaires ne sont encore que rarement accessibles aux **handicapés**. Quand la famille du collégien connaît des difficultés financières, l'État peut lui attribuer une **aide** (bourse).

MOT CLÉ

✓ **Laïcité** : neutralité par rapport aux différentes religions.

MINI INTERRO

1. Quelles sont les missions du collège ?
2. À quoi sert le règlement intérieur ?
3. Tous les enfants vont-ils à l'école dans les PED ?

LE DOCUMENT CLÉ

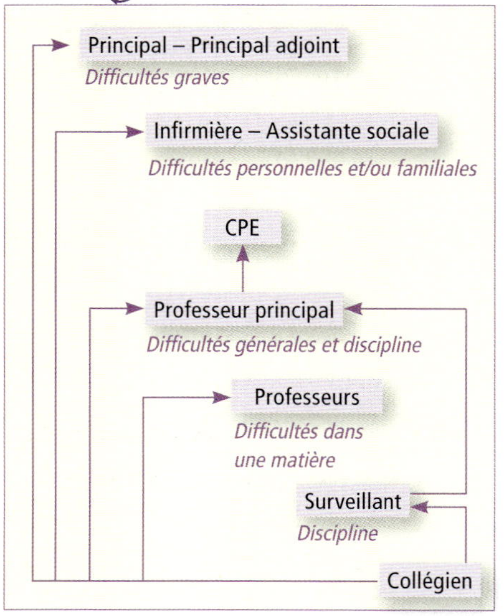

▷ Les interlocuteurs du collégien

Au collège, plusieurs personnes peuvent **aider un collégien en difficulté**. Si les difficultés sont scolaires et ne concernent qu'une matière, un entretien avec le professeur suffira. Si elles sont plus générales ou s'il s'agit de problèmes de discipline, le professeur principal, relais entre les autres professeurs et la direction, convoquera l'élève et ses parents. Si la situation ne s'améliore pas, il en réfèrera au conseiller principal d'éducation (CPE), voire au principal. Mais il peut aussi évoquer les difficultés de l'élève avec l'assistante sociale, l'infirmière, le médecin ou le conseiller d'orientation psychologue s'il pense que le collégien est en danger.

S'ENTRAÎNER

1 Les rythmes scolaires en Europe

Compare le rythme scolaire des collégiens dans ces pays européens en répondant aux questions.

Pays	Nombre d'heures de cours par an	Nombre de jours de cours par an	Nombre d'heures de cours par semaine	Durée d'un cours en minutes
Allemagne	733 à 1 015	188 à 208	32	50
Danemark	720	200	24	45
Espagne	850	170	25	60
France	739 à 869	158	25,5 à 30	55
Grèce	700 à 840	175	30 à 32	40 ou 45
Italie	1 000 à 1 033	200	30 ou 40	60
Royaume-Uni	912	190	24	60

a. Quel est le thème de ce tableau ?

b. Lis le tableau colonne par colonne.
– Dans quel pays le nombre annuel d'heures de cours est-il le plus important ? le moins important ?
– Que remarques-tu au sujet du nombre de jours de cours dans ces deux pays ?
– Que remarques-tu au sujet du nombre d'heures de cours par semaine ?
– Dans quel pays la durée d'un cours est-elle la plus courte ?

c. D'après ce tableau, les collégiens européens sont-ils soumis au même rythme scolaire ? Justifie ta réponse.

2 CONTRÔLE EXPRESS

Observe attentivement le tableau ci-dessous et réponds aux questions.

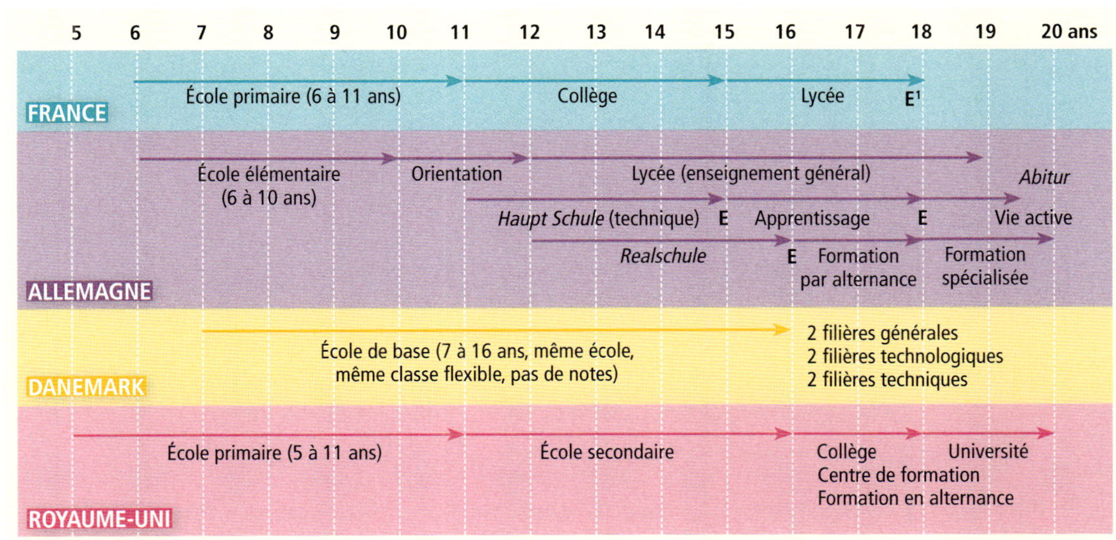

1. E = examen.

a. À l'âge où tu vas au collège, comment s'appelle l'école que fréquentent les enfants allemands, danois et anglais ?

b. Quelle est la particularité du système allemand ?

c. Quelle est la particularité du Danemark ?

Corrigés p. 40 du livret.

25 L'enfant

RETENIR

1 / Une personne

- L'article 1 de la **Convention internationale des droits de l'enfant**, promulguée le 20 novembre 1989 par l'**ONU** (Organisation des Nations unies) définit l'enfant : « **tout être humain âgé de moins de dix-huit ans** ».
- L'enfant a une **identité** dès sa naissance, enregistrée en France par le service d'**état-civil**. Tout enfant doit avoir un **nom** et une **nationalité**.

MOTS CLÉS

✓ **Enfant :** selon la définition de l'ONU, il s'agit de tout être humain âgé de moins de 18 ans.

✓ **État civil :** service de la mairie qui enregistre naissances, mariages et décès.

2 / Un mineur

- L'enfant mineur vit sous l'**autorité de ses parents**, qui doivent veiller à ses intérêts et à sa **sécurité**. Ils sont responsables de son **éducation** et de sa santé. Le juge peut **retirer l'autorité parentale** aux parents négligents.
- En France, à partir de 13 ans, l'enfant est considéré comme **responsable pénalement** de ses actes : il peut être condamné à une peine de prison, à une amende ou à verser des dommages et intérêts à sa victime.

3 / L'enfant a des droits et des devoirs

- La **Convention internationale des droits de l'enfant** donne un certain nombre de **droits** aux mineurs. Un **comité des droits de l'enfant** a été institué en 1991. L'enfant a **droit** à la liberté d'expression (art. 13-1) ; de pensée (art. 14-1) ; de se réunir pacifiquement (art. 15-1) ; au respect de sa vie privée (art. 16-1) ; à l'éducation (art. 28-1).
- Mais l'enfant a aussi des **devoirs**. Il doit respecter ses parents, ses enseignants, ses camarades, appliquer le règlement intérieur du collège et la loi.

ÉDUCATION CIVIQUE

LE DOCUMENT CLÉ

▷ Un article de loi : la protection des mineurs

Lorsque la santé, la sécurité, la moralité d'un mineur sont en danger, ou si les conditions de son éducation sont gravement compromises, des mesures d'assistance éducatives peuvent être ordonnées par la justice.

■ Code civil, article 375-1.

1. **Présenter.** Un article de loi est un texte officiel qui doit être respecté sous peine de sanction. Cet article est inscrit dans le Code civil qui fixe les règles de la vie en société.
2. **Analyser.** Cet article prévoit les cas dans lesquels la justice peut être saisie. Si un enfant manque de soins, si sa vie est en danger, s'il risque d'être entraîné dans la délinquance, le juge peut le retirer de sa famille et le confier à la DDASS (Direction départementale des affaires sanitaires et sociales).
3. **Conclure.** En France, les mineurs sont protégés par la loi.

MINI INTERRO

1. En quelle année la déclaration des droits de l'enfant a-t-elle été promulguée ?
2. Que risquent les parents qui maltraitent leur enfant ?
3. L'enfant n'a-t-il que des droits ?

1 Être un enfant dans les PED

Lis les textes et réponds aux questions.

La faim : c'est elle qui pousse les parents à faire travailler leurs enfants. Dans ce pays où un enfant sur deux est mal nourri, près de sept millions d'entre eux travaillent essentiellement dans l'agriculture.[...] Dans les échoppes de Dhaka, ils sont encore là, appliqués à la tâche chez les menuisiers et les mécaniciens. Dans les ruelles, ils portent des fardeaux [...]. D'autres encore, chez eux, font la couture pour le compte d'entreprises textiles [...]. Les plus malheureux sont placés comme domestiques et sont parfois violentés d'horrible manière. Ceux-là seraient entre 200 000 et un million. « Nous voudrions que le travail des enfants cesse. Mais si on l'arrête aujourd'hui, que deviendront ces enfants ? », interroge Syeedul Hoque Milky de l'Unicef [...]. Voici onze ans, un sénateur américain obtenait le boycott des produits fabriqués au Bangladesh par les enfants. Résultat : ceux qui travaillaient dans les usines en sont partis et ont été la proie de réseaux de prostitution [...]. Il faut trouver une alternative qui permette à l'enfant de contribuer à la vie de sa famille tout en acquérant une éducation.

« Au Bangladesh, des millions d'enfants travaillent », *Ouest France*, 19 novembre 2004.

Islam Badr avait 11 ans. Il n'avait pas fait ses devoirs, et il en est mort. Tabassé par son professeur de maths devant toute la classe [...]. Longtemps les punitions corporelles n'ont pas choqué les Égyptiens. À la maison ou à l'école, elles font partie des méthodes éducatives. De très nombreux enseignants du primaire et du secondaire ne se séparent jamais de leur stik, seul moyen assurent-ils de se faire obéir de classes surpeuplées [...]. Le décès du petit garçon intervient trois mois après le vote d'une loi pour la protection de l'enfance, impulsée par des associations de défense des droits de l'Homme et par le Conseil national pour la mère et l'enfant (créé par Mme Moubarak [l'épouse du président d'alors]). L'enfant y apparaît comme une personne dotée de droits propres et non plus comme la propriété de ses parents. Dans ce pays où le travail des enfants ne choque guère, cette loi qui s'attaque à toutes les formes d'exploitation ou d'abus marque un changement radical. Elle continue de faire l'objet d'une polémique violente.

Claude Guibal, « La mort d'un collégien fait avancer les droits de l'enfant en Égypte », *Libération*, 22 novembre 2008.

a. Pourquoi les enfants travaillent-ils au Bangladesh (texte 1) ?

b. Faut-il ne pas acheter les produits qu'ils fabriquent, comme l'avait demandé le sénateur américain (texte 1) ? Justifie ta réponse.

c. Pourquoi Islam est-il mort (texte 2) ?

d. Comment l'enfant était-il considéré avant le vote de la loi en août 2008 (texte 2) ?

2 CONTRÔLE EXPRESS

En France, 95 000 enfants sont signalés en danger chaque année. 19 000 sont réellement maltraités. Deux enfants en meurent chaque jour. Chaque jour, le 119, le numéro d'appel réservé aux enfants maltraités, reçoit 5 000 appels.

Lis les textes et réponds aux questions.

Peuvent être déchus de l'autorité parentale [...] les père et mère qui sont condamnés soit comme auteurs, coauteurs ou complices d'un crime ou délit commis sur la personne de leur enfant, soit comme coauteurs ou complices d'un crime ou délit commis par leur enfant.

Code civil, article 378.

Peuvent être déchus de l'autorité parentale, en dehors de toute condamnation pénale, les père et mère qui, soit par de mauvais traitements, soit par des exemples pernicieux d'ivrognerie habituelle, d'inconduite notoire ou de délinquance, soit par un défaut de soins ou de direction, mettent manifestement en danger la sécurité, la santé ou la moralité de l'enfant.

Code civil, article 378-1.

a. Quelle est la nature de ces textes ?

b. Quelle possibilité as-tu pour venir en aide à un camarade maltraité ?

c. Que risquent ses parents ?

d. La loi française sanctionne la maltraitance, mais ces deux articles du Code civil retiennent deux autres raisons de sanctionner les parents. Lesquelles ?

Corrigés p. 40 du livret.

26 L'habitant

RETENIR

1 / Le conseil municipal

MOT CLÉ

✓ **Suffrage universel :** élection à laquelle peuvent participer tous les habitants âgés de plus de 18 ans, inscrits sur les listes électorales.

- Le conseil municipal est élu pour **6 ans au suffrage universel direct**. Les nouveaux élus élisent l'un d'eux à la fonction de **maire** (**suffrage universel indirect**).
- Le conseil municipal vote les mesures nécessaires à la vie de la commune (**budget**). Les **impôts locaux** servent à l'entretien des bâtiments et des espaces communaux, à construire de nouveaux équipements en **respectant** les normes du **développement durable** (**Agenda 21**), à verser des **subventions** aux associations. Le maire est responsable de l'ordre public dans sa commune. Il peut se doter d'une **police municipale**.

2 / Les habitants participent à la vie de la commune

- La réunion du conseil municipal est publique. Les habitants peuvent se regrouper et former un **conseil ou un comité de quartier** qui signale au maire les problèmes perçus. Les **associations** organisent diverses manifestations.
- Beaucoup de villes mettent en place un **conseil municipal de jeunes ou junior** qui comporte le même nombre d'élus que le conseil municipal des adultes. Il est élu au **suffrage universel direct** par les collégiens.

MINI INTERRO

1. À quoi servent les impôts locaux ?
2. Quel est le rôle d'un conseil de quartier ?

ÉDUCATION CIVIQUE

LE DOCUMENT CLÉ

▷ L'élection des conseillers municipaux juniors

L'élection de sept conseillers municipaux juniors s'est tenue dans un collège de Saint-Chamond. Il y avait 25 candidats.

Jeudi matin et après-midi, 526 élèves se sont succédé au Foyer pour effectuer leur devoir de citoyen jeune en votant sur la machine électronique. File d'attente à l'entrée pour, en premier lieu, signer la liste d'émargement. « La quoi ? » lâchent certains. « C'est ce qui prouve votre présence à ce vote » répond le principal. Quelques mètres plus loin, autre attente autour de l'adjointe qui pianote sur l'urne du président, servant à ouvrir le vote à chaque passage. « Mais ça veut dire que vous voyez pour qui on vote alors ? » s'enquiert un jeune homme. « Non, ne vous inquiétez pas. Un vote comme celui-ci reste secret. » « Comment ça marche ? » Sûrement la question la plus souvent posée à l'adjointe. Elle répète la procédure [...]. Un bip retentit. Élection enregistrée. « A voté » lance l'adjointe.

■ *La Tribune-Le Progrès*, édition de la vallée du Gier, 29 novembre 2008.

1. **Présenter.** Cet article du quotidien *La Tribune-Le Progrès* relate le déroulement des élections au conseil municipal junior dans un collège de Saint-Chamond (Loire).

2. **Analyser.** Le texte précise qu'il y avait 526 électeurs. L'élection des conseillers juniors se fait selon le même procédé que l'élection des conseillers adultes. C'est la même urne électronique qui a servi et le vote était secret.

3. **Conclure.** Élire ses conseillers municipaux juniors est un acte citoyen.

S'ENTRAÎNER

1 Vrai ou faux ?

Coche la case qui convient.

	V	F
a. Le maire est élu au suffrage universel direct.	❑	❑
b. Le conseil municipal est élu pour 5 ans.	❑	❑
c. Le conseil municipal junior est élu au suffrage universel direct.	❑	❑
d. Le maire est responsable de l'ordre public dans sa commune.	❑	❑

2 Le conseil municipal des jeunes

Lis le texte suivant et réponds aux questions.

Avec le conseil municipal des jeunes, on peut faire remonter nos idées au maire. Moi, je ne suis pas candidat. Je suis juste là pour voter et pour élire mon candidat préféré qui me représentera au conseil municipal junior. Le CMJ c'est bien, car on peut faire passer nous-mêmes des idées au maire, et peut-être qu'elles seront mises en place. J'ai lu quelques affiches pour savoir ce que chacun proposait mais j'ai vite su pour qui j'allais voter. Mon favori c'est Corentin car il veut faire plein de trucs en ville pour les jeunes comme construire une patinoire, un centre commercial, un karting […]. Je pense qu'il a de bonnes chances.

■ Yanis, élève de 4e interviewé par une journaliste de *La Tribune-Le Progrès*, 2008.

a. Comment Yanis envisage-t-il la fonction des conseillers municipaux juniors ?

....

....

....

b. Comment a-t-il choisi son candidat ?

....

....

....

c. Le programme de Corentin ne concerne-t-il que les enfants ? Est-il réalisable ?

....

....

....

3 CONTRÔLE EXPRESS

Lis le texte suivant et réponds aux questions.

L'Agenda 21 est un document qui vise à mettre en œuvre, sur un territoire donné, les principes du développement durable. Il fixe un projet et est régulièrement évalué. Voici les 5 axes définis par l'Agenda 21 de la communauté urbaine de Lyon.

A comme **Agenda**. Pour agir, qu'on soit simple citoyen ou une institution, il n'y a qu'une solution : se fixer des objectifs dans des délais concrets. Le Grand Lyon l'a concrétisé dans son plan d'action.

G comme **Générations futures**. « Nous n'héritons pas de la terre de nos ancêtres, nous l'empruntons à nos enfants » (Saint-Exupéry).

E comme respect de **l'Environnement**, développement **Économique** pour tous et **Engagement** des citoyens dans la vie de la cité. Ce sont les trois piliers du développement durable.

N comme **Nouveaux modes de vie**. Les nations comme les collectivités sont amenées à changer leur manière d'agir […]. Les Agendas 21 prévoient d'impliquer les citoyens et de les aider à modifier leurs comportements, leurs consommations, leurs déplacements, etc.

D comme **Développement durable**. « Le développement durable est un développement qui satisfait les besoins de la génération actuelle sans priver les générations futures de la possibilité de satisfaire leurs propres besoins » (rapport Brundtland, 1987).

A comme Agir. Car il faut agir d'urgence.

21 comme XXIe siècle. Nous y sommes.

a. Que signifie « Nous n'héritons pas de la terre de nos ancêtres, nous l'empruntons à nos enfants » ?

....

b. Es-tu impliqué dans le développement durable ? Peux-tu donner un exemple d'action qui respecte l'environnement ?

....

c. En une phrase, à partir du texte, explique ce qu'est le développement durable.

....

d. Ta commune a-t-elle mis en place un Agenda 21 ?

....

Corrigés p. 40 du livret.

Sciences de la vie et de la Terre

Plus d'entraînement sur

www.hatier-entrainement.com

DATE ÉVALUATION

1

L'environnement et la répartition des êtres vivants

RETENIR

1 / Les composantes biologiques et physiques de l'environnement

- On distingue dans notre environnement :
– des **composantes minérales** (roches, eau, atmosphère gazeuse) ;
– des **êtres vivants** (animaux, végétaux), en relation les uns avec les autres et avec leur support ;
– des **manifestations et des traces de l'activité humaine** (maisons, routes…).

- Cet environnement constitue un **milieu.**

MOTS CLÉS

✓ **Trace de l'activité humaine :** marque de l'action de l'Homme sur un territoire.

✓ **Milieu :** ensemble constitué d'un territoire donné et des êtres vivants qui le peuplent.

2 / La répartition des êtres vivants

- Dans notre environnement, la **répartition des êtres vivants ne se fait pas au hasard**. Les êtres vivants occupent un **milieu** lorsque les caractéristiques de celui-ci correspondent à leurs exigences de vie plus ou moins strictes.

- Leur répartition peut dépendre des **conditions de milieu** suivantes :
– la présence ou l'absence d'un **sol** ;
– l'**eau disponible**, y compris dans l'atmosphère, le sol et le sous-sol ;
– la **température** et l'**éclairement**.

Par exemple, dans un jardin, après la pluie, on compte plus d'animaux qu'après plusieurs jours de sécheresse. Ces animaux profitent de l'eau disponible dans le jardin.

LA MÉTHODE

Relever les composantes biologiques et physiques d'un jardin

1. Dans un jardin, **je découvre des traces d'êtres vivants** (feuilles mortes, plumes ou fientes [crottes] d'oiseaux, tortillons de vers de terre…), **des traces de l'activité humaine** (routes, maisons, matériaux de construction…), **de la matière minérale** (flaques d'eau, gouttes de rosée, cailloux…).

2. **Je classe mes découvertes** dans un tableau à quatre colonnes :

Animaux	Végétaux	Activité humaine	Matière minérale
Vers de terre	Feuilles	Brique	Eau
…………	…………	…………	…………
…………	…………	…………	…………
…………	…………	…………	…………

3. **Je repère l'emplacement des traces de vie** de chaque être vivant.
Exemple : feuilles d'arbres en partie mangées par des chenilles, coccinelles sur une plante portant des pucerons, vers de terre dans le sol humide…

MINI INTERRO

1. Cite les deux principaux groupes d'êtres vivants.
2. Donne un exemple de trace d'activité humaine.
3. Donne une caractéristique de l'environnement qui agit sur la présence des êtres vivants.

S'ENTRAÎNER

1 Vrai ou faux ?

Coche la case qui convient.

	V	F
a. Dans le jardin d'une maison, on trouve les mêmes êtres vivants tout au long de l'année.	❑	❑
b. La rosée sur les feuilles des plantes est de la matière minérale.	❑	❑
c. Les feuilles mortes sur le sol appartiennent à la matière minérale.	❑	❑
d. Au jardin, on trouvera plus facilement des escargots après une forte pluie qu'en période de sécheresse.	❑	❑
e. On ne trouve pas les mêmes végétaux sur un sol caillouteux que sur de la terre.	❑	❑

2 Dans un parc

Dans un parc, on a trouvé les éléments suivants :

branches mortes • escargot • grains de sable • fleur • mouche • araignée • flaque d'eau • pucerons • nuages • vent • guêpe • graines • chêne • bordure d'allée en ciment.

a. Souligne en rouge ce qui est animal, en vert ce qui est végétal, en noir les traces de l'activité humaine, en bleu ce qui est minéral.

b. Ordonne ces éléments dans un tableau.

3 Où se cachent les cloportes ?

Observe ce document et réponds aux questions.

Dans un jardin, en soulevant de vieilles pierres, on découvre un groupe de cloportes. On ne les retrouve nulle part ailleurs dans le jardin (ni sous les arbres, ni sur les feuilles…).

a. Quelle hypothèse peux-tu faire pour expliquer cette localisation très précise des cloportes ?

b. Écris une ou deux phrases pour présenter la manipulation que tu ferais pour vérifier si ton hypothèse est correcte.

c. Si possible, réalise cette manipulation. Observe le résultat et exprime-le en une phrase.

Corrigés p. 41 du livret.

4 CONTRÔLE EXPRESS

a. Observe ces illustrations de jardins puis complète le tableau ci-dessous en indiquant quelques exemples dans chaque case.

Un jardin de ville.

Un jardin de campagne.

	Jardin de ville	Jardin de campagne
Animaux	………………………	………………………
Végétaux	………………………	………………………
Activité humaine	………………………	………………………
Matière minérale	………………………	………………………

b. Explique en une phrase pourquoi le jardin de campagne possède nettement plus de végétaux.

2 Les variations du peuplement d'un milieu

RETENIR

1 / Les variations du peuplement d'un milieu

- En fonction des **conditions climatiques** (température, éclairement) et **alimentaires** (disparition de certains végétaux à certaines saisons), des animaux se déplacent, parfois sur de très longues distances. Ainsi, les hirondelles qui peuplent nos régions au printemps et en été se rassemblent en septembre pour un voyage qui les mènera en Afrique (Côte d'Ivoire, Nigeria, Cameroun…) : c'est la **migration**.
D'autres animaux, comme le hérisson, profitent des mois d'été pour se nourrir abondamment. L'hiver, leur organisme fonctionne « au ralenti » : c'est l'**hibernation**.
Enfin, certains animaux, tels le moineau, ont une forme de vie qui varie peu en fonction des saisons.
De nombreux papillons ne sont adultes que quelques jours ou semaines (temps de la reproduction sexuée). Les œufs donnent des chenilles (**larves**) dont le mode de vie permet à l'espèce de passer toute la « mauvaise » saison.

- Certaines plantes, comme le haricot, se sont développées au printemps et en été, et ont libéré leurs graines, puis fanent et meurent dès l'automne : ce sont les **plantes annuelles**.
D'autres en revanche, comme le chêne ou la jonquille, restent présentes en hiver, parfois sous forme d'organes enfouis dans le sol (bulbe de jonquille) ou d'organes apparents (pissenlits) : ce sont les **plantes vivaces**.

2 / L'action de l'Homme sur le peuplement des milieux

- L'Homme agit sur le peuplement des milieux : son influence est **directe** (déboisement, chasse, pêche) ou **indirecte** (pollution, engrais, constructions…), et peut être **négative** ou **positive**.

MOTS CLÉS

✓ **Peuplement :** ensemble des êtres vivants installés durablement sur un territoire donné.

✓ **Action de l'Homme :** elle peut être positive (aménagement…) ou destructrice (pollution…).

MINI INTERRO

1. Qu'est-ce que la migration ?
2. Qu'est-ce que l'hibernation ?
3. Qu'est-ce qu'une plante annuelle ?
4. Qu'est-ce qu'une plante vivace ?

LE DOCUMENT CLÉ

▷ Étude du peuplement d'un milieu par des oiseaux

Un scientifique capte les signaux envoyés par des émetteurs déposés sur les oiseaux.

Pour suivre le déplacement d'une espèce d'oiseaux migrateurs, il faut :

- **baguer une espèce d'oiseau** en posant une bague équipée d'un émetteur autour d'une patte de l'oiseau puis relâcher l'animal ;
- **repérer l'oiseau** à des dates régulièrement échelonnées grâce au dispositif de localisation puis **reporter le lieu repéré et la date** sur une carte ;
- **tracer le chemin** suivi par l'oiseau en reliant les points.

S'ENTRAÎNER

1 Vrai ou faux ?

Coche la case qui convient.

	V	F
a. D'année en année, le nombre d'hirondelles diminue : c'est le résultat de la migration.	❑	❑
b. Les arbres sont des plantes vivaces.	❑	❑
c. Les chats et les chiens hibernent en hiver.	❑	❑
d. En hiver, les plantes annuelles ne se développent plus.	❑	❑
e. L'Homme peut avoir une action positive sur l'environnement.	❑	❑

2 Germination des graines

On cherche à savoir ce qui provoque au printemps la germination des graines, et donc le retour de la plante à la vie active. Deux hypothèses (solutions possibles) sont retenues :
1. L'allongement de la durée des jours.
2. L'augmentation de la température.

Schématise dans le cadre ci-dessous les expériences à réaliser pour tester chacune de ces deux hypothèses à l'aide des éléments suivants :
– un pot rempli de terre humide ;
– des graines ;
– un cache noir ;
– un dispositif de chauffage.

3 Migration des hirondelles

a. Propose une explication au départ des hirondelles pour l'Afrique en automne.

b. Décris en quelques lignes une expérience permettant de tester cette explication.

Corrigés p. 41 du livret.

4 Action de l'Homme sur l'environnement

Observe ces documents et réponds aux questions.

→ sens d'écoulement de la rivière

Des prélèvements ont été réalisés dans la rivière avant et après la traversée du village possédant une usine. On a aussi dénombré les insectes présents dans un rayon de 10 km autour du village. Les résultats sont donnés sur le graphique suivant.

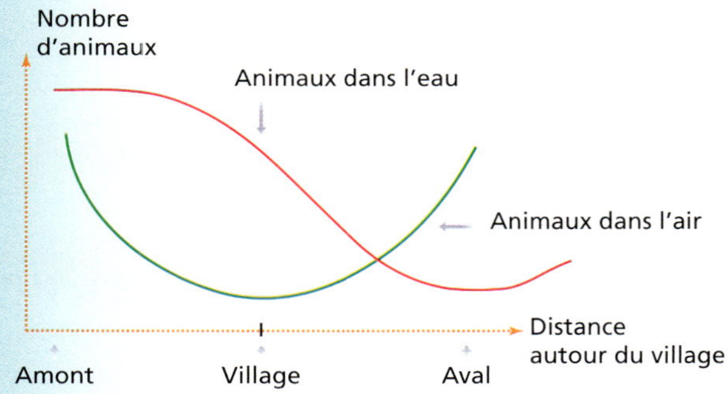

a. Comment varie la population des animaux aquatiques ? Et celle des animaux dans l'air ?

b. Propose une explication.

c. Quelle installation l'Homme pourrait-il mettre en place pour compenser les effets nuisibles qu'il cause ?

5 CONTRÔLE EXPRESS

a. Sous quelle forme les plantes annuelles passent-elles l'hiver ?

b. Que reste-t-il des plantes vivaces pendant la saison froide ?

3 Le peuplement d'un milieu par les animaux et les végétaux

RETENIR

Animaux et végétaux peuplent les milieux grâce à la **reproduction**.

1 / Chez les animaux

- Le **peuplement d'un milieu** est assuré grâce au déplacement des **individus** et à la **reproduction**.

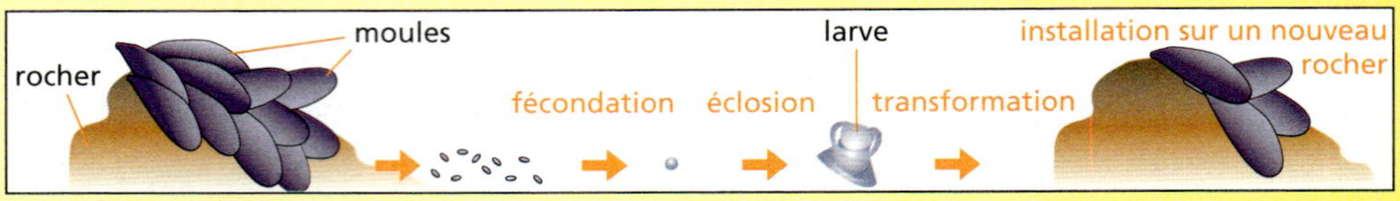

■ La reproduction des moules.

2 / Chez les végétaux

- Le **peuplement d'un milieu** est assuré soit par des formes de dispersion avec des **graines** provenant de la fleur (plantes à fleurs), ou des **spores** (plantes sans fleurs), soit par des **organes spécialisés** ou **non spécialisés**.

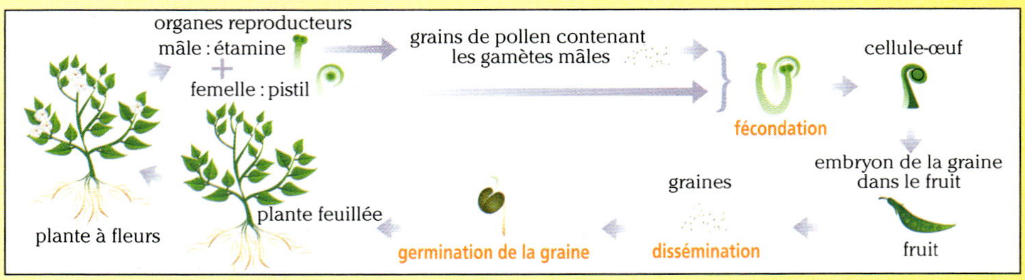

■ La dispersion des plantes à fleurs par les graines.

MOTS CLÉS

✓ **Spore :** cellule spécialisée pour la reproduction des fougères et des mousses.

✓ **Graine :** organe de la reproduction des plantes à fleurs.

LE DOCUMENT CLÉ

▷ Le peuplement d'un milieu par les plantes sans fleurs

- Les **plantes sans fleurs**, grâce aux **spores** qui sont des éléments microscopiques, peuvent être dispersées sur des distances considérables.

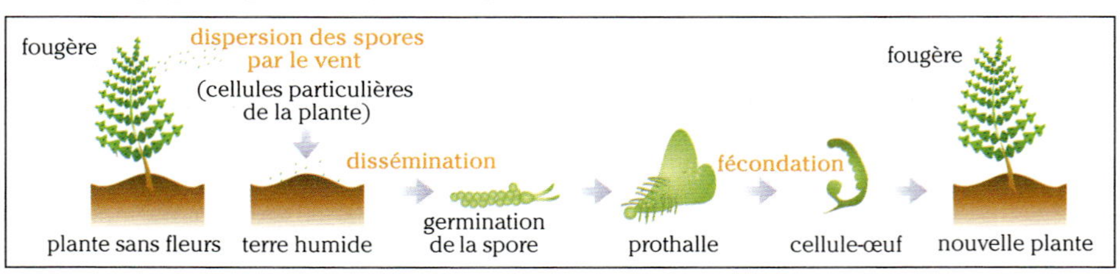

■ Dépôt de spores sur un milieu favorable, germination et naissance d'une nouvelle plante.

- Chez les **fougères**, la tige est souterraine et porte le nom de **rhizome**. Chaque année, le rhizome s'allonge dans le sol. On a ainsi l'impression que le pied de fougère s'est déplacé d'une année à l'autre : c'est la multiplication végétative.

MINI INTERRO

1. Donne le nom du principal élément de dissémination des plantes à fleurs.
2. Même question pour les plantes sans fleurs.
3. Quels sont les deux principaux mécanismes de peuplement du milieu par les animaux ?

S'ENTRAÎNER

1 Peuplement d'un milieu par les mouches

Après voir lu ce texte, donne un nom général à ces petits êtres nés sur les fruits. Précise comment cette espèce de mouche peut se disperser et s'installer dans de nouveaux milieux.

On a laissé se gâter un fruit... Au bout d'une dizaine de jours, on remarque à sa surface des petits êtres blanchâtres, d'1 à 2 millimètres de longueur, qui se déplacent lentement. Quelques jours plus tard, des dizaines de petites mouches envahissent la pièce, tandis que les êtres observés sur le fruit disparaissent.

2 Multiplication des fougères

À l'aide des informations ci-dessous, calcule le nombre de nouveaux pieds de fougère qui peuvent se former à partir du pied d'origine.

Un pied de fougère comporte habituellement 5 feuilles.

Une feuille de fougère comporte 18 lobes.

Ces lobes de fougère contiennent chacun 16 amas de sporanges.

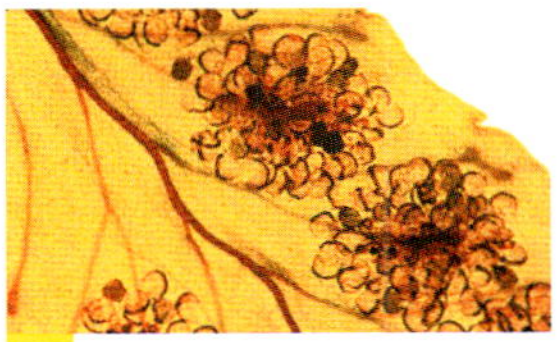

Grossissement microscopique de ces amas contenant chacun 80 sporanges.

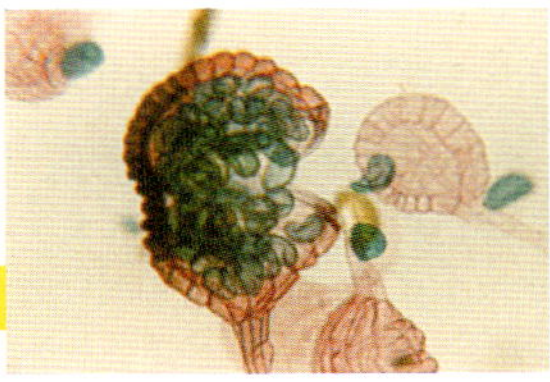

Grossissement microscopique d'un sporange contenant 64 spores.

3 Vrai ou faux ?

Lis ce texte, puis coche la case qui convient.

La reproduction des escargots

Les escargots sont des animaux qui vivent trois à six ans. Ils possèdent à la fois des organes reproducteurs mâles et femelles. Pourtant, ils doivent s'accoupler pour que les cellules reproductrices mâles de l'un fécondent les cellules reproductrices femelles de l'autre. Dix jours après l'accouplement, chaque escargot pond ses œufs dans un trou qu'il a creusé dans le sol. Douze jours après sortent les jeunes escargots.

	V	F
a. Le déplacement des adultes joue un rôle important dans le peuplement du milieu par les escargots.	❑	❑
b. Les escargots sont à la fois « mâles » et « femelles ».	❑	❑
c. La dimension du milieu joue un rôle important dans le peuplement du milieu par les escargots.	❑	❑
d. La reproduction joue un rôle important dans le peuplement du milieu par les escargots.	❑	❑
e. La pluie joue un rôle important dans le peuplement du milieu par les escargots.	❑	❑

4 CONTRÔLE EXPRESS

Après avoir lu le texte, décris en une phrase le rôle des tiges aériennes pour la plante.

Le peuplement d'un jardin par les trèfles

Dans un jardin dont la pelouse a été négligée d'année en année, le trèfle prend une place envahissante. En observant de plus près, on remarque que les différents pieds de trèfle sont reliés par des tiges aériennes qui courent sur le sol.

....

....

....

....

Corrigés p. 41 du livret.

4 L'action de l'Homme sur l'environnement

RETENIR

1 / Des raisons d'agir sur l'environnement

- En fonction de ses **choix d'aménagements** et de ses **besoins alimentaires et industriels**, l'Homme agit sur l'environnement.

2 / Des exemples de l'action de l'Homme

- Il peut procéder par exemple :
– à des **modifications topographiques** (urbanisation...) ;
– à des **prélèvements de matériaux utiles** (exploitations minières...) ;
– à des **modifications de la flore et de la faune** (agriculture, déboisement...) ;
– à des **rejets de déchets** (gaz à effet de serre, produits toxiques...).

MOTS CLÉS

✔ **Aménagement du territoire :** modifications faites par l'Homme à son profit.

✔ **Modifications topographiques :** transformation du relief d'un territoire donné.

LE DOCUMENT CLÉ

▷ Une mine de charbon

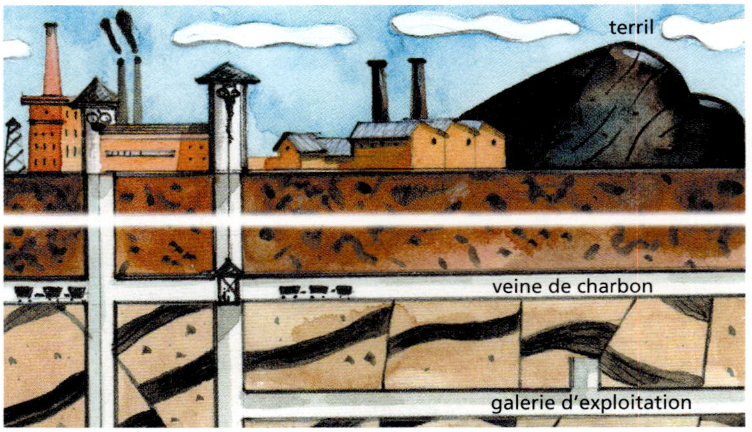

■ Coupe schématique d'une mine de charbon dans le bassin houiller du Nord-Pas-de-Calais.

- Jusqu'au début du XVIIe siècle, la région du Nord-Pas-de-Calais offre un **paysage rural** (campagne parsemée de villages et quelques grandes villes). La **forêt** y est largement représentée.

- Vers 1850, le **développement de l'industrie** et la découverte du **charbon** vont profondément modifier le paysage. Les arbres sont abattus pour soutenir les galeries des mines et empêcher les effondrements. Autour des puits miniers, des villes nouvelles sont construites pour loger les mineurs. Le charbon est exploité pour l'**énergie** qu'il peut fournir aux industries et aux particuliers. Les **déchets** (roche non combustible) sont remontés à la surface où ils constituent des sortes de collines : les **terrils**.

- De nos jours, il ne reste rien des anciennes forêts, le paysage est devenu **urbain** (ville). Certaines galeries minières se sont effondrées ; en surface, l'eau de pluie s'est accumulée formant des **lacs** peu profonds. L'exploitation du charbon a cessé, seuls les terrils témoignent du passé dans le paysage.

MINI INTERRO

1. Cite deux raisons qui poussent l'Homme à agir sur l'environnement.
2. Cite deux actions de l'Homme sur l'environnement.

S'ENTRAÎNER

1 Vrai ou faux ?

Coche la case qui convient.

	V	F
a. L'action de l'Homme peut être destructrice pour la planète.	❑	❑
b. L'action de l'Homme peut favoriser l'équilibre naturel.	❑	❑
c. Le recyclage des déchets contribue au respect de la nature.	❑	❑
d. L'utilisation d'engrais pour les cultures augmente la production.	❑	❑
e. L'utilisation d'engrais pour les cultures n'est jamais nuisible.	❑	❑

2 Actions de l'Homme sur l'environnement

Dans les exemples suivants, souligne en vert les actions de l'Homme qui protègent l'environnement, et en rouge celles qui sont nuisibles.

a. La forêt des Landes est la plus grande forêt de France. Elle est surtout peuplée de pins qu'on coupe dès qu'ils sont assez grands pour servir à l'industrie.

b. Les branches, trop fines pour être employées dans l'industrie du meuble, permettent de fabriquer du papier.

c. La fabrication du papier utilise d'énormes quantités d'eau à laquelle on ajoute des produits chimiques qui blanchissent le papier. Cette eau est ensuite rejetée dans les rivières.

d. Chaque arbre abattu est immédiatement remplacé.

e. Dans le Midi, l'imprudence de certains touristes est à l'origine d'incendies qui détruisent chaque année des surfaces considérables de forêt.

f. Dans le sud de la France, l'État encourage (et parfois oblige) les propriétaires de terrains à débroussailler, c'est-à-dire à couper régulièrement toutes les plantes basses au ras du sol.

3 Réseau routier et environnement

Il n'est pas rare qu'une autoroute traverse une forêt. Quel beau paysage pour l'automobiliste sur la route des vacances !

Donne trois effets nuisibles d'un tel aménagement.

Corrigés p. 41 du livret.

4 Un aménagement en région parisienne

Explique la raison de l'aménagement décrit ci-dessous, et précise s'il est favorable ou défavorable à l'environnement. Justifie ta réponse.

Autour de la région parisienne, la plus grande partie des forêts – où autrefois les rois et seigneurs aimaient chasser le grand gibier, comme le cerf – a aujourd'hui disparu. Elle est remplacée par de vastes étendues cultivées (blé, maïs…).

5 CONTRÔLE EXPRESS

Lis le texte et répond aux questions.

L'évolution des paysages dans nos régions

Depuis des siècles, la Vendée, la Bretagne et la Normandie sont des régions où l'on cultivait différentes plantes utiles à l'alimentation humaine, dans des champs de taille moyenne, séparés par des haies. Depuis quelques dizaines d'années, les haies disparaissent et les champs deviennent immenses.

a. Donne une raison qui pousse à réunir les champs en d'immenses étendues. ....

....

b. Propose une conséquence sur le peuplement animal de ces régions. ....

....

....

5 La diversité des êtres vivants

RETENIR

1 / La diversité des êtres vivants

- Les **êtres vivants** sont très divers. Certains critères (certaines caractéristiques) permettent de les **grouper en espèces** et de les **classer**.
- Une **même espèce** regroupe, sous le même nom, des êtres vivants qui ont des **caractéristiques communes et qui peuvent se reproduire entre eux.**
- Les êtres vivants d'**espèces différentes** peuvent être groupés selon divers **critères**. Certains de ces critères permettent de les situer dans une **classification**. On peut ainsi reconnaître :

– des **animaux vertébrés** : Poissons, Batraciens, Reptiles, Oiseaux, Mammifères ;
– des **animaux invertébrés** : Mollusques, Vers, Arthropodes (Insectes, Arachnides, Crustacés, Myriapodes), Échinodermes ;
– des **végétaux à fleurs** ;
– des **végétaux sans fleurs** : Fougères, Mousses, Algues, Lichens, Champignons.

2 / La constitution des êtres vivants

- Tous les êtres vivants, animaux et végétaux, sont constitués de **cellules**. Certains sont formés d'une seule cellule, d'autres – les plus nombreux – en possèdent un très grand nombre.
- **La cellule est l'unité des êtres vivants ; elle possède notamment une membrane, un noyau et du cytoplasme.**

MOTS CLÉS

✔ **Vertébré :** animal pourvu d'une colonne vertébrale formée d'os.

✔ **Invertébré :** animal dépourvu d'os.

LA MÉTHODE

▷ Classer des êtres vivants

- Il faut d'abord les **observer**, puis **constituer** pour chacun d'eux une « **carte d'identité** » la plus précise possible.
- On peut, par exemple, classer les **animaux vertébrés** ainsi :

Clé de détermination			
L'animal a une colonne vertébrale et des os ou des arêtes : c'est un Vertébré	La peau porte des poils La femelle a des mamelles	→	MAMMIFÈRE
	La peau porte des plumes	→	OISEAU
	La peau porte des écailles soudées	→	REPTILE
	La peau est nue	→	BATRACIEN
	La peau porte des écailles non soudées	→	POISSON

- On peut, par exemple, classer les **végétaux** ainsi :

La plante est-elle verte ? OUI → A-t-elle des tiges et des feuilles ? OUI → A-t-elle des nervures ? OUI → A-t-elle des fleurs ? OUI → PLANTE À FLEURS

Question	NON ↓
La plante est-elle verte ?	CHAMPIGNON
A-t-elle des tiges et des feuilles ?	ALGUE
A-t-elle des nervures ?	MOUSSE
A-t-elle des fleurs ?	FOUGÈRE

MINI INTERRO

1. Cite les deux principaux groupes d'animaux.
2. Donne le nom de l'unité de constitution des êtres vivants.

S'ENTRAÎNER

1 Vrai ou faux ?

Coche la case qui convient.

	V	F
a. Un vertébré est un animal qui a 4 pattes.	❑	❑
b. Un animal dont la peau porte des écailles est forcément un poisson.	❑	❑
c. Un oiseau a toujours des plumes.	❑	❑
d. Si une plante vit dans l'eau, c'est une algue.	❑	❑

2 Trouver l'intrus

Observe ces groupes d'animaux et réponds aux questions. (Tu pourras t'aider du manuel de classe, du dictionnaire ou de tout autre document pour obtenir une description des animaux.)

a. Cherche l'intrus en soulignant l'animal qui n'est pas à sa place.
b. Écris une courte phrase pour justifier ton choix.
c. Nomme le groupe des animaux restants pour chaque série.

Série 1 :	Anguille	**Série 4 :**	Escargot
	Ver de terre		Limace
	Boa		Lombric
	Python		Bigorneau
Série 2 :	Tortue	**Série 5 :**	Baleine
	Lapin		Dauphin
	Lièvre		Phoque
	Ours		Manchot
Série 3 :	Requin	**Série 6 :**	Grenouille
	Merlan		Crapaud
	Morue		Hérisson
	Dauphin		Rainette

3 Une autre classification

Les biologistes se sont mis d'accord pour définir des caractères communs aux êtres vivants de telle sorte qu'on les range dans la même espèce.

Tu as découvert, page précédente, ces critères utilisés par les biologistes pour classer les êtres vivants. Choisis à ton tour d'autres critères, donne un nom ou une description à chaque groupe et places-y les êtres vivants de la liste suivante :

merle • chien • truite • grenouille • escargot • tulipe • ver de terre • cheval • rouge-gorge • moineau • cafard • limace • renard • sapin • scarabée • mille-pattes • pissenlit.

4 Principaux éléments d'une cellule

Sur les photos, place des flèches montrant une cellule, une membrane, un noyau, le cytoplasme, lorsqu'ils sont visibles sur la photo.

Grossissement microscopique, avec colorant, d'épiderme d'écaille d'oignon.

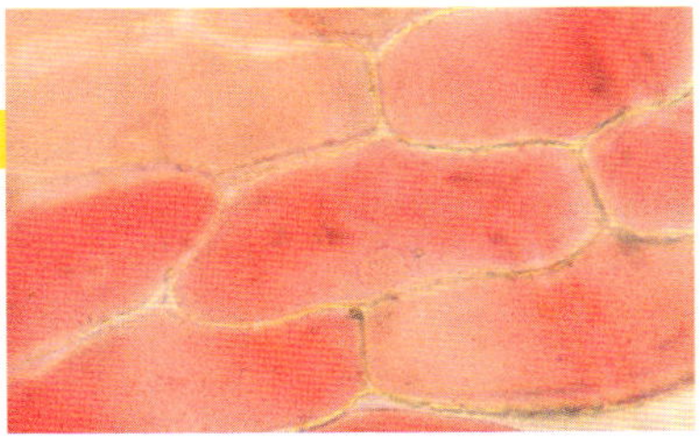

Grossissement microscopique, avec colorant, de paramécies (être vivant unicellulaire).

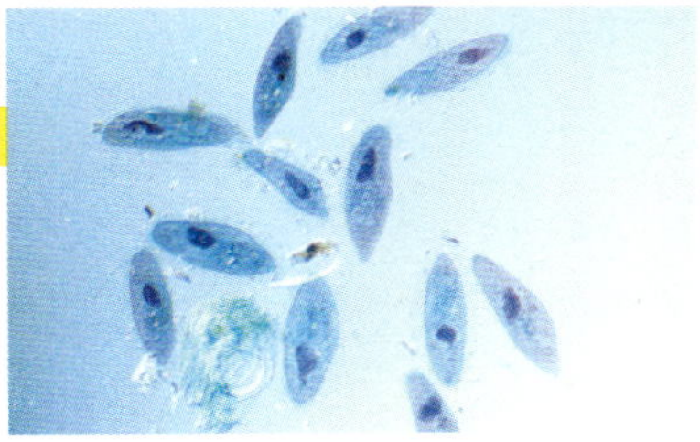

Grossissement microscopique, avec colorant, d'un tissu animal.

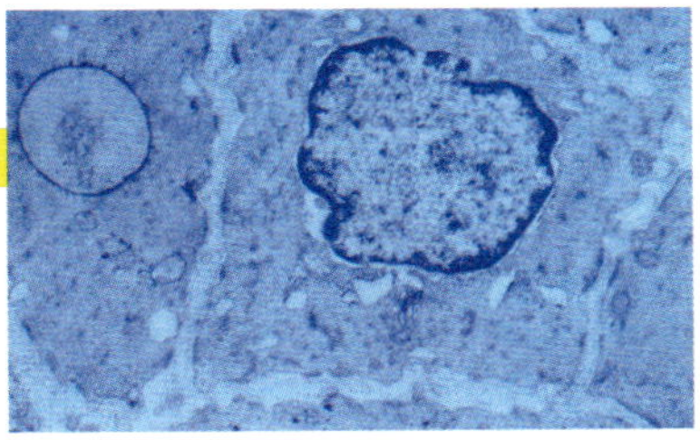

5 CONTRÔLE EXPRESS

Lis ce texte et réponds à la question.

La reproduction des roses

Les catalogues spécialisés proposent chaque année au grand public de nouvelles variétés de roses. Celles-ci sont obtenues en prenant les éléments reproducteurs mâles d'une variété pour les déposer sur les organes reproducteurs femelles d'une autre variété. Les horticulteurs donnent à toutes ces nouvelles plantes obtenues le nom de roses.

Ces plantes mâles et femelles de départ appartiennent-elles à la même espèce ? Justifie ta réponse.

Corrigés p. 42 du livret.

SVT

6 L'interdépendance alimentaire des êtres vivants

RETENIR

1 / Des chaînes alimentaires entre les êtres vivants

- Pour leur nutrition, tous les êtres vivants dépendent les uns des autres et des substances minérales du milieu. Les diverses espèces constituent les maillons de **chaînes alimentaires** organisées en réseau.
- Tous les êtres vivants sont **producteurs de matière** appelée **matière organique**. Tout être vivant produit sa propre matière à partir de celle qu'il prélève dans le milieu.
- Les végétaux chlorophylliens sont des **producteurs primaires**. Tous les autres êtres vivants sont des **producteurs secondaires**.

MOTS CLÉS

✓ **Matière organique :** matière produite par un être vivant.

✓ **Interdépendance :** les êtres vivants d'un milieu dépendent les uns des autres, par exemple pour se nourrir.

2 / La place de l'Homme dans les réseaux alimentaires

- L'élevage et l'agriculture modernes doivent satisfaire les besoins et les désirs de la population. L'éleveur et le cultivateur doivent gérer leur **exploitation de manière rationnelle**, en considérant l'évolution de la demande des consommateurs : ils ne sont pas seulement producteurs.

3 / La mise en place d'une chaîne alimentaire

- Le **blé** produit la matière qui le constitue à partir d'eau, de sels minéraux et de dioxyde de carbone (gaz carbonique) en présence de lumière. Il ne prélève dans le milieu que la matière minérale. C'est un **producteur primaire.**
- Le **campagnol** (petit mammifère ressemblant à la souris et vivant dans les champs) se nourrit de blé, d'eau et des sels minéraux qui y sont dissous. Il produit alors sa propre matière à partir de matière minérale et de matière fabriquée par un autre être vivant (le blé). C'est un **producteur secondaire**.
- Ce campagnol, à son tour, sera mangé par un faucon (oiseau rapace fréquent dans les campagnes). Le **faucon** consomme donc de l'eau avec des sels minéraux et du campagnol, donc de la matière produite par un autre être vivant. Il est donc lui aussi un **producteur secondaire**.

MINI INTERRO

1. Donne le nom du groupe d'êtres vivants qui rassemble les producteurs primaires.

2. Donne une définition de « chaîne alimentaire ».

LA MÉTHODE

▷ Schématiser une chaîne ou un réseau alimentaire

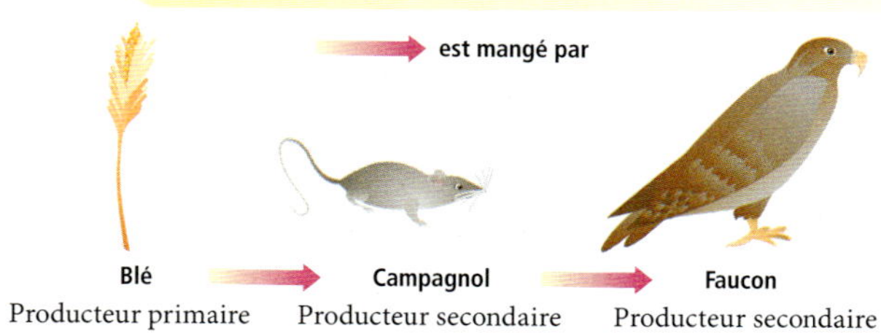

- Je choisis quelques êtres vivants et je les relie par des flèches signifiant « est mangé par ».
- Je forme ainsi une **chaîne alimentaire**.
- Certains êtres vivants appartiennent à plusieurs chaînes alimentaires. Lorsque plusieurs chaînes se recoupent, on dit qu'il se forme un **réseau alimentaire**.

1 Vrai ou faux ?

Coche la case qui convient.

	V	F
a. Tous les êtres vivants produisent de la matière.	❑	❑
b. Seuls les végétaux chlorophylliens consomment de la matière minérale.	❑	❑
c. Tout être vivant fait partie d'un réseau alimentaire.	❑	❑
d. Une chaîne alimentaire ne peut pas avoir de fin, puisque tout animal est consommé par un autre.	❑	❑

2 Définitions

Donne une définition de *producteur primaire* et *producteur secondaire*.

producteur primaire :

....

....

producteur secondaire :

....

....

3 La chaîne alimentaire

Complète la phrase suivante.

Au point de départ de toute chaîne alimentaire, il y a

un .... ;

tous les autres sont des ....

4 Gestion d'un réseau alimentaire

Lis le texte et réponds à la question.

À la fin du siècle dernier, pour la consommation alimentaire de l'Homme, on a introduit en Australie quelques élevages de lapins, animaux jusqu'alors inexistants sur ce continent. Certains animaux se sont échappés, se sont reproduits au point d'envahir de vastes régions et de devenir une véritable catastrophe par les dégâts qu'ils causaient aux cultures.

Utilise les connaissances acquises dans l'étude des chaînes alimentaires pour expliquer cette extraordinaire multiplication du nombre de lapins.

....

....

5 Production de matière par la vache

Lis ce texte et réponds aux questions.

On mesure la quantité de nourriture apportée chaque jour à de jeunes vaches de masse moyenne 200 kg. On mesure aussi chaque jour la masse moyenne des jeunes vaches.

Le 1er jour, on donne 3 kg d'orge aux vaches : leur masse augmente de 0,4 kg.

Le 2e jour, on donne 3,4 kg d'orge aux vaches : leur masse augmente de 0,6 kg.

Le 3e jour, on donne 3,9 kg d'orge aux vaches : leur masse augmente de 0,8 kg.

Le 4e jour, on donne 4,4 kg d'orge aux vaches : leur masse augmente de 1 kg.

a. Présente ces résultats sous forme de tableau.

b. Écris une phrase qui compare la quantité de matière consommée et l'augmentation de masse de l'animal.

....

....

c. Propose une explication pour la différence observée.

....

....

6 CONTRÔLE EXPRESS

a. Dans la liste ci-dessous, souligne en vert les producteurs primaires, en rouge les producteurs secondaires. Tu peux t'aider du manuel de classe, du dictionnaire ou de tout autre document pour connaître la nourriture des différents êtres vivants.

Grenouille • *gland (fruit du chêne)* • *musaraigne* • *escargot* • *herbe* • *grive* • *merle* • *cerise* • *buse* • *chouette* • *puceron* • *coccinelle*.

b. Relie les êtres vivants par une flèche signifiant « est mangé par ». Change de couleur pour chaque chaîne alimentaire que tu formes.

Corrigés p. 42 du livret.

7 Les besoins alimentaires des animaux et des végétaux

RETENIR

MOTS CLÉS

✓ **Besoin alimentaire :** ce que doit absorber un être vivant pour vivre et se développer.

✓ **Végétaux chlorophylliens :** contiennent de la chlorophylle de couleur verte.

1 / Les besoins alimentaires des animaux

- On appelle **régime alimentaire** ce que mange principalement un animal.
- Les animaux se nourrissent toujours de **matière minérale** et de **matière provenant d'autres êtres vivants, animaux ou végétaux.**

Le repas des lions.

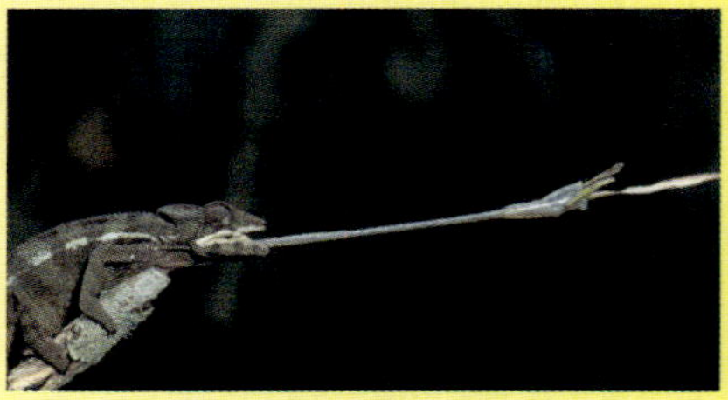
La capture d'un insecte par un caméléon.

2 / Les besoins alimentaires des végétaux

- Au contraire, les plantes vertes – **végétaux chlorophylliens** – n'ont besoin que de **matière minérale** pour se nourrir, à condition de recevoir de la **lumière**.

La rosée sur une tige florale.

L'arrosage d'un jeune arbre.

LA MÉTHODE

▷ Mettre en évidence les sels minéraux dans l'eau

- La **matière minérale** constitue la planète Terre. Elle peut être un gaz, un liquide ou un solide. Le **dioxyde de carbone** est un gaz qui fait partie de l'air qui nous entoure. L'**eau** est une matière minérale particulièrement abondante sur notre planète. Elle contient des matières dissoutes, appelées **sels minéraux**.
- Pour mettre en évidence les sels minéraux dans l'eau, je laisse lentement s'évaporer de l'eau du robinet dans un bocal couvert par un linge fin pour éviter la poussière. Après évaporation, un dépôt blanc grisâtre est visible dans le fond et sur les parois du bocal : ce sont des sels minéraux. Ils sont pourtant invisibles dans l'eau du robinet qui paraît parfaitement transparente : **les sels minéraux sont dissous dans l'eau.**

MINI INTERRO

1. Cite la principale matière minérale consommée par les êtres vivants.
2. Cite les trois formes que peut avoir la matière minérale.

S'ENTRAÎNER

1 Vrai ou faux ?

Coche la réponse qui convient.

	V	F
a. Les consommateurs de matière minérale sont les végétaux.	❑	❑
b. En buvant de l'eau de source, on consomme des sels minéraux.	❑	❑
c. Les seuls besoins alimentaires des végétaux chlorophylliens sont la matière minérale.	❑	❑
d. La matière minérale consommée par un être vivant pour se nourrir peut être sous la forme d'un gaz.	❑	❑
e. Ce que l'on nomme sels minéraux, c'est simplement le sel de cuisine !	❑	❑

2 Production de matière du tournesol

Rédige une phrase résumant l'information contenue dans ce tableau et dans le texte.

On cultive des tournesols (on extrait l'huile de leurs graines) sur deux champs voisins. Les deux champs sont arrosés de la même façon. Mais dans le champ B, on ajoute des engrais à l'eau d'arrosage. La production est exprimée dans le tableau ci-dessous.

Champ A : arrosé par de l'eau seule	**Champ B** : arrosé par de l'eau et de l'engrais
Production : 3 tonnes de graines par hectare	**Production** : 3,5 tonnes de graines par hectare

....

....

....

3 Régime alimentaire de quelques animaux

Souligne en rouge les animaux qui se nourrissent principalement de matière animale, en vert ceux qui se nourrissent principalement de matière végétale et en noir ceux qui se nourrissent à la fois de matière animale et de matière végétale.

Cheval • chien • lapin • renard • ours • souris • papillon • araignée • chat • hamster • loup • Homme • lion • vache • rat • mite • brochet • moustique • tortue terrestre • mouche • carpe.

4 Lumière et végétaux chlorophylliens

Schématise une expérience montrant que la lumière est nécessaire à l'alimentation des plantes chlorophylliennes.

5 Croissance d'un arbre

Lis ce texte et réponds aux questions.

Au XVIIe siècle, un biologiste plante un saule (arbre) dans un pot contenant 90,99 kg de terre. La masse du saule est alors de 2,3 kg. Il arrose régulièrement la terre avec de l'eau sans sels minéraux. Au bout de cinq ans, il déplante l'arbre. Sa masse est alors de 76,8 kg, tandis que la masse de terre dans le pot est de 90,84 kg.

a. Complète ce tableau à l'aide des données du texte.

	Masse de la terre	Masse de l'arbre
Au moment de la plantation		
Cinq ans plus tard		

b. Explique en quelques lignes les résultats obtenus.

....

....

....

....

....

6 CONTRÔLE EXPRESS

a. Donne la principale source de matière minérale consommée par les animaux.

....

....

....

b. Donne la définition de régime alimentaire.

....

....

....

Corrigés p. 43 du livret.

8 Le sol et les êtres vivants qui le peuplent

RETENIR

1 / Les constituants du sol

- Un sol est un milieu de vie, il est composé :
– de **restes d'êtres vivants** : excréments ou cadavres animaux, débris de végétaux morts (feuilles, branches…) ;
– de **matière minérale** provenant des roches du sous-sol.
Un sol est peuplé de très nombreux êtres vivants appartenant à des groupes très divers et ayant une taille très variable.

MOTS CLÉS

✓ **Constituants du sol :** matière minérale et restes d'êtres vivants.

✓ **Réseau trophique :** ensemble d'êtres vivants d'un même milieu, reliés entre eux par une relation alimentaire.

2 / Des réseaux alimentaires dans le sol

- Les **décomposeurs** sont les animaux du sol qui se nourrissent de la matière organique contenue dans le sol. Ils la digèrent et rejettent des excréments sous forme de **matière minérale**, à nouveau disponible pour l'alimentation des végétaux.

- Comme à la surface, des relations alimentaires s'établissent entre les êtres vivants du sol : des **réseaux trophiques** se constituent.

3 / L'exploitation des réseaux trophiques par l'Homme

- **Un décomposeur au service de l'agriculture**
En Inde, des chercheurs ont dispersé, dans des plantations de théiers (arbustes dont les feuilles, hachées et placées dans de l'eau chaude, donnent le thé), un mélange de fumier (paille et excréments animaux), de vers de terre et de petits morceaux de bois. Ils ont obtenu une production de feuilles de théier 2,5 fois plus importante qu'avec les méthodes habituelles de culture.

- **Le tri des déchets organiques**
Le tri sélectif des déchets ménagers consiste à séparer les déchets biodégradables (papier, déchets alimentaires…) décomposés par les êtres vivants du sol et qui peuvent donc être accumulés dans des décharges. D'autres déchets (verre, métal) peuvent être réutilisés après traitement par l'industrie, tandis que d'autres enfin, doivent être détruits (nombreux plastiques, piles).

MINI INTERRO

1. Donne la définition de « décomposeur ».
2. Cite un décomposeur animal et un décomposeur végétal.

LA MÉTHODE

▷ Construire un réseau trophique

- Dans une petite quantité de terre de jardin (un bol) que **j'étale** sur une feuille de papier blanc, **je sépare**, à l'aide d'une loupe et d'une petite aiguille, les constituants provenant d'êtres vivants, les éléments minéraux (débris de roches) et éventuellement les êtres vivants eux-mêmes.

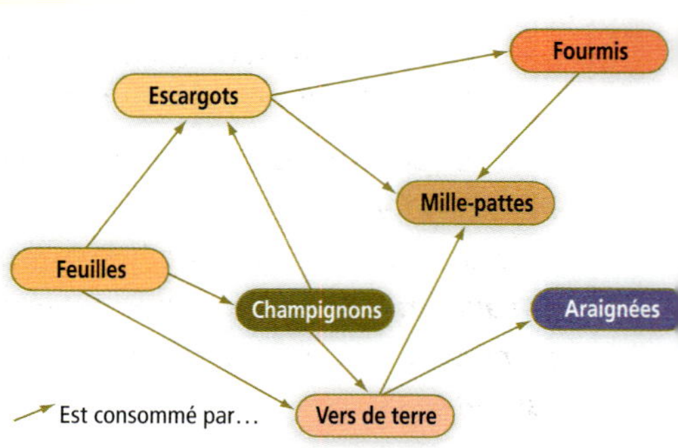

■ Un exemple de réseau trophique dans le sol.

S'ENTRAÎNER

1 Vrai ou faux ?

Coche la case qui convient.

	V	F
a. Le sol est entièrement constitué de débris de roches.	❑	❑
b. La terre de jardin contient des éléments minéraux et de la matière organique.	❑	❑
c. Le sol est un milieu peuplé d'êtres vivants animaux et végétaux.	❑	❑
d. Les vers de terre sont des animaux nuisibles pour les cultures.	❑	❑
e. La matière minérale produite par les décomposeurs peut être utilisée par les végétaux chlorophylliens.	❑	❑

2 Agriculture et décomposeur

Dans le texte ci-dessous, souligne les expressions qui montrent que les vers de terre sont une aide précieuse pour le cultivateur.

Les vers de terre préfèrent les sols frais, humides, riches en débris végétaux. Ils vivent dans des galeries qu'ils creusent dans le sol en avalant la terre qu'ils rejettent derrière eux sous forme de tortillons. On en compte jusqu'à 2 à 4 millions par hectare. Les galeries aèrent le sol, séparent les grains de terre les uns des autres, facilitant le développement des racines. Au passage, les vers de terre se nourrissent de débris végétaux avalés, et participent à la décomposition de la matière organique. Leurs rejets (excréments) forment de la matière minérale utilisable par les plantes.

3 Tri des déchets

On a dressé la liste des déchets trouvés dans la poubelle d'une famille.

Dans la liste ci-dessous, surligne en vert ce qui est biodégradable, en bleu ce qui peut être réutilisé par l'industrie, en rouge ce qui devra être détruit.

Pain rassis • pot de yaourt en plastique • marc de café • bouteilles en verre • canette de soda en métal • épluchures de légumes • bouteilles en plastique • journaux • fruit gâté • barquette plastique ayant contenu de la viande • piles usagées • tontes de gazon • chaussettes de laine usagées • mouchoirs en papier

4 Identifier un décomposeur

Souligne le décomposeur dans le texte suivant.

Certaines fourmis, nommées Atta, sont incapables de digérer les morceaux de feuilles mortes qu'elles récoltent à la surface du sol. Elles transportent ces débris dans des salles aménagées dans la fourmilière. Des champignons poussent sur ces morceaux de feuilles, les fourmis « cultivent » soigneusement ces champignons dont elles se nourrissent.

5 Préservation d'un réseau trophique

De nombreux produits de traitement utilisés en agriculture et en jardinage détruisent les insectes et autres petits animaux nuisibles aux cultures. Leur emploi est maintenant règlementé et il est conseillé d'en limiter l'usage.

Écris une phrase justifiant ce conseil.

....

....

....

....

....

6 CONTRÔLE EXPRESS

Des feuilles mortes se sont déposées sur le sol de la forêt en automne. Quelques semaines plus tard, on constate en les retournant qu'elles sont couvertes de filaments blancs de champignon. À la fin de l'hiver, il ne reste que les nervures des feuilles.

a. Écris une phrase expliquant ce qu'est devenue la matière organique des feuilles.

....

....

....

....

....

b. Complète la phrase suivante.

Le champignon est donc un ....

Corrigés p. 43 du livret.

9 L'élevage et la culture au service de l'alimentation humaine

RETENIR

1 / L'élevage et la culture

- L'Homme **élève des animaux** et **cultive des végétaux** pour se procurer des aliments :
  – un animal est élevé pour la viande, le lait, les œufs qu'il fournit ;
  – un végétal est cultivé pour ses fruits, ses graines, ses tubercules…

2 / L'alimentation humaine

- Le produit d'un élevage ou d'une culture répond à un ou plusieurs des **besoins en aliments** de l'Homme : **matières grasses** (ou lipides), **sucres rapides** (sucres des fruits par exemple), **sucres lents** (qui n'ont pas forcément un goût sucré et que l'on trouve dans les pommes de terre ou le riz par exemple), **protéines** (abondantes dans la viande et le poisson notamment). Le nom général de **glucide** regroupe les sucres rapides et les sucres lents.

- L'élevage et la culture doivent, en plus de répondre aux besoins de l'Homme, respecter l'environnement et la biodiversité pour un **développement durable**.

MOTS CLÉS

✓ **Élevage et culture :** techniques de production alimentaire.

✓ **Alimentation humaine :** ensemble de produits permettant de satisfaire les besoins alimentaires de l'Homme.

LE DOCUMENT CLÉ

▷ Une ferme au service de l'alimentation humaine

- Les poules pondent des **œufs**, même sans accouplement avec un coq. Les œufs sont recueillis chaque matin pour être conditionnés (emballés) puis commercialisés le plus rapidement possible. En plus de l'eau et des sels minéraux, les œufs contiennent des substances nutritives appelées **protéines** (en moyenne 6,6 g), **matières grasses** ou **lipides** (6,5 g) et **glucides** (0,4 g) (valeurs données pour un œuf de 60 g).

- La **viande du poulet** est pour la plus grande partie constituée par les muscles (exemple : la cuisse). Dans 100 g de cuisse de poulet, il y a 20 g de protéines et 13 g de matières grasses.

▷ À quel besoin alimentaire la culture de la pomme de terre correspond-elle ?

- La « pomme de terre » que l'on mange est en fait une petite partie de la plante : c'est un **tubercule**, une racine particulière, grosse et plus ou moins arrondie. 100 g de pomme de terre contiennent, en plus de l'eau et des sels minéraux, une part importante de glucides (19 g), des protéines (2 g) et des lipides (0,1 g).

MINI INTERRO

1. Donne deux sources importantes de protéines pour l'alimentation de l'Homme.
2. Donne un exemple de source de sucre rapide.

S'ENTRAÎNER

1 Vrai ou faux ?

Coche la case qui convient.

	V	F
a. En France, les vaches sont élevées pour la production de lait.	❑	❑
b. L'élevage des poules « en batterie », c'est-à-dire en grand nombre sur un espace réduit, a été inventé pour le bénéfice des industriels.	❑	❑
c. Pour une bonne gestion de son exploitation, le cultivateur doit utiliser toujours plus d'engrais.	❑	❑
d. Les œufs que nous consommons auraient pu être des poussins.	❑	❑
e. Les matières grasses sont aussi appelées les glucides.	❑	❑
f. L'agriculteur doit répondre aux besoins alimentaires de la population tout en se souciant de l'environnement.	❑	❑

2 Des sources d'aliments

Associe chacun des aliments de la liste de gauche avec une flèche au terme scientifique correspondant dans la liste de droite.

steak haché ○	
salade ○	
carotte ○	○ racine
pomme de terre ○	
chair de crabe ○	○ fleur
haricot blanc ○	
râble de lapin ○	○ feuille
chou-fleur ○	
chou rouge ○	○ graine et fruit
jambon ○	
tomate ○	○ muscle
raisin ○	
poisson ○	

3 Un aliment « spécial bébé »

En observant les constituants du lait, explique en une phrase pourquoi le lait est l'aliment par excellence des nourrissons.

4 Un élevage au service de l'Homme

Cite au moins quatre aliments provenant de l'élevage de la vache ou du bœuf.

....

....

....

5 CONTRÔLE EXPRESS

Utilise tes connaissances pour expliquer en une phrase l'intérêt pour l'Homme de consommer des aliments variés.

....

....

....

....

....

....

....

Corrigés p. 43 du livret.

10 La maîtrise de la production biologique par l'Homme

RETENIR

1 / Les conditions d'élevage et de culture

- Élevage et culture nécessitent une maîtrise de la reproduction, des apports nutritifs et des conditions appropriées. Les individus mis en élevage ou en culture sont obtenus par **reproduction sexuée** (animaux, végétaux) ou par **multiplication végétative** (certains végétaux).
- Des **apports nutritifs** sont nécessaires (aliments de composition connue, engrais). Ils dépendent des besoins de l'animal élevé ou du végétal cultivé.
- La production requiert des **conditions physico-chimiques** particulières (température, éclairement, oxygénation, humidité).

MOTS CLÉS

✓ **Apports nutritifs :** matière nécessaire à un être vivant pour son développement et son fonctionnement.

✓ **Conditions physico-chimiques :** caractéristiques physiques et chimiques.

2 / L'amélioration de la production

- Des **améliorations quantitatives et/ou qualitatives** de la production sont obtenues en agissant sur la reproduction, les apports nutritifs et les conditions d'élevage ou de culture.
- La **culture de tomates hors sol** est un exemple d'amélioration de la production. Les tomates sont cultivées en serre. Les racines se développent dans un matériau industriel : la laine de roche. Un ordinateur règle en permanence l'apport d'eau et de sels minéraux dans la laine de roche et contrôle la quantité de lumière et de dioxyde de carbone dans la serre. En éliminant la terre, on élimine tout risque de contamination et donc de maladies. En contrôlant le dioxyde de carbone, la lumière et les apports nutritifs, on permet une production rapide de fruits nombreux et d'excellente qualité.

MINI INTERRO

1. Donne un intérêt de la culture « hors sol » de certains légumes.
2. Cite un exemple de technique d'élevage permettant d'augmenter le nombre d'individus produits.

LE DOCUMENT CLÉ

▷ La pisciculture pour augmenter la production de poissons

- Dans les **rivières**, sur des milliers de cellules-œufs de truite formées au hasard des rencontres des cellules reproductrices mâles et femelles, seul un faible pourcentage donne des truites adultes. Les autres seront consommées par d'autres animaux.
- Dans une **pisciculture**, la fécondation en bac, réalisée par un technicien, est très efficace. Les œufs, puis les jeunes, se développent dans un milieu protégé, contrôlé et favorable. Un très fort pourcentage atteint l'âge adulte.

S'ENTRAÎNER

1 Vrai ou faux ?

Coche la case qui convient.

	V	F
a. Il est possible de produire des tomates en toutes saisons.	❑	❑
b. Les poissons sont les seuls animaux qui échappent encore aux techniques d'élevage.	❑	❑
c. L'alimentation fournie aux animaux d'élevage agit sur la production.	❑	❑
d. Les techniques de culture évitent certaines maladies des plantes produites.	❑	❑
e. L'Homme peut augmenter la production de viande en agissant sur la reproduction des animaux.	❑	❑

2 Une production d'œufs

Lis ce document et réponds aux questions.

Deux lots de poules sont élevés dans des conditions différentes : le lot A reçoit uniquement l'éclairage naturel du jour tandis que le lot B est soumis à un éclairage artificiel de 16 heures par jour à longueur d'année.

La production d'œufs par ces poules est indiquée dans le tableau suivant.

	Lot A éclairage naturel	**Lot B éclairage artificiel**
Période de production	Diminution d'octobre à janvier	Production continue et élevée
Nombre d'œufs par poule et par an	200	300 à 320

a. Compare la production d'œufs dans les deux cas.

....

....

b. Donne un avantage et un inconvénient de l'élevage sous éclairage artificiel.

Avantage : ....

....

Inconvénient : ....

....

3 Intérêt des techniques d'élevage

Donne trois avantages de l'élevage industriel par rapport à l'élevage traditionnel (animaux en liberté).

4 Reproduction contrôlée dans un élevage

Lis ce texte et réponds aux questions.

L'insémination artificielle

Il devient rare dans les exploitations agricoles de laisser un taureau s'accoupler avec les vaches. Dans des centres spécialisés, les taureaux sont élevés et sélectionnés. Seuls certains d'entre eux seront conservés pour la reproduction. On prélève leurs cellules reproductrices (gamètes mâles) pour les introduire dans les organes reproducteurs de vaches, elles aussi sélectionnées.

a. Donne les deux principaux produits alimentaires fournis par les vaches.

b. Selon le produit recherché, précise les qualités héréditaires qui seront retenues chez les individus parents dans l'espoir qu'elles soient transmises au veau.

5 CONTRÔLE EXPRESS

Observe ce graphique qui montre la production d'un champ de maïs en fonction de la quantité d'engrais apportée avec l'eau d'arrosage (quantités non chiffrées).

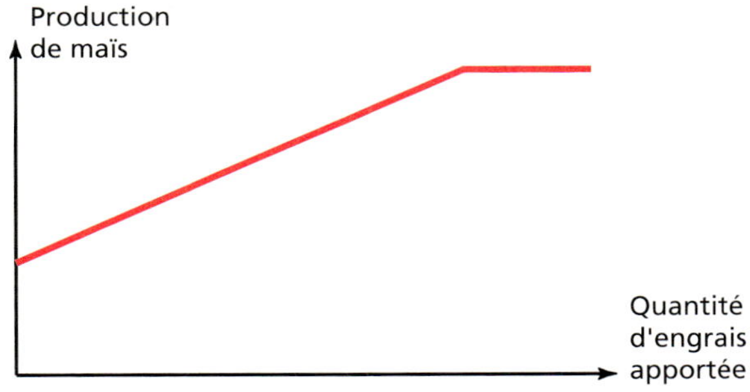

a. En une phrase, exprime la variation de la production de maïs en fonction de la quantité d'engrais apportée.

b. Sachant que ces engrais sont fournis avec l'eau d'arrosage, qui s'enfonce ensuite dans la terre et rejoint les rivières, explique pourquoi on demande de plus en plus souvent aux agriculteurs de diminuer les quantités d'engrais qu'ils utilisent.

SVT

Corrigés p. 43 du livret.

11 La transformation biologique au service de l'alimentation humaine

RETENIR

1 / De la matière première à l'aliment

- Certains aliments proviennent d'une **transformation biologique opérée par l'Homme**. Ces aliments procurent à l'être humain une ou plusieurs **composantes** de son alimentation.
- Les aliments produits sont issus de la transformation d'une **matière première animale** ou **végétale**.

MOTS CLÉS

✓ **Matière première :** matière à la base d'un produit fabriqué.

✓ **Transformation biologique :** transformation de matière première organique en aliment.

2 / Des aliments obtenus par transformation du lait

- Quand on laisse reposer du lait, une couche superficielle se forme : c'est la **crème**. En battant vigoureusement cette crème, on sépare l'eau des lipides qui la composent et on obtient le **beurre**.
- En faisant prendre en masse (coaguler) les protéines du lait, on obtient les **yaourts** et les **fromages**.
- Le type de transformation subie par le lait est directement lié à la composition du produit obtenu, comme le montre ce tableau.

Aliment	Composition en grammes pour 100 grammes d'aliments			
	Eau	Lipides	Protéines	Glucides
Lait	88	3,7	3,4	4,9
Yaourt	80	1,5	5	4,5
Camembert	55	23	20	1
Crème fraîche	60	30	3	4
Beurre	10	82	1	0

MINI INTERRO

1. Cite les composants du pain.
2. Donne trois exemples de produits obtenus à partir du lait.
3. Cite deux substances alimentaires apportées à l'Homme par le pain.

LE DOCUMENT CLÉ

▷ La fabrication du pain

- Les **grains de blé**, débarrassés de leur enveloppe, sont écrasés finement en une poudre blanche : la **farine**. Le boulanger y ajoute de l'**eau**, du **sel**, de la **levure** (champignons microscopiques), puis mélange le tout dans une grande cuve : le **pétrin**.
- Il laisse ensuite la **pâte reposer** à température ambiante. Des champignons microscopiques, les levures, transforment une petite partie de la farine en dégageant du **dioxyde de carbone**. Celui-ci fait des bulles emprisonnées dans la pâte.
- Le boulanger façonne des portions de pâte de masse déterminée en fonction du pain qu'il veut obtenir. La **cuisson à four chaud** tue les levures, fait sécher et dorer la surface du pain.
- Le pain apporte à l'être humain des **protéines** et des **glucides du blé**, ainsi que des **sels minéraux**.

S'ENTRAÎNER

1 Vrai ou faux ?

Coche la case qui convient.

	V	F
a. Farine, eau, œufs, sel, levure sont les principaux constituants du pain.	❑	❑
b. Le lait est à l'origine de tous les fromages.	❑	❑
c. Les fromages doivent leur consistance pâteuse aux protéines.	❑	❑
d. La fabrication du pain se fait à l'aide de champignons microscopiques.	❑	❑
e. Tous les yaourts ont une base commune. On ajoute ensuite des fruits, des arômes… selon les goûts des clients.	❑	❑

2 Diversité des produits laitiers

En utilisant le tableau sur la transformation du lait de la page de gauche, classe les produits obtenus du moins gras au plus gras.

....

....

3 Le pain et ses variantes

Quelle que soit son appellation, le pain a toujours la même composition de base : eau, sel, farine, levure.

Repère chez le boulanger quelques types de « pains spéciaux » et demande leur particularité.

4 Des aliments d'origine végétale

Dans une grande surface, cherche trois produits provenant de la transformation du maïs et trois produits provenant de la transformation de pommes de terre.

Produits provenant de la transformation du maïs :

....

....

....

Produits provenant de la transformation de pommes de terre : ....

....

....

....

5 Un aliment « parfait »

Dans le tableau présentant le lait et les aliments qui proviennent de sa transformation page de gauche, précise celui qui est le plus complet et le plus équilibré pour l'alimentation humaine.

....

....

6 Animale ou végétale ?

Précise la matière première à l'origine des aliments suivants et si elle est d'origine animale ou végétale.

a. pâté de tête : ....

b. rillettes : ....

c. foie gras : ....

d. compote : ....

e. crème glacée : ....

f. sorbet : ....

g. confiture : ....

h. chocolat : ....

i. andouille : ....

7 Diversité des produits alimentaires

Les rayons des supermarchés proposent une variété de plus en plus grande de produits dérivés du lait.

Cite cinq exemples et explique cette multiplication des produits.

....

....

....

....

....

8 CONTRÔLE EXPRESS

Dans la liste suivante, souligne en rouge les aliments qui proviennent d'une transformation de matière première animale et en vert ceux qui proviennent de la transformation de matière première végétale : *huile* • *beurre* • *corn-flakes* • *chocolat* • *vin* • *pâté* • *biscuit* • *bonbon* • *sucre* • *boudin noir*.

Corrigés p. 44 du livret.

12 L'utilisation des micro-organismes dans l'alimentation humaine

RETENIR

1 / Des micro-organismes au service de l'alimentation

- L'Homme maîtrise la production et l'utilisation des **micro-organismes** (microbes) nécessaires à la fabrication de certains de ses aliments.
- Au cours de la fabrication de certains aliments, des micro-organismes sélectionnés transforment le produit d'origine, par **fermentation**, dans des conditions physico-chimiques particulières.

MOTS CLÉS

✔ **Micro-organisme :** être vivant microscopique.

✔ **Fermentation :** transformation de matière organique à l'abri de l'air, sous l'action de micro-organismes.

2 / Une production de qualité

- L'amélioration de la production est obtenue :
– par un **choix des micro-organismes employés** : par la transformation qu'ils opèrent, ils sont responsables du produit fini (c'est ce qui explique la saveur différente de plusieurs yaourts nature) ;
– par l'**amélioration de la qualité des matières premières** ;
– par un meilleur **respect des règles d'hygiène**.

3 / Le rôle du micro-organisme dans la transformation du lait en yaourt

- Dans la fabrication du yaourt, le lait est utilisé comme aliment par les micro-organismes. En échange, les micro-organismes produisent des substances qui transforment le lait : c'est la **fermentation**.
- Le développement et l'activité des micro-organismes sont maximaux aux alentours de 50 °C. C'est à cette température que sont portées les cuves contenant le lait à transformer.

MINI INTERRO

1. Explique pourquoi les micro-organismes qui transforment le lait en yaourt sont parfois appelés ferments.
2. Explique la raison des conditions d'hygiène très strictes qui sont appliquées dans les laiteries.

LE DOCUMENT CLÉ

▷ L'importance de règles d'hygiène strictes

- De très nombreux micro-organismes sont capables de se développer en utilisant le lait comme matière première. Certains d'entre eux peuvent causer des troubles digestifs parfois graves chez la personne qui les consommerait.
- Les industries de fabrication de yaourts sont donc de véritables laboratoires, où des **règles d'hygiène** très strictes permettent de s'assurer de l'absence de micro-organismes nuisibles.

S'ENTRAÎNER

1 Vrai ou faux ?

Coche la case qui convient.

	V	F
a. Il faut lutter contre tous les micro-organismes : ils ne nous apportent que des maladies.	❑	❑
b. D'une marque à l'autre, la différence de goût entre des yaourts « nature » est due aux micro-organismes.	❑	❑
c. Une température basse ralentit la multiplication des micro-organismes.	❑	❑
d. Soumettre un aliment à très haute température avant de l'emballer permet de le conserver plus longtemps.	❑	❑
e. Une bouteille de lait entamée se conserve facilement plusieurs semaines.	❑	❑

2 Cidre et jus de pomme

Le jus de pomme et le cidre ont tous deux la même origine : des pommes écrasées pour en extraire le jus.

Explique pourquoi le cidre est pétillant, alors que le jus de pomme ne l'est pas.

3 Conservation du lait

Lis les textes et réponds aux questions

a. Propose une explication à la pratique suivante.

Autrefois, il était courant d'aller « chercher son lait à la ferme ». Il était conseillé de s'y rendre vers 18 heures, juste après la traite des vaches. De retour à la maison, on le faisait immédiatement bouillir pendant quelques minutes, alors que sa consommation n'était prévue que pour le petit déjeuner du lendemain.

b. Précise le rôle du passage du lait à très haute température.

Les boîtes de lait portent souvent l'indication UHT pour ultra haute température. Ce lait a la particularité de pouvoir se conserver plusieurs semaines. Pour cela, le lait est soumis à une haute température pendant un temps très bref, puis il est injecté dans des boîtes scellées.

c. Explique en quelques phrases pourquoi le lait caille.

Abandonné à l'air libre, un verre de lait se gâte rapidement. Des masses blanches se forment dans un liquide clair. Le lait a caillé. Cette transformation est tout à fait comparable à celle qui donne le yaourt. Pourtant, un tel lait caillé a un goût aigre et est impropre à la consommation.

4 Rôle de la température

Le froid est connu pour être un bon moyen de conservation des aliments.

Explique pourquoi dans la fabrication du yaourt ou des fromages, le lait est dans un premier temps porté à une température voisine de 40 à 50 °C.

5 La recette du « pain maison »

Pour confectionner un pain à la maison, une mère de famille a soigneusement mélangé, comme indique la recette : la farine, l'eau, le sel et la levure. Elle a obtenu une pâte qu'elle a façonnée en boule, puis l'a mise au four pendant le temps recommandé. À la sortie du four, sa déception fut grande de voir une sorte de galette sans forme et cassante.

Décris l'erreur qu'elle a commise.

....

....

6 CONTRÔLE EXPRESS

Pour la fabrication de la plupart des fromages, le micro-organisme responsable de la fermentation est soigneusement sélectionné et introduit dans le lait.

a. Donne un avantage de cette sélection.

....

....

b. Explique pourquoi le public n'est jamais autorisé à visiter une fromagerie.

....

....

....

Corrigés p. 44 du livret.

Anglais

DATE ÉVALUATION

ANGLAIS

1 *Be, there is/there are, this/that*

boots

RETENIR

1 / *Be*

- ***Be*** renseigne sur **ce que l'on est** (âge, nom, nationalité).
- **Conjugaison de *be* au présent**

Forme affirmative	Forme interrogative	Forme négative
I am (I'm) You are (You're) He/she/it is (he, she, it's) We are (we're) You are (you're) They are (they're)	Am I? Are you? Is he/she/it? Are we? Are you? Are they?	I am not (I'm not) You are not (you aren't) He/she/it is not (isn't) We are not (we aren't) You are not (you aren't) They are not (they aren't)

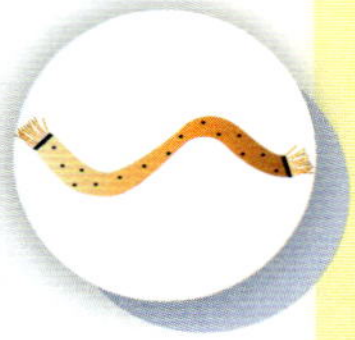

scarf

- Voici quelques expressions qui se construisent avec *be* en anglais :

I'm twelve. J'ai douze ans. I'm fine. Je vais bien. I'm cold/hot. J'ai froid / chaud.

2 / *There is/there are*

- ***There is/there are*** **servent à parler de ce qu'il y a.**

There is a bike in the garage. Il y a un vélo dans le garage.
There are two bikes in the garage. Il y a deux vélos dans le garage.

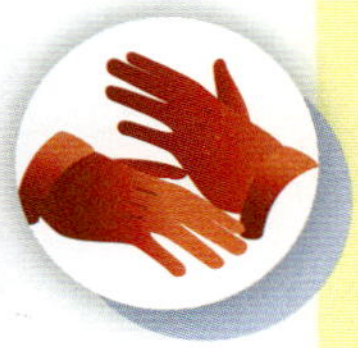

gloves

- *There is* est suivi d'un singulier. *There are* est suivi d'un pluriel. Si le premier mot de la liste est au singulier, on emploie *there is*.

There is a blue pen, three red pens and two pencils.

3 / *This/that*

cap

- *This* et *that* servent à **désigner une personne ou un objet** : ce sont des **démonstratifs.**
- Ils ont des formes différentes au singulier et au pluriel.

This et *these* désignent ce qui est proche de nous : **this** chair → **these** chairs.
That et *those* désignent ce qui est éloigné de nous : **that** flower → **those** flowers.

This is a rose and **that** is an apple tree.

coat

UN PEU DE VOCABULAIRE

▷ Clothes

belt

S'ENTRAÎNER

1 Quiz

Relie la question à la réponse associée.

a. Is Paul at school? ○	○ Yes, I am.
b. Are you hungry? ○	○ No, they aren't.
c. Is Sarah in the garden? ○	○ Yes, it is.
d. Is this your name? ○	○ Yes, she is.
e. Are her parents at home? ○	○ No, he isn't.

2 Conjuguer *be*

Complète en employant le verbe *be*.
N'utilise pas de contraction.

a. The teacher.............. American.

b. We .... tourists.

c. My friends .... always early.

d. My German friend .... always late.

e. I .... thirteen.

3 Décrire

Regarde attentivement ce dessin.

Décris ce que tu vois en utilisant *there is* ou *there are* et les mots suivants :
poster • chair • teacher • blackboard • book.

a. There is ....

b. There are ....

c. ....

d. ....

e. ....

4 Comment dirais-tu que... ?

a. Ta sœur Mary a très faim et soif.

....

b. Il a douze ans. ....

c. Il y a un chien et deux chats dans la voiture.

....

5 Du singulier au pluriel

Mets ces phrases au pluriel.

a. This is your book. ....

b. That's my name. ....

c. This is Jack's shoe. ....

6 Du pluriel au singulier

Mets ces phrases au singulier.

a. Those flowers are expensive.

....

b. These pictures are Allison's.

....

c. I don't like those birds.

....

7 Test de vocabulaire

Que porte ce drôle de singe ? Complète.

This strange monkey is wearing a green ...., a .... shirt, an orange ...., blue .... and black s..............

8 CONTRÔLE EXPRESS

Complète avec *there is* ou *there are*.

a. .... twenty students in my class.

b. .... a present for you on the table.

c. .... a lot of books on the shelf.

Corrigés p. 44 du livret.

2 L'article, le nom

RETENIR

1 / L'article

L'article se place devant le nom et le détermine.

- L'article **indéfini** a deux formes au singulier :
  – ***a*** devant une consonne, devant un **y** et un **u** prononcé [ju] : **a** cup, **a** yard ;
  – ***an*** devant un mot commençant par une voyelle et un **h** muet (non prononcé) : **an** umbrella, **an** egg, **an** hour.
  L'article indéfini n'a pas de forme pluriel.
  Il se place devant les noms de métiers : Jessica's mother is **a teacher**.

- L'article **défini *the*** est invariable : **the** boy → **the** boys • **the** girl → **the** girls.
  The se prononce de deux manières :
  – [ðə] devant un nom commençant par une consonne, un **y** ou un **u** prononcé [ju] : **the** ball, **the** yellow car ;
  – [ði:] devant un nom commençant par une voyelle : **the** umbrella.
  On n'emploie pas *the* devant certains noms : les langues (She teaches English.), les repas (Come for lunch.), les activités humaines (I play golf.), les jours, mois et saisons (I visit my grandmother on Saturday.).

2 / Le nom

Le nom désigne une personne, un animal, une chose.

- Les **dénombrables** = ce que l'on peut compter. Ils peuvent se mettre au pluriel : a **car** → **cars** • a **dog** → **dogs**
  La plupart des dénombrables prennent un *s* au pluriel qui se prononce [s] ou [z].
  Quelques mots terminés par *o* (tomato**es**, potato**es**, mais piano**s**), par une consonne et *y* (bab**ies**, lad**ies**, stor**ies**) par *s*, *x*, *sh*, *ch* (où le *es* se prononce [ɪz] : box**es**, bus**es**, brush**es**, match**es**) forment leur pluriel en « *es* ».

- Les **indénombrables** = ce que l'on ne peut pas compter. Ils ne se mettent pas au pluriel : water, sugar, time, money. Les pluriel irréguliers : man → men • woman → women • child → children • foot → feet.

- **Cas particuliers.** People, toujours suivi d'un verbe au pluriel, ne prend pas d'*s* quand il signifie « des gens », « du monde » (There are a lot of people in the store.).
  Hair est toujours suivi d'un verbe au singulier (His hair is dirty.).

butcher

doctor

florist

nurse

waiter

UN PEU DE VOCABULAIRE

▷ Jobs

painter

grocer

greengrocer

policeman

postman

baker

hairdresser

S'ENTRAÎNER

1 Quiz

Relie ces mots à la forme du pluriel qui convient.

a. mother
b. bus
c. baby
d. car
e. window
f. match
g. potato
h. boy
i. bag
j. box

- Pluriel en *-es*
- Pluriel en *-s*

2 A, *an* ou Ø (pas d'article)

Complète les phrases suivantes.

a. She wants to buy .... yellow hat.
b. Is Peter .... painter? No, he's .... architect.
c. There are .... dogs in the garden.
d. She is .... American journalist.
e. The meeting is in .... hour.

3 Prononciation

Souligne l'article *the* lorsqu'il se prononce [ði:].

the article • *the magazine* • *the shop* • *the university* • *the umbrella* • *the hour* • *the zoo* • *the English* • *the clock*.

4 Mettre au pluriel

Que vois-tu ? Compte et écris.

a. I can see ....

b. I can see..

c. There are ....
and ....

d. I can see ....

e. I can see ....

f. There are ....

5 Questions-réponses

Construis les questions et les réponses sur le modèle suivant.

Exemple : Arthur/architect/teacher
Is Arthur an architect? No, he isn't. He's a teacher.

a. Helen/model/secretary
b. Ben/doctor/dentist
c. Sam and Simon/painters/policemen

6 Test de vocabulaire

Complète cette grille des métiers et tu découvriras un autre mot dans la colonne bleu foncé.

Le mot mystère est : ....

7 CONTRÔLE EXPRESS

Place ces mots dans la bonne colonne.

sugar • *glass* • *book* • *bread* • *money* • *computer* • *milk* • *time* • *orange* • *water* • *chair* • *salt*

Dénombrables	Indénombrables
....	....
....	....
....	....
....	....
....	....
....	....

Corrigés p. 45 du livret.

3 Have got, how many/how much, some/any

eat

drink

sleep

dream

read

speak

RETENIR

1 / *Have got*

- ***Have got*** **sert à parler de ce que l'on possède.**

Forme affirmative : I/you/we/they have got ('ve got) • he/she/it has got ('s got)
Forme interrogative : Have I/you/we/they got? • Has he/she/it got?
Forme négative :
I/you/we/they have not got (haven't got) • He/she/it has not got (hasn't got)

Attention à ne pas confondre les formes contractées de *have* et de *be* à la troisième personne du singulier. He'**s got** a car. He'**s** thirsty.

2 / *How many/how much*

- ***How many***, suivi d'un nom **pluriel**, interroge sur le **nombre**.

  How many pages are there in the book? Combien y a-t-il de pages dans le livre ?

- ***How much***, suivi d'un **indénombrable**, interroge sur la **quantité** et sur le **prix**.

  How much money do you want? **How much** is it?

3 / *Some/any*

- Pour exprimer une **quantité non définie ou vague** on utilise ***some*** et ***any***. Ils s'emploient devant les indénombrables et les dénombrables pluriel.

- ***Some*** s'emploie dans les phrases **affirmatives** (There is **some** tea in the cup. There are **some** postcards on the table.) et dans les phrases **interrogatives** où l'on attend une réponse affirmative (demande ou offre) (Can I have **some** bread please? Would you like **some** coffee?).

- ***Any*** s'emploie dans les phrases **négatives** contenant ***not*** (There are**n't any** biscuits on the plate.) et dans les phrases **interrogatives** lorsque l'on ne sait pas s'il y a ce que l'on demande (Have you got **any** milk?).

UN PEU DE VOCABULAIRE

▷ Family

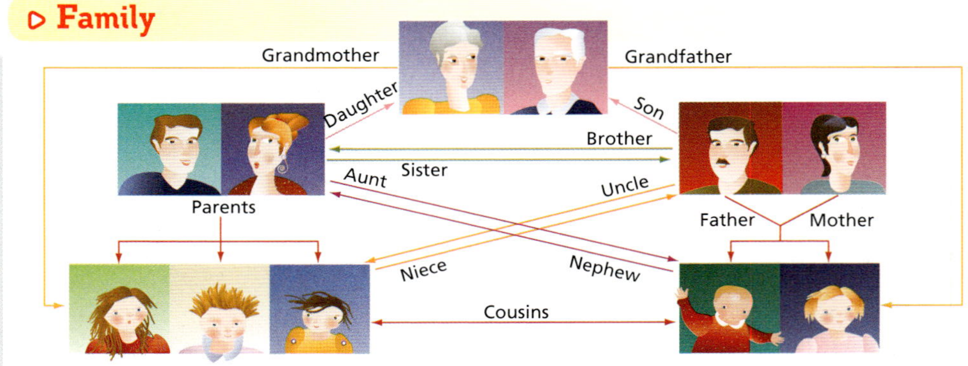

ANGLAIS

S'ENTRAÎNER

1 Quiz

Observe cet arbre généalogique et trouve de qui il s'agit.

a. She has got five grandchildren.	Brian
b. She has got two nieces.	Sue
c. He has got three nephews.	Johanna
d. He has got three sons.	Ben
e. She has got two daughters.	Mary

2 Formuler des questions

Pose des questions sur les mots soulignés. Utilise *how much* et *how many*.

a. Patricia has got <u>a lot of work</u>.

b. Fred has got <u>four sisters</u>.

c. John's parents have got <u>two cars</u>.

d. I've got <u>a lot of bread</u>.

e. We've got <u>five apple trees</u> in the garden.

3 Comment demanderais-tu à Ben… ?

a. S'il a un ordinateur.

....

b. Combien de frères et de sœurs il a.

....

4 *Some* ou *any* ?

Complète les phrases suivantes.

a. There are .... toys on the floor.

b. There aren't .... glasses on the table.

c. Would you like .... tea?

Corrigés p. 45 du livret.

5 Questions-réponses

À partir des dessins, forme les réponses aux questions comme dans l'exemple donné.

Exemple : Are there any sweets in the box?
No, there aren't any. There are some biscuits in the box.

a. Are there any posters on the wall?

b. Is there any butter on the plate?

c. Is there any champagne in the bottle?

d. Are there any books in the bag?

6 Test de vocabulaire

Cette grille contient neuf mots que tu viens d'étudier. Les trois lettres restantes te permettront de compléter le mot mystère.

D	A	U	G	H	T	E	R
F	A	T	H	E	R	A	S
D	N	I	E	C	E	U	O
N	C	O	U	S	I	N	N
A	M	O	T	H	E	R	R
R	N	E	P	H	E	W	E
G	U	N	C	L	E	N	H
G	R	A	N	D	M	O	T

Le mot mystère est _ _ _ T

7 CONTRÔLE EXPRESS

Pour chacune des phrases suivantes, indique s'il s'agit du *s* de *has* ou de *is*. Coche la bonne case.

	has	is
a. She's got a lot of animals.	❑	❑
b. She's very tired.	❑	❑
c. He's working in the garden.	❑	❑
d. He's got a new tennis racket.	❑	❑

4 L'adjectif, la comparaison, les adverbes

RETENIR

1 / L'adjectif

- **L'adjectif accompagne le nom et en précise le sens.** Il peut être **épithète** en se plaçant avant le nom (I like your **red** bag.) ou **attribut** (This book is **interesting**.).
- L'adjectif est **invariable.** The boy is **tall**. The girl is **tall**. The teachers are **tall**.
- Les **adjectifs de nationalité** prennent une **majuscule**. I speak **English**.

2 / La comparaison

- Le **comparatif d'égalité** se forme en mettant ***as*** de chaque côté de l'adjectif.

  Exercise 2 is **as** easy **as** exercise 5. L'exercice 2 est aussi facile que l'exercice 5.
  Paul isn't **as** tall **as** Jim. Paul n'est pas aussi grand que Jim.

- Le **comparatif de supériorité** :

– adjectifs courts : adjectif court + ***er*** + ***than***. My dress is **shorter than** yours.
Attention : big → **bigger** • fat → **fatter** • happy → **happier** • funny → **funnier**.
– adjectifs longs : ***more*** + adjectif long + ***than***. Jane is **more beautiful than** Sue.
Attention : good → **better** • bad → **worse**.

3 / Les adverbes

- **L'adverbe précise le sens d'un verbe.**

Les adverbes de **manière** se forment en ajoutant ***-ly*** à l'adjectif.

  Paul drives **slowly**.

Attention : happy → **happily** • comfortable → **comfortably**.

- ***Well*** et ***very much*** sont des adverbes. Ils se placent après le complément.

Well est l'adverbe qui correspond à l'adjectif ***good***. He dances **well**.
Very much signifie **beaucoup**. I like chocolate **very much**.

tall/short

old/young

happy/sad

cheap/
expensive

UN PEU DE VOCABULAIRE

▷ The face, the body

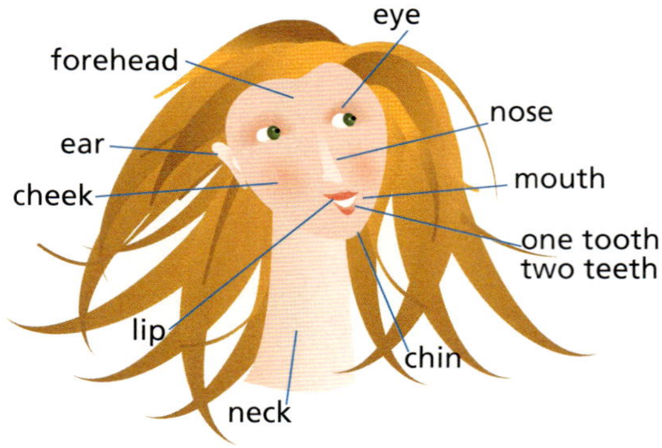

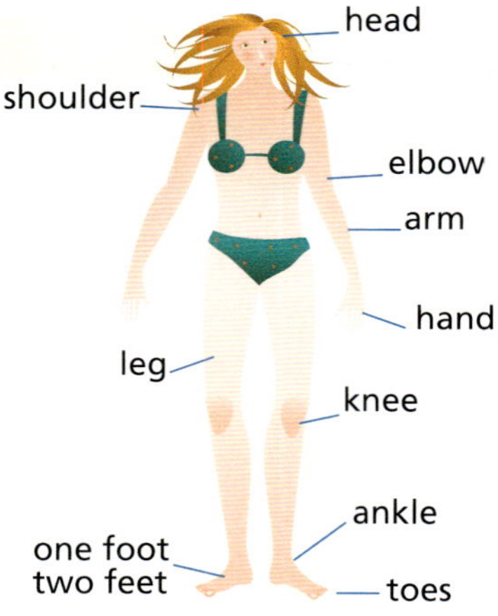

1 Quiz

Écris le contraire des adjectifs pour compléter la grille.

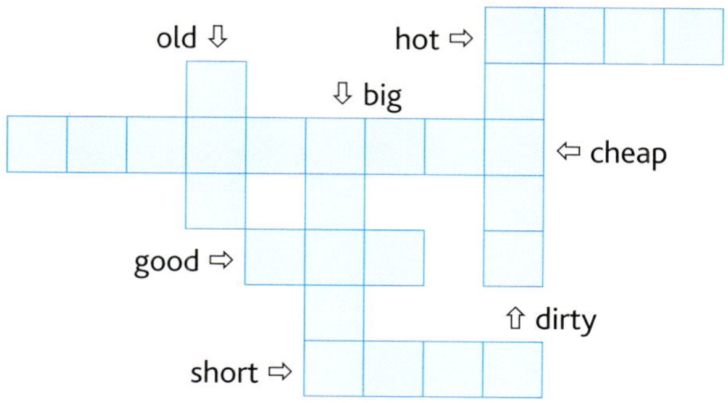

2 Former des phrases

Forme des phrases avec les mots fournis dans le désordre.

a. expensive/Her/is/dress/new/.

b. teacher/My/English/interesting/is/.

c. are/shoes/dirty/Your/.

3 Le comparatif de supériorité

Construis des phrases avec les éléments donnés.
Exemple : Peter/tall/Paul/. Peter is taller than Paul.

a. Your bag/heavy/my bag/.

b. California/hot/Canada/.

c. Jane/small/Allison/.

d. My room/clean/yours/.

e. Michael/happy/Jonathan/.

4 Mettre au comparatif

Transforme ces adjectifs en comparatifs.

easy .... good ....

big .... bad ....

5 Adverbes

Transforme ces adjectifs en adverbes.

quick .... good ....

simple .... happy ....

6 Comment dirais-tu que… ?

a. Ben parle très bien anglais.

b. Ton père conduit lentement.

c. Tu aimes beaucoup Londres.

7 Test de vocabulaire

Complète les phrases suivantes avec un élément du visage ou du corps.

a. I can smell flowers with my ....

b. I can touch my nose with my ....

c. I can eat ice cream with my ....

d. I can see with my ....

e. I can walk and dance with my ....

f. I can hear with my ....

8 CONTRÔLE EXPRESS

Regarde les prix sur les étiquettes. Complète les phrases en utilisant *as… as*, *-er… than* ou *more… than* et les adjectifs *cheap* et *expensive*.

a. The tomatoes are .... the potatoes.

b. The apples are .... the oranges.

c. The bananas are .... the carrots.

d. The bananas are .... the apples.

e. The potatoes are .... the carrots.

Corrigés p. 45 du livret.

5 La possession, *whose*

RETENIR

On peut exprimer les **relations entre les personnes** et la **possession** de différentes manières en anglais.

1 / La possession

- **Les déterminants possessifs** sont toujours suivis d'un nom (mais ne s'accordent pas avec ce nom). **My** pen – **Your** pen – **His/her/its** pen – **Our** pen – **Your** pen – **Their** pen.

  His name is Tom. This is **his** watch.   **Her** name is Julia. This is **her** watch.

À la troisième personne du singulier, on choisit ***his*** (masculin), ***her*** (féminin) ou ***its*** (neutre) : his name (le nom du garçon) ; her name (le nom de la fille) ; its name (le nom d'un animal ou d'un objet).

- **Le cas possessif**
La possession est exprimée au singulier par ***'s*** suivi d'un nom sans déterminant.

Le possesseur est placé en premier.

  Henry**'s** computer

Au pluriel, le ***s*** du cas possessif disparaît mais l'apostrophe demeure.

  The tourists**'** cameras

Lorsque le pluriel est **irrégulier**, on emploie ***'s***. The children**'s** toys

2 / *Whose*

- *Whose* **interroge sur l'appartenance.**

  Whose jacket is this? It's Joe**'s** jacket. À qui est cette veste ? C'est la veste de Joe.

On peut aussi répondre : It's Joe**'s**. It's **his** jacket.

UN PEU DE VOCABULAIRE

▷ Everyday objects

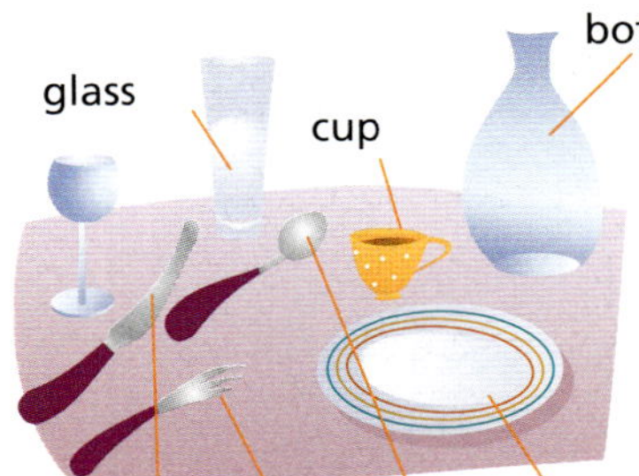

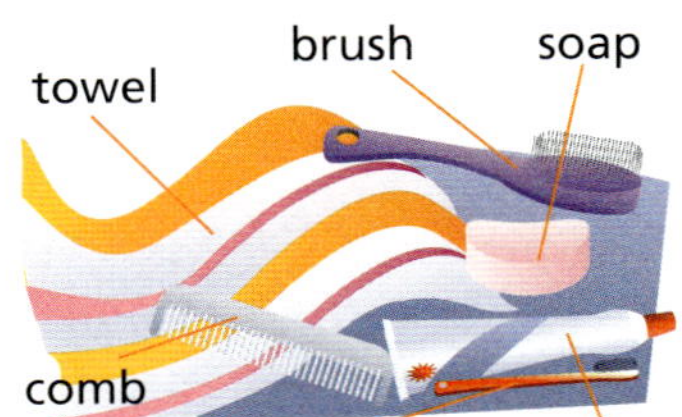

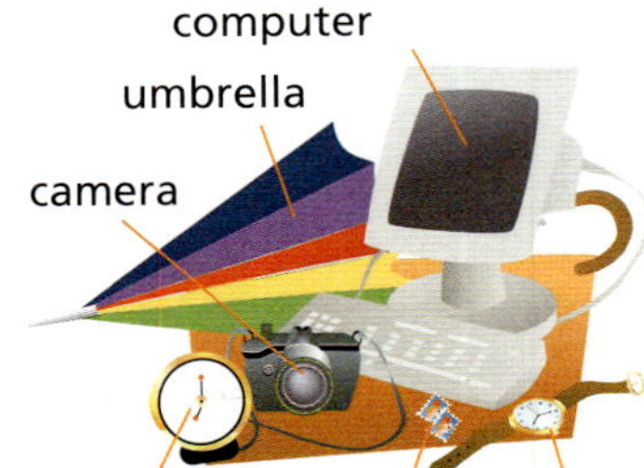

ANGLAIS

S'ENTRAÎNER

1 Quiz

Relie le déterminant possessif à la phrase associée.

a. Jonathan is my friend. ..... mother is American.	o	o their
b. I like Paula but I don't like ..... sister.	o	o our
c. This is Allison and Jessica's room. It's ..... room.	o	o his
d. We would like to invite you to ..... country house.	o	o her

2 Le cas possessif

Réponds aux questions comme dans l'exemple donné.

Exemple : Whose glass is it? (Brian)
It's Brian's glass. It's his glass.

a. Whose scarf is it? (Samantha)

b. Whose shoes are they? (Mr Simmons)

c. Whose racket is it? (Raphael)

d. Whose dogs are they? (my cousins)

3 Répondre négativement

Donne une réponse négative et complète.

Exemple : Is it Sally's car? (Helen)
No, it isn't. It's Helen's.

a. Is it Mr and Mrs Simpson's house? (the Browns)

b. Is it Colleen's coat? (Britney)

c. Are they your friend's shoes? (Brian)

d. Is it Elton's umbrella? (Cathy)

4 Comment demanderais-tu… ?

a. À qui sont ces lunettes ?

....

b. À qui est ce transistor ?

....

c. À qui appartient cette veste ?

....

5 Comment dirais-tu que… ?

a. Ton ami est le frère de Mike.

....

b. Ta mère est la cousine de Pierre.

....

c. Tu aimes John mais pas son frère.

....

6 Les déterminants possessifs

Remplace les mots soulignés par des déterminants possessifs. (Il peut y avoir deux réponses possibles.)

a. I like <u>my cousin's</u> car.

b. Look at <u>my parents'</u> new video.

c. Allison always plays with <u>Fred's</u> sister.

d. Where is <u>my friend's</u> bike?

7 Test de vocabulaire

Les mots soulignés ont été mélangés. Remets-les à la bonne place pour que les phrases aient un sens.

a. I brush my teeth with <u>a camera</u>.

b. I cut my steak with <u>a spoon</u>, I eat my yoghurt with <u>a fork</u> and I eat potatoes with <u>a knife</u>.

c. When it rains I take <u>my computer</u>.

d. I take pictures with <u>a bottle</u>.

e. I fill <u>a toothbrush</u> with water when I go for a picnic.

f. After school I usually play on <u>my umbrella</u>.

8 CONTRÔLE EXPRESS

Construis les questions et les réponses sur le modèle suivant.

Exemple : Pamela/father
Whose father is he? He's Pamela's father.

a. Karen/baby ....

b. The girls/toys ....

c. Jessica/dictionary ....

d. The children/bikes ....

Corrigés p. 45 du livret.

6 Le présent progressif

RETENIR

1 / Emploi

- Pour parler d'une **action qui est en train de se dérouler**, on emploie le **présent progressif** (également appelé **présent continu** ou **présent** ***be*** + ***ing***).

  Look! Jane **is** play**ing** tennis. Regarde ! Jane joue au tennis.

- Le présent progressif sert à **poser des questions** sur des **actions qui se déroulent en ce moment.**

  What **is** she do**ing**? She**'s** work**ing**.

2 / Formation

- La phrase **se construit** ainsi : sujet + auxiliaire *be* + base verbale + *ing* [+ complément].

  Jane **is** play**ing** [tennis].

- **Forme affirmative** :

  I **am** work**ing**. You **are** work**ing**. He/she/it **is** work**ing**.

  We **are** work**ing**. You **are** work**ing**. They **are** work**ing**.

- **Forme interrogative** : auxiliaire *be* + sujet + base verbale + *ing*.

  Is he work**ing**?

- **Forme négative** : sujet + auxiliaire *be* + négation + base verbale + *ing*.

  He **is not (isn't)** work**ing**.

- Pour les **réponses brèves**, on reprend le sujet sous forme de pronom personnel et l'auxiliaire *be*.

  Is Mary cook**ing**? Yes, **she is**. **Are** your friends listen**ing** to music? No, **they aren't**.

table

chair

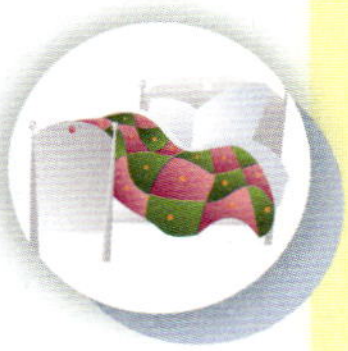
bed

armchair

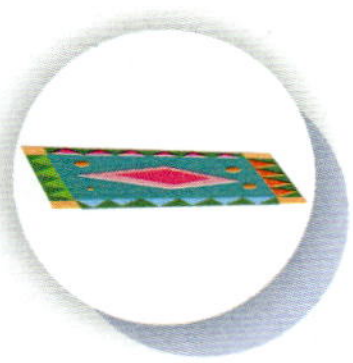
carpet

curtains

UN PEU DE VOCABULAIRE

▷ The house

S'ENTRAÎNER

1 Quiz

Relie ces questions à la réponse brève qui convient.

a. Are you reading?	Yes, they are.
b. Is Matthew painting his room?	Yes, I am.
c. Are his brothers playing in the garden?	No, we aren't.
d. Are you and your cousins watching TV?	No, he isn't.

2 Formes interrogative et négative

Mets les phrases suivantes à la forme interrogative, puis à la forme négative.

a. Peter is making a cake.

b. His parents are painting the garage.

c. The English tourists are taking pictures.

d. Jessica is speaking on the phone.

e. Allison is skiing.

3 Questions-réponses

Dis ce que chacun est en train de faire. Écris la question et la réponse.

a. What is he doing?

He's ....

b. ....?

She ....

c. ....?

They ....

d. ....?

She ....

4 Comment dirais-tu que... ?

a. Rachel nettoie ta chambre.

....

b. Ton père est en train de réparer ton vélo.

....

c. Tu regardes la télévision maintenant.

....

5 Test de vocabulaire

Complète les phrases suivantes.

a. Where do you sleep? I sleep in my ....

b. Where do you have dinner? I ....

c. Where do you watch TV? I ....

d. Where do you cook? I ....

e. Where does your mother plant flowers? She ....

f. Where does your father park his car? He ....

g. Where do you have a bath? I ....

6 CONTRÔLE EXPRESS

Mets le verbe entre parenthèses au présent simple ou au présent progressif.

a. He .... the train every day at eight. (take)

b. Look! Amanda .... TV. (watch)

c. We .... at seven in the morning. (get up)

d. .... you .... tea in the morning? (drink)

e. .... you .... tea now? (drink)

Corrigés p. 45 du livret.

Anglais

7 Le présent simple, les adverbes de fréquence

RETENIR

forest

1 / Le présent simple

- Le présent simple sert à **décrire des actions habituelles**, à **parler de vérités, de faits permanents, de généralités.**

I **get up** at seven every day. The sun **shines** in summer. He **loves** me.

- À la **forme affirmative** on utilise la base verbale à toutes les personnes.

I **play** tennis We **play** tennis
He/she/it **plays** tennis They **play** tennis

Attention, au ***s*** à la troisième personne du singulier.

hill

- Pour former les formes **interrogative** et **négative**, il faut utiliser ***do*** ou ***does*** à la troisième personne du singulier.

Forme interrogative : Do I **play** tennis? **Does** he/she/it **play** tennis?
Forme négative : I **do not (don't) play** tennis. He/she/it **does not (doesn't) play** tennis.

- Pour former une **réponse brève**, on reprend le sujet sous forme de pronom personnel et l'auxiliaire.

Do you like orange juice? Yes, **I do**.
Does Paul work on Saturday? No, **he doesn't**.

river

2 / Les adverbes de fréquence

- ***Often*** (souvent), ***sometimes*** (quelquefois), ***always*** (toujours), ***never*** (jamais), ***usually*** (habituellement) sont des adverbes de fréquence. Ils se placent **avant le verbe, mais toujours après *be*.**

The teachers are **always** angry because Peter **never** does his homework and **usually** speaks during the lesson.

UN PEU DE VOCABULAIRE

wood

▷ Days, months

La première lettre des noms des jours et des mois s'écrit toujours en majuscule.

meadow

S'ENTRAÎNER

1 Quiz

Relie la question à la réponse brève associée.

a. Does it rain in London?	Yes, they do.
b. Do the teachers give you a lot of exercises?	Yes, it does.
c. Do you like cheese?	No, he doesn't.
d. Does your father play golf?	No, I don't.

2 Formes interrogative et négative

Mets ces phrases à la forme interrogative, puis à la forme négative.

a. It often rains here.

b. My cousins live in New York.

c. I like my dog.

3 Présent simple ou progressif ?

Mets le verbe entre parenthèses au temps qui convient.

a. Gilbert never .... at night. (drive)

b. The baby .... (sleep)

c. Lilian .... to the market on Sundays. (go)

d. Grandpa .... TV. (watch)

e. He often .... dinner. (cook)

4 Les adverbes

Place l'adverbe au bon endroit dans la phrase.

a. They go to school by bus. (often)

....

b. Brian helps me. (never)

....

c. I am late. (never)

....

d. My parents get up very early. (always)

....

5 Comment dirais-tu que... ?

a. Tu ne joues jamais au tennis.

....

b. Ton oncle ne regarde jamais la télévision.

....

c. Il pleut toujours dans ta ville.

....

6 Les mois

Regarde le calendrier et réponds aux questions suivantes.

a. What is the sixth month of the year? ....

b. What is the third month of the year? ....

c. What is the eleventh month of the year? ....

d. What is the ninth month of the year? ....

7 Test de vocabulaire

Complète cette grille avec des noms de jours. Quel jour est dans la colonne bleu foncé ?

8 CONTRÔLE EXPRESS

Complète avec *do* ou *does*.

a. .... your friend drink tea?

b. I .... not live here.

c. .... her parents give her pocket money?

d. Helen .... not smoke.

e. .... you like chocolate cakes?

Anglais

Corrigés p. 46 du livret.

8 Les mots interrogatifs

RETENIR

Comme son nom l'indique, le mot interrogatif sert **à interroger, à poser des questions.**

1 / *Wh- questions*

- ***What*** interroge sur les choses, sur l'action. **What** is this? **What** is she reading?
- ***Who*** interroge sur une personne. **Who** is Paul?
- ***Whose*** interroge sur l'appartenance. **Whose** book is it?
- ***When*** interroge sur une date, un moment. **When** does he work?
- ***Where*** interroge sur le lieu. **Where** do you play tennis?
- ***Why*** interroge sur la cause. **Why** are you late?
- Si le pronom interrogatif est accompagné d'une **préposition**, il faut la rejeter en fin de question, **après le verbe**.

  What is Vincent listening **to**? **What** are you waiting **for**? **What** is he looking **at**?

2 / Questions avec *how*

How can I go to the station? (interroge sur la manière)
How are you? (interroge sur le comment des choses)
How old is Ben? (interroge sur l'âge)
How much, how many (voir chapitre 3, p. 204).

street

building

shops

UN PEU DE VOCABULAIRE

▷ Animals

zebra crossing

trafic light/
bus stop

S'ENTRAÎNER

1 Quiz

Relie ces phrases au mot interrogatif qui convient.

a. ..... is he? He's 18.	How
b. ..... are you studying? At the library.	What
c. ..... are you studying? History and geography.	How old
d. ..... is Tom? He's fine.	Whose
e. ..... car is it? Benjamin's.	Where

2 *Wh- et how questions*

Pose des questions sur les mots soulignés.

a. Ken is 15.

....

b. Pat is driving her car.

....

c. These flowers are my mother's.

....

d. I'm leaving next Monday.

....

e. Stuart lives in Manchester.

....

3 Construire des questions

Forme des questions à l'aide de ces mots dans le désordre.

a. are/books/Whose/these/?

....

b. the/is/man/behind/your/Who/car/?

....

c. brothers/got/you/How/many/have/?

....

4 Questions-réponses

Trouve les questions correspondant aux réponses données.

a. ....

– I've got two dogs.

b. ....

– He is leaving at five.

c. ....

– Margaret lives near the station.

d. ....

– Mr Thomson is my art teacher.

5 Comment demanderais-tu à Ben... ?

a. Où il travaille.

b. Quel est son âge.

c. Combien de livres il lit (en ce moment).

6 Test de vocabulaire

Utilise les lettres du panier pour compléter ces noms d'animaux.

a. _ I _ _ R

b. _ I O _

c. _ _ A R

d. M _ _ K _ _

e. _ I _ D

f. _ N _ K _

g. C _ _ _ L

7 CONTRÔLE EXPRESS

Ajoute la préposition manquante.

a. What are you looking ....?

– The garden.

b. Who are you waiting ....?

– My mother.

c. What is he listening ....?

– The radio.

d. Where do you come ....?

– London.

e. What are you playing ....?

– My computer.

Corrigés p. 46 du livret.

9 L'expression du futur

English

RETENIR

Pour parler de l'avenir, on peut utiliser plusieurs constructions différentes.

1 / *Be going to* + base verbale

- **Forme affirmative**

  I **am going** to paint. You **are going** to paint. He/she/it **is going** to paint.
  We/you/they **are going** to paint

French

- **Forme interrogative**

  Am I **going** to paint? **Are** you **going** to paint? **Is** he/she/it **going** to paint?
  Are we/you/they **going** to paint?

- **Forme négative**

  I **am not going** to paint. You **are not going** to paint. He/she/it **is not going** to paint.
  We/you/they **are not going** to paint.

- L'auxiliaire ***be*** se conjugue au présent. ***Going to*** et la **base verbale** sont **invariables**. Cette expression sert à exprimer une **action qui va se dérouler dans un futur proche, ce qu'on a l'intention de faire** et sert aussi à **prédire un événement.**

  Look! She**'s going to dive**. Regarde ! Elle va plonger.
  I'**m going to cook**. Je vais cuisiner.
  It's **going to rain**. Il va pleuvoir.

German

2 / *Be* + base verbale + *ing* (présent progressif)

- Le présent progressif peut servir à **exprimer le futur** lorsque le **sujet est un être animé** et que la phrase contient un **complément de sens futur.**

  Peter **is coming** at seven. Peter vient à sept heures.
  I'**m leaving** next Tuesday. Je pars mardi prochain.

Italian

3 / Réponses brèves

- On utilise le pronom personnel sujet et l'auxiliaire ***be***.

  Are they **going to visit** the museum? Yes, **they are**./No, **they aren't**.
  Is Mary **going to take** her car? Yes, **she is**./No, **she isn't**.

Spanish

UN PEU DE VOCABULAIRE

▷ Food

American

S'ENTRAÎNER

1 Quiz

Ces phrases sont-elles au futur (F) ou au présent (P) ? Coche la bonne case.

	F	P
a. She is going to the park.	❑	❑
b. She is going to go to the supermarket.	❑	❑

2 À faire cette semaine

Regarde ce qui est inscrit sur l'agenda de cette maman et écris ce qu'elle va faire en 5 phrases.

3 Questions-réponses

Utilise les éléments donnés pour construire une question et sa réponse.

Exemple : Jack/ski/yes → Is Jack going to ski? Yes, he is.

a. Benjamin/play tennis/yes

→ ....

b. Matthew/go to the disco/no

→ ....

c. Jessica and Allison/clean their room/yes

→ ....

4 Les deux formes du futur

Donne les deux formes possibles du futur à partir des éléments fournis.

Exemple : Brian/sign the contract/tomorrow
→ Brian is going to sign/is signing the contract tomorrow.

a. Sam/go to the swimming pool/tomorrow

b. Her friends/take the train/at eight

5 Que vont-ils faire ?

Regarde les dessins et dis ce que ces gens vont faire. Tu peux t'aider des mots suivants : *climb up • throw • a ladder.*

a. The policeman ....

b. The fireman ....

c. The acrobat ....

d. The baseball player ....

6 Les repas

Qu'aimes-tu prendre à tes repas ? Écris-le en quelques phrases.

breakfast • lunch • dinner

7 Test de vocabulaire

Regarde attentivement le dessin en page de gauche et écris ce que tu peux prendre pour le petit déjeuner et pour le dîner.

a. For breakfast, I can have ....

b. For dinner, I can have ....

8 CONTRÔLE EXPRESS

Donne des réponses brèves.

a. Is it going to rain? No, ...

b. Is Bill going to repair your car?

Yes, ...

c. Are your cousins leaving tomorrow?

Yes, ...

Corrigés p. 46 du livret.

10 Can/can't, must/mustn't

RETENIR

Can et ***must*** sont **des auxiliaires modaux.** Ils modifient le sens des verbes qu'ils accompagnent. Ils expriment **la capacité, l'obligation, l'interdiction.**

1 / Règles générales

- Ils sont suivis d'un verbe à l'infinitif **sans *to*.** She **can** swim.
- Ils ont la même forme à toutes les personnes. Il n'y a donc **pas d'*s*** à la troisième personne du singulier du présent. He **must** go now.
- Ils se conjuguent **sans *do*** aux formes interrogative et négative. À la forme interrogative, l'auxiliaire modal passe devant le sujet.

  Can you speak Spanish? I **can't** drive.

2 / Les emplois de *can* et *can't*

- ***Can*** exprime :
  - la **capacité physique** ou **intellectuelle** (traduit souvent par « savoir ») ;
    I **can** play the piano. Je sais jouer du piano.
  - la **permission**. **Can** I smoke? Est-ce que je peux fumer ?
  - la **demande polie**. **Can** you pass me the salt? Peux-tu me passer le sel ?
- ***Can't*** exprime :
  - l'**incapacité**. I **can't** speak German. Je ne sais pas parler allemand.
  - l'**impossibilité**. I **can't** come tonight. Je ne peux pas venir ce soir.
  - l'**interdiction**. You **can't** play now. Tu ne peux pas jouer maintenant.

3 / Les emplois de *must*

- ***Must*** exprime :
  - l'**obligation**. You **must** clean your room. Tu dois nettoyer ta chambre.
  - l'**interdiction**. You **mustn't** smoke here. Tu ne dois pas fumer ici. = C'est interdit.
- Pour les **réponses brèves**, on reprend l'auxiliaire modal et le sujet sous forme de pronom personnel. **Can** she swim? Yes, **she can**. **Must** she go to bed? Yes, she **must**.

UN PEU DE VOCABULAIRE

▷ Hobbies

run

walk

swim

sing

paint

collect

S'ENTRAÎNER

1 Quiz

Relie ces phrases à l'auxiliaire modal qui convient.

a. The table is heavy. I ..... carry it.
b. It's late. You ..... go to bed.
c. She lives in Madrid. She ..... speak Spanish.
d. I'm tired. I ..... help you.
e. We are in a hospital. You ..... smoke here.
f. Your exam is tomorrow. You ..... work.
g. ..... you give me a pencil, please?
h. Children, come here! You ..... walk on the grass.

- can
- can't/cannot
- must
- mustn't/must not

2 Formes interrogative et négative

Mets ces phrases à la forme interrogative, puis à la forme négative.

a. Paul can watch television in the evening.
b. She must call the doctor.

3 Réponses brèves

Donne des réponses brèves.

a. Can John play the flute? No, ...
b. Can you swim? Yes, ...
c. Must they get up at seven? No, ...
d. Must you wear a jacket? Yes, ...

4 Questions-réponses

Construis la question et la réponse comme dans l'exemple donné.

Exemple : Frank/play tennis at five/go to the doctor's
Can Frank play tennis at five? No, he can't.
He must go to the doctor's.

a. Bernie/go out/do his homework
b. Wendy and Peter/watch TV/help their mum

5 Comment dirais-tu que... ?

a. Ta mère sait parler trois langues.

....

b. Tu dois prendre le train demain matin.

....

c. Il ne peut pas sortir avec vous.

....

6 Test de vocabulaire

Que font ces cinq amis le dimanche ?

a. Karen ....
b. Keith ....
c. Katlyn ....
d. Kimberley ....
e. Kevin ....

7 CONTRÔLE EXPRESS

À quelles notions correspondent ces phrases ? Relie chaque phrase à la notion qu'elle exprime à l'aide d'une flèche.

a. I can't carry it.
b. He can swim fast.
c. You mustn't smoke.
d. I must learn my lesson.
e. Can I go out tonight?

- interdiction
- permission
- capacité
- impossibilité
- obligation

Corrigés p. 46 du livret.

11 Les nombres, la date et l'heure

RETENIR

1 / Les nombres

open

- Les **nombres cardinaux** sont des déterminants. Ils représentent une **quantité précise**.

1 one	6 six	11 eleven	16 sixteen	30 thirty	60 sixty
2 two	7 seven	12 twelve	17 seventeen	31 thirty-one	70 seventy
3 three	8 eight	13 thirteen	18 eighteen	32 thirty-two	80 eighty
4 four	9 nine	14 fourteen	19 nineteen	40 forty	90 ninety
5 five	10 ten	15 fifteen	20 twenty	50 fifty	

100 a/one hundred
120 one hundred and twenty
200 two hundred (pas de *s*)
215 two hundred and fifteen (ajouter *and*)

close

- Les nombres **ordinaux** servent à **classer**, à **donner un rang** (premier, deuxième...). Sauf exceptions, on ajoute ***th*** aux nombres cardinaux.

1st first	6th sixth	11th eleventh	20th twentieth
2nd second	7th seventh	12th twelfth	30th thirtieth
3rd third	8th eighth	13th thirteenth	32nd thirty-second
4th fourth	9th ninth	14th fourteenth	50th fiftieth
5th fifth	10th tenth	15th fifteenth	100th hundredth

catch

2 / La date

On écrit December 31st, 1999. On dit December the thirty-first, nineteen ninety-nine ou the thirty-first of December, nineteen ninety-nine.

3 / L'heure

What time is it? Attention, en anglais on annonce **les minutes avant les heures.**

It's eight **o'clock**.

It's half **past** eight.

It's twenty **past** eight.

It's twenty-five **to** eight.

dance

fall

UN PEU DE VOCABULAIRE

▷ Prepositions

- John is sitting **behind** Ben.
- Ben is sitting **between** John and Sarah.
- Vincent is sitting **in front of** Ben.
- Sarah is sitting **near** Vincent.
- The child is sitting **on** his father's shoulders.
- The boy is **under** the seat.

jump

ANGLAIS

S'ENTRAÎNER

1 Quiz

Relie ces nombres à leur transcription en toutes lettres.

a. 28	ninety-one
b. 91	thirteen
c. 13	a/one hundred and twenty-eight
d. 128	eighty-eight
e. 220	twenty-eight
f. 88	two hundred and twenty

2 Écris ces nombres en chiffres.

a. fifty-three: ....

b. seventeen: ....

c. one hundred and eighty: ....

3 Écris ces dates en chiffres.

a. nineteen eighty-two: ....

b. seventeen eighty-nine: ....

c. eighteen seventy-three: ....

4 Écris ces dates en toutes lettres.

1776 • 1921 • 2000

5 Lire l'heure

Regarde ces montres et écris l'heure.

a.

b.

c.

d.

e.

6 Dates

Observe bien ce calendrier. Complète les phrases.

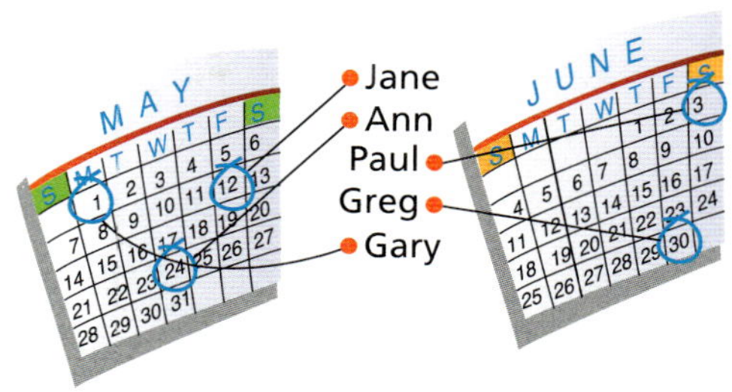

a. Jane's birthday is on ....

b. Paul's birthday is on ....

c. Greg's birthday is on ....

d. Ann's birthday is on ....

e. Gary's birthday is on ....

7 Test de vocabulaire

Complète avec la préposition qui convient.

Matthew Jessica Allison Betty

a. Betty is .... the tree.

b. Allison is .... Jessica.

c. Jessica is .... Allison and Matthew.

d. Matthew is .... Jessica.

e. Bill is .... the wall.

8 CONTRÔLE EXPRESS

Lis l'heure puis place les aiguilles correctement.

a. It's half past eleven.

b. It's ten to twelve.

c. It's (a) quarter past two.

d. It's twenty past ten.

e. It's twenty-five past six.

Corrigés p. 47 du livret.

Anglais

12 Le prétérit simple

RETENIR

Le prétérit sert à parler d'un **événement passé.**

1 / Prétérit de *be*

- **Forme affirmative** : I **was**, you **were**, he/she/it **was**, we **were**, you **were**, they **were**.
  My sisters **were** in Italy last week.
- **Forme interrogative** : on fait passer l'auxiliaire avant le sujet ;
  Was he at school yesterday?
- **Forme négative** : on place *not* après l'auxiliaire. We **weren't** on holiday last week.
- Pour les **réponses brèves**, on utilise le pronom personnel sujet et l'auxiliaire.
  Were they happy? Yes, **they were**. **Was** he tired? No, **he wasn't**.

2 / Prétérit des verbes réguliers

- On ajoute *-ed* à la base verbale à toutes les personnes. play → play**ed** • like → lik**ed**
- Attention : le *-ed* se prononce [ɪd] si la base verbale se termine par [t] ou [d].
  paint → paint**ed** • decide → decid**ed**
- Les formes **interrogative** et **négative** se construisent avec *did* + BV.
  Did he repair your car yesterday? I **didn't** make my bed this morning.

3 / Prétérit des verbes irréguliers

- Certains verbes ont un prétérit irrégulier qui est le même à toutes les personnes. Il faut les apprendre par cœur. take → took • give → gave • see → saw
- **Forme affirmative :** I saw Larry yesterday.
- **Forme interrogative :** **Did** you **see** Larry yesterday?
- **Forme négative :** I **didn't** see Larry yesterday.

autumn

spring

UN PEU DE VOCABULAIRE

▷ Means of transport

bus

tube

taxi

bicycle (bike)

lorry

car

summer

winter

S'ENTRAÎNER

1 Quiz

Relie ces phrases au prétérit qui convient.

a. Yesterday Melissa ..... very late. ○	○ had
b. My father ..... a cake. ○	○ went
c. I ..... so tired last night. ○	○ was
d. She ..... him very much. ○	○ worked
e. We ..... to Berlin in August. ○	○ gave
f. You ..... time for shopping. ○	○ made
g. Helen ..... me a nice card. ○	○ loved

2 Formes interrogative et négative

Mets ces phrases à la forme interrogative, puis à la forme négative.

a. His brother went to the concert yesterday.

b. We were late this morning.

3 Réponses brèves

Donne des réponses brèves.

a. Did you open the door? Yes, ...

b. Was it difficult? No, ...

c. Did the teacher repeat the lesson?

Yes, ...

4 Formes interrogative et négative

Regarde bien ces dessins et réponds comme dans l'exemple donné. Utilise les verbes entre parenthèses.

Exemple : (watch, play) I didn't watch TV.
I played tennis.

a. (go)

b. (listen, wash)

c. (be)

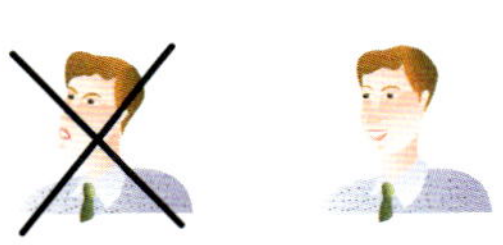

5 Comment dirais-tu que... ?

a. Tu as visité Rome l'été dernier.

....

b. Ton frère était malade (*sick*) hier.

....

c. Ta mère a acheté un ordinateur.

....

d. Tu étais en retard hier.

....

6 Test de vocabulaire

En reliant les points de 0 à 32, tu découvriras un moyen de transport. Écris son nom.

_ _ _ _ _ _ _ _ _ _

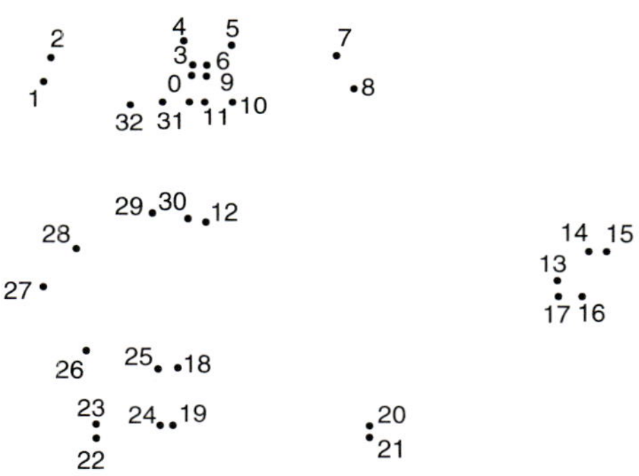

7 CONTRÔLE EXPRESS

Relie le ballon contenant l'infinitif au ballon contenant le prétérit irrégulier correspondant.

buy · saw · kept · fall · write · bought · sat · keep · sit · began · fell · wrote · see · begin

Corrigés p. 47 du livret.

Vers la 5e

Vers la 5e

Test • Bilan

français

Date ....

Pour chaque question, coche la ou les cases qui conviennent.

Grammaire

1 • Ils ont adopté une petite chatte très affectueuse.
a. L'adjectif *petite* est :
❒ épithète ❒ attribut
b. L'adjectif *affectueuse* est :
❒ épithète ❒ attribut

2 • Avec quel(s) pronom(s) personnel(s) faut-il compléter la phrase ?
Paul a emprunté quatre revues à Tim ; il ... rendra le week-end prochain.
❒ lui ❒ les lui ❒ leur

3 • Elle *lui* a prêté son portable sans hésiter.
Le pronom en italique occupe la fonction de :
❒ COD ❒ COI ❒ COS

4 • Il a réussi à monter le meuble *sans l'aide de personne.*
Le GN en italique occupe la fonction de :
❒ complément du nom ❒ COI ❒ CC de manière

......../5

Orthographe

5 • Le groupe nominal *un ami fidèle* transposé au pluriel devient :
❒ les amies fidèles ❒ des amies fidèles
❒ des amis fidèles

6 • C'est ... qui partirai la première.
Avec quel pronom personnel faut-il compléter la phrase ?
❒ moi ❒ toi ❒ elle

7 • Lucie n'a pas été bien informé... .
Comment s'écrit le participe passé ?
❒ informé ❒ informée ❒ informées

8 • Les lettres qu'ils ont reçu... de leurs petits-enfants leur ont fait très plaisir.
Comment s'écrit le participe passé ?
❒ reçu ❒ reçus ❒ reçues

9 • Choisis les trois formes permettant de compléter correctement cette phrase.
Léa part ce soir dans les Pyrénées. ...-tu d'accord pour ... conduire ... la gare ?
❒ Est / l'as / à ❒ Es / là / a ❒ Es / la / à

......../5

Conjugaison

10 • Ce matin-là, il ... la maison à huit heures.
a. Dans un contexte au passé, la phrase peut être complétée par un verbe :
❒ au passé simple ❒ à l'imparfait
❒ au passé antérieur
b. Si on utilise le verbe *quitter*, la forme correcte est :
❒ quittait ❒ quittas ❒ quitta

11 • Quelle est la forme de *faire* au plus-que-parfait, 1re personne du pluriel ?
❒ nous faisions ❒ nous avions fait ❒ nous ferions

......../3

Lexique

12 • Les adjectifs *large* et *étroit* sont des :
❒ synonymes ❒ antonymes
❒ homonymes

13 • Un synonyme de *sot* est :
❒ seau ❒ stupide ❒ savant

14 • Quels mots appartiennent à la même famille que *portable* ?
❒ porter ❒ téléphone ❒ export ❒ aimable

......../3

Lire et écrire

15 • Sans réfléchir, il se précipita à la poursuite de l'homme qui prenait la fuite. Mais il eut à peine le temps de le voir disparaître au coin de la rue…
Dans un récit, ce passage peut correspondre :
❒ à la situation initiale ❒ au dénouement
❒ à une péripétie

16 • Quel(s) verbe(s) peux-tu utiliser pour introduire les paroles d'un personnage dans un récit ?
❒ répliquer ❒ marmonner ❒ arriver ❒ interroger

......../2

L'année prochaine en français

Le programme de 5e en français s'articule autour de trois grands domaines : l'étude de la langue (grammaire, orthographe et lexique), la lecture, l'expression écrite et orale.

Grammaire

- En grammaire, tu aborderas l'analyse des **phrases complexes** : tu devras être capable de distinguer trois types de propositions subordonnées : relatives, conjonctives et interrogatives indirectes.

- Tu apprendras à reconnaître de **nouvelles fonctions** : celles à l'intérieur du groupe nominal mais aussi les compléments circonstanciels exprimant la cause, la conséquence ou le but.

- Tu découvriras les **valeurs des temps composés** et celles **des modes** : indicatif, impératif, conditionnel et subjonctif, et tu apprendras à conjuguer un verbe au subjonctif présent.

→ POUR BIEN DÉMARRER :
***Phrase simple et phrase complexe**, p. 18-19 ;*
***Sujet, COD, COI, COS**, p. 12-13 ;*
***Les compléments circonstanciels**, p. 14-15 ;*
***Les temps composés**, p. 38-39.*

Orthographe

- En orthographe, de nouvelles règles d'accord te seront expliquées : **l'accord du participe passé** employé avec l'auxiliaire *avoir* et l'accord des adjectifs de couleur.

- Concernant les formes verbales, tu devras mémoriser la conjugaison de différents **verbes irréguliers** (verbes du 1er groupe avec un radical variable et verbes du 3e groupe).

- Enfin tu apprendras à maîtriser de nouveaux **homophones grammaticaux** tels : *sans/s'en* ; *dans/d'en* ; *ni/n'y* ; *si/s'y/ci*...

→ POUR BIEN DÉMARRER :
***L'accord du participe passé**, p. 22-23 ;*
***Les trois groupes verbaux**, p. 30-31 ;*
***Les homophones grammaticaux**, p. 26-27.*

Lexique

- Tout en continuant à manipuler les **notions lexicales** revues en 6e (familles de mots, synonymes, antonymes, niveaux de langue), tu approfondiras l'étude de l'origine des mots et apprendras à analyser des mots polysémiques, en distinguant bien les sens propres et les sens figurés.

- Les **figures de style** seront abordées à travers l'étude de la comparaison et de la métaphore.

→ POUR BIEN DÉMARRER :
***La formation des mots. L'étymologie**, p. 44-45.*

Lecture

- Le programme de lecture s'organise autour de ces **quatre objets d'étude** : **1.** Littérature du Moyen Âge et de la Renaissance ; **2.** Récits d'aventures ; **3.** Poésie : jeux de langage ; **4.** Théâtre : la comédie.

- Dans le cadre de l'**histoire des arts**, également abordée dans d'autres disciplines, le professeur de français vous fera étudier des œuvres des époques médiévale et classique.

Expression écrite et orale

- En 5e, tu continueras de rédiger essentiellement des textes narratifs ou descriptifs. Tu apprendras ainsi à écrire **un récit complexe** en faisant alterner narration et description, mais aussi en insérant des **passages de dialogue**.

- Parmi les exercices d'expression orale, c'est la description qui sera privilégiée.

→ POUR BIEN DÉMARRER :
***Faire progresser un récit**, p. 50-51 ;*
***Faire parler un personnage**, p. 56-57.*

Corrigés p. 47 du livret.

Test • Bilan mathématiques

Date ....

Pour chaque question, coche la ou les cases qui conviennent.

Nombres et calculs

1 • Dans la suite de nombres

34,6 ; $\frac{9}{2}$; 17 dixièmes ; 302 ; $\frac{5}{3}$

le nombre qui n'est pas décimal est :

❒ $\frac{9}{2}$ ❒ 302 ❒ $\frac{5}{3}$

2 • Dans ✿ – 85,5 = 144,5, la valeur de ✿ est :

❒ 130 ❒ 230 ❒ 330

3 • Sans utiliser ta calculatrice, trouve le résultat exact de 39,52 × 99,6.

❒ 1 936,192 ❒ 3 936,197 ❒ 3 936,192

4 • Dans une division euclidienne, le diviseur est 45 et le reste est 12.
De combien peut-on augmenter le dividende sans que le quotient ne change ?

❒ 10 ❒ 32 ❒ 40

5 • Dans une corbeille de 18 fruits, il y a 14 poires.
Mathieu en mange $\frac{1}{7}$.
Combien reste-t-il de poires ?

❒ 30 ❒ 2 ❒ 12

........./5

Géométrie

6 • Qui a plus de deux axes de symétrie ?

❒ Le carré ❒ Le losange ❒ Le cercle

7 • Dans un triangle, la droite perpendiculaire à un côté en son milieu s'appelle :

❒ La hauteur
❒ La bissectrice
❒ La médiatrice

8 • ABC est un triangle équilatéral, alors il a :

❒ trois côtés de même mesure
❒ trois angles égaux à 60°
❒ un axe de symétrie

9 • Dans le dessin en perspective cavalière d'un parallélépipède rectangle, combien y a-t-il d'arêtes dessinées en pointillés ?

❒ 1 ❒ 2 ❒ 3

........./4

Grandeurs et mesures

10 • Un dixième de kilomètre correspond à :

❒ 100 m ❒ 1 hm ❒ 10 dam

11 • Le périmètre d'un rectangle est 6 dm.
L'un de ses côtés mesure 22 cm.
L'autre côté mesure :

❒ 38 cm ❒ 8 cm ❒ 19 cm

12 • Les côtés d'un rectangle mesurent 4 cm et 25 mm.
Son aire est :

❒ 100 cm^2 ❒ 10 cm^2 ❒ 1 000 mm^2

13 • Un aquarium a la forme d'un pavé droit dont le fond mesure 60 cm sur 25 cm. On le remplit d'eau sur une hauteur de 2 dm.
Le volume d'eau est :

❒ 30 dm^3 ❒ 300 dm^3 ❒ 30 L

........./4

Gestion de données

14 • Quel est le coefficient de proportionnalité de ce tableau ?

Durée (en s)	5	20
Distance (en m)	6	24

❒ Il n'y en a pas ❒ 4 ❒ 1,2

15 • 20 % de 500 g, c'est :

❒ 20 g ❒ 10 g ❒ 100 g

16 • 6 œufs coûtent 2 €.
Quel est le prix de 15 œufs ?

❒ 5 € ❒ 10 € ❒ 4,95 €

........./3

L'année prochaine en mathématiques

Le programme de 5e en mathématiques s'articule autour de trois grandes parties.

Nombres et calculs

- Tu devras maîtriser les calculs sur les **nombres décimaux positifs** et prévoir l'**ordre de grandeur** d'un résultat.

→ POUR BIEN DÉMARRER :
L'addition et la soustraction*, p. 66-67 ;*
La multiplication*, p. 68-69 ;* ***La division****, p. 70-71.*

- En 6e, l'**écriture fractionnaire** est interprétée comme le partage d'une unité ou comme le quotient de deux nombres. En 5e, tu découvriras qu'elle exprime aussi une **proportion** ou une **fréquence**. Tu apprendras à **additionner**, **soustraire** et **multiplier** deux nombres en écriture fractionnaire.

→ POUR BIEN DÉMARRER :
Le quotient de deux nombres (1)*, p. 72-73 ;*
Le quotient de deux nombres (2)*, p. 74-75 ;*
Le produit d'un nombre par une fraction*, p. 76-77.*

- La notion de **nombre relatif** (positif ou négatif) sera introduite. Tu apprendras à **additionner** et **soustraire** deux nombres relatifs.

- Tu appliqueras les **règles de priorité** dans un calcul et utiliseras la propriété de **distributivité** de la multiplication par rapport à l'addition. Tu commenceras à étudier le **calcul littéral** et les **équations**.

Géométrie Grandeurs et mesures

- Tu devras savoir utiliser les propriétés relatives aux **parallélogrammes** et aux **triangles**, afin de réaliser des constructions géométriques et de conduire des raisonnements simples. Tu apprendras ainsi que le rectangle, le losange et le carré sont des parallélogrammes particuliers. Les formules de l'**aire** d'un parallélogramme et d'un triangle seront à connaître.

→ POUR BIEN DÉMARRER :
Les triangles*, p. 84-85 ;*
Les quadrilatères*, p. 86-87.*

- Tu traceras le **cercle circonscrit** à un triangle.

→ POUR BIEN DÉMARRER :
La médiatrice et la bissectrice*, p. 90-91.*

- Tu approfondiras l'étude de la **symétrie axiale** et débuteras celle de la **symétrie centrale**.

→ POUR BIEN DÉMARRER :
La symétrie par rapport à une droite*, p. 88-89.*

- Après le parallélépipède rectangle en 6e, tu découvriras deux nouvelles figures de l'espace, le **prisme droit** et le **cylindre de révolution**, dont tu calculeras le **volume**.

→ POUR BIEN DÉMARRER :
Le parallélépipède rectangle*, p. 94-95.*

Gestion de données

- Un nouveau raisonnement sera introduit pour traiter les situations de **proportionnalité** : la « règle de trois ». Tu mettras en œuvre la proportionnalité pour calculer des **pourcentages** et des **échelles**.

→ POUR BIEN DÉMARRER :
La proportionnalité*, p. 108-109 ;*
Les pourcentages*, p. 110-111.*

- Tu apprendras à repérer un point sur une **droite graduée** ou dans le **plan muni d'un repère orthogonal**.

→ POUR BIEN DÉMARRER :
La demi-droite graduée*, p. 114-115.*

- Tu représenteras graphiquement des données sous la forme d'un **histogramme**.

→ POUR BIEN DÉMARRER :
Les diagrammes*, p. 116-117.*

Corrigés p. 47 du livret.

Test • Bilan histoire-géo/éd. civique

Date ....

Pour chaque question, coche la ou les cases qui conviennent.

Histoire

1 • Les Mésopotamiens ont inventé :
- ❒ la culture de blé.
- ❒ les tablettes pictographiques.
- ❒ l'écriture cunéiforme.

2 • À Athènes, au ve siècle av. J.-C. :
- ❒ les métèques ont les mêmes droits que les citoyens.
- ❒ la boulê est l'assemblée du peuple.
- ❒ l'héliée est le tribunal le plus important.

3 • Qui a écrit l'*Iliade* et l'*Odyssée* ?
❒ Homère ❒ Aristote ❒ Archimède

4 • En quelle année Jules César triomphe-t-il de Vercingétorix à Alésia ?
❒ – 72 ❒ – 52 ❒ – 31

5 • La Bible hébraïque, rédigée à partir du VIIIe siècle av. J.-C., correspond pour les chrétiens :
- ❒ à l'Ancien Testament.
- ❒ au Nouveau Testament.

6 • En quelle année l'Empire romain d'Occident disparaît-il ?
❒ 476 ❒ 496 ❒ 1476

7 • Dans les premiers siècles de notre ère, laquelle de ces trois religions est présente à la fois en Inde et en Chine ?
- ❒ Le confucianisme
- ❒ L'hindouisme
- ❒ Le bouddhisme

......../7

Géographie

8 • Parmi ces espaces, lequel est le plus peuplé ?
- ❒ Le Sahara
- ❒ Le littoral chinois
- ❒ L'Europe occidentale

9 • L'échelle la plus précise est l'échelle au :
❒ 1/5 000 ❒ 1/50 000 ❒ 1/500 000

10 • Dans les villes, le CBD est :
- ❒ le quartier des cinémas.
- ❒ le quartier pauvre.
- ❒ le quartier d'affaires.

11 • L'agriculture dite scientifique est une agriculture :
- ❒ intensive.
- ❒ commerciale.
- ❒ traditionnelle.

12 • Dans les PED, les paysans pratiquent :
- ❒ la culture sur brûlis.
- ❒ la jachère.
- ❒ l'élevage extensif.

13 • Laquelle de ces affirmations est correcte ?
- ❒ Il n'y a pas d'industrie sur les littoraux.
- ❒ Les littoraux attirent les touristes.
- ❒ Les polders sont des espaces conquis sur la terre.

14 • Parmi les éléments suivants, le(s)quel(s) peut-on trouver dans un désert chaud ?
- ❒ Oasis
- ❒ Oued
- ❒ Blizzard

......../7

Éducation civique

15 • En France, l'enseignement est obligatoire jusqu'à :
❒ 14 ans ❒ 16 ans ❒ 18 ans

16 • Selon l'ONU, qu'est-ce qui définit un enfant ?
- ❒ C'est un individu âgé de moins de 16 ans, qui n'a ni droits ni devoirs.
- ❒ C'est un individu âgé de moins de 18 ans, qui a des droits, mais aucun devoir.
- ❒ C'est un individu âgé de moins de 18 ans, qui a des droits et des devoirs.

......../2

L'année prochaine en histoire-géo éd. civique

Le programme d'histoire en 5e couvre une période qui s'étire du VIIe au XVIIe siècle. En géographie, le développement durable et les inégalités seront au cœur du programme. En éducation civique, tu étudieras les notions de diversité et d'égalité ainsi que la prévention des risques.

Histoire

- Pour commencer, tu étudieras les **débuts de l'islam**, nouvelle religion monothéiste qui apparaît au VIIe siècle.

- Tu t'intéresseras ensuite à l'**Occident féodal du XIe au XVe siècles**. Tu analyseras la vie des **paysans** et des **seigneurs**. Tu verras comment le roi de France prend de plus en plus d'importance et comment l'**Église** règle la vie des habitants et marque le paysage par la construction d'édifices de plus en plus impressionnants.

→ POUR BIEN DÉMARRER :
L'Empire carolingien, p. 140-141.

- Tu comprendras comment le commerce et l'Église ont favorisé l'**expansion de l'Occident** entre le XIe le XVe siècle, puis tu découvriras l'un des quatre grands empires riches et actifs de l'**Afrique subsaharienne** médiévale.

- Enfin, tu aborderas l'ouverture sur le monde de l'Europe, avec les **Grandes Découvertes**, et les **crises et bouleversements** qui ont marqué la période allant de la fin du XVe siècle au XVIIe siècle : bouleversement intellectuel et artistique avec la **Renaissance** et le développement de la pensée scientifique, crise **religieuse** entre catholiques et protestants, et enfin changements politiques avec l'affirmation du **roi absolu**.

→ POUR BIEN DÉMARRER :
La Grèce des savants – Alexandre le Grand, p. 126-127 ; *Les débuts du christianisme*, p. 136-137.

Géographie

- Tu réfléchiras aux **enjeux** du développement durable, en lien avec la **répartition de la population** sur Terre.

→ POUR BIEN DÉMARRER :
Où sont les Hommes ?, p. 146-147.

- Cela t'amènera à analyser les **inégalités dans le monde** dans différents domaines : la santé, l'alphabétisation, les risques, les richesses.

→ POUR BIEN DÉMARRER :
Habiter la ville, p. 150-151 ;
Deux exemples d'occupation de l'espace rural : Brésil et États-Unis, p. 156-157.

- Puis tu t'intéresseras à la question des **ressources alimentaires**, de la gestion de l'**eau** (parfois source de conflit) et des **océans**. La **pollution atmosphérique** et les problèmes liés aux **besoins énergétiques**, toujours plus importants, seront aussi évoqués.

→ POUR BIEN DÉMARRER :
Habiter les littoraux, p. 158-159 ;
Habiter des espaces à forte contrainte, p. 162-163.

Éducation civique

- Les hommes sont différents mais, en France, ils sont **égaux devant la loi**. Cependant, chacun construit sa propre identité.

→ POUR BIEN DÉMARRER :
Le collégien, p. 166-167 ; *L'enfant*, p. 168-169.

- Enfin, tu réfléchiras à ce qu'est un **risque majeur**, et au rôle que jouent l'État et les collectivités territoriales en cas de catastrophe naturelle ou industrielle.

Corrigés p. 47 du livret.

Test • Bilan

SVT

Date ....

Pour chaque question, coche la ou les cases qui conviennent.

Caractéristiques de l'environnement proche

1 • Sur un territoire donné, une prairie par exemple :

❒ le peuplement végétal est toujours le même au fil du temps.
❒ les peuplements animal et végétal peuvent varier en fonction des conditions climatiques du moment.
❒ les êtres vivants se répartissent sur le territoire qui leur est offert.

........./1

Le peuplement d'un milieu

2 • En fonction des saisons :

❒ une même plante peut se trouver soit sous forme de graines soit sous forme développée avec racines, tiges et feuilles.
❒ les plantes se reproduisent uniquement par la production de graines.
❒ les grains de pollen qui s'envolent vont se développer dans de nouveaux milieux et donner directement la plante entière.

3 • L'Homme peut avoir une action sur la nature :

❒ mais pas sur les animaux ni les végétaux.
❒ son action peut aller jusqu'à modifier le relief d'un territoire.
❒ les pesticides qu'il répand sont favorables aux cultures, mais nuisent aux animaux.

........./2

Origine de la matière des êtres vivants

4 • Les animaux et les végétaux produisent et consomment de la matière et :

❒ seuls les producteurs consomment de la matière uniquement minérale.
❒ les végétaux chlorophylliens produisent leur matière à partir de matière minérale.
❒ la matière minérale consommée par les êtres vivants peut être un gaz.

5 • Parmi les relations alimentaires qui s'établissent entre des êtres vivants, on peut dire qu' :

❒ une chaîne alimentaire commence par un végétal chlorophyllien.
❒ un même être vivant peut appartenir à plusieurs chaînes alimentaires.
❒ un producteur secondaire consomme d'autres êtres vivants.

........./2

Des pratiques au service de l'alimentation humaine

6 • L'Homme élève des animaux et cultive la terre :

❒ et améliore la production en agissant sur les apports nutritifs et les conditions de vie de ses élevages.
❒ et se comporte en gestionnaire d'entreprise pour réussir un élevage ou une culture.
❒ dans le seul but de produire toujours plus.

7 • Les micro-organismes nous entourent et :

❒ ne servent qu'à donner des maladies.
❒ sont utiles pour transformer du jus de raisin en vin.
❒ peuvent transformer le même lait en différents fromages selon le micro-organisme qui intervient.
❒ constituent l'une des grandes difficultés pour l'industrie alimentaire qui doit se protéger des micro-organismes indésirables.

........./2

Diversité, parentés et unité des êtres vivants

8 • Les êtres vivants sont liés les uns aux autres.

❒ Les êtres vivants qui se ressemblent appartiennent forcément à la même espèce.
❒ Une espèce est nécessairement limitée à un territoire donné.
❒ La possibilité, pour deux êtres vivants, de se reproduire entre eux permet de définir l'appartenance à une même espèce.
❒ La notion d'espèce s'applique aussi bien aux animaux qu'aux végétaux.

........./1

L'année prochaine en SVT

Le programme de 5e en SVT est organisé en trois parties.

Respiration et occupation des milieux de vie

- Tu découvriras que la respiration consiste à absorber du **dioxygène** et à rejeter du **dioxyde de carbone.** Tu observeras les différents **organes respiratoires** chez les animaux (poumons, branchies…).

- Tu étudieras **la répartition des êtres vivants** dans l'eau, qui dépend des conditions de la respiration, et **l'influence de l'Homme** sur ces conditions.

→ POUR BIEN DÉMARRER :
L'environnement et la répartition des êtres vivants*, p. 174-175 ;* ***L'action de l'Homme sur l'environnement****, p. 180-181.*

Fonctionnement de l'organisme et besoin en énergie

- Cette partie s'appuie sur l'exemple de l'Homme. Il s'agit de montrer comment est produite **l'énergie nécessaire au fonctionnement des organes**.

- Tu découvriras que la **digestion**, la **respiration** et la **circulation sanguine** approvisionnent tous les organes en matériaux (nutriments et dioxygène) qui peuvent libérer de l'énergie.

→ POUR BIEN DÉMARRER :
L'élevage et la culture au service de l'alimentation humaine*, p. 190-191.*

- **L'élimination des déchets** de la nutrition par les poumons, dans l'air expiré, et par les reins, dans l'urine, sera étudiée.

- En matière de **santé**, tu apprendras les comportements qui favorisent le bon fonctionnement de l'organisme (activité physique) et ceux qui sont à l'origine de certaines maladies (alimentation trop riche ou consommation de tabac).

Géologie externe : évolution des paysages

- Tu étudieras la structure de la **surface de la Terre**, à partir d'observations de terrain. Il s'agit de montrer que des changements s'effectuent à la surface de la Terre et que le modelé du paysage s'explique principalement par l'action de l'eau sur les roches : c'est l'**érosion**.

- Les observations faites dans les milieux actuels permettront de reconstituer certains éléments des **paysages anciens**.

- L'étude des **fossiles** contenus dans les roches sédimentaires, c'est-à-dire des traces d'organismes ayant vécu dans le passé, sera l'occasion d'enrichir la classification des êtres vivants que tu as commencée en classe de 6e.

→ POUR BIEN DÉMARRER :
La diversité des êtres vivants*, p. 182-183.*

- Tu réfléchiras aux conséquences de **l'action de l'Homme sur les paysages**.

Corrigés p. 47 du livret.

Test • Bilan
anglais

Date ....

Pour chaque question, coche la case qui convient.

Le groupe nominal

1 • Her hair .... too long.
☐ are ☐ is ☐ has got

2 • Are there .... eggs in the fridge?
☐ some ☐ no ☐ any

3 • This is John's jacket. Look at .... name.
☐ her ☐ his ☐ its

4 • We are going to the cinema; come with ....
☐ them ☐ we ☐ us

5 • Look at .... strange cloud in the sky.
☐ that ☐ this ☐ these

6 • Comment dirais-tu que Valentino vient de Rome ?
☐ Valentino is going to Rome.
☐ Valentino comes from Rome.
☐ Valentino goes to Rome.

........./6

Le groupe verbal

7 • .... some pupils in the classroom.
☐ There is ☐ There are ☐ They are

8 • How old will she .... next Monday?
☐ have ☐ get ☐ be

9 • Gary .... tennis twice a week.
☐ played ☐ is playing ☐ plays

10 • Look at Emma! She .... with her cat.
☐ plays ☐ is playing ☐ played

11 • Tomorrow Jane .... get up early.
☐ will ☐ has ☐ is

12 • Sorry! I .... help you now; I am too busy.
☐ can ☐ cannot ☐ must

13 • Does Lucas like vegetables?
☐ Yes, he is. ☐ Yes, he does. ☐ Yes, he likes.

14 • Where .... you yesterday?
☐ are ☐ was ☐ were

15 • Comment dirais-tu que Lucas sait nager ?
☐ Lucas must swim.
☐ Lucas can't swim.
☐ Lucas can swim.

16 • Comment dirais-tu que tu as vu ton cousin hier ?
☐ I saw my cousin yesterday.
☐ I see my cousin yesterday.
☐ I can see my cousin yesterday.

........./10

La phrase

17 • .... is Roman waiting ....?
☐ What ... to ☐ What ... at ☐ What ... for

18 • .... people were at the party?
☐ How much ☐ How many ☐ What

19 • Today is November ....
☐ the 5th ☐ the 5 ☐ 5th

20 • Comment dirais-tu qu'Emma est née en mai ?
☐ Emma is born in May.
☐ Emma was born in May.
☐ Emma were born in May.

........./4

L'année prochaine en anglais

Les nouveaux programmes d'anglais s'appuient sur le CECRL (Cadre européen commun de référence pour les langues). Dans ce cadre, l'apprentissage de l'anglais est organisé autour de cinq grandes activités de communication, avec des niveaux gradués de A1 à C2.

En 5e, tu es censé atteindre le niveau A2. Voici ce que cela signifie, pour chaque activité de communication.

Écouter et comprendre

- L'objectif est que tu saches en fin d'année :
– suivre des instructions orales ;
– **comprendre une conversation simple** sur un sujet familier.

- Tu apprends ainsi à identifier le sujet et les points essentiels d'une conversation.

Prendre part à une conversation

- Tu devras être en mesure de participer à une conversation portant sur des situations de la vie quotidienne ou faisant appel à l'imaginaire.

- Ta production pourra être brève, comporter des hésitations, mais tu devras **réussir à te faire comprendre**.

→ POUR BIEN DÉMARRER :
Have got, how many/how much, some/any, *p. 204-205* ; ***Les mots interrogatifs***, *p. 214-215.*

Parler en continu

- Dans la prise de parole en continu, les énoncés sont plus complets que dans l'expression orale en interaction.

- Tu devras être capable de **te présenter**, de décrire ton lieu d'habitation et de **parler des gens que tu connais**.

Lire et comprendre

- Tu devras parvenir à :
– **comprendre globalement** un récit, un dialogue, une lettre familière ;
– **repérer des éléments précis** dans un texte.

→ POUR BIEN DÉMARRER :
Les temps, *p. 210-213, 216-217 et 222-223.*

Écrire

- Le travail d'expression écrite se caractérise par des activités courtes et fréquentes.

- Tu devras apprendre à **construire des énoncés simples mais cohérents**, par exemple à écrire une lettre personnelle de remerciement.

→ POUR BIEN DÉMARRER :
L'article, le nom, *p. 202-203* ;
Can/can't, must/mustn't, *p. 218-219.*

Corrigés p. 47 du livret.

Anglais

Les mots de vocabulaire renvoyant à des thèmes sont indiqués en **gras** dans cette liste.

Table des illustrations

13		Coll.	Archives Hatier
15		Coll.	Archives Hatier
20		©	IMAV Editions
36		ph ©	The Bridgeman Art Library
39		ph ©	Robert Doisneau / Rapho / Gamma – Rapho
41		©	Dictionnaire Le Robert
48		Coll.	Archives Hatier
55		ph ©	Jean-Gilles Berizzi / RMN © Succession Picasso, 2014
57		ph ©	Aisa / Leemage
59		Coll.	Archives Hatier
120	h	ph ©	Josse / Leemage
120	b	ph ©	Aisa / Leemage
125		ph ©	Luisa Ricciarini / Leemage
126		ph ©	Alinari / Giraudon / The Bridgeman Art Library
130		ph ©	Hervé Lewandowski / RMN
131		ph ©	Giraudon / The Bridgeman Art Library
133		ph ©	Pietro Baguzzi / Akg-images
134		ph ©	Scala
138		ph ©	Roland et Sabrina Michaud / Gamma – Rapho
141		ph ©	A. Meyer
142	h	ph ©	Giraudon / The Bridgeman Art Library
142	b	ph ©	Jean-Louis Nou / La Collection
143	h	ph ©	SSPL / Age Fotostock
143	b	ph ©	Lauros / Giraudon / The Bridgeman Art Library
144			Extrait de carte de la série TOP25 © IGN – 2014 Autorisation n° 80-1412
148		ph ©	L. Giraudou / Explorer / Gamma – Rapho
150		ph ©	Mike Goldwater / Gamma – Rapho
151	hg	ph ©	Thomas Grabka / Laif-REA
151	hd	ph ©	Iliya Pitalev / Ria-Novosti
151	bg	ph ©	Guido Alberto Rossi / Tips / Photononstop
151	bd	ph ©	Christian Heeb / hemis.fr
155	h	ph ©	Per-André Hoffmann / hemis.fr
155	bg	ph ©	Yann Arthus-Bertrand / Altitude
155	bd	ph ©	Yann Arthus-Bertrand / Altitude
156		ph ©	CNES Disc Spot Image / Explorer / Gamma – Rapho
157	hd	ph ©	Benjamin Lowy / Corbis
157	mg	ph ©	George D. Lepp / Corbis
157	bd	ph ©	Pedro Lobo / Picturetank
158		ph ©	Tsukioka Youichi / amanaimages / Corbis
159	h	ph ©	P. Roy / Explorer / Gamma – Rapho
159	b		Carte IGN Série Orange n° 2645 © IGN – Paris 2014 – Autorisation n° 80-1412
160		ph ©	Kümmerly+Frey
163		ph ©	R. Mattes / Hoa-Qui / Explorer / Gamma – Rapho
165	h	ph ©	J. Raga / Explorer / Gamma – Rapho
165	b	ph ©	C. Sappa / Rapho / Gamma – Rapho
175		ph ©	F. Roberdeau / Jacana / Gamma – Rapho
176		ph ©	Mathieu Pujol / Biosphoto
179	hg	ph ©	J.Y. Grospas / Biosphoto
179	hd	ph ©	G. Lopez / Biosphoto
179	mg	ph ©	P. Lorne / Jacana / Gamma – Rapho
179	md	ph ©	C. Gautier / Jacana / Gamma – Rapho
179	bd	ph ©	K. Ross / Jacana / Gamma – Rapho
181		ph ©	F. Gilson / Biosphoto
183	h	ph ©	Peter Arnold Inc. / Biosphoto
183	m	ph ©	C. Gautier / Jacana /Gamma – Rapho
183	b	ph ©	Peter Arnold Inc. / Manfred Kage / Biosphoto
186	hg	ph ©	M. & C. Denis-Huot / Biosphoto
186	hd	ph ©	D. Halleux / Biosphoto
186	bg	ph ©	C. Nardin / Jacana / Gamma – Rapho
186	bd	ph ©	Thomas
190		ph ©	Pierre Gleizes / REA
191	h	ph ©	Pierre Gleizes / REA
191	b	ph ©	Pierre Gleizes / REA
192		ph ©	Pierre Gleizes / REA
194		ph ©	Espace Pain Information
196		ph ©	Stéphane Leitenberger / REA

Livret

1		ph ©	Brigitte Prot
42	g	ph ©	Peter Arnold Inc. / Biosphoto
42	m	ph ©	C. Gautier / Jacana / Gamma – Rapho
42	d	ph ©	Peter Arnold Inc. / Manfred Kage / Biosphoto

Maquette de principe : studio Favre & Lhaïk

Mise en pages : STDI

Cartographie et schémas : Légendes Cartographie, STDI, Domino

Illustrations : Juliette Baily, Christiane Beauregard, Stéphane Jorisch, Jacques Perrault, Volker Theinhardt

Pictogrammes : Gabriel Rebufello

Iconographie : Hatier illustration

Édition : Catherine de Bernis, Sara Maurer, Anne Peeters, Catherine Rollet, Grégoire Thorel, assistés de Morgane Guilhem

Achevé d'imprimer par Loire Offset Titoulet à Saint-Etienne - France
Dépôt légal : 97633-9/01 - avril 2014

L'Union européenne

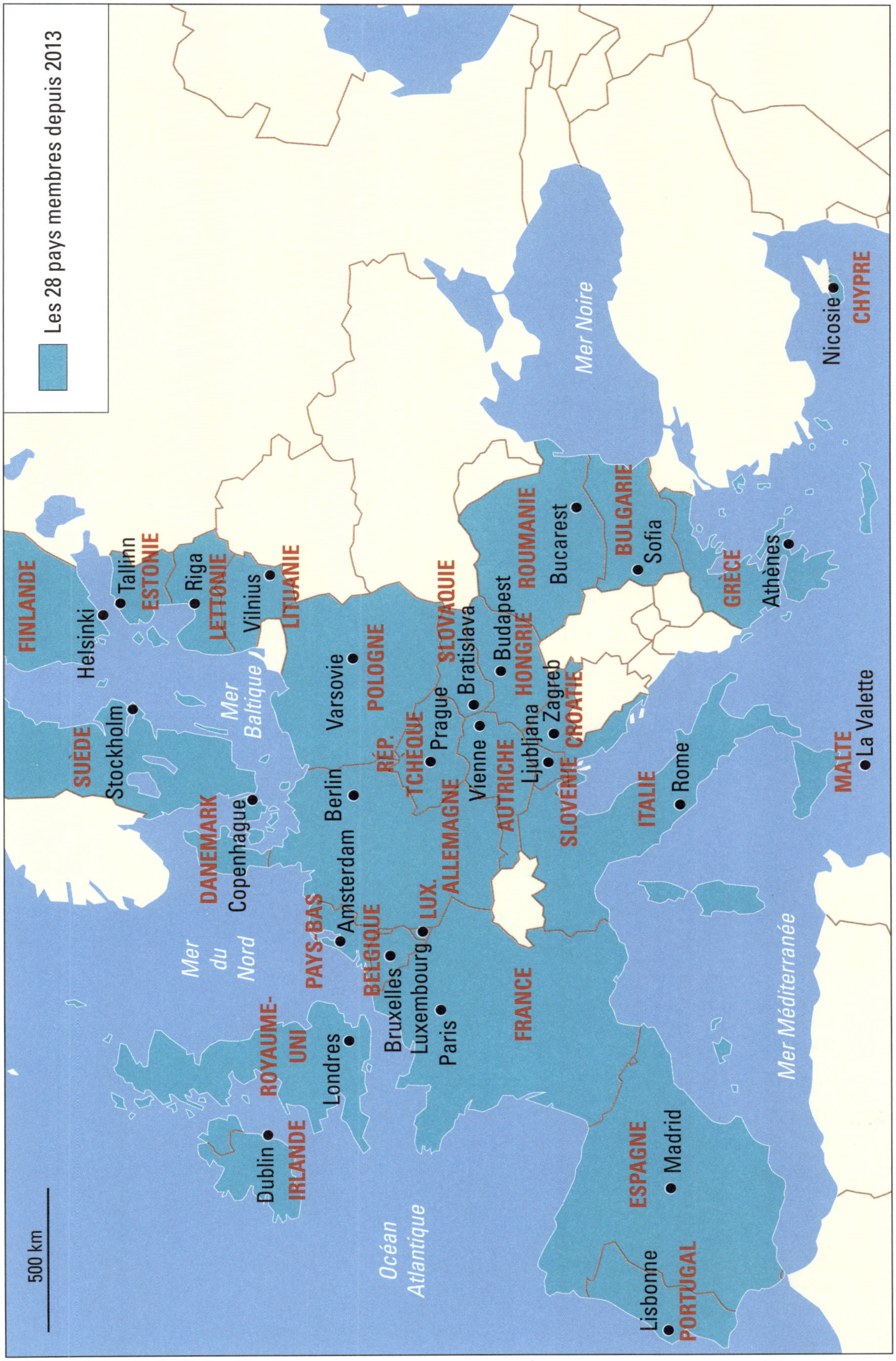

Les États du monde

Tout Savoir

Le guide des parents

6e

- Des **conseils** pour accompagner votre enfant et l'aider dans chaque matière
- Les **corrigés** de tous les exercices

Rédigé par des enseignants et une spécialiste de la motivation scolaire.

Hatier

En préambule

L'objectif de ce guide est de vous accompagner.

Vous y trouverez à la fois :

1. des **informations et conseils** qui vous permettront de mieux définir votre rôle de parent d'élève et de l'investir avec justesse ;

2. les **corrigés détaillés** de tous les exercices, qui faciliteront le suivi du travail de votre enfant.

Psychopédagogue, enseignante et formatrice, Brigitte Prot a conçu la méthode du bilan et de l'itinéraire de motivation et/ou d'orientation ©®.
En savoir plus : www.brigitte-prot.fr

SOMMAIRE

La classe de sixième : un cap

La première année de collège est bien une année charnière. Mais elle ne doit pas pour autant être source d'angoisse.

Une étape clé

→ La 6ᵉ constitue un cap dans la scolarité de votre enfant. Pour trois raisons principales :

– l'élève amorce un **nouveau parcours**, celui de collégien, qui débute par une évaluation, diagnostic de ses compétences acquises en primaire ;

– cette classe **bouleverse les repères scolaires** connus depuis le CP, en termes de structure, d'objectifs et de méthodologie ;

– les apprentissages y obéissent à une **nouvelle logique** : on passe de l'interdisciplinarité naturelle à une segmentation des matières qui inclut un travail personnel régulier.

Beaucoup d'élèves vivent cette étape comme inquiétante. Ils savent que de leurs acquisitions au cours de cette année scolaire dépendent celles des années suivantes. Cette situation peut générer une pression qui crée de l'insécurité au début de l'année.

→ Bien que source de stress, **l'évaluation de la rentrée**, qui établit un diagnostic des compétences et des besoins, apporte à l'élève des informations précieuses : il peut connaître son « point de départ » exact, notamment **en français et mathématiques**, les deux matières qui « tirent » toutes les autres durant le collège.

Un rôle clé

Lors de cette étape clé, vous avez un rôle clé à jouer. Votre enfant a besoin que vous l'**accompagniez tout au long de l'année**. De votre attitude dépendra en grande partie la sienne. Dans votre discours et vos actes, il s'agit de trouver un équilibre entre la dramatisation et la banalisation de sa situation scolaire.

→ Au **début de l'année**, en proie à des doutes, il a besoin que vous rendiez lisible l'articulation CM2/6ᵉ : quels points communs, quelles différences ? sur quels savoirs et savoir-faire s'appuyer ? S'il rencontre de réelles difficultés, aidez-le à les résoudre après en avoir identifié la nature, sans attendre plus de quinze jours.

→ Le **premier conseil de classe** de décembre dresse un état des lieux ; soyez-y attentifs. En cas de problème, des solutions seront proposées, dont la mise en œuvre sera évaluée au conseil de classe de mars.

→ En fin de compte, l'attitude motivante des parents est celle qui, à la fois, **valorise** et **stimule**, pour ouvrir de nouveaux espaces. Validez ses efforts, progrès et réussites et ne craignez pas d'identifier ses difficultés.

→ Sachez par ailleurs que partager les questions et les satisfactions avec d'autres parents aide à relativiser certains problèmes et crée une dynamique collective qui « allège ».

En quoi consiste l'évaluation au début de la 6ᵉ ?

✓ C'est un ensemble d'exercices qui évaluent les **compétences** des élèves en **français** et en **mathématiques**. Les épreuves de chaque discipline se répartissent en deux séquences et se déroulent sur deux demi-journées. Elles sont les mêmes dans tous les établissements.

✓ Comme au CE2, cette évaluation établit un **diagnostic**. Elle n'est pas notée, mais codée. Les résultats permettent de repérer les acquis des élèves, leurs points forts, difficultés et besoins. Les enseignants peuvent ainsi **adapter leur pédagogie à la diversité des élèves**. L'évaluation facilite aussi la mise en place de dispositifs d'aide (soutien, remise à niveau).

L'aider à prendre ses marques

Sécuriser et valoriser, ces deux verbes résument les besoins de votre enfant, en classe de 6e. De cette manière, vous l'aidez à prendre ses marques et à bien démarrer sa scolarité au collège.

Sécuriser

Le sentiment de sécurité est généré par :
– la reconnaissance des points communs entre la classe de CM2 et celle de 6e, qui permet de faire le lien entre l'école primaire et le collège ;
– le repérage de ce qui change plus ou moins radicalement.

→ **Les points communs**, ce sont toutes les connaissances et compétences acquises au cours du cycle précédent. Pour chaque matière, en feuilletant le manuel scolaire prêté au début de l'année, montrez à votre enfant que les contenus et démarches ne sont pas radicalement différents de ce dont il a l'habitude.

→ **Les principaux changements** se résument en quatre points :
– l'apprentissage, jusqu'alors interdisciplinaire, devient « segmenté » dans les contenus et dans le temps : français, le lundi, de 9 h à 11 h ; anglais, le mardi, de 10 h à 11 h, etc. ;
– l'enfant passe d'un seul enseignant polyvalent à neuf ou dix professeurs, chacun spécialiste d'une matière ;
– l'emploi du temps obéit à de nouvelles règles d'organisation ;
– le travail personnel, qui avait essentiellement une fonction de mémorisation au primaire, devient plus lourd et plus varié.
Votre rôle est de vous assurer, en dialoguant avec votre enfant, qu'il mesure bien ces changements.

Valoriser

→ Pour se sentir en sécurité, votre enfant a également et surtout **besoin qu'on le rassure sur ses capacités et ses connaissances**, qu'on le reconnaisse dans ce qu'il tente, ce qu'il réussit, qu'on se réjouisse de ses progrès, quels qu'ils soient. Pour cela :
– écoutez-le parler librement de sa journée, quand vous le retrouvez le soir, en soulignant toutes les choses positives, qu'elles relèvent du domaine scolaire ou non ;
– informez-vous le plus précisément possible des attentes des enseignants et analysez avec lui, à intervalles réguliers, ses contrôles, en mettant en évidence en premier lieu les « bons points », puis les difficultés rencontrées.

La semaine type d'un élève de 6e

	Lundi	Mardi	Mercredi	Jeudi	Vendredi
8 h	Technologie	EPS	Histoire-Géographie	SVT	EPS
9 h	Français	EPS	Maths	Maths	EPS
10 h	Français	Anglais	Français	Français	Histoire-Géographie
11 h	SVT	Arts plastiques	Anglais		Français
12 h				Technologie	
13 h	Anglais	Aide au travail personnel		Anglais	Maths
14 h	Maths	Histoire-Géographie		Aide au travail personnel	Étude surveillée
15 h	Musique	Vie de classe		Étude surveillée	Étude surveillée

L'aider à s'organiser dans le temps et l'espace

Un emploi du temps et un espace de vie bien structurés aident votre enfant à se développer.

S'organiser dans le temps

➜ Votre rôle est de transmettre à votre enfant de **nouvelles clés de lecture du temps**, en fonction de nouvelles exigences dans ce domaine. L'enfant a besoin d'une **journée structurée** où il repère les activités passées, présentes et à venir.

➜ Les sciences cognitives nous apprennent que le cerveau a besoin, pour une activité optimale, d'horaires et de durées définis à l'avance. Par exemple, s'habituer à travailler entre 17 h 30 et 18 h est plus propice à la concentration et la mémorisation, que de laisser s'installer un flou temporel (« Tu t'y mets maintenant et tu verras bien quand tu auras terminé. »). Permettre à l'enfant d'inscrire **chaque activité**, en fonction de sa nature, **dans un temps précis**, est donc fondamental pour structurer ses apprentissages.

➜ Par ailleurs, c'est en 6e que l'élève apprend à **s'avancer dans son travail**. Passé, présent et futur ne sont plus « lus » comme au primaire. L'instant s'inscrit davantage dans un projet : en cours de français, le lundi à 9 h, Marc sait qu'à 11 h, « il a SVT » et à 14 h, un contrôle de maths. Cette organisation, fixée à l'avance, installe des repères différents de ceux du primaire. Il est important que l'enfant utilise une montre à aiguilles qui lui permet de **visualiser le temps qui passe**, donc de le « contrôler ». L'affichage digital propose une lecture de l'instant, sans prise de distance.

S'organiser dans l'espace

➜ Votre enfant a aussi besoin de **repérer les espaces** dans lesquels il est amené à évoluer dans la journée. La motivation des élèves de 6e qui bénéficient d'un espace-classe, c'est-à-dire d'une salle « à eux », est meilleure. L'**unité de lieu** est essentielle : elle permet à l'enfant de centrer davantage son attention et d'éviter l'éparpillement.

➜ **À la maison**, c'est la même chose : investir toujours le même lieu pour travailler favorise la concentration. Cependant, l'espace familial est différent selon les situations. Certains enfants y connaissent une unité de lieu. D'autres changent de domicile toutes les semaines et se retrouvent « ailleurs » le week-end. D'autres encore, dans une même journée, investissent quatre lieux distincts : l'école, l'association d'aide à la scolarité, la maison de Mamie et le domicile familial. L'essentiel est que l'enfant repère clairement chacun de ces espaces et le temps qu'il y passe.

Quatre points essentiels

- ✓ Aménagez, dans sa chambre, **un espace de rangement** spécifique pour ses livres et ses cahiers, avec idéalement une « case » par matière.
- ✓ Affichez **son emploi du temps** à proximité, à un endroit où il est bien lisible.
- ✓ Au cours du premier mois, faites-lui lire son emploi du temps pour le lendemain et aidez-le à **« faire son cartable »**, afin qu'il n'oublie rien ni n'emporte trop de matériel.
- ✓ Vérifiez qu'il note bien sur son **cahier de textes** les consignes précises des professeurs. À noter : beaucoup d'élèves de 6e n'arrivent pas à s'organiser avec un agenda. Aussi, de plus en plus de parents reviennent au cahier de textes. En effet, se repérer dans le temps « du mardi au mardi » est plus aisé que « du 22 au 29 janvier ».

L'accompagner vers son autonomie : principes clés

Votre enfant grandit. Il désire et doit prendre de l'autonomie. Pourtant, il doit encore être accompagné. Comment gérer au mieux cette double exigence ?

Une charte en quatre points

Pour lui permettre de se motiver et de se responsabiliser, vous devez, en tant que parents, respecter le plus possible cette « charte » en quatre points :

→ **Distinguer sa personne et ses résultats** : « Ton travail vaut 7 » et non « Tu vaux 7 », « Tu rencontres des difficultés » et non « Tu es en difficulté » ; il s'agit que l'enfant ne s'enferme pas dans une dévalorisation de soi et trouve l'énergie de faire progresser sa situation scolaire.
De même, pour les bons résultats : beaucoup d'élèves confondant leurs notes et leur propre valeur se retrouvent dans des situations de fragilité. Ils ont le sentiment d'exister et d'être aimés lorsqu'ils obtiennent un 18 et l'impression de « valoir moins », lorsque leur travail obtient 8…

→ **Différencier le passé, le présent et le futur** : sa situation scolaire présente n'est pas comparable à celle des années précédentes. En adoptant un regard neuf sur son travail et ses résultats, vous lui permettez de se référer au passé, d'y trouver des points d'appui (connaissances, savoir-faire acquis…) et vous évitez qu'il n'en retienne les freins (difficultés, résultats faibles dans une matière…).

→ **Ne pas lui mettre la barre trop haute ni trop basse** : trop haute, elle est inaccessible, donc démotivante ; trop basse, elle est trop accessible, et également démotivante.

→ **Valider, à chaque échéance, ses efforts et ses progrès** : votre enfant a beau avoir grandi, il reste toujours aussi sensible aux compliments et aux encouragements ; c'est pourquoi il est nécessaire de valoriser tous ses efforts et tous ses « gains » lors des évaluations.

Deux attitudes à proscrire

→ Vous devez éviter **deux principaux écueils** :
– vous montrer trop présent, le contraindre ou faire à sa place, c'est-à-dire participer à son infantilisation ;
– être absent, le considérer d'emblée comme autonome, donc l'installer dans un « flou » démotivant.

→ En classe de 6e, votre enfant pose des **jalons vers son autonomie** : il a donc besoin de rencontrer chez vous une attitude qui lui permette de se responsabiliser, loin de l'autoritarisme ou du laxisme. Celle-ci se résume à l'expression de vrais oui (une écoute) et de vrais non (des limites).

Faut-il l'équiper d'un téléphone portable ?

Sans même entrer dans des considérations de coût, voici deux raisons qui justifient de ne pas équiper son enfant d'un mobile en 6e, pas plus qu'en 5e ou 4e. On pourra le faire en 3e, si le collège l'autorise.

1. Le portable constitue un « **cordon ombilical** » qui pollue la concentration. Apprendre nécessite, chez l'enfant, la « séparation » d'avec ses parents dans le lieu d'apprentissage que constitue le collège. Demeurer relié à eux en permanence gêne l'accès à son autonomie scolaire.

2. Il ne répond à **aucun des besoins** de l'enfant : il est surtout utile à ses parents qui peuvent ainsi le laisser seul, puisque joignable à tout moment…

Établir un contact avec les enseignants

La communication avec les professeurs permet de construire une cohérence essentielle pour la motivation du collégien. Vous aurez plusieurs occasions d'établir ce contact. Voici quelques conseils.

→ **Participez aux réunions de parents** organisées par le collège, au début de l'année (réunion plénière avec tous les parents), puis en cours d'année (réunions permettant de s'entretenir individuellement avec des professeurs). La première réunion, en particulier, requiert une présence impérative pour une écoute des attentes et objectifs de l'année.

→ **Informez-vous régulièrement** de la situation scolaire de votre enfant, grâce à ses copies, ses relevés de notes et ses bulletins. Signez en particulier les relevés de notes mensuels, à l'échéance fixée. Si les informations qui y figurent s'avèrent insuffisantes, utilisez le carnet de correspondance comme outil d'échange ou sollicitez un rendez-vous pour faire le point sur les compétences, les difficultés et les besoins réels de votre enfant.

→ **Établissez un équilibre relationnel avec les enseignants** : évitez d'abuser des demandes de rencontres destinées à vous sécuriser, ou d'attendre tout de leur travail.

→ Au cours d'un entretien, **reconnaissez l'enseignant dans ses compétences professionnelles**. Pour cela, investissez votre rôle de parent qui, légitimement, s'informe pour aider son enfant à une étape essentielle de sa scolarité, mais n'entrez pas dans des considérations d'ordre professionnel avec l'enseignant. Cela ne doit pas vous empêcher – au contraire – de lui poser des questions précises, sans crainte liée à la relation parent/enseignant.

→ Enfin, **informez toujours votre enfant** des rencontres avec les professeurs et de leur contenu, s'il n'y a pas été présent. Il est le premier concerné par ces informations et celles-ci sont nécessaires à sa progression.

Pour vous aider à poser les bonnes questions

Lors d'une rencontre avec un enseignant, définissez votre objectif. Vous devez repartir avec des réponses claires aux questions suivantes :

- **De quelle façon est organisée l'évaluation dans la matière ?**
- **Quelles sont les compétences, le niveau de mon enfant, dans cette matière ?**
- **Qu'attend de lui le professeur ?**
- **À quelle échéance attend-il des résultats, avec quels indicateurs de progrès ?**
- **Comment voit-il mon rôle de parents dans cette situation ?**
- **Y a-t-il nécessité de recourir à un tiers pour répondre à certains besoins ?**

L'aider en français

En 6e, votre enfant a quatre ou cinq heures de français par semaine. Le programme actuellement en vigueur est défini, de manière détaillée, par des instructions officielles de 2008, que l'on peut retrouver sur le site http://eduscol.education.fr.

Comprendre ce qui se passe en classe

En quoi consiste le programme de français ?

→ Ce programme a un double objectif : faire pratiquer, de manière de plus en plus aisée, **la lecture de textes et d'images, l'écriture, l'expression orale,** et faire acquérir peu à peu la **maîtrise des outils de la langue** nécessaire à ces pratiques.

→ À travers différents types de lectures, votre enfant développe sa connaissance des **genres et formes littéraires** – le conte, la fable, la poésie, le théâtre sont ainsi au programme de 6e. Il acquiert par ailleurs des notions d'**histoire littéraire**, en lien avec le programme d'histoire et d'histoire des arts : en 6e, l'accent est ainsi mis sur la période de l'Antiquité.

Comment l'enseignement est-il organisé ?

→ Autrefois, le cours de français était composé d'activités diverses – **lecture, écriture, grammaire, conjugaison, orthographe, vocabulaire** – envisagées isolément les unes des autres.

→ Désormais, l'enseignant, tout en continuant à mener toutes ces activités, prend soin de les associer **autour d'objectifs**. Les objectifs se succèdent ainsi au fil de l'année (six semaines environ sont consacrées à chacun), dans une progression décidée le plus souvent au sein de l'équipe de professeurs de lettres du collège.

Combien de livres devront être lus au cours de l'année ?

→ En 6e, votre enfant va **étudier en classe** de français deux ou trois œuvres intégrales. Son enseignant lui demandera également de **lire individuellement** d'autres livres : en général, des titres de la littérature de jeunesse, classiques ou contemporains, afin d'acquérir une culture personnelle. Au final, c'est **entre quatre et six livres** qu'il faut lire au cours de l'année scolaire.

Quelle place est réservée à l'orthographe ?

→ L'enseignant de français consacre environ **un tiers du temps d'enseignement** à l'étude de la langue. En fonction des objectifs définis, il travaille sur des notions précises de grammaire, d'orthographe ou de vocabulaire, à travers des exercices « contextualisés » (à partir de textes étudiés) et/ou « décontextualisés » (à partir de la règle).

→ L'enseignant multiplie les types d'exercices. La **dictée** « traditionnelle » est, de plus en plus, un exercice de contrôle final ; elle peut cependant être utilisée comme exercice spécifique si elle est préparée en classe. La **rédaction** permet le réemploi des apprentissages orthographiques ; en général, l'enfant de 6e aime écrire mais oublie ses connaissances formelles dans le feu de l'action !

Quels travaux d'écriture sont proposés ?

→ En classe de 6e peuvent être proposés toutes sortes de travaux d'écriture. L'élève doit progressivement devenir capable de produire un **texte narratif** d'une page (20 lignes environ), cohérent et présenté de façon lisible.

→ Ces travaux sont le plus souvent effectués **en classe, individuellement ou en groupe**, mais ils peuvent également être préparés **à la maison** (travail au brouillon) avant d'être repris en classe.

Apporter une aide

Comment aider votre enfant à lire les livres étudiés en classe ?

→ Si vous le pouvez, lisez l'œuvre étudiée. Vous montrerez ainsi à votre enfant votre intérêt pour son travail et donc l'importance de celui-ci. Cette **lecture**

parallèle vous permettra de discuter avec lui du livre et de l'aider plus efficacement pour préparer un contrôle de lecture ou une explication de texte.

→ Si votre enfant est un « lecteur récalcitrant » et a du mal à entrer dans le livre choisi, la meilleure solution, si elle peut être mise en œuvre, consiste à lire partie ou totalité de l'œuvre avec lui, en organisant des **temps conviviaux de lecture familiale**. Il ne faut pas hésiter à établir avec votre enfant un contrat du type : « Je te lis un chapitre, tu me lis un chapitre. » En partageant ainsi le temps de lecture, celle-ci lui paraîtra moins difficile et pourra même devenir un plaisir.

Comment l'aider à apprendre une leçon de grammaire ?

→ En premier lieu, encouragez-le à revenir sur la leçon le jour même où elle a été traitée en classe ; il l'assimilera mieux.

→ Demandez-lui de vous expliquer **ce qu'il a compris**, avec ses mots. Puis parcourez la leçon avec lui pour contrôler ce premier exposé. Aidez-le à relever les **phrases clés**.

→ Incitez-le à refaire les mêmes **exercices** que ceux effectués en classe puis, seulement après, à faire les exercices nouveaux donnés par l'enseignant.

→ Idéalement, une leçon doit être revue **deux à trois fois** pour passer d'une mémoire à court terme à une mémoire à long terme.

Comment l'aider à améliorer son orthographe ?

→ L'orthographe inquiète en général beaucoup les parents. Sachez qu'il faut **les quatre années de collège** pour réellement la consolider. Vous devez donc être vigilant sans attendre des résultats immédiats ni majorer les difficultés.

→ En particulier, ne multipliez pas les dictées nouvelles ; privilégiez les **dictées déjà effectuées** (pour automatiser certaines pratiques). Vous pouvez ainsi à intervalles réguliers redicter quelques lignes extraites d'une dictée faite en classe, dans laquelle votre enfant avait commis des erreurs. S'il les reproduit, **analysez** avec lui **le type d'erreur** ; dans le cas d'une faute d'orthographe grammaticale, faites-lui reformuler la règle sous-jacente et proposez-lui un entraînement supplémentaire si vous le jugez nécessaire.

Comment l'aider à faire un travail de rédaction ?

→ Si votre enfant doit rédiger un paragraphe à la maison, aidez-le en premier lieu à s'approprier la consigne en lui demandant de se représenter la tâche à accomplir. Il s'agit de le mettre « en projet » et de lui permettre de comprendre ce qu'on attend exactement de lui. Une **vision claire du produit fini** est souvent une garantie de réussite.

→ Par ailleurs, un travail écrit gagne en qualité quand il est **repris plusieurs fois**. Progressivement, il s'agit de lui apprendre :
– à **relire sa production comme un « objet » séparé** de lui en vérifiant qu'il a bien appliqué la (ou les) consigne(s) d'écriture ;
– à **repérer ses fautes d'orthographe** (grammaticale ou lexicale) ;
– à **isoler ses erreurs « fines »** telles que les répétitions, l'emploi de verbes passe-partout, de tournures familières.

L'aider en langues

**Les programmes de langues étrangères, désormais en vigueur, se caractérisent par l'accent mis sur la communication.
En 6e, l'horaire consacré aux langues est le plus souvent de quatre heures hebdomadaires.**

Comprendre ce qui se passe en classe

En quoi consistent les programmes de langues ?

→ Les programmes de langues font désormais référence au **Cadre européen commun de référence pour les langues** (CECR), qui définit 6 niveaux de compétence, de A1 (« première découverte de la langue ») à C2 (« utilisateur expérimenté »).

→ À l'issue de l'école primaire, l'objectif est d'approcher le niveau A1 dans la langue étudiée. En 6e, votre enfant **doit donc atteindre un niveau A1-A1+** et être ainsi capable de comprendre et d'utiliser des expressions familières et quotidiennes.

→ Chaque programme comprend **quatre volets** le plus souvent liés à l'intérieur des cours :

1. Communication langagière (comprendre et répondre à un message oral ou écrit)
2. Contenus culturels et domaines lexicaux (vie quotidienne, repères géographiques, historiques, culturels, littéraires et artistiques)
3. Syntaxe et morphosyntaxe (outils grammaticaux)
4. Phonologie (prononciation)

Comment se déroule un cours de langues ?

→ Pour construire ses séquences de cours, l'enseignant suit généralement la progression du manuel utilisé en classe.

→ Une séance « type » débute par un **retour sur le cours précédent** (correction d'exercices, interrogation orale d'un ou de plusieurs élèves...). Commence ensuite la nouvelle leçon.

→ L'accent est mis sur la **communication à l'oral**. Au cours de la leçon, l'enseignant s'appuie sur les productions des élèves pour écrire certains éléments au tableau. Ils seront recopiés dans le cahier en fin de séance. Cette « trace écrite » permet de dégager les principaux points abordés pendant le cours, qu'ils soient culturels, grammaticaux, lexicaux et/ou phonologiques.

Quelle est la part de l'oral ? Quelle est celle de l'écrit ?

→ À l'intérieur d'une séquence (ensemble de séances sur un thème ou un chapitre) et même si possible au cours d'une seule séance, l'enseignant sollicite, de manière équilibrée, les **quatre compétences nécessaires à l'apprentissage d'une langue :**
– compréhension de l'oral ;
– expression orale (et interaction orale) ;
– compréhension de l'écrit ;
– expression écrite.

Comment les élèves sont-ils évalués ?

→ L'enseignant évalue les quatre compétences citées ci-dessus. Il est à noter que les nouvelles instructions officielles accordent **une plus grande part à l'évaluation de l'oral**, notamment de la compréhension orale souvent négligée dans le passé.

→ L'évaluation peut prendre la forme :
– d'une **interrogation** en début d'heure, qui permet de revenir sur la séance précédente et de vérifier au fur et à mesure les acquis ;

– d'un **contrôle de connaissances** en fin de séquence. Selon le cas, ce contrôle peut comprendre des exercices grammaticaux et lexicaux, un exercice d'expression écrite, un test de compréhension écrite et/ou de compréhension orale.

→ Votre enfant est aussi évalué pour sa **participation orale** et reçoit une note par trimestre qui prend en compte la fréquence et la qualité de ses interventions en classe.

Apporter une aide

Comment aider votre enfant à apprendre une leçon de langues ?

→ Votre enfant travaille le plus souvent avec le manuel scolaire, le cahier d'activités correspondant (que la plupart des enseignants demandent d'acheter en début d'année scolaire) et un cahier de cours. Il est donc nécessaire **qu'il utilise les trois supports** pour comprendre et apprendre chaque leçon.

→ Aidez-le à **repérer** dans la leçon les **éléments nouveaux** et donc ceux qu'il doit retenir pour le cours suivant. Vous pouvez aussi relever avec lui (sur des fiches, par exemple) les quelques expressions ou mots rencontrés pour la première fois ; ils sont le plus souvent soulignés dans le cahier. Le fait de réécrire ce vocabulaire après l'avoir répété lui permettra de le retenir plus efficacement.

→ Il peut être utile de faire **apprendre par cœur** à votre enfant quelques « phrases clés » du cours (issues des dialogues étudiés en classe, par exemple), afin qu'il intègre plus efficacement les nouvelles structures.

→ En 6e, réviser une leçon de langues ne doit pas prendre plus de **15 minutes**.

Doit-il travailler à voix haute ? Et comment ?

→ Sur le cahier, la trace écrite en cours (succincte en 6e) reprend les points essentiels à retenir. Il est important que votre enfant **relise plusieurs fois cette trace écrite**, à voix haute. Vous pourrez ainsi, si possible, en vérifier la prononciation.

→ Vous pouvez faire de même avec les dialogues ou autres **documents sonores** entendus en classe lorsque les scripts sont notés dans le manuel (ce qui est généralement le cas). Vous pouvez également vous aider des CD audio proposés par certains manuels et qui permettent de réécouter les pistes utilisées en classe.

Comment l'aider à préparer un contrôle ?

→ Pour réussir son contrôle, votre enfant doit **revoir l'ensemble des leçons** de la séquence. Si chaque leçon a été vue comme il est conseillé ci-dessus, il sera aisé de retrouver les différents objectifs de l'ensemble du chapitre (notamment les éléments grammaticaux et lexicaux).

→ À partir des fiches élaborées lors de la révision des leçons, vous pouvez élaborer des **« tests » de vocabulaire** en lui demandant une traduction des mots importants dans le sens anglais/français puis français/anglais.

→ Faites redire à votre enfant, à voix haute, quelques **phrases clés** du chapitre.

→ Vous pouvez enfin vérifier que l'ensemble du chapitre est compris et acquis en aidant votre enfant à **faire ou refaire les exercices** proposés par exemple dans le manuel ou le cahier d'activités.

Comment exploiter la correction d'un contrôle ?

→ **Après le contrôle,** relevez sur la copie corrigée les erreurs de votre enfant et les remarques et conseils que l'enseignant y aura notés. Vous pourrez alors cibler les éventuelles difficultés de votre enfant et y remédier plus facilement, en utilisant par exemple les cours et exercices proposés dans *Tout savoir 6e*.

L'aider en mathématiques

En 6e, votre enfant a le plus souvent quatre heures et demie de mathématiques, en moyenne, par semaine ; c'est-à-dire quatre heures de cours en classe entière et, une semaine sur deux, une heure de cours en demi-groupe. Le programme de mathématiques de 6e a été redéfini en 2008 ; il peut être consulté et téléchargé sur le site http://eduscol.education.fr.

Comprendre ce qui se passe en classe

Quels sont les grands axes du programme de mathématiques ?

➜ L'actuel programme s'articule autour de **quatre parties** bien distinctes :

1. Nombres et calculs : nombres entiers et décimaux ; division et quotient de deux nombres entiers.

2. Organisation de données et fonctions : grandeurs proportionnelles ; taux de pourcentage ; tableaux et graphiques statistiques.

3. Géométrie : figures planes usuelles ; symétrie orthogonale ; parallélépipède rectangle.

4. Grandeurs et mesures : longueurs, masses et durées ; construction et mesure des angles à l'aide du rapporteur ; aires des figures usuelles ; volume du parallélépipède rectangle.

Comment se déroule un cours de mathématiques ?

➜ L'enseignant consacre environ deux à trois semaines à chaque thème du programme. Cependant, une séquence sur un thème se décompose en **différentes étapes** : évaluation des « prérequis », travaux d'approche des nouvelles notions, synthèse, séances d'exercices, et deux cours de mathématiques n'ont donc jamais exactement le même déroulement !

Comment les élèves sont-ils évalués dans cette discipline ?

➜ L'évaluation peut prendre la forme :
– d'un **questionnement oral** collectif ou individuel en début de séance ; le professeur peut ainsi savoir s'il est nécessaire ou non de revoir tel ou tel point qui n'aurait pas été compris ;
– d'une **interrogation écrite** courte (le plus souvent « surprise ») pour vérifier qu'un point particulier ou une méthode ont bien été compris ;
– d'un **« contrôle de connaissances »** sur le chapitre qui vient d'être terminé ou sur plusieurs chapitres à la fois. Ce type d'évaluation permet aux élèves de faire le lien entre les différentes notions et au professeur de s'assurer que celles-ci sont définitivement acquises. Les contrôles sont toujours **planifiés**.

Les élèves de 6e font-ils encore du calcul mental ?

➜ Certains enseignants poursuivent, au début de chaque cours, un entraînement en calcul mental, de manière à renforcer les acquis de l'école élémentaire. Si votre enfant ne maîtrise pas ses « tables », n'hésitez pas à l'interroger régulièrement sous forme de jeu. Seule la **pratique régulière** permet une amélioration des performances dans ce domaine.

➜ En classe, l'usage de la calculatrice est évidemment très encadré, pour éviter que, par paresse, les élèves n'y recourent de manière abusive. Elle n'est le plus souvent utilisée que pour **vérifier ses calculs**.

Certains travaux sont-ils faits avec des outils informatiques ?

➜ Presque tous les collèges sont désormais dotés d'une salle informatique qui permet aux professeurs de **diversifier les modalités de travail**. Les enseignants de mathématiques peuvent ainsi organiser notamment des travaux géométriques sur écran. À l'aide d'un **logiciel de construction géométrique**, les élèves apprennent à construire de manière très précise la médiatrice d'un segment, la bissectrice d'un angle ou le symétrique d'une figure par rapport à un axe.

Apporter une aide

Comment aider votre enfant à apprendre une leçon de mathématiques ?

→ Vous pouvez commencer par interroger votre enfant sur ce qu'il a retenu de la leçon travaillée en classe. Comparez ensuite avec l'enfant cette **première restitution de connaissances** avec le cours pris dans le cahier ou celui fourni par le manuel.

→ Aidez-le alors à **repérer la structure de la leçon** (sous-titres, mots clés). La mémoire sera d'autant plus efficace que le contenu de la leçon sera structuré et cohérent. Signalez-lui les éléments à apprendre par cœur (définitions et propriétés).

→ Essayez enfin de déterminer avec votre enfant **les questions que le professeur pourrait poser** et demandez-lui d'y répondre. Faites-lui appliquer, le cas échéant, sur un ou deux exemples précis, les règles figurant dans la leçon.

Comment l'aider à préparer un contrôle ?

→ Pour réussir une évaluation, votre enfant doit réviser trois types de savoirs :
– les savoirs « cognitifs » : il s'agit simplement de **revoir la ou les leçons** ;
– les savoir-faire : il faut **retravailler systématiquement les exercices faits** et corrigés en classe. Cela implique d'avoir un cahier d'exercices irréprochable ;
– les savoirs « transposables » : cela signifie **faire de nouveaux exercices** (ceux du manuel, si vous pouvez en donner facilement la correction, ou ceux de *Tout savoir 6*e).

→ L'**exploitation de la correction d'un contrôle** importe tout autant que sa préparation. Essayez de convaincre votre enfant qu'une correction bien comprise lui permettra de repérer ses points faibles et de les surmonter ! Aidez-le par ailleurs à décrypter les annotations individuelles sur sa copie. Les erreurs identifiées seront ainsi corrigées de manière plus efficace.

Comment fonctionne la mémoire ?

1. La mémoire a besoin d'une mise en situation. Pour apprendre correctement une leçon, **l'élève doit s'imaginer la récitant en classe** lors d'une évaluation (écrite ou orale).

2. La mémoire est « polymorphe ». On peut « mémoriser » en faisant appel à divers sens et/ou compétences. Ainsi, selon les individus, les divers types de mémoire mis en jeu seront :
– **la mémoire visuelle** (lire la leçon pour la « photographier ») ;
– **la mémoire auditive** (écouter la leçon ou la lire à voix haute) ;
– **la mémoire motrice** (agir, par exemple réécrire la leçon).

3. La mémoire fonctionne de façon discontinue. Cela signifie que, pour être assimilée, une leçon doit être **révisée plusieurs fois**.

4. La mémoire dépend de l'état affectif. L'élève apprend d'autant plus facilement une leçon si **son contenu l'intéresse** et si le professeur le rend le plus attractif possible !

L'aider en sciences

En 6e, l'apprentissage scientifique se poursuit en sciences de la vie et de la Terre. L'horaire de cette discipline est d'une heure et demie par semaine. Le programme a été redéfini en 2008. Il peut être consulté et téléchargé sur le site http://eduscol.education.fr/.

Comprendre ce qui se passe en classe

Quels sont, de manière très résumée, les principaux thèmes du programme ?

→ Les **grands thèmes** sont ainsi intitulés : Caractéristiques de l'environnement proche, Le peuplement d'un milieu, Origine de la matière des êtres vivants, Diversité, parentés et unité des êtres vivants, Des pratiques au service de l'alimentation humaine.

→ Le professeur organise sa progression en fonction des ressources environnementales de sa région, des documents et du matériel dont il dispose. Il n'y **pas d'ordre imposé** pour traiter les cinq thèmes du programme.

Comment se déroule une leçon de sciences ?

→ Chaque séance de cours **part d'une situation** la plus concrète possible **qui pose problème**. Il s'agit de susciter la curiosité de l'élève. Les élèves cherchent la solution du problème posé, la réponse à la question soulevée, par **diverses méthodes** : lecture de documents, observation, expérimentation. En faisant varier les modes de recherche, l'enseignant vise à faire acquérir les différentes compétences scientifiques inscrites dans le programme.

→ Le **cahier** ne contient pas un simple résumé de cours. Il porte surtout la **trace des activités** de l'élève en classe, de ses essais et de ses erreurs éventuelles.

Quelles sont les compétences scientifiques à acquérir ?

→ Le programme de SVT en distingue **cinq.**

Intitulé	Exemples
Restituer des **S**avoirs (**Rs**)	Donner une définition. Citer des propriétés. Compléter un texte de leçon à trous.
S'**I**nformer (**I**)	Tirer des informations d'un texte, d'un tableau, d'un schéma, d'une image. Mener une recherche au CDI ou sur Internet.
Raisonner (**Ra**)	Comparer, mettre en relation des données. Justifier ses réponses. Formuler un problème, émettre une hypothèse, concevoir une expérience, tirer une conclusion, critiquer une expérience. Savoir utiliser une clé de détermination. Classer.
Communiquer (**C**)	Communiquer à l'aide d'un texte, d'un tableau, d'un schéma, d'un dessin d'observation ou à l'oral.
Réaliser (**Re**)	Réaliser une préparation. Suivre un protocole expérimental.

→ En 6e, l'accent est mis sur **la capacité à s'informer et à restituer des connaissances** de façon organisée. Pour ce qui concerne les réalisations, les élèves sont souvent amenés à réaliser un montage expérimental, à effectuer une dissection simple, à organiser un élevage.

En quoi consiste l'évaluation en sciences ?

→ Elle comporte une **partie « formative »**, qui se déroule en cours d'apprentissage et ne doit donc pas donner lieu à une note chiffrée mais à un signalement des erreurs et des réussites. Les résultats de cette évaluation figurent en marge du cahier ou dans une grille spéciale.

→ Quand le professeur estime que la compétence est maîtrisée par le plus grand nombre, il peut passer à une **évaluation « sommative »**, chiffrée. Celle-ci porte sur plusieurs compétences et les connaissances d'un ou plusieurs chapitres. Le total de cette évaluation est certes important ; mais plus important encore, le détail pour chaque compétence.

→ Exemple :

Compétences testées	Marie	Laetitia
Restituer des **S**avoirs (**Rs**)	8/10	4/10
Raisonner (**Ra**)	4/10	8/10
Total	12/20	12/20

Appréciations

Marie apprend bien. Elle doit maintenant concentrer ses efforts sur les activités qui demandent de raisonner. À vous de l'entraîner dans ces exercices signalés par les lettres Ra.

Laetitia s'implique bien et est à l'aise dans les exercices qui demandent de la réflexion. L'apprentissage de leçons lui est plus difficile. À vous de l'y aider car il sera impossible par la suite de raisonner sans connaissances solides.

Conclusion

Si on ne regarde pas le détail, les deux élèves ont le même niveau ; pourtant le travail à faire pour chacune est différent.

Apporter une aide

Comment s'assurer que votre enfant connaît bien sa leçon ?

→ Assurez-vous que votre enfant a bien repéré les points les plus importants de la leçon (assez succincte en 6e) et sait les restituer, de manière précise, **avec le vocabulaire adéquat**. Un élève de ce niveau a en effet tendance à « raconter » sa leçon plutôt qu'à la restituer. Pour gagner en rigueur, incitez votre enfant à **réciter sa leçon par écrit**.

Comment l'aider à préparer un contrôle ?

→ En premier lieu, vérifiez que votre enfant n'a **pas perdu de vue le problème soulevé** dans le chapitre. C'est lui qui donne sens à l'apprentissage, crée la motivation, déclenche la mémoire à long terme.

→ Il faut ensuite que votre enfant **revoie les activités** faites en cours. Attention, cependant, il s'agit moins de les relire que de les refaire. Une telle démarche permet de vérifier si l'on comprend les questions, si l'on a acquis la compétence visée par l'exercice. Mieux vaut ainsi ne refaire qu'une seule des activités plutôt que de les relire toutes.

L'aider en histoire-géographie et éducation civique

En classe de 6e, votre enfant suit deux heures de cours d'histoire-géographie par semaine, complétées par une heure d'éducation civique. Le programme des trois matières a été redéfini en 2008.

Comprendre ce qui se passe en classe

En quoi consiste le programme d'histoire-géographie ?

→ Le programme d'**histoire** est centré sur l'étude de **grandes civilisations** entre le IIIe millénaire av. J.-C. et le VIIIe siècle. Après un premier contact avec une civilisation de l'Orient ancien, les élèves découvrent la Grèce et Rome, puis l'émergence du judaïsme et du christianisme. Ils étudient ensuite les empires chrétiens de l'Orient byzantin et de l'Occident carolingien. La dernière partie ouvre le programme à une civilisation asiatique : la Chine des Han ou l'Inde des Gupta.

→ En **géographie**, le programme intitulé « La Terre, planète habitée » permet d'explorer le monde, de caractériser les différentes manières de l'habiter, à travers des études de cas. Chacune est située systématiquement sur des cartes : l'élève acquiert ainsi une première connaissance des grandes divisions physiques et humaines du monde.

Et en éducation civique ?

→ On part du quotidien de l'élève, qui entre au collège, pour expliciter les enjeux du « **vivre ensemble** » dans cet établissement. La réflexion commune s'élargit aux **droits et devoirs** de la personne.

Comment se déroule un cours ?

→ Il s'articule autour d'une **question clé**. L'élaboration de la réponse passe par l'étude de documents souvent issus du manuel. L'enseignant propose, sur ces documents, une **réflexion** guidée par des questions : celle-ci peut être, selon le cas, conduite individuellement ou en groupe ; elle est consignée dans une partie spécifique du cahier ou du classeur. Puis les remarques sont **mises en commun**, les éléments clés notés au tableau.

Que notent les élèves dans leur cahier ?

→ La synthèse est **recopiée à partir du tableau**, comme à l'école primaire. Peu à peu, en fonction du niveau d'autonomie, la part du recopiage diminue au profit d'un cours **dicté**. Les mots nouveaux ou difficiles restent inscrits au tableau.

→ À la fin de l'année, les élèves doivent être capables de rédiger un court paragraphe. Dans ce but, ils doivent parfois **rédiger eux-mêmes la synthèse** en utilisant les mots au tableau. Ils peuvent aussi le faire à la maison.

Quelle est la part de l'oral ?

→ La pratique de **l'expression orale** et de **l'argumentation** fait partie des objectifs assignés à l'histoire-géographie et à l'éducation civique. Dans le cas de cette dernière, il s'agit même d'une priorité. La classe peut être invitée à discuter d'une question après avoir procédé à une prise d'informations.

Apporter une aide

Comment aider votre enfant à apprendre une leçon ?

→ Faut-il apprendre **par cœur** ? Pour beaucoup d'enfants, la mémorisation mécanique est rassurante. Elle **s'impose pour les repères** (dates, localisations) et **les définitions**. On peut la faciliter en faisant réciter ou recopier les définitions. Les mots nouveaux et les noms propres doivent être photographiés mentalement et épelés pour solliciter la mémoire visuelle et auditive.

→ Cependant, même en 6e, l'élève ne peut pas se contenter du « par cœur ». Il doit apprendre sa leçon, non pour la restituer telle quelle, mais pour répondre à des questions ouvertes. Il doit être en mesure de retrouver, lui-même, les informations extraites d'un document. Lors de la préparation d'un contrôle, aidez-le **en lui posant des questions** sur sa leçon et les documents étudiés.

À quoi sert le manuel ? Comment utiliser le cahier ?

→ Le **manuel** contient des repères (cartes, chronologies), une synthèse de cours accompagnée de nombreux documents d'appui, des dossiers thématiques. Il doit être considéré comme une **base de données** : les élèves sont invités à y chercher les éléments dont ils ont besoin. Les repères se trouvent en début de chapitre, les définitions jalonnent la progression du cours et un index permet de retrouver les plus anciennes.

→ Dans le **cahier** se trouve le vocabulaire qui doit être appris. Il s'ajoute aux éléments de cours donnés par le professeur. Vous apporterez une aide précieuse à votre enfant en l'incitant à compléter ces éléments par la lecture du manuel.

Comment l'aider à faire des recherches documentaires ?

→ Les recherches documentaires sont en principe menées en classe, au CDI ou en salle informatique. L'élève apprend ainsi en particulier à déterminer avec précision les **mots clés** qui lui permettront, dans un index papier ou sur un moteur de recherche, de trouver les données correspondant à sa requête. Il apprend également à faire un **tri parmi les informations** disponibles et à les compiler.

→ Vous pouvez **prolonger cette initiation à la maison**. Ainsi, si vous avez un accès à Internet, n'hésitez pas à y faire des recherches avec votre enfant, pour approfondir un point de cours ou, hors du contexte scolaire, trouver une réponse à une question qu'il s'est posée. Des services tels que *Google Earth* ou *Géoportail* permettent de revenir sur des lieux familiers ou étudiés en classe et de pratiquer la géographie d'une façon inédite.

Comment faire de l'histoire-géographie en vacances ?

→ Préparer un itinéraire avec un enfant l'habitue à **lire les cartes** et rend tangible la notion de **distance** au cours du déplacement. Un léger détour par un point de vue remarquable permet de faire le lien entre l'étendue d'espace qu'on a sous les yeux et sa représentation cartographique à une échelle réduite.

→ Les monuments aident à **s'approprier le passé**. Lire ensemble un guide avant une visite favorise la mémorisation à long terme. Un décor remarquable ou une anecdote servent alors de fondements à la construction d'une culture nourrie, par la suite, de lectures, de recherches et du travail réalisé en classe.

L'aider dans les autres disciplines

Sur l'emploi du temps de votre enfant apparaissent des matières – éducation physique et sportive, technologie, arts plastiques, musique – souvent jugées secondaires par rapport à des disciplines comme le français ou les mathématiques. Elles ne doivent pourtant pas être négligées : à cause de leur valeur éducative mais aussi parce qu'elles contribuent souvent à l'équilibre et à la motivation du collégien.

Éducation physique et sportive (EPS)

L'EPS est une **discipline fondamentale** au collège parce qu'elle prend en compte l'adolescent dans ses différentes dimensions : physique, psychique, sociale.

Quelles activités sont proposées en EPS ?

→ Les professeurs d'EPS ne peuvent pas choisir de faire pratiquer n'importe quelle activité sportive à leurs élèves. Il existe une liste limitative d'**activités physiques, sportives et artistiques (APSA)** au programme, régulièrement mise à jour : demi-fond, acrosport, football... 26 disciplines au total figurent sur la liste nationale publiée au BO.

→ Les APSA sont regroupées dans des « **familles** » **d'activités** correspondant chacune à l'une des quatre compétences propres à l'EPS qui doivent être enseignées au collège (voir tableau ci-dessous).

→ Les **projets** élaborés par les équipes d'EPS (choix des APSA, progression pédagogique...) doivent comporter des activités choisies dans chacune de ces quatre familles.

Comment les élèves sont-ils évalués ?

→ L'évaluation porte à la fois **sur les capacités sportives et sur les attitudes**. Outre les quatre compétences propres à l'EPS, sont donc évaluées également des compétences méthodologiques et sociales : s'approprier des règles, assumer des responsabilités (ranger le matériel par exemple), arbitrer, savoir s'échauffer et récupérer, identifier les facteurs de risques...

Compétence	Famille d'activités
Réaliser une performance motrice maximale à une échéance donnée	Disciplines relevant de l'athlétisme et de la natation sportive
Adapter ses déplacements à des environnements variés, incertains, inhabituels	Canoë-kayak, course d'orientation, escalade...
Réaliser une activité corporelle à visée artistique ou acrobatique	Danse, gymnastique (sportive et rythmique), acrosport, aérobic, arts du cirque...
Conduire et maîtriser un affrontement individuel ou collectif	Tous les sports collectifs, sports de raquettes (tennis de table, badminton...) et de combat (lutte, boxe française...)

Technologie

→ Comprendre et maîtriser le **fonctionnement d'objets techniques** appartenant à son environnement, tel est l'objectif de l'enseignement de la technologie.

Qu'étudie-t-on en technologie ?

→ L'enseignement est centré sur les **activités de manipulation et de fabrication** d'objets techniques qui doivent amener les élèves à se poser les questions suivantes : à quel besoin l'objet répond-il ? Comment et de quoi est-il constitué ? Comment fonctionne-t-il ? Comment les besoins et les solutions techniques ont-ils évolué dans le temps ?

→ Chaque étude d'objet, **sous forme de projet collectif**, permet d'aborder également les questions de sécurité et de respect de l'environnement.

→ En 6e, l'objet appartient au domaine des **moyens de transport** : les élèves peuvent étudier la bicyclette, la trottinette, le tramway…, ou un objet ou un système nécessaire au bon fonctionnement d'un moyen de transport, comme le freinage.

Fait-on de l'informatique ?

En technologie, les élèves utilisent **toutes sortes de logiciels** et s'initient à la programmation. L'objectif est de leur montrer que l'outil informatique permet des activités beaucoup plus variées que l'usage qu'ils en font généralement. Cette matière donne donc l'occasion de valider de nombreuses compétences du B2I (voir ci-dessous).

Comment la salle est-elle équipée ?

→ Véritable laboratoire, la salle de technologie ne ressemble pas à une salle de cours classique. Elle est organisée en espaces de travail, ou « **îlots** », qui comportent, chacun, du mobilier, des ordinateurs et un accès réseau et permettent de réunir, sur des tâches différentes, un groupe d'élèves travaillant en équipe.

→ Les **outils spécifiques** (Charly robots, en particulier) peuvent être déplacés pour rejoindre les îlots en cas de besoin.

Arts plastiques

Comme l'éducation musicale, l'éducation artistique allie, au collège, la pratique à l'acquisition de connaissances.

Quelles techniques sont pratiquées dans les cours d'arts plastiques ?

→ Le programme prévoit que la pratique artistique explore **toutes les formes d'expression plastique** et associe les technologies les plus récentes aux pratiques fondamentales. Ils définissent trois champs qui sont tous à aborder :
– le dessin, la peinture et le collage ;
– la sculpture et l'architecture ;
– la photographie, le cinéma et la création numérique.

Les élèves font-ils de l'histoire des arts ?

L'histoire des arts, et non l'histoire de l'art, est l'**enseignement pluridisciplinaire par excellence.**

Comment les collégiens sont-ils formés à l'informatique ?

✓ Les adolescents ont dans ce domaine un **savoir acquis empiriquement** mais qui, en réalité, est relativement limité. Ils n'utilisent en effet pour la plupart que la messagerie, les réseaux sociaux et les jeux.

✓ L'objectif de la formation dispensée au collège, dans la suite de celle dispensée à l'école primaire, est d'élargir leurs compétences en informatique et de développer une attitude responsable face à cet outil. Tous les professeurs sont mobilisés pour cela. En effet, autrefois réservée aux cours de technologie, l'informatique devient une **compétence de base utilisée dans de nombreuses disciplines.**

✓ À l'issue des années de collège, l'acquisition de ces connaissances et compétences est reconnue par l'attribution du **B2I** (brevet informatique et Internet).

Il est défini comme « un enseignement culturel artistique partagé », « porté par tous les enseignants » et « concernant tous les arts ».

→ L'objectif du programme en arts plastiques est de faire acquérir aux élèves les connaissances nécessaires pour leur permettre de situer et de caractériser des **œuvres d'art majeures** relevant des différents domaines artistiques.

→ Les œuvres doivent être vues soit « en vrai », soit sous la forme d'une reproduction de qualité. Le développement du numérique rend la chose aisée mais les programmes invitent les professeurs à privilégier, chaque fois que cela est possible, les **rencontres *in situ*** avec les œuvres d'art – visites de musées ou de monuments du patrimoine local.

Musique

Qu'apprend-on en musique au collège ?

→ Nos enfants ont aujourd'hui **à portée d'oreille toute la musique du monde**, qu'ils écoutent sans modération, parfois au détriment de leurs tympans.

→ L'objectif du programme d'éducation musicale est de leur **faire acquérir les outils leur permettant de mieux profiter de cette offre musicale**. Il vise à développer leur écoute, leur pratique vocale et à faire en sorte qu'ils se constituent une culture musicale grâce à la connaissance approfondie d'œuvres majeures.

Combien d'œuvres musicales sont étudiées chaque année ?

→ L'enseignement de la musique est organisé en séquences, **cinq par années au minimum**, chacune étant structurée autour d'une œuvre de référence.

→ Le professeur est libre de choisir celles qu'il fera étudier à ses élèves en fonction des **ressources locales** et des événements musicaux : exposition, festival...

→ Chaque œuvre doit faire l'objet d'une **étude approfondie**, enrichie par des éléments culturels.

Est-ce qu'on chante au cours de musique ?

→ Oui, avec un double objectif : développer chez les élèves des **capacités d'écoute, d'analyse** et **former leur voix** dans une pratique individuelle et collective.

→ Ce dernier point est particulièrement sensible pour les collégiens qui connaissent des **transformations vocales** importantes. Les professeurs d'éducation musicale ont un rôle important à jouer pour expliquer aux élèves ces transformations, les aider à apprivoiser leur nouvelle voix, à la poser, à la projeter.

→ La pratique vocale doit permettre la **réalisation de projets** dans les domaines suivants : chanson contemporaine, chanson du patrimoine récent ou ancien, air d'opéra ou d'opérette, air de comédie musicale, air sacré...

Les trois piliers de l'histoire des arts

✓ **Les périodes historiques.** En classe de 6e, la période étudiée va de l'Antiquité au IXe siècle.

✓ **Les domaines artistiques.** Ils sont au nombre de six : les arts de l'espace (architecture, urbanisme, art des jardins), les arts du langage (littérature, écrite et orale, avec en particulier le théâtre, le conte...), les arts du quotidien (design, arts appliqués, métiers d'art...), les arts du son (musique sous toutes ses formes), les arts du spectacle vivant (théâtre, mime, danse...) et les arts du visuel (arts plastiques, cinéma, bande dessinée...).

✓ **La liste thématique.** C'est une liste dans laquelle les professeurs peuvent puiser librement : « Arts, créations, cultures » ; « Arts, espace, temps » ; « Arts, États et pouvoir » ; « Arts, mythes et religions » ; « Arts, techniques, expressions » ; « Arts, ruptures, continuités ».

Français

MINI INTERRO Pour trouver les réponses aux questions de la « Mini interro », il suffit de relire attentivement la page de gauche du chapitre correspondant.

➩ Chapitre 1 page 7

1 Masculin singulier : a., c., d., e., g., h., i., j., m., o., p. / Féminin singulier : f., l., n. / Masculin pluriel : k. / Féminin pluriel : b. Noms propres : b., h., l., p.

2 la cour; la récré; ce matin; l'école; les rangs; le Bouillon; notre surveillant; les yeux; le bureau; le Directeur; le plaisir; le Bouillon; sa main; l'épaule; mon petit.

3 art. déf.; art. déf.; art. indéf.; dét. dém.; dét. poss.; art. déf.; dét. dém.; art. déf.; dét. poss.; art. déf.; art. déf.; art. indéf.

4 a. ses copains / des jeux de plein air; b. La maîtresse / de devoirs / les veilles; c. Les parents / son travail / la veille au soir; d. Pain et chocolat / votre goûter; e. Que de fautes / cette dictée / aucune règle d'orthographe.

5 a. ce soir / des amis / mon papa / ma maman / le soir b. ce : déterminant démonstratif ; des : article indéfini ; mon : déterminant possessif ; ma : déterminant possessif ; le : article défini. c. ce soir : ces soirs ; des amis : un ami ; mon papa : mes papas ; ma maman : mes mamans ; le soir : les soirs.

➩ Chapitre 2 page 9

1 Pronom personnel : a., e. Pronom possessif : c., f. Pronom démonstratif : b., d.

2 lui : la nourrice; le : cet enfant; moi : la fille de Pharaon; je : la fille de Pharaon; te : la nourrice; moi-même : la fille de Pharaon; le : l'enfant; elle : la nourrice; le : l'enfant; le : l'enfant; lui : l'enfant; elle : la fille de Pharaon; Je : la fille de Pharaon; l' : l'enfant.

3 a. les (AD) / les (AD) / les (PP); b. la (AD) / la (PP); c. La (AD) / l' (PP) / le (AD) / le (PP); d. le (AD) / les (AD) / la (AD) / les (PP).

4 a. celle; b. les leurs; c. ceux-ci / la nôtre.

5 a. *qui* : Tout fils / *le* : Tout fils qui naîtra / *Celle-ci* : une fille de Lévi / *il* : un fils / *elle* : une fille de Lévi / *le* : un fils. b. pronom relatif ; pronom personnel ; pronom démonstratif ; pronom personnel ; pronom personnel ; pronom personnel. c. Voyant combien ils étaient beaux, elles les dissimulèrent pendant trois mois.

➩ Chapitre 3 page 11

1 a. courageux; b. brodées; c. sombre; d. épiques; e. inoubliable; f. obscure; g. brave.

2 a. héroïques; b. divins / humains; c. mythologiques; d. troyenne / grecs; e. détaillée / homérique.

3 a. attribut; b. attribut; c. épithète / épithète; d. attribut; e. épithète / épithète / attribut.

4 a. La courageuse héroïne se montre très audacieuse. b. Les déesses capricieuses sont rancunières envers les hommes. c. Les nombreuses aventures d'Ulysse nous semblent toujours aussi passionnantes. d. La brave Pénélope est fidèle à Ulysse. e. Les sanctions divines sont éternelles.

5 a. gras → pâturages ; chargées → claies ; pleines → étables ; renfermés / séparés → ceux-ci ; pleins → vases à traire ; petit → lait. b. gras : épithète ; chargées : attribut ; pleines : attribut ; renfermés / séparés : attributs ; pleins : attribut ; petit : épithète. c. Et toutes les amphores étaient pleines, dans lesquelles la crème flottait sur le petit lait.

➩ Chapitre 4 page 13

1 a. faux ; b. faux ; c. faux ; d. vrai.

2 était → Il / eût su voir → on / dit → sa mère / se porte → ta mère-grand / a dit → on / était → elle.

3 a. un adorable chaperon rouge (COD); b. pour les contes merveilleux (COI); c. le Petit Chaperon rouge (COD); à le sauver (COI).

4 a. attribut du sujet; b. COD; c. COD / COD.

5

Sujet	COD	COI
– Les contes – ils – Des écrivains – un même conte – L'univers merveilleux du conte	– ces récits – plusieurs versions	– une tradition orale et populaire – aux petits comme aux grands

6 a. Le loup et le Petit Chaperon rouge, les personnages du conte de Perrault, sont couchés dans le lit de la grand-mère de la fillette. Le loup est coiffé d'un bonnet de nuit qui appartient à la grand-mère du Petit Chaperon rouge. b. Le loup s'est revêtu des habits de la grand-mère afin de mieux tromper la petite fille et de pouvoir l'attirer jusqu'à lui pour la dévorer : il se fait passer pour la vieille dame alitée.
c. Le Petit Chaperon rouge, à droite, semble inquiet. Elle regarde la personne qui prétend être sa grand-mère avec méfiance, elle n'est pas rassurée.

➩ Chapitre 5 page 15

1 CC de lieu : a., d. CC de moyen : g. CC de manière : e., f. CC de temps : b., c.

2 a. moyen; b. moyen; c. manière; d. manière/manière.

3 a. près / prêt / sans; b. prête; c. s'en / sans / près; d. près / s'en / sans.

4 a. Depuis toujours / à l'école; b. Quand j'étais plus jeune / beaucoup; c. subitement / à travers ses propos; d. Chaque matin / attentivement.

5 a. Les personnages représentés sont Barbe bleue et sa jeune épouse : les personnages du conte de Perrault. Au premier plan, la clé du fameux cabinet interdit est mise en valeur.

b. Le personnage de gauche a un regard inquiétant, il a les yeux écarquillés et veut paraître redoutable : il souhaite se faire menaçant vis-à-vis de la jeune femme.
c. À droite, la jeune femme baisse la tête et paraît craintive : elle semble avoir peur et redoute sans doute l'autorité de son mari très imposant.
d. Barbe bleue porte un riche manteau de velours et un chapeau assorti d'une grande plume ; la jeune femme est vêtue d'une élégante robe faite de tissus précieux et sa coiffure est très ornementée. Les personnages appartiennent à un milieu social très aisé.

➩ Chapitre 6 page 17

1 Déclarative : a., d. Interrogative : b., e. Exclamative : c., f.

2 a. Cette pièce de Molière t'a-t-elle beaucoup plu ? b. Sganarelle est-il un personnage comique ? c. Géronte ne se rend-il pas compte de son mensonge ? d. Lucinde veut-elle épouser Léandre ? e. Valère et Lucas sont-ils au service de Géronte ? f. Martine souhaite-t-elle se venger de Sganarelle ?

3 a. on a pris ; b. **n'**est pas / il **n'**y connaît rien ; c. Personne **n'**a compris / **n'**est jamais ; d. On a / **ne** se démode pas ; e. On a / on **ne** s'en lasse pas.

4 a. interrogative / N'as-tu pas fini tes exercices de grammaire ? b. déclarative / Martine n'a jamais trompé les valets de Géronte. c. injonctive / Ne révise plus ton texte. d. interrogative / N'aimes-tu pas faire du théâtre ? e. exclamative / Comme cette scène n'est point drôle !

5 a. Cours ! b. Il comprend tout. c. Elle a acheté quelque chose. d. Ils se disputent sans arrêt.

6 a. et b. **Qu'**est ceci **?** → phrase interrogative / **Quelle** infamie ! Peste soit le coquin de battre ainsi sa femme ! → phrases exclamatives / Et je veux qu'il me batte, moi. → phrase déclarative / Ah ! j'y consens de tout mon cœur. → phrase déclarative / **De quoi** vous **mêlez-vous ?** → phrase interrogative / J'ai tort. → phrase déclarative / **Est-ce** là votre affaire **?** → phrase interrogative / Vous avez raison. → phrase déclarative. c. Ah ! je n'y consens point du tout. Vous n'avez pas raison.

➩ Chapitre 7 page 19

1 a. 2 ; b. 4 ; c. 4.

2 a. PS ; b. PC ; c. PC ; d. PS.

3 – [Comment l'**aurais**-je **fait**] [si je n'**étais** pas **né**] ?
[**Reprit** l'Agneau] ; [je **tète** encore ma mère.]
– [Si ce n'**est** toi,] [c'**est** donc ton frère.]
– [Je n'en **ai** point.] – [C'**est** donc quelqu'un des tiens ;]
[Car vous ne m'**épargnez** guère,
Vous, vos Bergers, et vos Chiens.]

La Fontaine, « Le Loup et l'Agneau », *Fables*, 1668.

4 a. PI ; b. PS ; c. PI.

5 a. Quelle est la morale de cette fable ? b. Qui est La Fontaine ? c. Que critiquait La Fontaine à travers ses fables ? d. Comment faire pour bien comprendre un texte ?

6 a. Le texte contient 9 propositions. b. [À l'origine, La Fontaine **écrit** ses fables pour instruire le dauphin de France.] [En effet, ces histoires, [qui **parlent** des hommes et des animaux,] **contiennent** généralement une morale] [et **délivrent** un enseignement.] [La Fontaine **critique** la société de son époque.] [Il **met** en scène des animaux,] [qui, en réalité, **représentent** les hommes.] [Par exemple, le lion **incarne** le roi,] [que le fabuliste **peut** ainsi critiquer de manière indirecte.] c. Une proposition subordonnée se caractérise par le mot subordonnant qui l'introduit et par le fait qu'elle dépend toujours d'une proposition principale : elle ne peut pas fonctionner seule dans la phrase.

➩ Chapitre 8 page 21

1 a. rentrent de vacances. ; b. jouons aux échecs. ; c. se battent à la récré. ; d. nous apportent une surprise. ; e. allez à la piscine. ; f. jouent avec Nicolas.

2 Nicolas ; un jeune écolier ; Ceux-ci ; le meilleur copain de Nicolas ; il ; tous ; ils ; ils ; Agnan.

3 a. Nicolas et ses copains aiment ; b. Le père et la mère de Nicolas veulent ; c. La maîtresse des enfants interroge ; d. Le surveillant gronde ; e. Nicolas invite.

4 a. joue ; b. sortent ; c. discutent ; d. préparent ; e. envoient.

5 a. Toi et tes amis jouez régulièrement au foot. b. Chacun veut être le meilleur. c. Lui et moi sommes amis depuis l'école primaire. d. Nos parents et nous allons au restaurant. e. Nos voisins et les vôtres s'entendent bien.

6 a. M. Compani → a dit ; les Courteplaque → devaient ; M. et Mme Courteplaque → sont / habitent ; ils → ont ; une fille → s'appelle / a.
b. Le pronom « nous » est COI du verbe « a dit » dont le sujet est M. Compani.
c. Mme Courteplaque est notre voisine, qui habite la maison juste à côté de chez nous, et elle a une fille qui s'appelle Marie-Edwige, qui a mon âge, avec des cheveux jaunes et des yeux bleus très chouettes.

➩ Chapitre 9 page 23

1 a. enlevée ; b. enterrées ; c. gelé ; d. désespérée ; e. durcie ; f. méconnu.

2 accrochée ; cueillie ; fendu ; retiré ; portés ; vue.

3 a. tombé ; b. enlevée ; c. décidée ; d. gelés / maintenues.

4 a. (sa fille adorée) perdu ; b. (La demande) adressée ; c. (de rendre Proserpine) ordonné ; d. (Cette exigence) acceptée / (une condition) posé ; e. (Les grains de grenade) mangés.

5 a. avoir ; b. être ; c. avoir ; d. avoir ; e. être.

6 a. et b. a été enlevée : auxiliaire être, accord avec le sujet « sa fille » ; a refusé : auxiliaire avoir, pas d'accord avec le sujet ; se sont durcis : auxiliaire être, accord avec le sujet « les sols » ; a été gelée : auxiliaire être, accord avec le sujet « la terre » ; a disparu : auxiliaire avoir, pas d'accord avec le sujet ; ont commencé : auxiliaire avoir, pas d'accord avec le sujet ; ont été consultés : auxiliaire être, accord avec le sujet « Les dieux de l'Olympe » ; ont obligé : auxiliaire avoir, pas d'accord avec le sujet ; a recommencé : auxiliaire avoir, pas d'accord avec le sujet. c. Zeus a été consulté et il a obligé Hadès à rendre sa fille au dieu. Soulagé, il a recommencé à faire pousser les blés.

➩ Chapitre 10 page 25

1 a. nombreuses ; b. cruels ; c. rusée / sombre.

2 a. une louve ; b. l'héroïne ; c. cette amie ; d. quelle championne ; e. sa reine.

3 a. patient / gourmandes / verte ; b. incroyables / vécues ; c. dotés / exceptionnels / capables / étonnantes ; d. rencontrées / dangereuses / mélodieuse e. redoutables / capables / pires ; f. exposés / nombreux / transformés.

4 a. ses nouvelles victoires ; b. une courageuse épouse ; c. les mystérieuses potions magiques ; d. ces ruses perfides et dangereuses.

5 La rusée Circé ; aux imprudents compagnons d'Ulysse ; sa spacieuse et plaisante demeure ; de véritables cochons ; une personne avisée, prudente et courageuse ; un puissant antidote ; la cruelle Circé ; sa profonde intelligence ; les nombreux pièges ; ses compagnons contents et soulagés ; des êtres humains.

6 a. et b. Et ils trouvèrent, dans une vallée, en [un **lieu** découvert], [les **demeures** de Circé], construites [en **pierres** polies]. Et tout autour erraient [des **loups** montagnards] et des lions. Et Circé les avait domptés [avec des **breuvages** perfides]. c. la demeure de Circé ; une pierre polie ; un loup montagnard ; un breuvage perfide.

➩ Chapitre 11 page 27

1 a. ou ; b. où / ou / ou ; c. Où ; d. où / ou.

2 a ; a ; À ; a ; à ; À ; à ; a ; a ; a.

3 a. La / l'as / la ; b. La / la ; c. l'a / là ; d. l'as / la / la / là.

4 a. les / l'ai ; b. les / les ; c. l'ai / l'ai ; d. Les / l'est.

5 a. On / ont / et / sont ; b. ont / sont ; c. es / est / son / est ; d. ont / et / on / sont.

6 a. et b. m'a dit : = *avait* → verbe *avoir* / la : ≠ verbe *avoir* → pronom personnel / à : ≠ *avait* → préposition accentuée / la : ≠ *l'avait* → article défini / l'a : = *l'avait* / l'a : = *l'avait* / les : pronom personnel / les : pronom personnel / ai : = *avais* / où : ≠ *ou bien* / à : ≠ *avait* → préposition accentuée / *À* : ≠ *avait* → préposition accentuée / les : article défini / sont : = *étaient* / on : ≠ *avaient* → pronom personnel / a : = *avait* / à : ≠ *avait* → préposition accentuée / est : = *était*.

➩ Chapitre 12 page 29

1 Molière ; les fables de La Fontaine ; Scapin ; un Français ; Octave ; l'Angleterre ; la Grèce.

2 a. **S**capin interroge son maître sur les raisons de son inquiétude. b. **Q**uel farceur que ce valet ! c. **P**ourquoi crains-tu le retour de **G**éronte ? d. **O**ctave s'est marié sans demander l'avis de son père. e. **C**rois-tu que **G**éronte appréciera ?

3 a. En cours de français, nous étudions des pièces de théâtre, des poèmes et des extraits de romans. b. Moi, j'aime beaucoup le théâtre, mais je préfère quand même la poésie. c. Pour ma part, je ne supporte pas d'aller au théâtre ! d. Très talentueux, les comédiens ont admirablement bien joué et la pièce a été un triomphe ! e. Parmi mes auteurs favoris, il y a Molière, Corneille et Racine.

4 *Scapin*. – **E**st-ce là tout **?** **V**ous voilà bien embarrassés tous deux pour une bagatelle **!** **C**'est bien là de quoi se tant alarmer **!** **N**'as-tu point de honte, toi, de demeurer court à si peu de chose **?** **Q**ue diable **!** **T**e voilà grand et gros comme père et mère, et tu ne saurais trouver dans ta tête, forger dans ton esprit, quelque ruse galante, quelque honnête stratagème, pour ajuster vos affaires **?** **F**i **!** **P**este soit du butor **!**

Molière, *Les Fourberies de Scapin* (I, 3), 1671.

5 a. **M**olière fut auteur, comédien, metteur en scène et chef de troupe. b. **S**es pièces ont encore un grand succès ; elles sont à la fois comiques et satiriques. c. **Q**uel talent remarquable possède ce comédien : il sait vraiment tout jouer ! d. **J**e connais les personnages principaux de la pièce : **S**capin, **O**ctave, **G**éronte, **A**rgante et **L**éandre. e. **A**s-tu bien lu le texte, les questions et les consignes avant de rédiger ?

6 *Scapin*. – **P**ourquoi êtes-vous si en colère **?** (interrogative)
Géronte. – **P**arce qu'il n'avait pas le droit de se marier sans mon accord **!** (exclamative)
Scapin. – **E**st-ce si grave que ça **?** (interrogative)
Géronte. – **B**ien entendu, j'avais d'autres projets en tête**...** (déclarative)
Scapin. – **Q**ue voulez-vous dire **?** (interrogative)
Géronte. – **O**ctave devait épouser la fille de mon ami **A**rgante**.** (déclarative)

➩ Chapitre 13 page 31

1 Verbe : a., d., f., g., j., l., m. / Nom : b., c., e., h., i., k.

2

Noms	Verbes
peintre ; couleurs ; travail ; teinte ; appels ; téléphone ; amie	peint ; colore ; travaille ; teindre ; daigne ; répondre ; appelles

3 est ; assemble ; fait ; **chanter** ; **résonner** ; crée ; libère ; s'agitent ; s'envolent ; se mettent ; **danser**.

4 a. nourrir ; b. dire ; c. répondre ; d. cueillir ; e. rugir.

5 a. aller (3e) ; b. nager (1er) ; c. courir (3e) ; d. croire (3e) ; e. prendre (3e).

6 [dessin]**a** (1er) ; [bris]**a** (1er) ; [peign]**it** (3e) ; [m]**it** (3e) ; [s'ouvr]**it** (3e) ; [entr]**a** (1er).

CORRIGÉS

➩ Chapitre 14 page 33

1 a. bavardons. b. fleurissent. c. veux. d. accélère. e. marchent. f. oublies. g. frémissez.

2 a. dites; b. fend; c. récoltent; d. peux; e. savons; f. veulent.

3 a. parle, parlons, parlez; b. réponds, répondons, répondez; c. observe, observons, observez; d. finis, finissons, finissez.

4 se noie → se noyer; se voit → se voir; tombent → tomber; apparaît → apparaître; grimpe → grimper; es → être.

5 a. PVG; b. PVG; c. PE; d. PVG.

6 a. s'élève (présent de l'indicatif) ; respire (présent de l'indicatif) ; marche (présent de l'indicatif) / n'écrase (présent de l'impératif). b. Ces quatre verbes appartiennent tous au premier groupe. c. Élève-toi, élevons-nous, élevez-vous / Respire, respirons, respirez / Marche, marchons, marchez.

➩ Chapitre 15 page 35

1 Imparfait : c., e. / Passé simple : a., b., d., f., g.

2 tu nageais / vous nagiez; tu faisais / vous faisiez; tu disais / vous disiez; tu criais / vous criiez; tu prenais / vous preniez.

3 a. il dut; b. nous marchâmes; c. je tenais; d. ils vinrent; e. vous étiez; f. tu avais.

4 a. s'aventura; b. raconta / écoutèrent; c. découvrit / se laissa; d. furent / rejetèrent; e. baptisèrent / retinrent; f. resta / eut.

5 a. j'aimais / lisais; b. faisais / tombai / cassai; c. frissonnai / m'enrhumai; d. nageais / me promenais / m'ennuyais; e. cueillais / décidai / cuisinai.

6 a.

Imparfait	Passé simple
disait ; mangeait ; décortiquaient ; dégustaient.	vit ; broya ; mangea ; trouva ; arriva.

b. Dans la première phrase du texte, le passé simple permet d'exprimer une action de premier plan. Dans la dernière phrase du texte, l'imparfait permet de décrire ce que font les personnages. c. Les griots mangeaient des noix de cola et le petit garçon décortiquait des arachides, qu'il dégustait avec plaisir.

➩ Chapitre 16 page 37

1 Futur : a., c., e., f. / Conditionnel : b., d., g.

2 je saurai / nous saurons; je prendrai/ nous prendrons; j'aurai / nous aurons; je ferai / nous ferons.

3 il voudrait; il aimerait.

4 a. punirait ; b. verrait / tomberait ; c. essaierait / se noierait. d. disparaîtrait / pousserait.

5 a. j'étudierai; b. Je connaîtrai / je trouverai; c. Je préfèrerais; d. Aurais-je; e. Je lirai / je les expliquerai.

6 a. apprit ; était ; souhaita ; proposa ; désirerait ; réclama ; aurait ; revint ; serait ; sèmerait ; brûleraient ; détruirait. b. Dans le deuxième paragraphe, le conditionnel permet d'exprimer des actions à venir par rapport à un moment du passé. c. Une fois lancé à toute vitesse, le char sera incontrôlable et Phaéton, sans le vouloir, sèmera partout la désolation : les terres brûleront, la chaleur détruira les récoltes...

➩ Chapitre 17 page 39

1 a. il a étudié ; b. il avait étudié ; c. il aura étudié ; d. il aurait étudié ; e. il eut étudié.

2 a. a trouvé; b. fut; c. aurons fini; d. passa; e. aurait triché; avait surveillé.

3 a. imparfait / j'avais regardé; b. futur / nous aurons eu; c. présent / tu es allé(e); d. conditionnel présent / vous auriez fait; e. imparfait / ils avaient observé; f. passé simple / tu eus pris.

4 a. avoir; b. être; c. avoir; d. être; e. avoir; f. avoir.

5 Les verbes en gras sont conjugués à l'imparfait. Le temps composé correspondant est donc le plus-que-parfait.
Je n'**avais** plus **eu** « ma classe » et « mon pupitre ». Nous **avions** sans cesse **changé** de local, et les pupitres n'**avaient** pas **été** à nous, car ils **avaient** aussi **servi** à d'autres, dont nous n'**avions** pas **su** grand-chose, sauf parfois le nom, qui **avait surgi** (à raison d'une lettre par semaine) profondément gravé au couteau dans l'épaisse table de bois dur.

6 a. L'illustration est une photographie; elle représente une salle de classe avec des écoliers en train de travailler sur ardoise.
b. Au premier plan figure un jeune écolier, les yeux levés en l'air, qui réfléchit visiblement à l'exercice qu'il est en train de faire. Il paraît concentré.
c. Au premier plan, on peut voir : un pupitre en bois sur lequel se trouvent une ardoise, une éponge et l'écolier qui tient une craie dans sa main.
d. Non, cette scène ne se situe pas à notre époque mais à une époque antérieure. En effet, le matériel utilisé dans une salle de classe n'est plus le même : désormais, les élèves ne travaillent qu'exceptionnellement sur ardoise, ils écrivent avec des stylos, sur des cahiers et le mobilier a lui aussi évolué.
e. Court texte à rédiger au présent, à la première personne, en rapport avec le contexte (école, exercice difficile ou envie d'être ailleurs...).

➩ Chapitre 18 page 41

1 a. v. ; b. n. m.; c. adv.; d. n. m.; e. v.

2 a. Le mot est un adjectif. b. Il a 2 sens possibles. c. Non, ce mot n'a pas de sens figuré. d. *Facile* et *paresseux* sont deux antonymes de ce mot.

3 a. un seul sens; b. plusieurs sens; c. plusieurs sens; d. plusieurs sens; e. plusieurs sens.

4 a. P / P ; b. F ; c. F ; d. P ; e. F ; F ; F.

5 a. Ce garçon ne comprend rien : c'est vraiment un âne ! b. Sa grand-mère l'appelle « mon trésor ». c. Il est vraiment chou dans ce costume. d. Il court plus vite que tout le monde : c'est une flèche.

6 a. Ces expressions sont toutes employées au sens figuré. b. un très mauvais caractère, buté ; ne se supportent pas, se disputent sans arrêt ; se laissent faire sans rien dire, n'osent pas riposter ; crier sur les autres, parler méchamment, avec autorité ; avoir tous les honneurs, s'attirer tout le mérite ; conserver son calme, ne pas s'énerver ; exagèrent, vont trop loin et ne respectent pas les limites. c. Quand il était petit, mon grand-père vivait dans une ferme et il n'aimait pas du tout nourrir les *cochons*. / Quand il n'obtient pas ce qu'il veut, Samuel fait sa tête de *cochon* et part s'enfermer dans sa chambre. // Elle n'était pas bien réveillée ce matin et elle s'est cogné la *tête* contre le mur en se levant. / Elle est très occupée et travaille sans arrêt car elle est à la *tête* d'une grande entreprise.

➩ Chapitre 19 page 43

1 a. défaite ; b. délabré ; c. solide ; d. détestable ; e. acide ; f. soigner ; g. caresser ; h. grimacer.

2 a. curieux ; b. poli ; c. bosse ; d. récurer ; e. reposer.

3 poules : **boules** ; tartes : **cartes** ; coussins : **cousins** ; danger : **manger** ; chapeau : **château** ; boutons : **moutons**.

4 a. livres ; b. murmurer ; c. précipités ; d. menu ; e. fragilité.

5 a. peint ; b. préparé / cuisiné ; c. nagé / couru ; d. voté ; e. terminé / laver.

6 a. Ils aiment ce personnage / beaucoup / des erreurs / beaucoup / des mots difficiles / beaucoup / aiment. b. Le prince de Motordu est le personnage principal d'un récit qu'aiment beaucoup les jeunes lecteurs. Ils **s'attachent à** ce **héros** car celui-ci fait **de nombreuses** erreurs de langage… Ce sont surtout **des fautes** de vocabulaire : il prend un mot pour un autre ! Il faut dire que la langue française est difficile, elle contient des mots qui se ressemblent **énormément** et **des termes compliqués** à écrire. Voilà pourquoi beaucoup d'élèves **apprécient peu** l'orthographe et **préfèrent** lorsque ce sont des personnages de fiction qui se trompent !

➩ Chapitre 20 page 45

1

I	M	P	O	S	S	I	B	L	E
R	U	O	N	O	D	R	U	A	M
R	E	L	I	R	E	A	V	G	P
É	T	I	R	E	R	S	E	B	O
E	U	S	E	V	P	C	T	M	R
L	O	S	F	E	T	I	T	A	T
E	P	A	C	U	D	B	E	U	E
V	I	G	B	R	E	L	I	E	R
N	R	E	T	I	R	E	R	T	E

2 **at**terré • **sur**pris • **re**commencer • **al**longer • **in**utile • **ap**privoisé • **ex**porter • **im**possible • **il**légitime • **in**efficace • **extra**ordinaire • **dé**monter • **al**légé

3 a. -dic- : dictaphone, édicter ; b. -port- : rapporter, portatif ; c. -tourn- : retourner, tourniquet ; d. -ord- : ordonner, désordre.

4 a. télépathe, télévision, téléphone ; b. vidéothèque, vision, visionner ; c. hydroglisseur, hydrater, hydratation ; d. géographie, géothermie, géologue ; e. multiplier, multitude, multiple.

5 a. chanceux, peureux (adjectifs) ; b. chansonnette, oreillette (noms communs) ; c. audible, perceptible (adjectifs) ; d. malheur, bonheur (noms communs) ; e. récemment, prudemment (adverbes de manière) ; f. finir, polir (verbes).
On remarque que les mots construits avec un même suffixe ont la même nature grammaticale.

6 *tragicam* → tragique ; *viderat* → avait vu ; *O* → Ô ; *quanta* → quelle ; *cerebrum* → cerveau ; *non* → n'… pas ; *dictum* → dit ; *honorem et gloriam* → l'honneur et la gloire ; *Fortuna* → la Fortune ; *tribuit* → a attribué ; *sensum communem* → sens commun.

7 a. et b. **mytho**logie ; **Rom**ains ; **biblio**graphie ; **poly**théistes ; **omni**potent ; **poly**morphe.
c. Polythéiste : qui croit en plusieurs dieux / Omnipotent : qui peut tout faire, qui est tout-puissant / Polymorphe : qui peut prendre plusieurs formes.

➩ Chapitre 21 page 47

1

Langage courant	Langage familier	Langage soutenu
un camarade	un pote	enchanteur
de l'eau	de la flotte	ouïr
un film	dément	insalubre
écouter	une toile	bambin
sale	capter	
enfant	crade	
	mioche	

2 a. extatique ; b. piquer ; c. gratter ; d. correction.

3 La jeune élève. – Soyez chou, emmenez Lolotte en teuf-teuf.
Le Professeur, *quêtant une réponse dans l'assistance.* – Traduction ?
Un élève. – Soyez assez aimable pour inviter Charlotte à faire une promenade en automobile.
[…]
Le Professeur. – Dondon *?*
Un élève. – Dame ayant de l'embonpoint. La grosse dondon est la femme du gros patapouf.
Le Professeur. – Cz… cz… cz… cz…
Un élève. – Phonèmes stridents par lequel on excite au combat, contre un adversaire, quelqu'un pour qui l'on prend parti. Exemple « Cz… cz !… » faisaient les Romains pendant le combat des Horace et des Curiace.

Jean Tardieu, « Ce que parler veut dire ou le Patois des familles », *La Comédie du langage* (1966), © Éditions Gallimard, « Folio ».

4 a. Je t'appelle cet après-midi, d'accord? b. À quelle heure commence la fête de ce soir? c. Je n'y vais pas, je n'en ai pas envie! d. Je ne les ai pas vus partir: où sont-ils?

5 a. Pouvez-vous ouvrir la fenêtre s'il vous plaît? b. Je suis obligé de partir tôt. c. Nous sommes invités à la fête. d. Au revoir et à bientôt.

6 a. Chaque fin de semaine, nous nous rendons chez nos grands-parents. Là-bas, on court et on profite un max du grand air... À l'heure du déjeuner, y nous appellent et nous, on arrive en courant : généralement on est super excités et on arrête pas de gigoter. Alors y'a nos parents qui finissent par nous gronder en nous rappelant qu'il est de la plus grande nécessité de nous assagir afin de ne pas troubler nos aïeux. Mais c'est pas bien grave à cause que quand on est là, papi et mamie y rigolent vachement!
b. Chaque fin de semaine, nous nous rendons chez nos grands-parents. Là-bas, nous courons et nous profitons au maximum du grand air... À l'heure du déjeuner, ils nous appellent et nous arrivons en courant : généralement, nous sommes très excités et nous n'arrêtons pas de bouger. Alors, nos parents finissent par nous gronder en nous rappelant que nous devons nous calmer pour ne pas fatiguer nos grands-parents. Mais ce n'est pas bien grave, parce que lorsque nous sommes là, Papi et Mamie s'amusent beaucoup!

➜ Chapitre 22 page 49

1 a. vrai ; b. faux ; c. faux.

2 a. « Il était une fois » indique le moment de l'action. Cette indication n'est pas précise et évoque une époque indéterminée.
b. Les personnages présentés sont : un gentilhomme et sa seconde épouse, les filles de celles-ci, une jeune fille, fille du mari.
c. L'héroïne de l'histoire est la dernière jeune fille évoquée : c'est elle que l'on présente avec le plus de détails, elle est décrite avec des termes mélioratifs qui la mettent en valeur et la rendent immédiatement sympathique au lecteur.
d. On ne sait pas du tout où se déroule l'action.

3 Les extraits a. et c. sont des débuts de récit, car on y présente les personnages et le cadre de l'action.

4 a. depuis des centaines d'années (T), dans son château délabré (L); b. Autrefois (T), la forêt de Brocéliande (L); c. À des kilomètres de là (L), souvent (T), autour de sa propriété (L); d. Un beau matin (T), la maison (L).

5 *Jadis, il y a quelques milliers d'années, dans un petit pays oublié depuis longtemps, vivait* un lutin maléfique qui passait son temps à expérimenter des sortilèges de toutes sortes. Il vivait au fond d'une sombre forêt [description du lieu à développer]. Il testait la plupart de ses mauvais sorts sur [description de ses actions à développer]. **Un beau jour**, lassée de voir ses concitoyens terrorisés, la fille du maire du village décida de rendre visite au lutin pour essayer de lui faire entendre raison...

➜ Chapitre 23 page 51

1 a. faux ; b. faux ; c. vrai.

2 a. puis : actions successives; b. pendant ce temps : actions simultanées; c. aussitôt : actions successives; d. au même moment : actions simultanées; e. D'abord...ensuite : actions successives.

3 d. Durant de longues semaines ; b. Un jour ; e. Pendant des heures ; a. Le soir ; c. Après avoir lutté toute la nuit.

4 était; possédait; tournaient; arrivèrent; installèrent; fermèrent; continuait; vécut; parla; intrigua; se demandaient; pouvait; découvrit; remplaçaient.

5 Ravi de pouvoir enfin naviguer seul dans son véhicule flambant neuf, Astrus se dirigea vers ce qui semblait être un engin mal en point. En s'approchant, il remarqua qu'une épaisse fumée émanait du véhicule stationné entre deux étoiles. **Soudain** un projectile vint faire une profonde entaille dans la carrosserie de sa navette spatiale. Furieux, Astrus regarda en direction de l'endroit d'où provenait le projectile et il aperçut trois Elfes qui le prenaient pour cible. Il les fixa avec attention et eut la surprise de constater que les trois ennemis se figeaient **aussitôt**. Les projectiles qu'ils venaient de lancer **à nouveau** dans sa direction restèrent en suspens. Astrus, fasciné par la découverte de ce pouvoir, poursuivit sa route jusqu'au centre de la galaxie des Elfes. [*Construire ensuite deux autres péripéties en utilisant le pouvoir pour surmonter d'autres épreuves.*]

➜ Chapitre 24 page 53

1 a. vivait / sortait ;
b. leva / faufila ;
c. aperçut / prit.

2 faisaient ; habitait ; resta ; était ; se leva.

3 a. rêvait / pouvait;
b. commença / ferma / s'endormit;
c. allions / finissions;
d. était / brillait / se mit;
e. regardaient / se rappelèrent / avaient;
f. entendit / éteignit.

4 arrivèrent; était; perdirent; arriva; descendaient; heurtèrent; vint; demanda; voulaient; étaient; s'étaient perdus; demandaient.

5 Cendrillon **était** une jeune fille douce et très belle. Elle **vivait** avec son père, mais aussi sa méchante belle-mère et les deux filles de celle-ci, qui **étaient** parfaitement odieuses. Cendrillon **devait** s'occuper de toutes les tâches ménagères et elle **était** au service de sa marâtre qui ne **cessait** de lui donner des ordres. Un jour, grâce à l'aide de sa marraine la fée, elle **parvint** à se rendre au bal donné par le fils du roi. Celui-ci **tomba** aussitôt amoureux de la charmante jeune fille. À minuit, Cendrillon **s'enfuit** par peur de voir son carrosse transformé en citrouille. Dès le lendemain du bal, le prince **retrouva** Cendrillon grâce à une pantoufle de vair. Ils **se marièrent** et **vécurent** heureux.

Chapitre 25 page 55

1 a. Paris ; b. le chien ; c. le renard ; d. Zeus.

2

Caractéristiques physiques	Caractéristiques morales
– petit homme – coiffé d'un chapeau haut de forme noir – un habit à queue d'un beau velours couleur de prune – Son pantalon était vert bouteille – Ses gants étaient gris perle – une jolie canne à pommeau d'or – Une petite barbiche taillée en pointe – ses yeux étaient merveilleusement brillants	– extraordinaire – des regards complices pleins d'étincelles – illuminé de gaieté, de bonne humeur

3 a. Mr. Wonka veut prendre sa retraite. Il a lancé un grand concours pour trouver son successeur. b. Les grands-parents de Charlie sont très vieux de sorte qu'ils ne sortent plus de leur lit. c. Les parents de Charlie sont si pauvres que ceux-ci ont à peine assez d'agent pour lui offrir un cadeau d'anniversaire.

4 a. ce célèbre héros de conte ; b. le facétieux propriétaire de la chocolaterie ; c. un auteur de comédies satiriques ; d. le héros homérique aux mille ruses.

5 a. Il s'agit d'un tableau peint par Pablo Picasso. b. Le tableau représente une femme souriante assise sur une chaise, la main posée sur la joue. c. Les couleurs dominantes sont le jaune, le rouge, le bleu et le noir. d. Le visage semble être constitué de plusieurs visages en un seul : on voit en effet deux nez, deux fois le même œil (droit) ; il est asymétrique et ne correspond pas à ce que peut être le réel visage d'une personne. e. Les yeux semblent ne pas regarder dans la même direction, comme si le peintre avait voulu représenter un mouvement de la tête et du regard. f. Non, le peintre n'a pas cherché à représenter la réalité, mais une succession de différents plans, un visage en action. g. **Mystérieuse, étrange** : la disposition du visage de la femme et la reproduction double de son œil droit lui donnent un air à la fois mystérieux et étrange. **Élégante** : la femme représentée est élégamment vêtue de tissus qui paraissent précieux. En outre, elle a les ongles vernis et paraît également maquillée. **Coquette** : le modèle représenté prend la pose avec la joue appuyé sur sa main droite. Elle semble habituée à prendre de telles postures. Il s'agit certainement de l'une des muses de l'artiste.

Chapitre 26 page 57

1 a. marmonner ; b. mentir ; c. nier ; d. confirmer.

2 – Est-ce que je ne suis pas la plus belle, mon Zeus ? **minauda** Héra.
– Ah oui ? Pourquoi toi ? Pourquoi MOI je ne serais pas la plus belle ? **demanda** agressivement Athéna.
– Parce que tu ne t'es jamais intéressée à ce genre de choses, voilà pourquoi, **répliqua** Héra.
– Il y a un début à tout. J'ai justement envie de séduire un peu ces temps-ci…

3 a. ordonne ; b. réplique ; c. menace ; d. chuchote.

4 a. Pâris avoue aux dieux : « Je pense que la plus belle des trois est Aphrodite. » b. Zeus réplique aux trois déesses : « J'en ai plus qu'assez de vos chamailleries ! » c. Athéna promet à Pâris : « Décerne-moi le prix et je t'offrirai la victoire dans tous les combats. »

5 a. Il s'agit d'un tableau peint par Auguste Renoir. b. Cette scène se déroule certainement à la campagne, au bord d'un fleuve, puisque la plupart des personnages sont des canotiers (*cf.* titre). La saison semble printanière car les hommes sont sans manches et beaucoup de personnages portent des chapeaux, notamment pour se protéger du soleil. c. Au premier plan, on peut distinguer 5 personnages : un homme est appuyé sur la balustrade, une femme tient un petit chien dans ses mains, une autre femme discute avec un jeune homme resté debout et penché vers elle, enfin, à droite, un autre canotier est assis sur une chaise retournée et semble regarder la jeune femme au chien. Tous viennent sans doute de déjeuner ensemble à cette table. d. Au vu de leurs costumes et de leurs chapeaux, on constate que ces personnages n'appartiennent pas à notre époque, mais plutôt au XIXe siècle. e. L'atmosphère est chaleureuse, conviviale : les personnages semblent très décontractés, ils se lèvent pour discuter ensemble. Les couleurs sont claires et évoquent un temps chaud et la clarté du soleil.

Chapitre 27 page 59

1 a. vrai ; b. faux ; c. faux ; d. vrai.

2 supposition (masculine) / escarcelle (féminine) / violon (masculine) / hirondelle (féminine).

3 Est- / ce es / car / celle / ou / es / car / got ? / Est- / ce / car / go (12 syllabes : alexandrin)
ou / ti / re- / l'air, / ou / ti / re- / l'eau, / ou / ti / re- / d'aile ? (12 syllabes : alexandrin)
Est- / ce / cha / cal / ou / cho / co / lat ? / Est- / ce hi / ron / delle ? / Est- / ce / ron / deau ? (16 syllabes : pas de nom)
Est- / ce / vo / le-au- / vent ? / Est- / ce / vio / lon / celle ? (10 syllabes : décasyllabe)
[...]

Claude Roy, « Supposons une supposition »,
in *Nouvelles Enfantasques*,
© Éditions Gallimard, « Folio junior », 1974.

4 Oui, il s'agit d'un texte poétique comme l'indiquent : les majuscules en début de ligne, les rimes, le nombre de syllabes identique dans les vers (12).

5 a. Ce poème contient un unique vers. b. Ce poème donne aussi à voir car le texte représente un dessin : il s'agit d'un cœur qui se rapporte au thème du poème. c. Le sujet du poème est le cœur du poète amoureux qui le compare à une flamme renversée. Le poète venait sans doute de vivre une douloureuse histoire sentimentale et exprime ainsi sa souffrance à travers ce texte et sa forme.

CORRIGÉS

6 **a.** Le poème se compose de 3 strophes qui sont des distiques (2 vers). **b.** 8 et 13 syllabes / 8 et 13 syllabes / 12 et 12 syllabes. Ce ne sont pas des vers réguliers. **c.** Ce poème évoque des animaux. Il est représentatif du rôle du poète en tant que créateur, car, dans ce texte, l'auteur imagine ce que les animaux feraient s'ils pouvaient agir comme les humains, il les met en scène dans des situations nouvelles et imaginaires. **d.** Si les hiboux savaient tricoter / Ils passeraient leurs nuits à se faire des bonnets. // Si les tortues pouvaient voler / Elles partiraient en voyage toute l'année.

Mathématiques

➩ Chapitre 1 pages 62-63

MINI INTERRO *1.* 0,15 ; *2.* Oui.

1 **a.** F ; **b.** F ; **c.** V.

2 **a.** 10 002 ; **b.** 100 023,012 ; **c.** 3 002 100 ; **d.** 30 403,08 ; **e.** 62,04.

3 **b.**, **d.**, **e.**

4 **a.** 8,064 ; **b.** 0,76000 ; **c.** 0,0650.

5 **a.** 5,02 ; **b.** 860,04 ; **c.** 9.

6 **a.** [8] [0] [5] [÷] [1] [0] [0] [=]

b. [6] [3] [÷] [1] [0] [0] [0] [=]

7 **a.** 4,9 kg ; **b.** 0,12 L ; **c.** 750 L.

8 520,080 ou 520,08.

9 **a.** 6 900 g ; **b.** 100 billets ; **c.** 10 liasses.

➩ Chapitre 2 pages 64-65

MINI INTERRO *1.* 98 ; *2.* 76.

1 **a.** F ; **b.** F.

2 **a.** $<$; **b.** $>$; **c.** $>$; **d.** $<$

3 **a.** 158 ; **b.** 0,1 ; **c.** 58,2 ; **d.** 8,2.

4 79.

5 **a.** 318 millièmes ; **b.** 580/100.

6 Le chiffre est 9.

7 **a.** 8,643 ; **b.** 864,3.

8 316 m^2.

9 13,93.

10 Benoît.

➩ Chapitre 3 pages 66-67

MINI INTERRO *1.* 60 ; *2.* 0,5.

1 **a.** F ; **b.** V.

2 **a.** 5 375,236 ; **b.** 682,055 ; **c.** 308,65 ; **d.** 1 985,23.

3 Il y a deux solutions : 14,92 ou 145,08.

4 Christophe doit retrancher 664,38.

5 16,170 kg − 15,680 kg = 0,490 kg.

6 AB = (1,32 m + 0,78 m) − 0,10 m = 2 m.

7 3,62 + 88 + 72,18 = 163,8.

8 (272 € − 160,50 €) − 20,65 € = 90,85 €.

9 **a.** 140 km ; **b.** 178 km.

10 **a.** 1996 ; **b.** 43 ans ; **c.** 1967.

11 81,05 €.

➩ Chapitre 4 pages 68-69

MINI INTERRO *1.* 1,02 ; *2.* 373,12.

1 **a.** F ; **b.** V.

2 **a.** 410,26 ; **b.** 2,737 ; **c.** 333 938.

3 **a.** 148,720 ; **b.** 1 487,20 ; **c.** 0,148 720.

4

$$\begin{array}{r} 3,09 \\ \times\quad 4,1 \\ \hline 309 \\ 12,36 \\ \hline 12,669 \end{array}$$

5 0,800 × 21,85 = 17,48 €.

6 Mathieu et Jeanne ont ensemble : (19,70 × 4,5) + 19,70 ou 19,70 × 5,5 = 108,35 €. Oui, car 108,35 € > 100 €.

7 Multiplier un nombre par 8, c'est multiplier ce nombre par 7 et ajouter 1 fois ce nombre, car 8 = 7 + 1. Donc le nombre est 13,4.

8 Il y a 11 intervalles. 11 × 1,5 = 16,5 m.

9 Poids du colis : 3,120 kg. Dépense : 81,80 €.

10 2 700 ÷ 100 = 27 et 27 × 230 = 6 210 g.

➩ Chapitre 5 pages 70-71

MINI INTERRO *1.* 6 ; *2.* 6,5.

1 **a.** V ; **b.** F ; **c.** V.

2 (29 × 405) + 14 = 11 759.

3 **a.** Quotient 206 ; reste 3 ; **b.** Quotient 52,7 ; reste 4,1.

4 Laura.

5 **a.** ≈ 1,3 ; **b.** = 0,4 ; **c.** ≈ 5,7 ; **d.** = 24,25.

6 **a.** 20 cartons ; **b.** 10 bouteilles.

7 Il y a deux solutions : 23 ou 40 572.

8

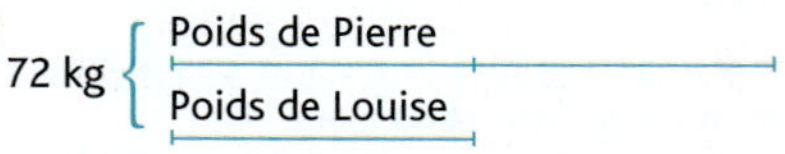

Louise pèse 72 ÷ 3 = 24 kg.
Pierre pèse 48 kg (24 × 2).

9 Le nombre d'abricots est un multiple de 6 et de 5, donc un multiple de 30 compris entre 50 et 80 : il y a 60 abricots.

10 **a.** 14 billets ; **b.** 55 €.

Chapitre 6 pages 72-73

MINI INTERRO *1.* $\frac{5}{4}$; *2.* $\frac{1}{2}$.

1 a. F ; b. F.

2 0,7 et $\frac{7}{10}$; huit quarts et 2 ; quatre tiers et impossible ; 2,4 et $\frac{12}{5}$; 2,5 et $\frac{5}{2}$.

3 a. $\frac{3}{4}$; b. $\frac{3}{8}$; c. $\frac{1}{8}$.

4 a. 7 ; b. 1,2 ; c. $\frac{8}{3}$; d. 0,36 ; e. $\frac{11}{7}$; f. 0,01.

5 a. 15 ; b. 6 ; c. 8 ; d. 100.

6 A $\frac{3}{4}$; B $\frac{5}{4}$; C $\frac{11}{4}$; D $\frac{14}{4}$.

7 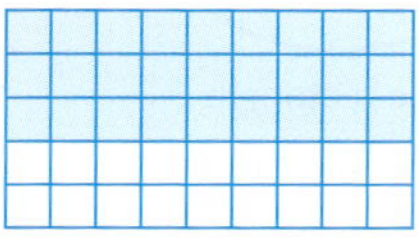
27 carreaux

8 7 m et 5 m.

9 a. $\frac{2}{8}$ (ou $\frac{1}{4}$) ; b. $\frac{2}{8}$ kg = 0,250 kg ou 250 g.

10 175 cL.

Chapitre 7 pages 74-75

MINI INTERRO *1.* $\frac{2}{5}$; *2.* 390 ou 930.

1 a. V ; b. V ; c. F ; d. F.

2 24 par 2, par 3 et par 4 ; 1340 par 2, par 4 et par 5 ; 645 par 3 et par 5 ; 8370 par 2, par 3, par 5 et par 9.

3 a. $\frac{1}{3}$; b. $\frac{1}{2}$; c. $\frac{2}{3}$.

4 $\frac{50}{200} = \frac{1}{4}$.

5 a. ; c. $\frac{3}{12} = \frac{1}{4}$; d. $\frac{2}{8} = \frac{1}{4}$.

6 $\frac{12-9}{12} = \frac{3}{12} = \frac{1}{4}$
Mathieu a raison (la fraction $\frac{9}{12}$ représente la part des macarons à la vanille).

7 $\frac{9}{4} \neq \frac{3}{2}$

8 $\frac{6}{24} = \frac{1}{4}$.

9 a. $\frac{14}{10} = \frac{7}{5}$; b. $\frac{8}{100} = \frac{2}{25}$.

Chapitre 8 pages 76-77

MINI INTERRO *1.* 500 ; *2.* 5 litres.

1 a. F ; b. V.

2 a. 13,5 ; b. 360 ; c. ≈ 26 ; d. 0,35.

3 a. 14 ; b. 7 ; c. 20 ; d. 14.

4 a. $\frac{2}{6}$ ou $\frac{1}{3}$; b. 100 g.

5 2,5 m.

6 48 kg.

7 Il a mangé 15 gâteaux. Il en reste 5.

8 72 mL.

9 20.

10 9 chocolats ronds fourrés.

11 153 010 500 km^2.

Chapitre 9 pages 78-79

MINI INTERRO *1.* Le point C ; *2.* 14 cm.

1 a. V ; b. F ; c. V.

2 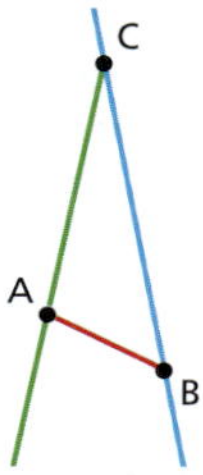

3 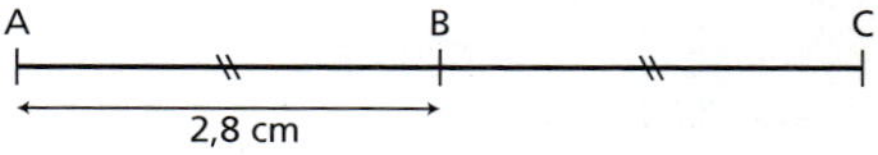

4 Jeanne et Fatou

5 a. F ; b. Oui.

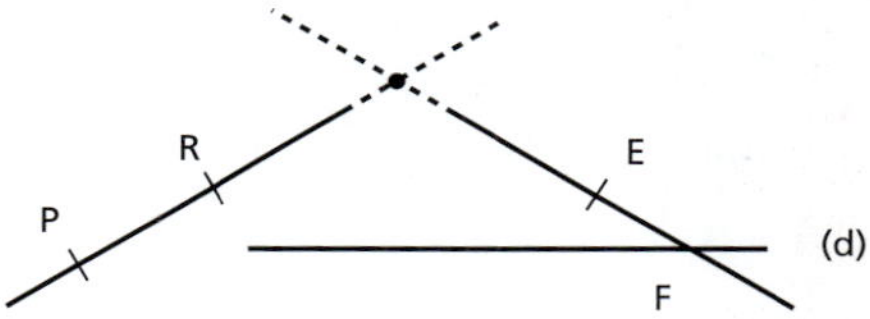

6 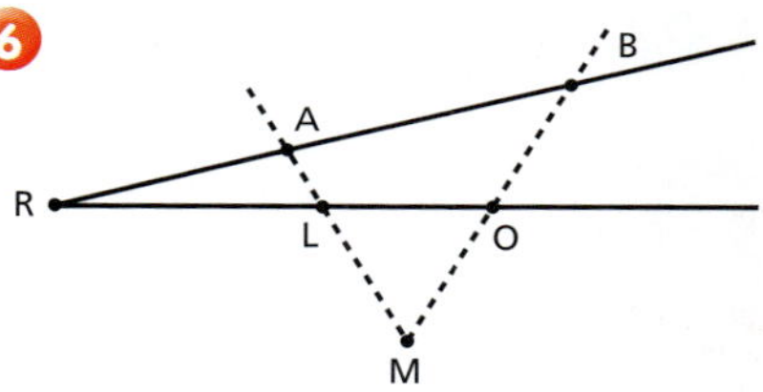

7 Dans le dessin de l'exercice n° 6, les points R, A, B, L, O et M représentent les 6 ballons. Il y a 4 alignements : R, A et B ; R, L et O ; A, L et M ; et B, O et M.

8 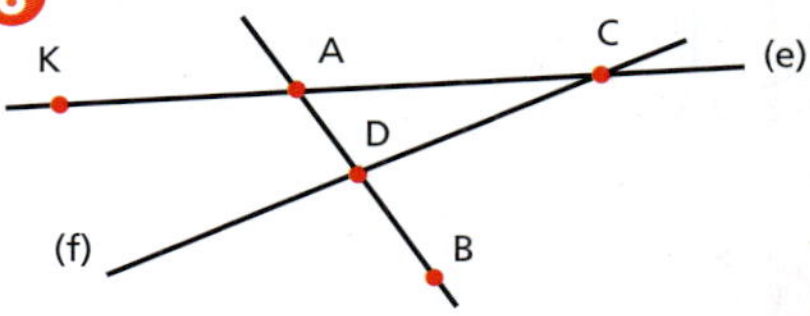

Chapitre 10 pages 80-81

MINI INTERRO Droites parallèles : (AB) et (DC). Droites perpendiculaires : (AB) et (AD) ; (DC) et (AD).

1 a. V ; b. F ; c. V ; d. F ; e. V.

2 a. (a) et (b) ou (a) et (c) ; b. (b) et (c) ; c. (a) ; d. (c).

3 **a.**

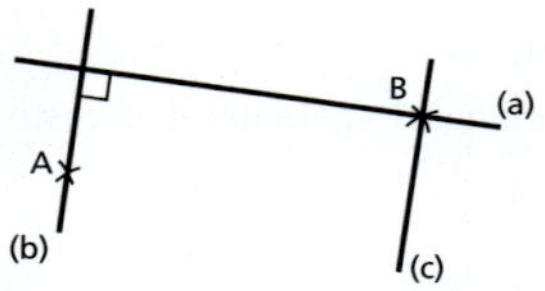

b. (a) ⊥ (c) ; **c.** Si deux droites sont parallèles, toute droite perpendiculaire à l'une est perpendiculaire à l'autre.

4

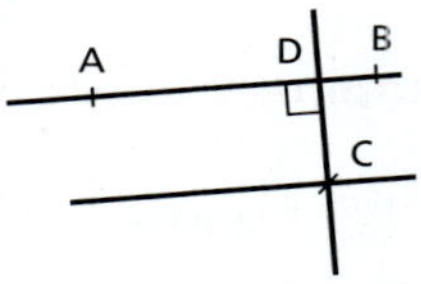

5 Dessine 3 points quelconques A, B et C. Construis la droite perpendiculaire à (BC) et passant par A. Cette droite coupe (BC) en H. Puis, construis la droite perpendiculaire à (AC) et passant par H. Cette droite coupe (AC) en K. Enfin, trace la parallèle à (BC) passant par K.

6

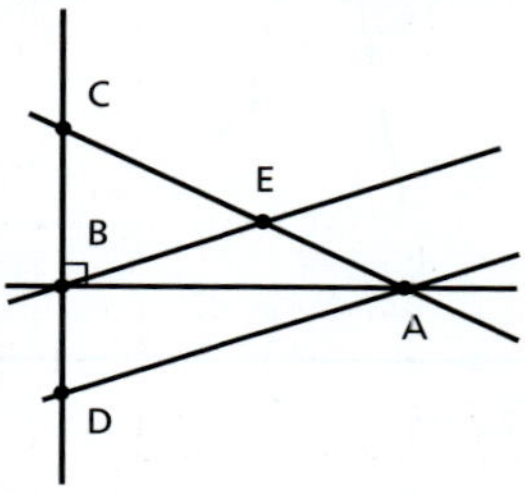

7 Un rectangle.

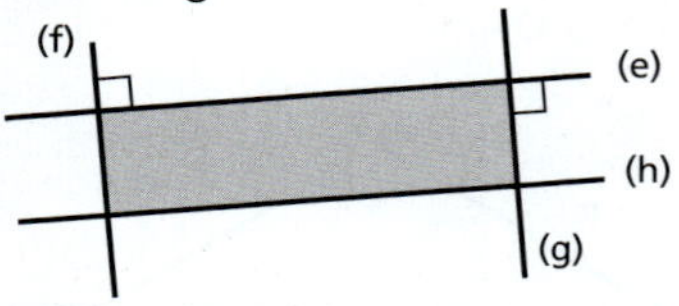

➩ Chapitre 11 pages 82-83

MINI INTERRO 7 cm.

1 **a.** F ; **b.** V ; **c.** F.

2 𝒞 ; diamètre ; A ; centre ; milieu ; rayon ; corde.

3 Il y a deux solutions :
cercle de centre E et cercle de centre F.

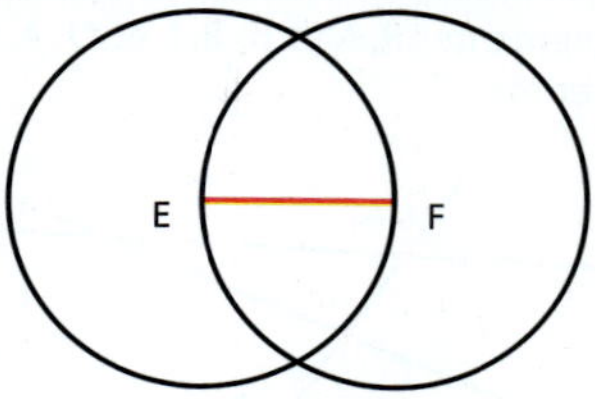

4 **b.** CA = 4 cm ; DB = 3 cm.

5 Il y a une infinité de solutions.

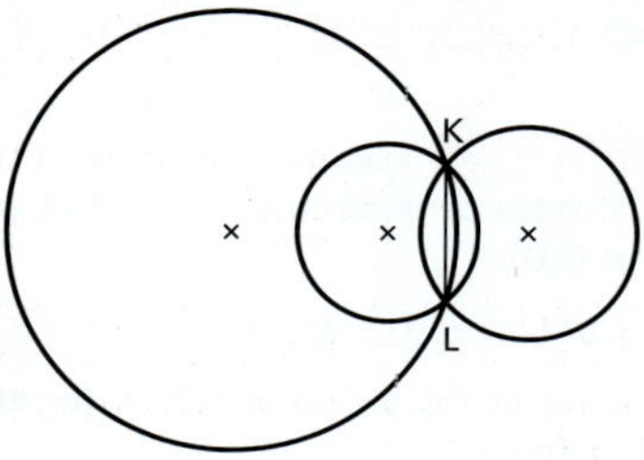

6 Les 2 cercles ont un point commun.

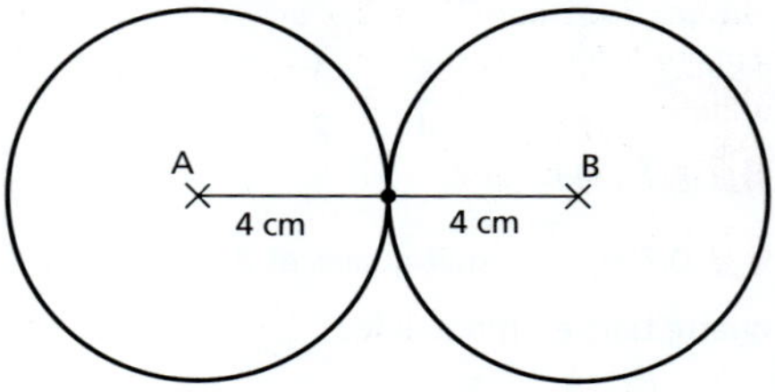

7 **a.** 4. ; 2. ; 3. ; 1. ou 4 ; 2 ; 1 ; 3.

b.

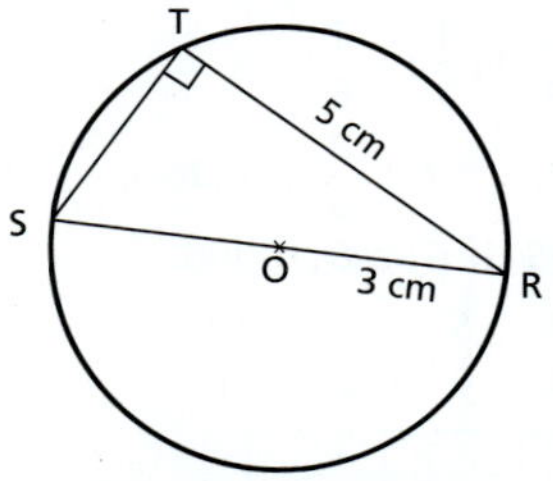

c. RTS est un triangle rectangle.

8

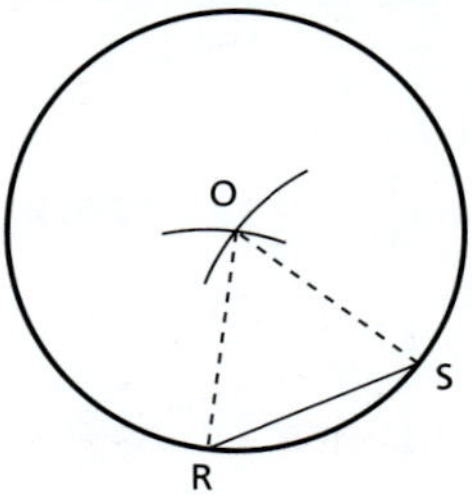

RO = SO = RS

9 **a.**

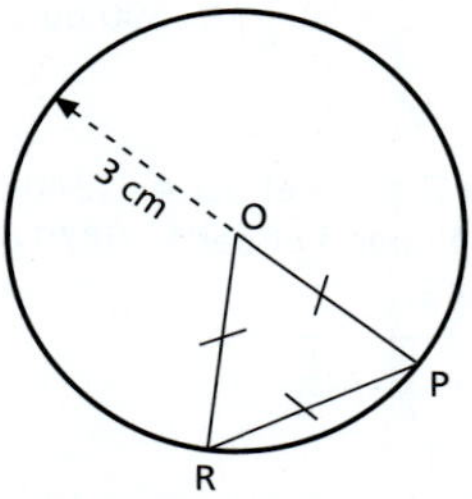

b. OPR est un triangle équilatéral.

➩ Chapitre 12 pages 84-85

MINI INTERRO **1.** rectangle ; **2.** isocèle.

1 **a.** V ; **b.** V ; **c.** F ; **d.** V.

2 Voir méthode

3

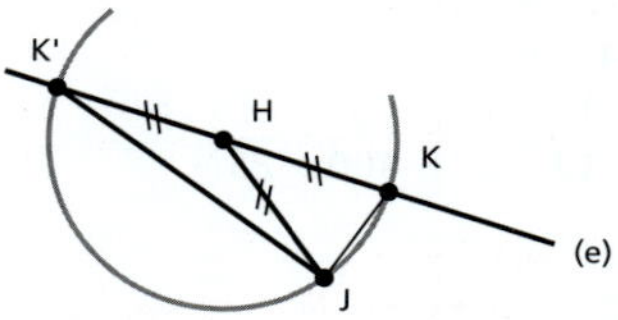

Il y a deux solutions.

4 **a.** 4 triangles rectangles (ABC, ABD, GFE, ADG) ;
b. Il y a 2 triangles isocèles (ABC, GDE).

5

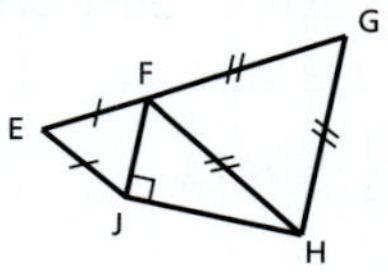

6 CAB est rectangle en A, car « si deux droites sont parallèles, toute droite perpendiculaire à l'une est perpendiculaire à l'autre ».

7 a. OEF isocèle ;
b. OEO′ équilatéral.

➩ Chapitre 13 pages 86-87

MINI INTERRO 1 et 3.

1 a. F ; b. V ; c. F.

2 Léa.

3 Il y a 9 rectangles.

4

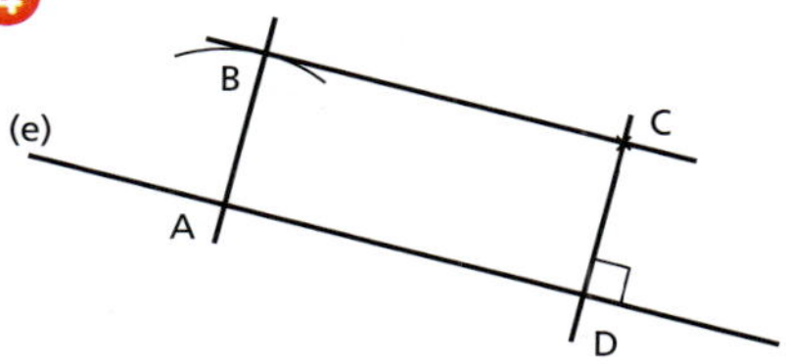

5

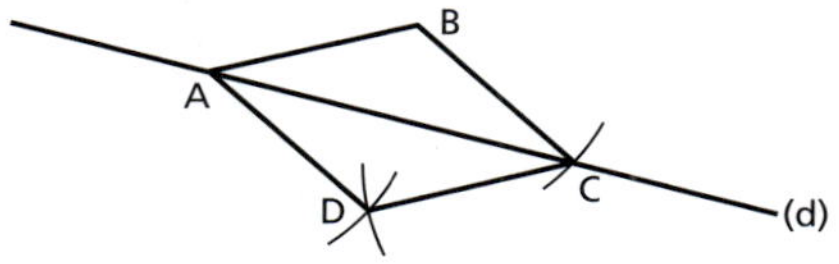

6

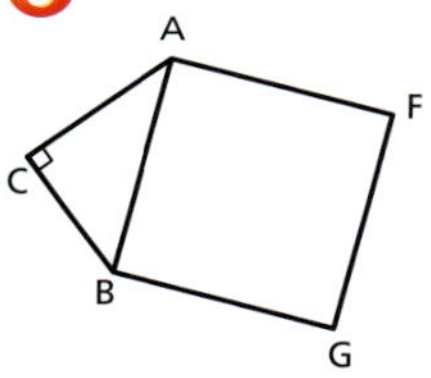

ou

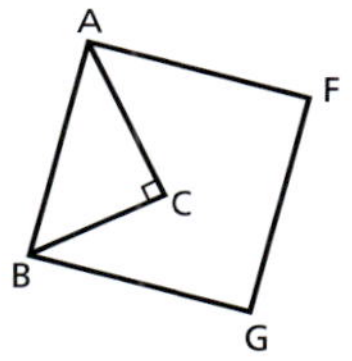

7 c.

8 ABCD est un carré, donc AB = AD.
ADFE est un losange, donc AD = EA.
Par conséquent, AB = EA. Le triangle EAB est isocèle en A.

9 a. losange ;
b. carré ;
c. rectangle.

➩ Chapitre 14 pages 88-89

MINI INTERRO [A′B′] ; [B′A′) et (A′B).

1 a. F ; b. F ; c. V.

2

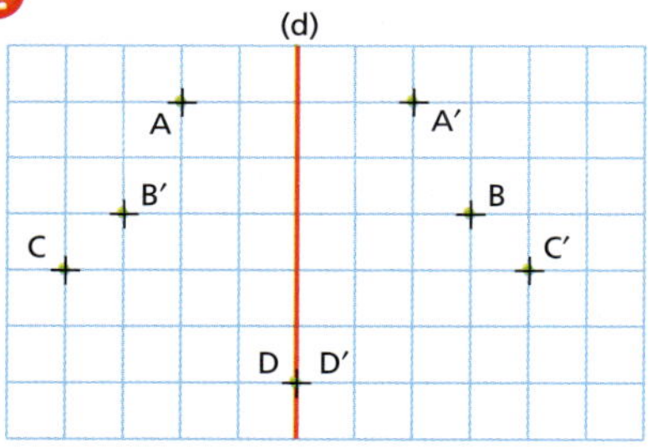

3

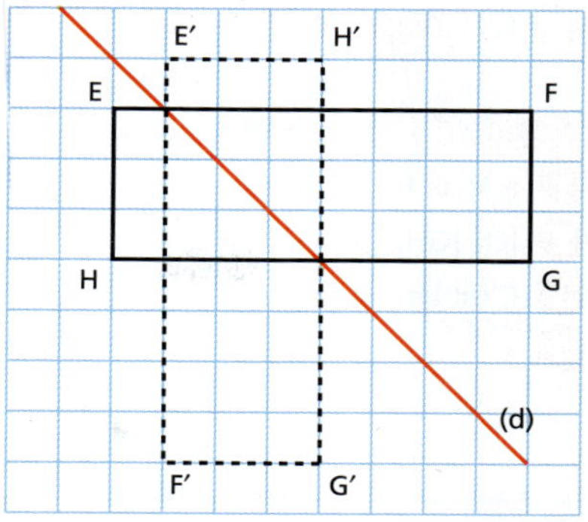

4 a. b.

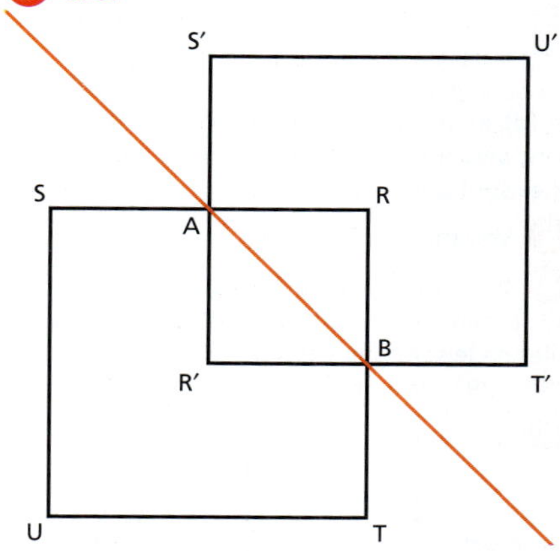

c. Le point A ; d. Le point B.

5

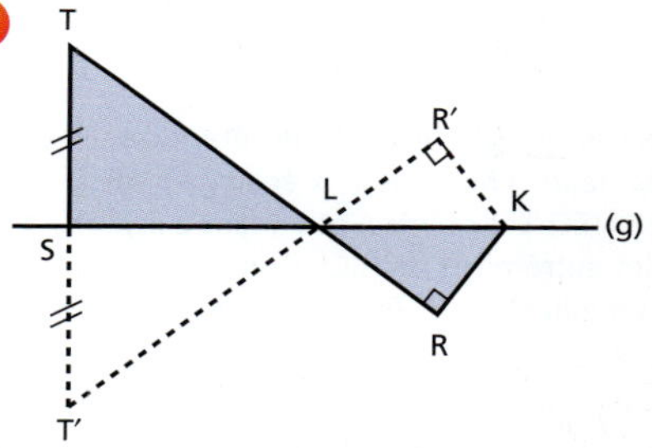

6 On trace dans l'ordre les droites 1, 2 et 3.

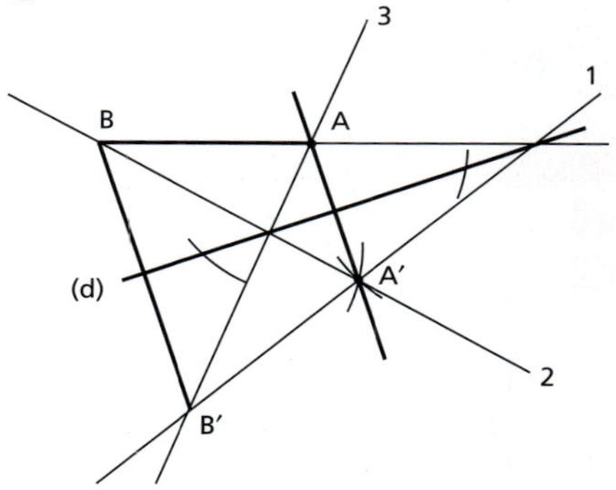

7 a.

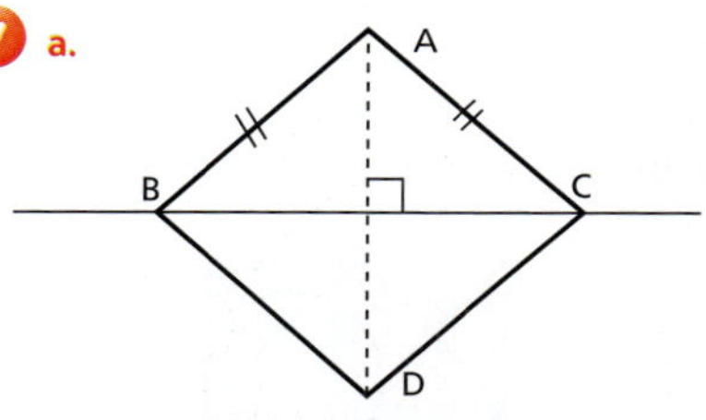

b. C'est un losange, car [AB] a pour symétrique [DB], donc AB = DB ; [AC] a pour symétrique [DC], donc AC = DC ; et comme AB = AC (triangle isocèle), alors AB = DB = AC = DC.

➩ Chapitre 15 pages 90-91

MINI INTERRO *1.* (HV) ; *2.* [VH].

1 a. V ; b. F ; c. F ; d. V ; e. V.

2 [EI], [GH], [JK].

3 C'est un carré.

4 a.

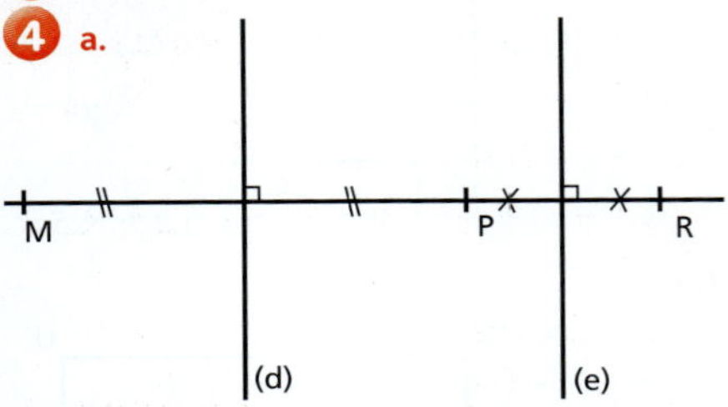

b. (d) et (e) sont parallèles car « si 2 droites sont perpendiculaires à une même droite, alors elles sont parallèles ».

5 Voir méthode

6 b. À vue d'œil, la bissectrice et la droite (OC) semblent perpendiculaires. En réalité, elles ne le sont pas, car 112° ÷ 2 = 56° et 56° + 33° = 89°, différent de 90°.

7 a.

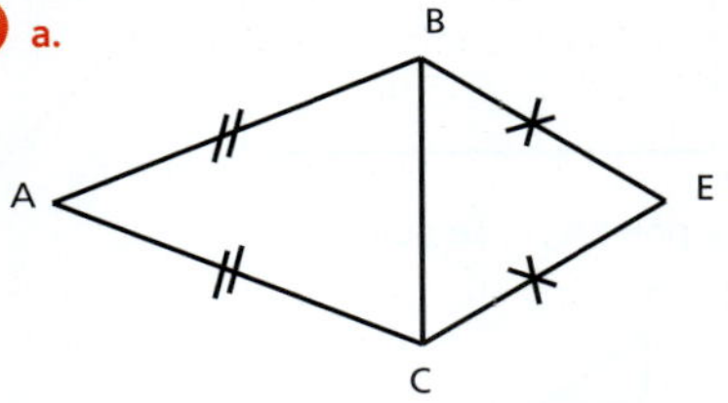

b. Les triangles ABC et EBC étant isocèles, deux de leurs côtés sont « égaux » : AB = AC et EB = EC. Les points A et E étant à égale distance des extrémités de [BC], ils sont alors situés sur la médiatrice de [BC] qui est donc la droite (AE).

8 b. La médiatrice (d) de [FH] est la droite (EG) qui représente un axe de symétrie du losange. c. (d) représente la bissectrice de $\widehat{FEH}$.

➩ Chapitre 16 pages 92-93

MINI INTERRO A et C.

1 a. F ; b. F ; c. F.

2 2 axes.

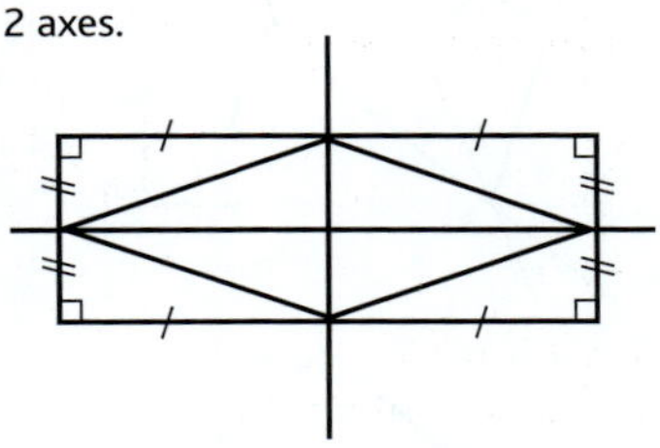

3 Les deux axes sont les diagonales.

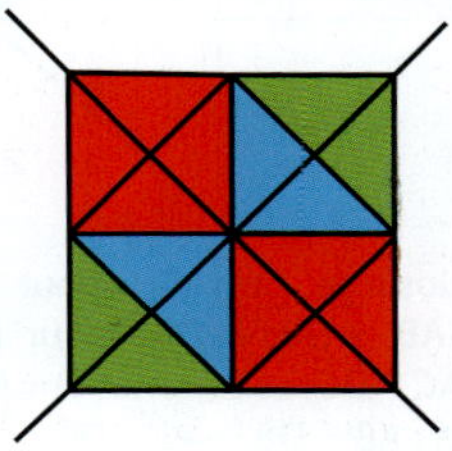

4

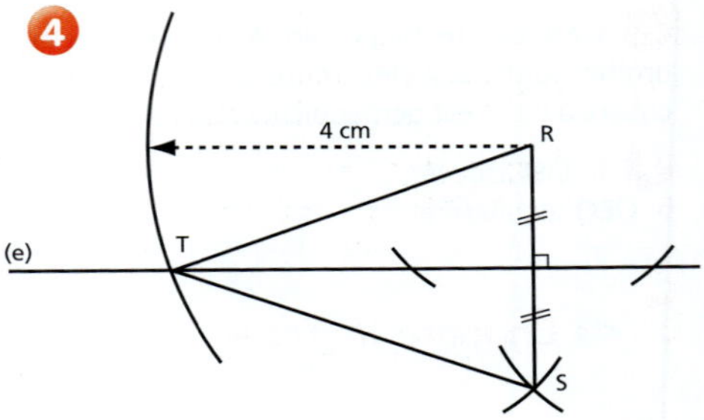

5

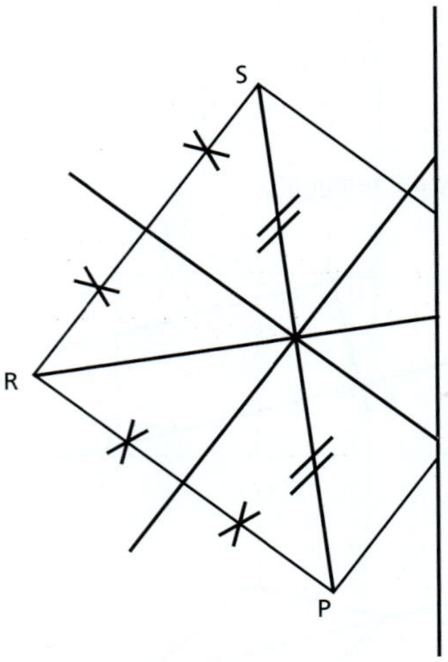

6

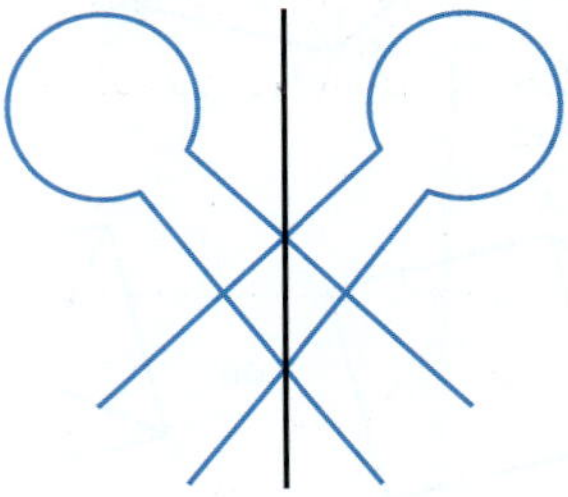

7

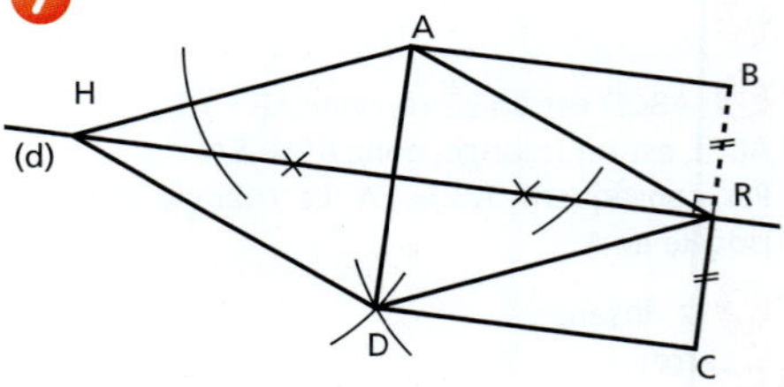

8

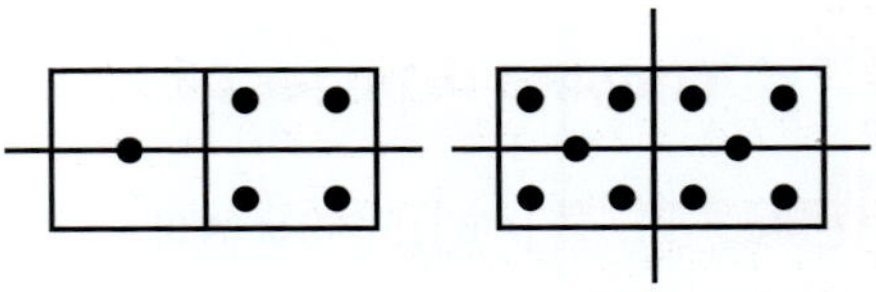

1 axe 2 axes

➩ Chapitre 17 pages 94-95

MINI INTERRO *1.* 1 ; *2.* 3 ; *3.* 3.

1 a. V ; b. V ; c. F ; d. F ; e. F.

2 Le cube.

3 C'est un carré de 4 cm de côté.

4

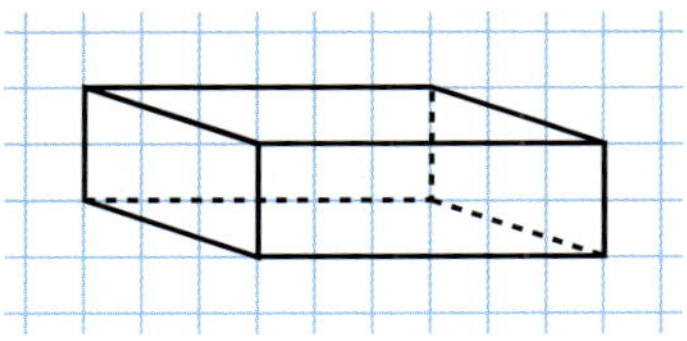

5 a.

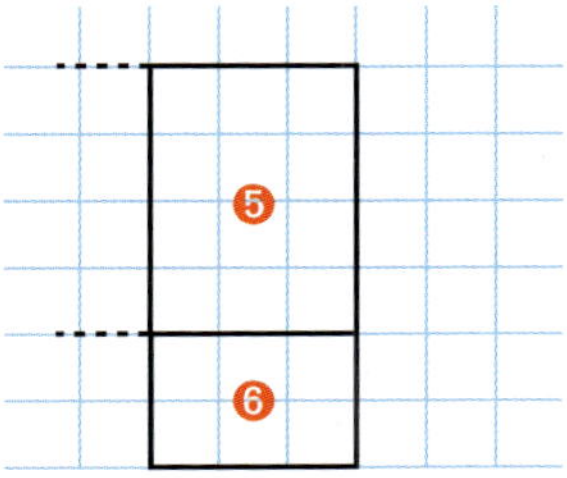

b.

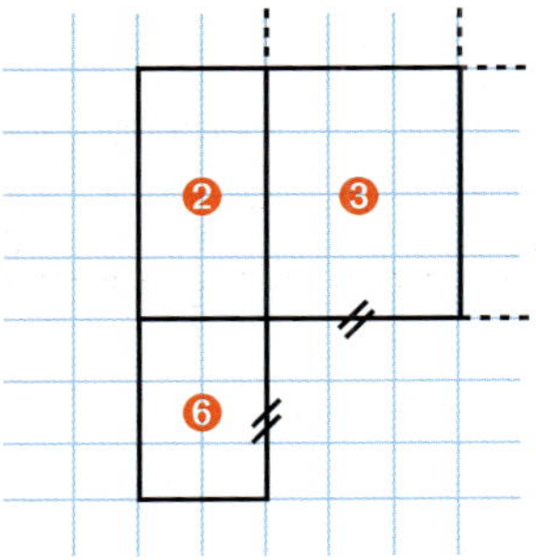

6 La face avant du cube est bleue.

7 a. Non, car les arêtes cachées ne sont pas représentées.
b. et c.

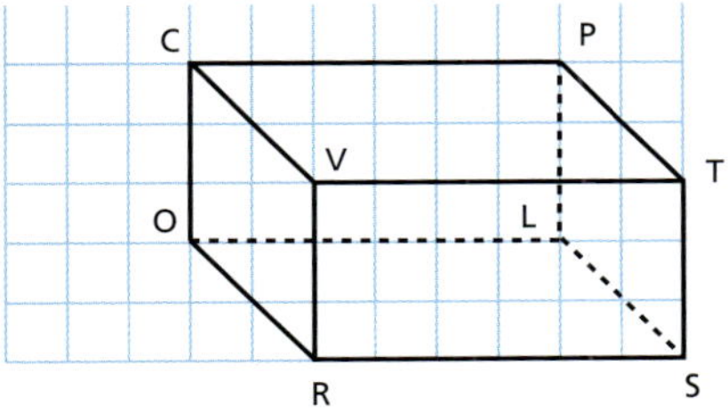

➔ Chapitre 18 pages 96-97

MINI INTERRO *1.* 1 h 15 ; *2.* 6 h 30.

1 a. V ; b. F ; c. F.

2 a. 1 h 12 min ; b. 1 min 40 s ; c. 2 j 10 h ; d. 1 h 28 min ; e. 1,2 s.

3 a. 10 h 47 min ; b. 9 h 18 min ; c. 9 h 17 min ; d. 14 min 20 s ; e. 2 h 03 min 49 s.

4 a. Les trains n° 6103 et 6105 ; b. Les trains n° 6120 et 6124.

5 120 jours.

6 12 h 15 min − (25 min + 10 min) = 11 h 40 min

7 a. 19 h 50 min ;
b. 19 h 50 min − 15 h 50 min = 4 h ;
c. 1 h 03 min + 4 h = 5 h 03 min.

8 a. Abel ; b. Mario.

➔ Chapitre 19 pages 98-99

MINI INTERRO 0,07 t.

1 a. V ; b. V ; c. F ; d. F ; e. V.

2 a. 0,658 ; b. 950 ; c. 8,4 ; d. 6,43 ; e. 500 ; f. 2.

3 a. 1 022 km ; b. 2 500 kg ; c. 250 hL ; d. 8 757 t. ; e. 2 dam.

4 a. kg ; b. km ; c. l ; d. cm ; e. cl.

5 4,2 m ; 1,7 m ; 1 200 kg ou 1,2 t ; 6,5 l ; 100 km.

6 La casquette pèse
(50,100 − 50) ÷ 2 = 0,050 kg ou 50 g.
Mathieu pèse 50,050 kg.

7 400 000 boîtes d'allumettes.

8

Corinne pèse 28 kg et maman 53,5 kg.

9 Longueur d'un chemin :
300 m + 200 m + 283 m = 783 m.
x = 383 m et y = 315 m.

➔ Chapitre 20 pages 100-101

MINI INTERRO 63 mm.

1 a. V ; b. F ; c. V ; d. F.

2 C'est sa largeur.
Sa longueur mesure 350 m.

3 Périmètre du rectangle :
(12,5 + 7,5) × 2 = 40 cm.

4 Oui, cela équivaut au périmètre du carré AREF :

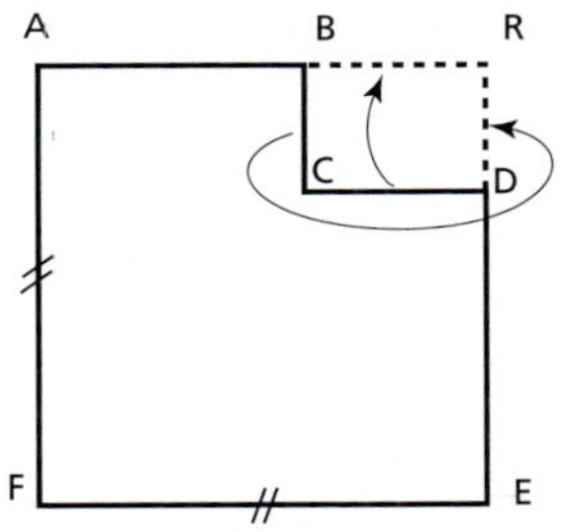

4 × 12 = 48 m

5 C'est la figure B.
$P_A = 14 + (\pi \times 7) \approx 36$ cm.
et $P_B = (2 \times 10) + \dfrac{(\pi \times 10)}{2} \approx 35{,}7$ cm.

6 P = 23,5 + 37 − (2 × 9) = 42,5 m.

7 Demi-périmètre = L + ℓ = 95 ÷ 2 = 47,5 cm.
L = (47,5 + 8,5) ÷ 2 = 28 cm et
ℓ = 28 − 8,5 = 19,5 cm.

8 P = 2 × (160 − 70) + (π × 70) ≈ 400 m.

9 Périmètre du cercle : 5,5 × π ≈ 17,3 m.

➩ Chapitre 21 pages 102-103

MINI INTERRO 16 m².

1 a. F ; b. V ; c. F.

2 a. 3 820 cm² ; b. 60 200 m² ; c. 6,4 m² ; d. 8 000 000 m².

3 a. km² ; b. hm² ; c. m² ; d. cm².

4 $80 \times 50 = 4\,000$ mm² ou $8 \times 5 = 40$ cm².

5 $\frac{6 \times 4{,}5}{2} = 13{,}5$ cm²

ou $\frac{3{,}6 \times 7{,}5}{2} = 13{,}5$ cm²

6 L'autre dimension est $1 \div 0{,}8 = 1{,}25$ m.
$1{,}25 > 0{,}8$ m ; c'est la longueur.

7 Le terrain carré.
Aire du rectangle : $50 \times 20 = 1\,000$ m².
Aire du carré : $35 \times 35 = 1\,225$ m².

8 Aire $= 12 \times 7 = 84$ cm².

9 2 pots.

10 a. et b. Oui. $(82 - 3) \times (50 - 3) = 3\,713$ cm².

11 4,05 m

➩ Chapitre 22 pages 104-105

MINI INTERRO 1 000.

1 a. V ; b. V ; c. F.

2 a. 0,2 ; b. 15 200 ; c. 17 ; d. 8 000 000.

3 a. 4 500 ; b. 70 ; c. 1,5 ; d. 1 500.

4 a. 30 cubes ; 64 cm³ et $64 \times 30 = 1\,920$ cm³ ;
b. L = 20 cm, ℓ = 8 cm, h = 12 cm
et $20 \times 8 \times 12 = 1\,920$ cm³.

5 Volume : $(2{,}5 \times 2{,}5 \times 2{,}5) \times 4 = 62{,}5$ dm³.

6 Le pavé droit est découpé en 10 cubes ($5 \times 2 \times 1$) dont l'arête mesure 1 dm. La hauteur de la pile est 10×1 dm = 10 dm ou 1 m.

7 a. Volume du cube :
$5 \times 4 \times (6{,}4 - 6) = 8$ cm³.
b. Arête du cube = 2 cm, car $2 \times 2 \times 2 = 8$.

8 Si on double les dimensions de la boîte, le volume est multiplié par 8 (car $2 \times 2 \times 2 = 8$). On pourra donc ranger $6 \times 8 = 48$ sardines.

9 Volume du pavé droit :
1,584 dm³ = 1,584 L et 1,5 L < 1,584 L.
L'eau ne va pas déborder.

➩ Chapitre 23 pages 106-107

MINI INTERRO Non, car $59 + 120 \neq 180$.

1 a. F ; b. F ; c. V ; d. F.

2 $\widehat{BAC}$.

3 a. 90° ; 125° ; 32° ; 113° ; b. On a 360°.

4 a. 32° ; b. 90° – 32° = 58° ;
c. 90° + 32° = 122°.

5 $\widehat{xOz} = 32° + 58° = 90°$. Donc $\widehat{xOz}$ doit être un angle droit, ce qui n'est pas le cas sur la figure.

6 $\widehat{xOt}$ doit mesurer 15°.

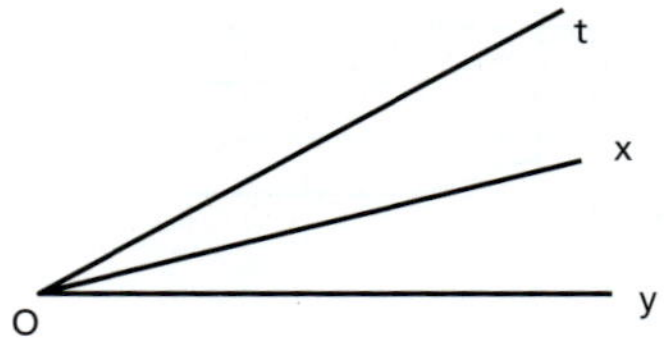

7 $\widehat{SRT} = 112°$.

➩ Chapitre 24 pages 108-109

MINI INTERRO 2,5 kg

1 a. F ; b. V ; c. F ; d. V.

2 a. oui, × 4 ; b. non, car $2 \times 0{,}5 \neq 0$;
c. oui, × 3 ; d. non, car $0{,}8 \times 10 \neq 80$.

3 a. 1re ligne : 30 et 50 ; 2e ligne : 1 et 1,5.
b. × 5 ; × 0,2.

4 a. trois ; b. 9 ; 15 ; 22,5 ; 12,6 ;
c. oui, le coefficient de proportionnalité est 3.

5 a. Non, car $1 \times 6{,}5 = 6{,}5$; $2 \times 6{,}5 = 13$, mais $3 \times 6{,}5 \neq 17$; b. Non.

6 a. Le nombre de tasses à café et la quantité de café ; oui. Il faut $\frac{100}{8} \times 3 = 37{,}5$ g de café.
b. Le nombre de personnes et la durée ; non. L'un des frères met lui aussi 20 minutes.
c. La distance et la consommation d'essence ; oui. Elle consomme $\frac{6{,}5}{100} \times 300 = 19{,}5$ L.
d. La durée et le nombre d'exercices ; non. Pas de solution, car la durée varie en fonction de la difficulté de l'exercice.

7 a. Pour 13 personnes, car $\frac{3}{2} \times 9 = 13{,}5$;
b. Environ 3 pommes et demie, car $\frac{2}{3} \times 5 \approx 3{,}3$.

➩ Chapitre 25 pages 110-111

MINI INTERRO L'étiquette de droite.

1 a. V ; b. F ; c. V ; d. F ; e. F.

2 29 élèves.

3 10 garçons.

4 102 €.

5 a. 1,5 cm ; b. P (ABCD) = 6 cm ;
c. côté : 2,7 cm, P du carré agrandi = 10,8 cm ;
d. Oui, car $6 \times \frac{80}{100} = 4{,}8$ et $4{,}8 + 6 = 10{,}8$ cm.

6 1er cas : 837,90 € ; 2e cas : 944 € ;
économie : 106,10 €.

7 Non, car $100\ € \times \frac{200}{100} = 200$ € d'augmentation et $200 + 100 = 300$ € (son prix triple).

8 $135 \times \frac{10}{100} = 13{,}5$ et $135 - 13{,}5 = 121{,}5$;
$121{,}5 \times \frac{10}{100} = 12{,}15$ et $121{,}5 + 12{,}15 = 133{,}65$.
C'est vrai. Il pèse maintenant 133,65 kg.

9 $8 \leqslant$ note $\leqslant 12$ → 15 élèves ;
note 12 → 30 % et 9 élèves.

10 Non, car $80 \times \frac{20}{100} = 16$ et $80 + 16 = 96 \neq 100$.

➩ Chapitre 26 pages 112-113

MINI INTERRO 10 kg.

1 a. F ; b. F ; c. V.

2

Durée	0	3	6	12	24
Prix	0	15	30	50	85

3 a. Oui, car tous les points sont alignés ; b. 7,5 € ; c. $0{,}25 \times 22 = 5{,}5$ € ; d. $4 \div 0{,}25 = 16$ œufs.

4 a. 600 m ; b. 8 h 25 ; c. 5 min (de 8 h 05 à 8 h 10) ; d. 100 m.

5 a. 700 g ; b. 3 mois ; c. 100 g.

➩ Chapitre 27 pages 114-115

MINI INTERRO *1.* 5,1 ; *2.* 5,35.

1 a. F ; b. V.

2 a. A → 1,8 ; B → 5,5 ; C → 3,2.
b. D → 1,35 ; E → 1,53 ; F → 1,28.

3 a. F ; b. M ; c. D ; d. E ; e. J ; f. I

4

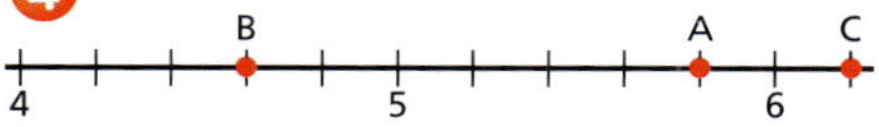

5

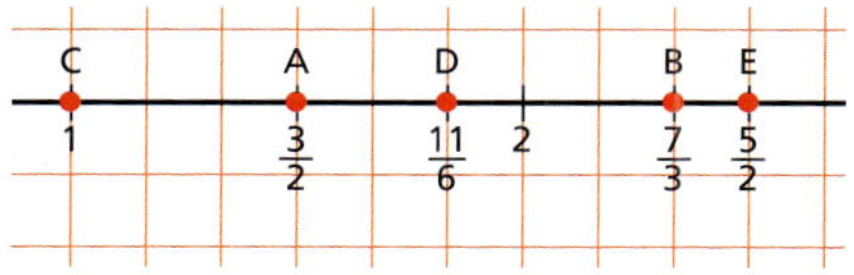

C → 1 ou $\frac{4}{4}$ et A → $\frac{3}{2}$ ou $\frac{6}{4}$
Donc F est au milieu du segment AC.

6 a. Ali ; Mathieu (le double de Lou) ; Jeanne (le tiers de Mathieu) et Lou (le tiers d'Ali).
b.

÷ 9

OA	9	1
Taille	202,5	......

$202{,}5 \div 9 = 22{,}5$.
Un segment de 1 cm correspond à une taille de 22,5 cm.

Ali → $9 \times 22{,}5 = 202{,}5$ cm ;
Fatou → $8 \times 22{,}5 = 180$ cm ;
Mathieu → $6 \times 22{,}5 = 135$ cm ;
Lou → $3 \times 22{,}5 = 67{,}5$ cm ;
Jeanne → $2 \times 22{,}5 = 45$ cm.

7 X → 50 ; Y → 120 ; Z → 60.

➩ Chapitre 28 pages 116-117

MINI INTERRO Un quart de cercle, un secteur de 90°.

1 a. F ; b. F ; c. V.

2 a. 14 élèves ; b. et c. 7 élèves.

3 Hauteur des bâtons : primaire → 6,7 cm ; collège → 3,3 cm ; lycée → 2,1 cm.

4 C'est le diagramme b.

5 a. Le pain ; b. Le beurre ;
c. Oui, car 2×125 g $= 250$ g ;
d. 225 g de pommes de terre et 25 g de beurre.

6 a. $4 + 7 + 2 + 4 + 5 + 4 = 26$; b. tennis ; c. 2.

Histoire-géo Éd. civique

MINI INTERRO Pour trouver les réponses aux questions de la « Mini interro », il suffit de relire attentivement la page de gauche du chapitre correspondant.

➩ Chapitre 1 page 121

1 a. Le soleil b. La lune c. La terre d. La marche e. Le ciel f. l'eau g. La joie.

2 a. Dans le godet, le scribe mélange les encres végétales qui vont lui permettre d'obtenir diverses tonalités de noir et de rouge. Avec le lissoir, il aplatit le papyrus qu'il a déroulé. Sur la palette, en bois ou en ivoire, qu'il porte en général sur l'épaule, le scribe range ses calames.
b. Les calames, tiges de jonc taillées en biseau avec lesquelles il écrit et qui étaient déjà utilisées pour l'écriture cunéiforme. Le scribe écrit sur des feuilles de papyrus. Avant les Égyptiens, on écrivait sur des plaquettes d'argile.

3 a. La présence de fleuves importants : le Nil pour l'Égypte, le Tigre et l'Euphrate pour la Mésopotamie.
b. Ces fleuves facilitaient les échanges avec les régions voisines et le bassin méditerranéen, ce qui explique le développement de l'écriture indispensable au commerce.
c. Parce que les fleuves déposent des limons lorsqu'ils sont en crue. La terre est donc très fertile.

➩ Chapitre 2 page 123

1 a. Croquis : de haut en bas : limites de la cité, acropole, ville, fortifications, campagne.
b. Faux ; vrai.

2 a. Les montagnes et les hauts plateaux. Très près du littoral. b. Le mont Parnasse (2 458 m) et le mont Olympe (2 917 m). c. Le relief laisse peu de place aux plaines qui sont très étroites : elles sont enserrées entre les plateaux et le littoral. d. Parce qu'ils manquaient de place et de terres cultivables. Les communications intérieures étaient difficiles.

3 a. Homère. b. En Asie Mineure, que l'on appelle aujourd'hui la Turquie. c. Cacher des soldats dans le ventre d'un cheval factice. Oui, il réussit.

CORRIGÉS

➩ Chapitre 3 page 125

1 a. L'ecclésia. b. L'héliée. c. La boulê. d. Le métèque.

2 a. *Les Perses*, une pièce de théâtre d'Eschyle. C'est un messager qui fait le récit de la bataille au roi de Perse. b. Le matin : « dès que le jour eut illuminé la terre... » c. Pour se donner du courage. d. « le torrent de l'armée persique résista ». e. Ils entourent les Perses de leurs trières et éventrent les bateaux perses de leurs éperons. Ils ont réussi puisqu'ils ont gagné la bataille.

3 a. Un navire de guerre étroit, long de 30 ou 35 mètres. Elle est armée d'un lourd éperon. b. Elle a trois niveaux. Elle compte 170 rameurs qui perçoivent un salaire et sont recrutés parmi les citoyens les plus pauvres.

➩ Chapitre 4 page 127

1 a. 9 ans (Alexandre est parti en – 334 et est arrivé en – 325).
b.

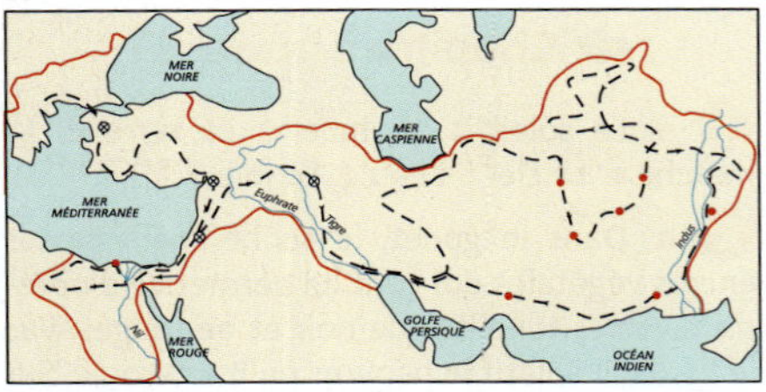

c. Alexandrie.

2 a. Quadrillé ou en damier.
b. Gymnase, stade, musée, nécropole, théâtre, bibliothèque.
c. Quartier égyptien, juif, temple d'Isis.
d. Fonction politique : le palais ; fonction religieuse : les temples ; fonction culturelle : le Musée, la bibliothèque, le théâtre ; fonction commerciale : le port.
e. Le Musée est un mot d'origine grecque. En Grèce, c'était le temple des Muses. À Alexandrie, c'était la partie du palais où Ptolémée Ier rassemblait les savants et les philosophes. Là se trouvait également la bibliothèque qui fut incendiée. Dans ces deux cas, Musée s'écrit avec une majuscule.

➩ Chapitre 5 page 129

1 **Sept** collines dominent Rome qui est traversée par le **Tibre**. Les cimetières, que les Romains appellent les **nécropoles**, se trouvent à l'**extérieur** des fortifications. **Le forum** est une vaste place où les Romains aiment se retrouver.

2 a. Par le bouclier, le casque de métal et la veste de cuir renforcée de pièces de métal. b. Avec son glaive et son javelot.

3 a. À surveiller l'horizon et donner l'alerte.
b. Les créneaux, un fossé plein d'eau, un tapis de branchages, un champ d'entonnoirs munis de pieux pointus, des rangées de bâtons armés de pointes de fer.
c. Pour empêcher les Gaulois de sortir.
d. Non, les obstacles étaient trop nombreux et trop importants.

4

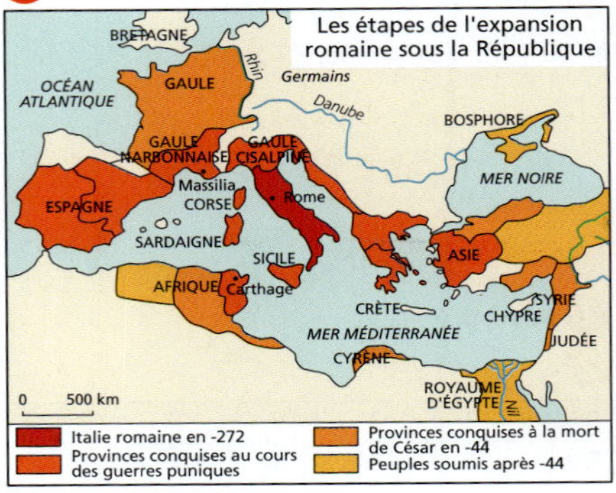

➩ Chapitre 6 page 131

1 Auguste élu des dieux, chef militaire vainqueur des Germains et des Daces, chef de la religion et du clergé, tribun, cinq fois consul, général en chef.

2 a. La population est très nombreuse dans les rues, ce qui rend les déplacements hasardeux. On est bousculé et on risque en permanence d'être blessé.
b. Des vases tombent des fenêtres avec tous les dangers que cela représente pour les piétons. On risque de se faire agresser et voler.
c. Peut-être exagère-t-il un peu mais Rome comptait alors un million d'habitants, ce qui est énorme d'autant que la ville était enserrée dans ses fortifications.

3 a. Les routes romaines sont des constructions raffinées. D'abord, pour la stabilité, les Romains étalent un lit de pierres plates. Ils le recouvrent de sable et de chaux sur lesquels repose la route proprement dite, c'est-à-dire le « béton romain » : des dalles jointées par le sable qui permettent le passage des chariots.
b. De chaque côté de la route, des fossés récupèrent les eaux de pluie qui s'infiltrent dans les sables du soubassement.

➩ Chapitre 7 page 133

1 a. Vrai. b. Vrai. c. Faux (c'est l'inverse). d. Faux (c'est Lyon). e. Faux. f. Faux. g. Faux. h. Faux. i. Vrai. j. Vrai.

2 a. Jules César. b. Ils sont « brillants ». Ils ont tenu tête à Jules César mais ont ensuite montré « une fidélité inébranlable » à Rome. Ils ont aidé et protégé les soldats de Drusus quand ils essayaient de conquérir la Germanie. c. C'est une référence aux nombreuses et épaisses forêts qui recouvraient la Gaule.

3 a. Un bas-relief est une sculpture dont on ne peut pas faire le tour. Les motifs sont sur un fond uni et en saillie. b. Le dieu celte Cernunnos ; Mercure et Apollon, deux dieux romains. c. Cernunnos est au milieu. Il est assis. De chaque côté, Apollon et Mercure sont debout. C'est la preuve que les Gaulois ont adopté les dieux romains. Cernunnos tient un enfant dans ses bras : c'est le dieu de la fécondité chez les Gaulois. d. Non, puisque les dieux romains n'ont pas remplacé tous les dieux gaulois.

Chapitre 8 page 135

1 De gauche à droite et de haut en bas : Les Hébreux en Égypte ; Exode ; David ; Salomon ; Royaume d'Israël ; Royaume de Juda ; Domination perse ; Domination grecque ; Domination romaine ; Diaspora.

2 a. La sortie d'Égypte. b. Une grande flamme. c. Parce qu'il entre sur une terre sainte donc sacrée. d. Par respect.

3 a. De la région de Ur, en Mésopotamie, à l'embouchure de l'Euphrate. b. Parce que la région est très riche. Le fleuve dépose des limons qui favorisent l'agriculture. c. Damas en pays Canaan, puis l'Égypte, le désert du Sinaï et à nouveau Canaan et Jérusalem.

Chapitre 9 page 137

1 a. Faux, c'est Constantin en 313. b. Faux, c'est le Nouveau Testament, rédigé entre 70 et 95. c. Vrai. d. Vrai.

2 a. Irréprochable, digne, intègre, foi, amour, paix, harmonie, concorde. b. Non, il demande une vie d'austérité. c. Un épisode de la vie de Jésus, son entrée dans Jérusalem. d. En signe de révérence, de respect. Ils veulent témoigner leur joie, leur bonheur d'accueillir le prophète.

3 a. Quatre, mais en réalité le quatrième voyage est un envoi en captivité à Rome. L'objet de ces voyages est de convertir les populations au christianisme. b. Il vient de Jérusalem, ville où vit Jésus. C'est la partie de l'Empire où les Juifs étaient les plus nombreux. c. Il gagne l'Empire peu à peu : d'abord les ports et les vallées, puis l'ensemble de l'Europe.

Chapitre 10 page 139

1 a. Vrai. b. Faux, ce sont des moines. c. Faux, il parle grec. d. Faux, en 1054. e. Faux, c'est un recueil des lois romaines. f. Faux, en 395. g. Vrai.

2 Il attend des étudiants, futurs gouvernants, qu'ils respectent la justice et soient compétents. Pour lui, c'est la base d'un État fort.

3 a. Constantin et Théodose. b. L'aqueduc, les forums, le sénat. c. L'acropole, l'hippodrome, la basilique Sainte-Sophie. d. C'est un port. Elle est donc facile à envahir.

4 a. Il reconquis l'Italie, le littoral de l'Afrique du Nord et le Sud de l'Espagne. Mais la Gaule et la majeure partie de l'Espagne sont restées hors de son contrôle. b. Non. L'Empire romain était plus étendu.

Chapitre 11 page 141

1 a. 800. b. 987. c. 751. d. 843. e. 732. f. 768.

2 « Les Normands poussèrent leur flotte vers les frontières de Bretagne. Ils assiégèrent, dans le territoire de Coutances, le château de Saint-Lô. Lorsqu'ils eurent intercepté tout accès vers la source des eaux, les habitants assoiffés se rendirent à la condition suivante : on leur promit seulement la vie, le reste devait leur être pris. Et quand les habitants furent sortis de leurs remparts, cette population perfide, reniant ses promesses, les égorgea tous sans que rien ne la retînt. L'évêque de l'église de Coutances fut tué avec tous les habitants. »
Les Normands ont d'abord assoiffé la population, ils ont promis aux habitants de les laisser vivre mais les ont avertis qu'ils les dépouilleraient. Ils se sont comportés en traîtres : ils ont égorgé la population.

3 a. Pour que tous les garçons soient instruits afin qu'il y ait « beaucoup de monde au service de Dieu ». b. Des livres de grammaire, de chants et de prières parce qu'ils permettaient l'apprentissage de la lecture et l'acquisition du savoir. c. Les livres religieux ne peuvent être copiés que par les adultes. Ils sont les plus importants parce qu'ils contiennent les prières. d. Des moines en train d'écrire. Dans une bibliothèque. e. Parce qu'ils sont écrits à la main sur parchemin et sont richement illustrés.

Chapitre 12 page 143

1 papier • gouvernail • boussole • soie • confucianisme • lettrés • Mathura • stupas • bouddhisme • nombres sacrés.

2 a. À déterminer l'origine et la puissance d'un tremblement de terre. b. Ils pouvaient connaître la direction du tremblement de terre, mais ils ne savaient pas mesurer son intensité.

3 a. À la campagne. b. En tant que lettré, il doit devenir fonctionnaire et servir l'administration du pays. c. Plusieurs dignitaires viennent le chercher en voiture couverte.

Chapitre 13 page 145

1 a. 1/5 000 ; 1/20 000 000. b. le plus petit dénominateur. c. La carte au 1/20 000 000. d. Toutes parce qu'elles donnent des informations complémentaires. Elles situent une ville dans le pays, sa région, son département ; le plan indique quartiers, monuments et rues.

Chapitre 14 page 147

1 a. Densité. b. Citadins. c. Agglomération. d. Mégalopole.

2 a. Allemagne : 229,3 / Belgique : 367 / Chine : 140,1 / Espagne : 93,6 / États-Unis : 32,9 / France : 119,1 / Italie : 201,6 / Pays-Bas : 491,8 / Royaume-Uni : 257,1 / Suède : 21. b. Non. La Chine est de loin l'État le plus peuplé, mais elle n'a pas la plus forte densité. c. Les Pays-Bas, l'un des États les plus petits, sont les plus densément peuplés. d. La Chine et les États-Unis sont les États les plus peuplés. e. En Chine, la densité moyenne (140,1 hab./km²) est à peine supérieure à celle de la France (119,1 hab./km²). Les États-Unis (32,9 hab./km²) ont 5 fois plus d'habitants que la France mais une densité presque quatre fois plus faible. Cela laisse supposer une inégale répartition de la population sur le territoire. On peut en déduire que valeur brute de population et densité moyenne sont des notions à manier avec précaution.

3 a. 500 000. b. Non. c. Le Nord et le Sud au climat méditerranéen, les littoraux pour les activités commerciales. d. Les déserts où le manque d'eau rend la vie difficile et la zone équatoriale où la forêt dense empêche l'installation de l'homme.

➜ Chapitre 15 page 149

1 a. Faux, c'est un vent saisonnier. b. Faux, intensive. c. Vrai. d. Faux, c'est une culture pratiquée sur les flancs des montagnes.

2 a. La population nombreuse demande de grandes quantités de riz. Les plaines ne suffisaient plus, l'homme a donc aménagé des terrasses qu'il irrigue.
b. Parce que c'est un paysage créé par l'homme qui a façonné les pentes de la montagne.
c. Non, la population est invitée à partir vers des îles moins peuplées.
d. Non, car les travaux d'entretien qu'exigent les terrasses mobilisent beaucoup de monde.

3 attiré • ports • deltas • plaines littorales • densités • régions continentales • riziculture • réseau routier • mines.

➜ Chapitre 16 page 151

1 a. Faux, autour du centre ancien. b. Vrai. c. Faux, ce sont les plus pauvres qui y vivent. d. Faux. e. Vrai.

2 Lagos : 6° 27′ N – 3° 23′ E ; Norilsk : 69° 21′ N – 88° 12′ E ; Madrid : 40° 26′ N – 3° 41′ O ; Quito : 0° 15′ S – 78° 35′ O. Quito ; Norilsk.

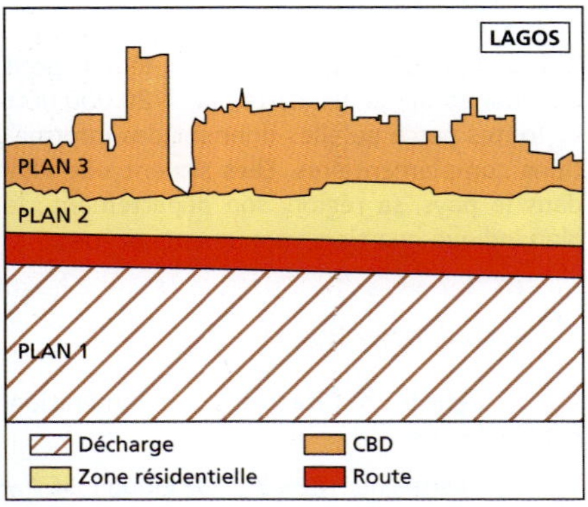

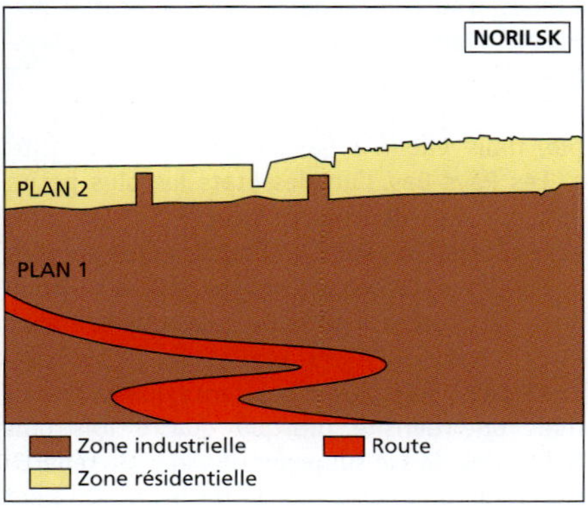

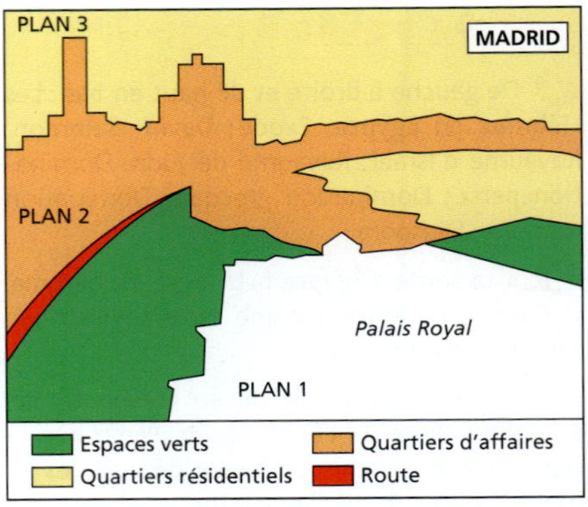

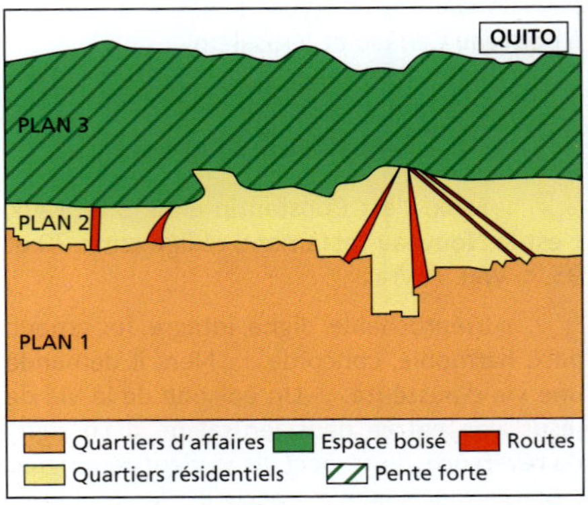

➜ Chapitre 17 page 153

1 a. Vrai. b. Vrai. c. Faux, c'est le quartier indigène. d. Vrai.

2 a. Influence française : boulevard Saint-Laurent. Influence anglaise : rue Sherbrooke.
b. Il y a des quartiers portugais, chinois, juif, grec...
c. Le nom de certains quartiers : Liberté, Le Plateau, Bel Air...

3 Une confluence ou une presqu'île limitent considérablement les possibilités de développement d'une ville à cause du manque de place.

➜ Chapitre 18 page 155

1 a. scientifique. b. non. c. Elle la rajeunit. d. le brûlis. e. à la limite du désert.

2 a. Culture du riz. Riziculture en terrasses. b. Le village se trouve au centre des parcelles, pour réduire le temps de trajet entre les deux.

3 a. Ablis est dans les Yvelines, donc à l'ouest de Paris. Le Mali se situe en Afrique occidentale dans la zone tropicale sèche, donc dans la zone de la savane.
b. Ablis : c'est l'exemple type de la périurbanisation. Autour du vieux village que l'on repère à ses maisons plus serrées, les constructions se sont multipliées. On voit même des lotissements au milieu des champs. On y accède par une autoroute. Mali : au centre, le village est formé de cases. Autour, les champs sont limités par des haies d'herbes sèches. À l'arrière-plan, le début de la savane. À gauche, une route semble arriver au village.

c.

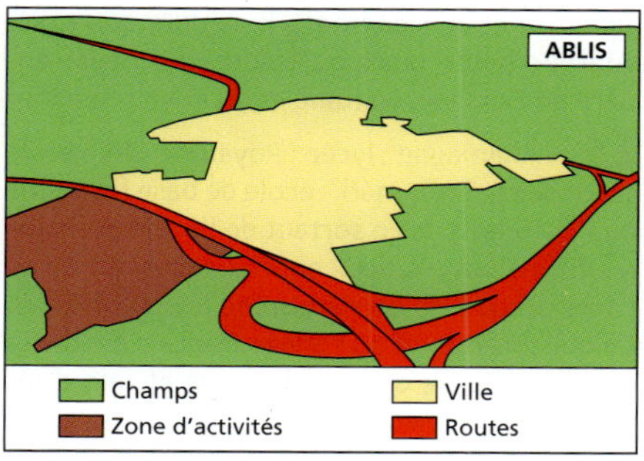

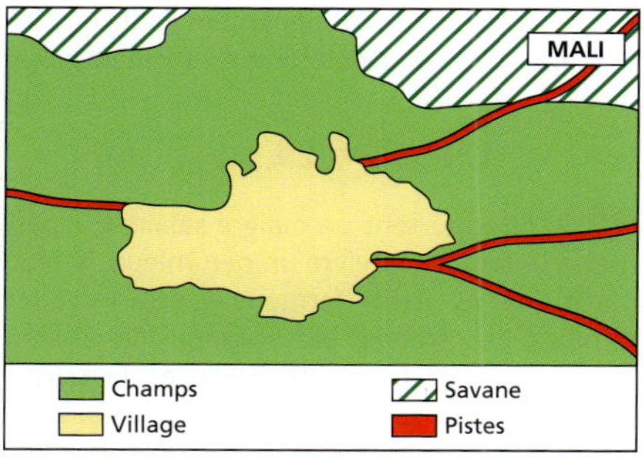

d. Ablis a grossièrement la forme d'une étoile. Le village malien est presque circulaire. e. Au Mali, les conditions climatiques sont difficiles, le village se regroupe autour des points d'eau, les haies retiennent l'humidité et font un peu d'ombre.

Chapitre 19 page 157

1 a. Faux, commerciale. b. Vrai. c. Vrai. d. Faux, son exploitation est familiale et de taille moyenne.

2 a. Les boîtes ont été fournies par la société avec laquelle l'agriculteur a un contrat. Les salades seront emballées sitôt ramassées. b. En arrière plan, on aperçoit un ouvrier par travée et un camion qui ramasse les boîtes pleines. c. L'agriculture des États-Unis est une agriculture intensive, très mécanisée, qui utilise beaucoup d'engrais et donne de très gros rendements.

3 a.

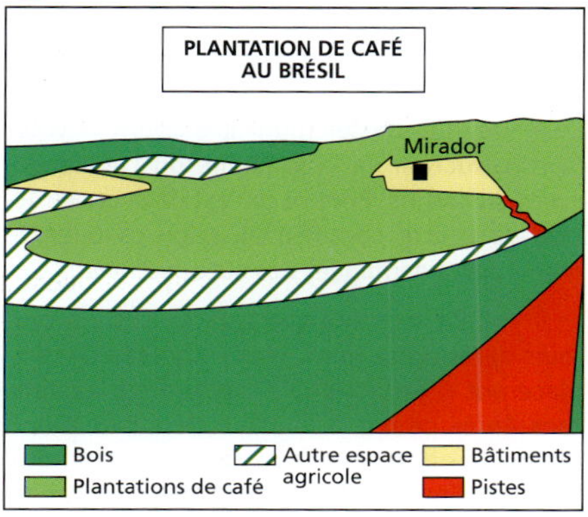

b. Cette exploitation est organisée comme une exploitation moderne, scientifique et commerciale. Elle est traversée par des routes qui permettent aux camions de transporter rapidement la récolte. Les ouvriers sont logés aux abords de la plantation protégée par des arbres et surveillée.
c. Un bidonville.
d. La vie des paysans au Brésil repose sur des contrastes. Les très grandes exploitations spécialisées dans une culture, le café le plus souvent, emploient des dizaines de paysans et exportent leur production. Mais beaucoup de petits paysans n'ont pas de terre. Ils s'installent dans des bidonvilles près des villes où ils peuvent trouver des emplois précaires autant dans l'agriculture que dans les autres secteurs d'activités.

Chapitre 20 page 159

1 Agglomération • banlieue • polders • industrialisation • périurbanisation • tourisme • CBD.

2 a. 1 cm sur la carte représente 50 000 cm ou 500 mètres dans la réalité. b. Des parkings, des ports de plaisance, un parc d'attraction (Aqualand sur l'île des Loisirs), une école de voile. c. L'île des Loisirs et ses installations ludiques, la plage Richelieu, des marinas. d. Un habitat relativement lâche. e. La Méditerranée.

Chapitre 21 page 161

1 a. Devise. b. Station balnéaire. c. Marina. d. Écosystème littoral.

2 a. Hémisphère sud. 21° S, 55° E. b. L'océan Indien. c. Nombre d'habitants par km^2. d. Non, certaines parties de l'île sont vides d'hommes. Elles correspondent aux zones montagneuses. e. En bord de mer, parce que l'île doit faire venir les produits dont elle a besoin. L'intérieur de l'île offre un relief très difficile. Presque tous les noms sont des noms de saints. La pêche et le tourisme.

3 a. Il a une position centrale en Méditerranée, au carrefour de l'Europe, de l'Afrique et du Proche-Orient. Comme il est bien relié à l'Europe continentale, son arrière-pays est vaste.
b. À transborder les marchandises qu'il reçoit en très grosses quantités sur des navires plus petits, et à les redistribuer ensuite dans les différents pays qui les ont commandées.

Chapitre 22 page 163

1 Irrigation • oued • reg • oasis • dunes • erg • sirocco • densité • aride • nomades.

2 a. Au-delà du cercle polaire. Le 80° parallèle nord le traverse au nord. Il est près du pôle.
b. Le long de la côte parce que seul le littoral a le sol dégelé en été, ce qui permet une petite activité agricole.
c. L'exploitation des mines car le sous-sol est riche.

3 a. L'adret, c'est-à-dire le côté ensoleillé.
b. Étage montagnard. On voit des sapins et des hêtres.
c. Elles sont disposées en gradins pour que chacune puisse disposer d'un ensoleillement maximum.

d. L'organisation de l'espace du village de La Grave (Alpes).

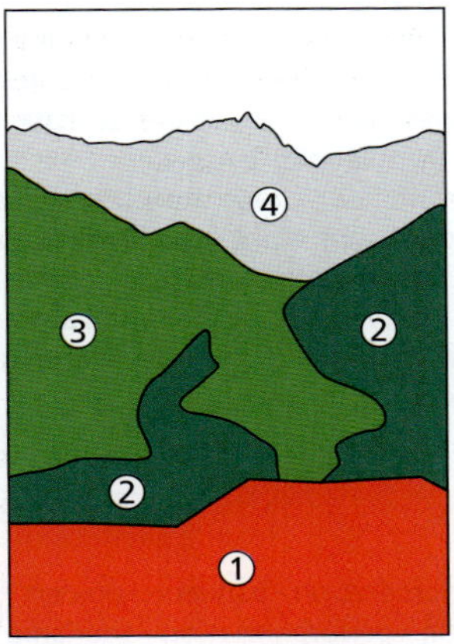

① Village
② Forêt mixte
③ Alpage
④ Roches et glaciers

➩ Chapitre 23 page 165

1 a. Faux, il va d'un point d'eau à l'autre. b. Vrai. c. Vrai. d. Faux, un climat désertique.

2 a. Photo A : Les maisons sont accolées, blanches ou de couleur claire pour lutter contre la chaleur. Les arbres (palmiers) sont nombreux, ce qui traduit la présence d'eau. Le palmier offre de l'ombre, assure l'humidification de l'air (un arbre respire et transpire), donne de l'huile et des dattes. La couleur des terres fait penser à du sable (nous sommes dans le désert). / Photo B : Elle montre une parcelle à l'intérieur de l'oasis. Les terrains sont très fragmentés pour que tous puissent bénéficier de l'irrigation assurée par le canal central. La terre est rouge. Ce n'est pas du sable. Elle porte de jeunes palmiers et quelques autres plantes. Le paysan est bien couvert pour se protéger de la chaleur. Il surveille la croissance des jeunes palmiers qu'il a plantés. b. L'oasis est un endroit privilégié dans le désert parce que la présence d'eau permet les cultures vivrières et l'élevage. Les palmiers assurent l'ombrage nécessaire et adoucissent ainsi la chaleur écrasante du soleil. La population est sédentaire.

3 a. Non. Notre organisme n'est pas habitué à de faibles quantités d'oxygène. Nos poumons et notre cœur ne résisteraient pas. Nous ne sommes pas habitués non plus au grand froid. b. Leurs poumons et leur cœur sont plus développés que les nôtres. c. Non, car ils n'ont pas les anticorps nécessaires pour résister aux maladies tropicales.

➩ Chapitre 24 page 167

1 a. Ce tableau compare la répartition des cours dans les collèges dans quelques pays de l'Union européenne. b. En Italie ; au Danemark. Dans ces deux pays, il y a plus de jours de cours que dans les autres pays. Le nombre d'heures de cours par semaine est très variable. En Grèce. c. Non, les Danois comme les Britanniques n'ont que 24 heures de cours par semaine alors que les Italiens, selon les options, peuvent suivre 40 heures de cours par semaine. La durée d'un cours est également très variable. En Grèce et au Danemark, il ne dure que trois-quarts d'heure alors qu'il dure une heure entière en Espagne, en Italie et au Royaume-Uni.

2 a. Allemagne : lycée ; Royaume-Uni : école secondaire ; Danemark : école de base (la même de 7 à 16 ans). b. En sortant de l'école primaire, les élèves suivent deux années d'orientation au cours desquelles on détermine leurs aptitudes. Ce qui correspond au collège français est divisé en trois filières, deux techniques et une d'enseignement général. c. De 7 à 16 ans, le jeune danois est dans la même école et dans la même classe. Il reçoit un enseignement individualisé et n'est pas noté jusqu'à ce qu'il entre au lycée.

➩ Chapitre 25 page 169

1 a. Ils apportent un maigre salaire qui permet à la famille de vivre un peu mieux. b. Non parce que les usines ferment et cela prive les familles de revenus. Les enfants connaissent alors une autre forme de violence : la prostitution. c. Parce qu'il n'avait pas fait ses devoirs. d. Avant cette loi, l'enfant n'était pas considéré comme une personne. Il n'avait aucun droit. Il était une chose appartenant à ses parents.

2 a. Des textes de loi extraits du Code civil. b. Téléphoner au 119. c. Être déchus de leurs droits parentaux ; le juge leur retire alors la garde de leurs enfants. d. La complicité lors d'un crime ou délit commis par leur enfant et le mauvais exemple. Donc, ce qui peut affecter la moralité de l'enfant et le conduire sur les chemins de la délinquance ou du vice.

➩ Chapitre 26 page 171

1 a. Faux, il est élu par les conseillers municipaux qui ont été élus par les habitants. Il est donc élu au suffrage universel indirect. b. Faux, pour 6 ans. c. Vrai, il est élu par les collégiens. d. Vrai.

2 a. Il compte sur Corentin pour être le porte-parole des collégiens auprès du maire. b. En analysant les différents programmes qui ont été affichés dans le collège. c. Non, puisque Corentin espère obtenir du maire qu'il construise une patinoire et un centre commercial que tous les habitants pourront fréquenter. Le programme coûtera cher à la municipalité. Le maire et le conseil municipal pourront voter la construction de la patinoire ou l'aménagement du karting. Pour ce qui est de la construction du centre commercial, selon sa taille, le maire devra demander des autorisations.

3 a. Cela veut dire que la Terre existera toujours après notre mort. Nos enfants nous remplaceront. C'est nous qui l'exploitons pour l'instant. Après, ce sera à leur tour de le faire. Donc, on « emprunte » la Terre le temps de notre vie. b. Ne pas jeter ses détritus n'importe où, ne pas laisser couler l'eau du robinet pour rien, trier et recycler ses déchets... c. Le développement durable suppose une exploitation raisonnée des richesses par les générations actuelles afin de ne pas priver les générations futures des mêmes possibilités de vie que les nôtres.

SVT

MINI INTERRO Pour trouver les réponses aux questions de la « Mini interro », il suffit de relire attentivement la page de gauche du chapitre correspondant.

➩ Chapitre 1 page 175

1 Vrai : b. ; d. ; e. Faux : a. ; c.

2

Animal	escargot ; mouche ; araignée ; pucerons ; guêpe
Végétal	branches mortes ; fleur ; graines ; chêne
Activité humaine	bordure d'allée en ciment
Minéral	grains de sable ; flaque d'eau ; nuages ; vent

3 a. Les cloportes semblent préférer les endroits sombres.
b. Recueillir une dizaine de cloportes environ dans un jardin. Les placer dans un bac dont une partie est vivement éclairée, tandis que l'autre est maintenue à l'obscurité. Observer le comportement des cloportes.

4 a.

	Jardin de ville	Jardin de campagne
Animaux	chat	chiens ; oiseaux
Végétaux	plantes	arbres ; herbe ; fleurs ; petites plantes
Activité humaine	chaise ; allée ; escalier ; tricycle	balançoire ; bac à sable
Matière minérale	ciment de l'allée	grains de sable

b. Le jardin de campagne est nettement plus aéré et ensoleillé que le jardin de ville. Il possède également plus de terre.

➩ Chapitre 2 page 177

1 Vrai : b. ; d. ; e. Faux : a. ; c.

2

3 a. et b. Par exemple, l'abaissement de la température. Dans de vastes volières, on place des hirondelles et on maintient une température d'été. On observe leur comportement.

Deuxième exemple : la diminution de l'éclairement. On maintient les hirondelles dans des volières éclairées comme en été.
Dernier exemple : la diminution de leur alimentation, car de nombreux insectes meurent à la fin de l'été. On peut élever des insectes et les fournir à volonté aux hirondelles.
Remarques. Ces expériences ont été réalisées. Aucune ne donne de résultats significatifs. Il semble que plusieurs conditions de milieu (température, lumière, nourriture) et d'autres éléments encore mal connus interviennent dans ce comportement migratoire.

4 a. La population d'animaux aquatiques diminue après le passage de la rivière dans le village. La population des animaux dans l'air est très faible dans la zone qui entoure le village.
b. Les rejets des eaux usées polluent la rivière, détruisant les végétaux dont se nourrissent les animaux aquatiques et tuant ces animaux eux-mêmes. Les fumées d'usines, des cheminées des maisons et les gaz d'échappement des véhicules envoient dans l'air des particules toxiques pour les animaux.
c. Installation d'une station d'épuration qui traiterait l'eau avant son rejet à la rivière. Installation de filtres au niveau des cheminées d'usines pour limiter le rejet de particules toxiques. Emploi de carburants moins polluants par les véhicules (essence sans plomb) et utilisation de véhicules électriques.

5 a. Les plantes annuelles passent l'hiver sous forme de graines.
b. Les plantes vivaces conservent certains organes aériens (troncs, tiges, feuilles) ou souterrains (racines, bulbes...)

➩ Chapitre 3 page 179

1 Les mouches adultes ont pondu des œufs sur le fruit. Les œufs se sont développés en larves qui, finalement, après d'importantes transformations, ont donné naissance aux nouveaux adultes. Chez ces mouches, ce sont les adultes, par leur déplacement rapide et sur de grandes distances (vol), qui ont assuré la dispersion de l'espèce.

2 5 feuilles × 18 lobes par feuille × 16 amas par lobe × 80 sporanges par amas × 64 spores par sporange, soit 7 372 800 spores, chacune pouvant donner une fougère.

3 Vrai : a. ; b. ; d. ; e. Faux : c.

4 Ces tiges aériennes permettent la dispersion de la plante dans son environnement proche. Elles assurent le peuplement du milieu.

➩ Chapitre 4 page 181

1 Vrai : a. ; b. ; c. ; d. Faux : e.

2 a. Action nuisible, car les grands arbres servent d'abri à de nombreuses espèces animales. De plus, leurs racines profondes s'enfoncent dans le sable qui n'est ainsi pas emporté par le vent.
b. Action nuisible, car en laissant les branches se décomposer sur place, elles participeraient

à la formation d'un sol où pourraient vivre des animaux, tandis que ses composants permettraient aux arbres laissés en place de forcir.
c. Action nuisible, car les produits chimiques polluent les rivières et sont une menace pour les végétaux aquatiques et les animaux qui peuplent la rivière.
d. Action bénéfique, car si on observe comment varie l'aspect de la forêt sur une durée de 40 à 50 ans, on ne remarque pas de changement fondamental. Les populations végétale et donc animale sont conservées.
e. Action nuisible, car un simple mégot de cigarette peut être à l'origine de la destruction de toute une forêt.
f. Action bénéfique, car en cas d'incendie de forêt, ce sont les fines broussailles au ras du sol qui brûlent en premier et favorisent l'extension du feu.

3 **1.** Pollution par les gaz d'échappement des voitures.
2. Diminution de l'espace de liberté et de circulation pour le grand gibier (cerfs, sangliers).
3. Mort de nombreux animaux (insectes, oiseaux) par collision avec les véhicules.

4 Le remplacement des forêts par des champs est directement lié à l'augmentation de la population des villes et donc à l'augmentation des besoins en surfaces cultivables servant à l'alimentation. Ce changement est défavorable, puisqu'il permet à la population des petits animaux des champs, déjà abondante, de se multiplier encore, tandis que disparaissent les grands animaux tels que les cerfs, chevreuils, etc.

5 **a.** Les grandes étendues permettent l'utilisation de machines agricoles de très grande taille, pilotées par une seule personne, d'où un gain de temps et d'argent important.
b. La disparition des haies entre les champs entraîne la disparition des petits animaux qui y trouvent habituellement refuge, en particulier les oiseaux.

➩ Chapitre 5 page 183

1 Vrai : **c.** Faux : **a.** ; **b.** ; **d.**

2 Série 1 : vertébrés
→ Ver de terre : invertébré
Série 2 : mammifères
→ Tortue : reptile
Série 3 : poissons
→ Dauphin : mammifère
Série 4 : mollusques
→ Lombric : annélide
Série 5 : mammifères
→ Manchot : Oiseau
Série 6 : batraciens
→ Hérisson : mammifère

3 Exemple possible de classification :
Êtres vivants à pattes : merle, chien, grenouille, cheval, rouge-gorge, moineau, cafard, renard, scarabée, mille-pattes.
Êtres vivants sans pattes : truite, escargot, tulipe, ver de terre, limace, sapin, pissenlit.

Tu peux aussi faire les classements suivants : Êtres vivants qui volent – Êtres vivants qui ne volent pas ; ou classification basée sur la couleur.
Tu remarqueras que ces classifications ne sont pas très intéressantes, car elles donnent peu de catégories, donc le classement est très limité. Dans certains cas (couleur), un même animal pourrait être rangé dans différentes catégories, ce qui revient à ne pas le classer.

4

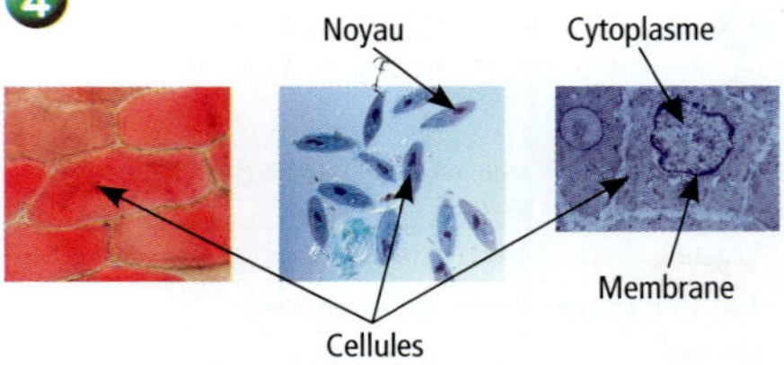

5 Toutes ces plantes appartiennent à la même espèce *rose*, puisqu'elles peuvent toutes se reproduire entre elles.

➩ Chapitre 6 page 185

1 Vrai : **a.** Faux : **b.** ; **c.** ; **d.**

2 Un **producteur primaire** se nourrit exclusivement de matière minérale.
Un **producteur secondaire** se nourrit de matière minérale et de matière prélevée chez d'autres êtres vivants.

3 Au point de départ de toute chaîne alimentaire, il y a un **producteur primaire** ; tous les autres sont des **producteurs secondaires**.

4 Comme il n'y avait pas de lapins en Australie avant que l'on en importe, ces animaux n'avaient pas de prédateur. C'est pourquoi ils ont pu se multiplier sans limites.

5 **a.**

	Quantité d'orge fournie	Augmentation de la masse de l'animal
Jour 1	3 kg	0,4 kg
Jour 2	3,4 kg	0,6 kg
Jour 3	3,9 kg	0,8 kg
Jour 4	4,4 kg	1 kg

b. Plus les vaches absorbent de nourriture, plus leur masse augmente.
c. L'augmentation de la masse de l'animal est toujours inférieure à la masse d'aliments consommée. Seule une partie de la nourriture est utilisée par l'animal pour la production de sa propre matière.

6 **a. Producteurs primaires** (en vert) : gland, herbe, cerise.
Producteurs secondaires (en rouge) : grenouille – musaraigne – escargot – grive – merle – buse – chouette – puceron – coccinelle.
b.

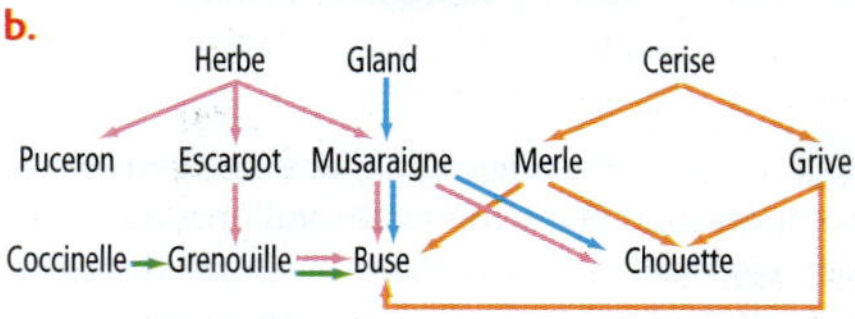

Chapitre 7 page 187

1 Vrai : b. ; c. ; d. Faux : a. ; e.

2 L'apport d'engrais permet une augmentation de la production de graines de tournesol.

3 **Matière animale (en rouge) :** chien, araignée, chat, loup, lion, mite, brochet.
Matière végétale (en vert) : cheval, lapin, souris, papillon, hamster, vache, tortue terrestre, carpe.
Matière animale et végétale (en noir) : renard, ours, Homme, rat, moustique, mouche.

4

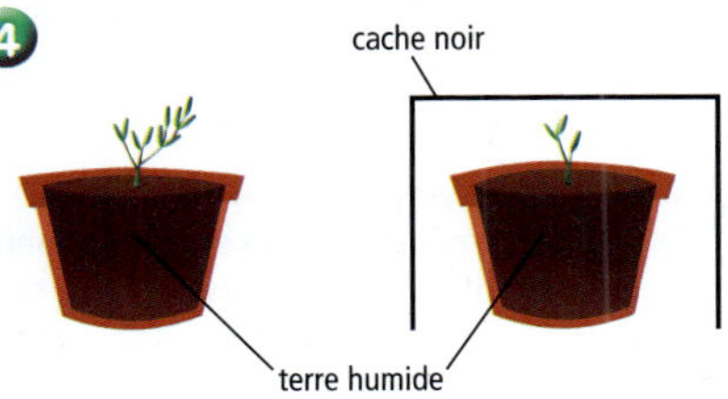

Au départ de l'expérience, les deux plantes sont choisies de même taille, avec le même nombre de feuilles. Le pot exposé à la lumière sert de référence pour comparer les résultats : c'est l'expérience témoin.

5 a.

	Masse de la terre	Masse de l'arbre
Au moment de la plantation	90,99 kg	2,3 kg
Cinq ans plus tard	90,84 kg	76,8 kg

b. Le saule a utilisé une partie des substances contenues dans la terre (sels minéraux) pour se nourrir.

6 a. L'eau.
b. **Régime alimentaire :** ensemble des aliments que consomme un animal pour se nourrir.

Chapitre 8 page 189

1 Vrai : b. ; c. ; e. Faux : a. ; d.

2 [...] Les galeries aèrent le sol, séparent les grains de terre les uns des autres, facilitant le développement des racines. [...], les vers de terre [...] participent à la décomposition de la matière organique. Leurs rejets (excréments) forment de la matière minérale utilisable par les plantes.

3 Pain rassis ; pot de yaourt en plastique ; marc de café ; bouteilles en verre ; canette de soda en métal ; épluchures de légumes ; bouteilles en plastique ; journaux ; fruit gâté ; barquette plastique ayant contenu de la viande ; piles usagées ; tontes de gazon ; chaussettes de laine usagées ; mouchoirs en papier.

4 Champignons.

5 Entraînés par les pluies, ces produits arrivent dans le sol où ils détruisent les décomposeurs : la chaîne de transformation de la matière organique est rompue et les déchets organiques s'accumulent.

6 a. La matière organique des feuilles mortes a été comsommée par le champignon qui s'en est nourri.
b. Le champignon est donc un décomposeur.

Chapitre 9 page 191

1 Vrai : a. ; b. ; f. Faux : c. ; d. ; e.

2 Racine : carotte, pomme de terre.
Fleur : chou-fleur.
Feuille : salade, chou rouge.
Graine et fruit : haricot blanc, tomate, raisin.
Muscle : steak haché, chair de crabe, râble de lapin, jambon, poisson.

3 Le lait a une composition équilibrée en glucides, protéines, lipides. On dit souvent que c'est un aliment complet pour les nourrissons.

4 Entrecôte, lait, jarret, rumsteak, langue, tête, filet, etc.

5 Les aliments consommés apportent des substances nutritives en proportions variées : certains sont riches en glucides (pomme de terre), d'autres en protéines (viandes). La variété de l'alimentation permet d'équilibrer les apports en ces différentes substances nutritives.

Chapitre 10 page 193

1 Vrai : a. ; c. ; d. ; e. Faux : b.

2 a. Sous éclairage artificiel, la production est plus importante.
b. Avantage : grâce à un tel éclairage, on obtient une production plus importante d'œufs, répartie sur toute l'année.
L'inconvénient est que ce type d'élevage nécessite des installations spéciales et une consommation d'énergie coûteuse pour le producteur. Seul un élevage portant sur un très grand nombre de poules permet de rentabiliser les frais d'installation et de fonctionnement.

3 **1.** Alimentation sélectionnée et adaptée en qualité et en quantité aux besoins de l'animal.
2. Meilleures conditions d'hygiène, diminuant ainsi le risque de maladie.
3. Maîtrise de la reproduction, et donc du nombre de bêtes en fonction des possibilités d'accueil de l'exploitation.

4 a. Les vaches fournissent essentiellement la viande et le lait.
b. Pour les bêtes destinées à la production de viande, on sélectionne des races ou des individus ayant une masse musculaire importante.
Les vaches qui produisent de grandes quantités de lait sont sélectionnées pour la reproduction, en espérant que le caractère de « bonne laitière » se transmettra aux veaux auxquels elles donneront naissance.

5 a. Plus la quantité d'engrais apportée est importante, plus la production est forte.
b. Les eaux de pluie entraînent les engrais dans le sol, vers les fossés et les rivières. Ils sont responsables de la pollution de bien des rivières, provoquant la mort des animaux, tandis que les végétaux aquatiques se développent parfois sans mesure. Il se crée un déséquilibre entre les végétaux et les animaux dans le milieu.

Chapitre 11 page 195

1 Vrai : b. ; c. ; d. ; e. Faux : a.

2 Yaourt, lait, camembert, crème fraîche, beurre.

3 Pain de seigle : on ajoute de la farine de seigle (céréale) à la farine de blé.
Pain au son : une partie de l'enveloppe des grains de blé est conservée.
Pain aux noix : on ajoute des morceaux de noix dans la pâte (pain qui accompagne bien certains fromages).
Pain au lait : on ajoute un peu de lait à la pâte. La mie devient plus moelleuse.
Etc.

4 Maïs : corn-flakes, poudre pour lier les sauces, huile de maïs.
Pomme de terre : chips pour l'apéritif, fécule (pour lier les sauces), purée en flocons.

5 Le lait est le plus équilibré, puisque protéines, lipides et glucides y sont présents en proportions voisines.

6 a. porc (animal)
b. oie, canard ou porc (animal)
c. oie ou canard
d. fruit (végétal)
e. lait (animal)
f. fruit (végétal)
g. fruit (végétal)
h. fruit (végétal)
i. porc (animal).

7 Exemples : lait gélifié aromatisé (chocolat, café, caramel...), yaourt à boire, barres de chocolat enrichi en lait, yaourt aux fruits, glaces variées aromatisées, pâtes à tartiner... But : satisfaire une demande croissante de goûts nouveaux.

8 **Matière première animale** (en rouge) : beurre, pâté, boudin noir.
Matière première végétale (en vert) : huile, corn-flakes, chocolat, sucre, vin, bonbon, biscuit.

Chapitre 12 page 197

1 Vrai : b. ; c. ; d. Faux : a. ; e.

2 Le jus de pomme n'est pas fermenté. On détruit tous les micro-organismes par action de la chaleur avant de le mettre en bouteille. Le cidre, au contraire, est une boisson fermentée : les levures provoquent le dégagement de dioxyde de carbone.

3 a. Autrefois, les conditions d'hygiène étaient moins strictes que maintenant. Dès sa sortie du pis de la vache, le lait, au contact avec l'air et les récipients, recevait une quantité de micro-organismes des plus divers. En faisant bouillir immédiatement le lait, on limitait leur multiplication, et on tuait par action de la chaleur ceux qui étaient déjà présents. C'était à l'époque le seul moyen d'empêcher le lait de « tourner ». Certains micro-organismes, soigneusement sélectionnés, sont utiles, mais très nombreux sont ceux qui sont nuisibles. C'est pourquoi les conditions d'hygiène sont de plus en plus strictes dans l'industrie alimentaire.
b. Le passage du lait pendant un bref instant à haute température (110 °C) tue les micro-organismes, sans modifier les composants du lait (lipides, glucides, protéines). Dépourvu de micro-organismes, ce lait ne fermente pas et se conserve longtemps.
c. Les micro-organismes sont facilement transportés dans l'air qui nous entoure. En se déposant sur le lait, ils trouvent un milieu favorable à leur développement : une fermentation commence. Mais tous les micro-organismes ne donnent pas une fermentation favorable à la santé humaine : ce lait est devenu impropre à la consommation. C'est aussi ce qui explique que, pour fabriquer yaourts et fromages, on utilise des micro-organismes soigneusement sélectionnés et on travaille à l'abri de tout apport extérieur nuisible, dans des laboratoires.

4 C'est à une température voisine de 40 à 50 °C que les micro-organismes se développent le plus rapidement. Cette étape est donc nécessaire à la multiplication des micro-organismes qui assureront la fermentation.

5 La personne a simplement oublié que les levures, champignons microscopiques, ont besoin de temps pour transformer une partie de l'amidon de la farine en dioxyde de carbone, responsable des trous dans la mie de pain et de sa légèreté. Après avoir préparé la pâte, il fallait donc la laisser reposer une à deux heures à une température de 25 à 30 °C pour la « faire lever » avant de la mettre au four.

6 a. Du micro-organisme introduit dépend en partie la saveur du produit obtenu.
b. Une hygiène parfaite évitant tout apport de micro-organismes extérieurs est indispensable, car des micro-organismes autres que ceux que l'on a sélectionnés peuvent eux aussi provoquer la fermentation du lait, mais en donnant des produits différents, souvent impropres à la consommation, voire dangereux car pouvant provoquer des troubles graves chez le consommateur.

Anglais

MINI INTERRO Pour trouver les réponses aux questions de la « Mini interro », il suffit de relire attentivement la page de gauche du chapitre correspondant.

Chapitre 1 page 201

1 a. No, he isn't. b. Yes, I am. c. Yes, she is. d. Yes, it is. e. No, they aren't.

2 a. is. b. are. c. are. d. is. e. am.

3 a. There is a poster. b. There are six chairs. c. There is a teacher. d. There is a blackboard. e. There are three books.

4 a. My sister Mary is very hungry and thirsty. b. He is twelve. c. There is a dog and two cats in the car.

5 a. These are your books. b. Those are our names. c. These are Jack's shoes.

6 a. That flower is expensive. b. This picture is Allison's. c. I don't like that bird.

7 This strange monkey is wearing a green **skirt**, a **yellow** shirt, an orange **jacket**, blue **socks** and black **shoes**.

8 a. There are b. There is c. There are

➩ Chapitre 2 page 203

1 **Pluriels en -s :** mothers, cars, windows, boys, bags.

Pluriels en -es : buses, babies, matches, potatoes, boxes.

2 a. a. b. a, an. c. ∅. d. an. e. an.

3 **Il faut souligner *the* pour :** the article, the umbrella, the hour, the English.

4 a. I can see three women. b. I can see two babies. c. There are four tomatoes and two potatoes. d. I can see four teeth. e. I can see two feet. f. There are three brushes.

5 a. Is Helen a model? No, she isn't. She's a secretary. b. Is Ben a doctor? No, he isn't. He's a dentist. c. Are Sam and Simon painters? No, they aren't. They're policemen.

6

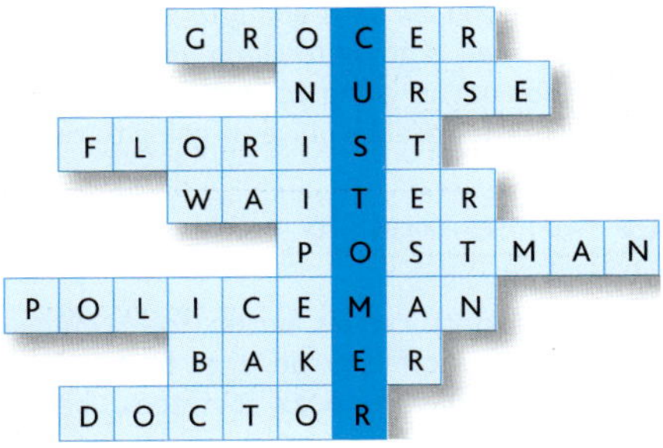

Mot mystère : customer.

7 **Dénombrables :** glass, book, computer, orange, chair.
Indénombrables : sugar, bread, money, milk, time, water, salt.

➩ Chapitre 3 page 205

1 a. Mary. b. Sue. c. Ben. d. Brian. e. Johanna.

2 a. How much work has Patricia got? b. How many sisters has Fred got? c. How many cars have John's parents got? d. How much bread have you got? e. How many apple trees have you got in the garden?

3 a. Have you got a computer? b. How many brothers and sisters have you got?

4 a. some. b. any. c. some.

5 a. No, there aren't any. There are some pictures on the wall. b. No, there isn't any. There is some cake in the plate. c. No, there isn't any. There is some milk in the bottle. d. No, there aren't any. There are some balls in the bag.

6 **Les mots présents dans la grille :** Daughter, Grandfather, Niece, Cousin, Mother, Nephew, Uncle, Grandmother, Son.

Mot mystère : Aunt.

7 a. has. b. is. c. is. d. has.

➩ Chapitre 4 page 207

1

2 a. Her new dress is expensive. b. My English teacher is interesting. c. Your shoes are dirty.

3 a. Your bag is heavier than my bag. b. California is hotter than Canada. c. Jane is smaller than Allison. d. My room is cleaner than yours. e. Michael is happier than Jonathan.

4 easier, bigger, better, worse.

5 quickly, simply, well, happily.

6 a. Ben speaks English very well. b. My father drives slowly. c. I like London very much.

7 a. nose. b. hand(s). c. mouth. d. eyes. e. feet/legs. f. ears.

8 a. more expensive than. b. more expensive than. c. as expensive as. d. cheaper than. e. as expensive as.

➩ Chapitre 5 page 209

1 a. His. b. her. c. their. d. our.

2 a. It's Samantha's scarf. It's her scarf. b. They're Mr Simmons' shoes. They're his shoes. c. It's Raphael's racket. It's his racket. d. They're my cousins' dogs. They're their dogs.

3 a. No, it isn't. It's the Browns'. b. No, it isn't. It's Britney's. c. No, they aren't. They're Brian's. d. No, it isn't. It's Cathy's.

4 a. Whose glasses are they? b. Whose transistor is it? c. Whose jacket is it?

5 a. My friend is Mike's brother. b. My mother is Pierre's cousin. c. I like John but I don't like his brother/John's brother.

6 a. his/her. b. their. c. his. d. his/her.

7 a. a toothbrush. b. a knife, a spoon, a fork. c. my umbrella. d. a camera. e. a bottle. f. my computer.

8 a. Whose baby is it? It's Karen's baby. b. Whose toys are they? They're the girls' toys. c. Whose dictionary is it? It's Jessica's dictionary. d. Whose bikes are they? They're the children's bikes.

➩ Chapitre 6 page 211

1 a. Yes, I am. b. No, he isn't. c. Yes, they are. d. No, we aren't.

2 a. Is Peter making a cake? Peter isn't making a cake. b. Are his parents painting the garage? His parents aren't painting the garage. c. Are the English tourists taking pictures? The English tourists aren't taking pictures. d. Is Jessica speaking on the phone? Jessica isn't speaking on the phone. e. Is Allison skiing? Allison isn't skiing.

3 a. He's washing his socks. b. What is she doing? She's eating a lot of chocolates. c. What are they doing? They're pushing a car. d. What is she doing? She's dancing on the table/desk.

4 a. Rachel is cleaning my room. b. My father is repairing my bicycle/bike. c. I'm watching TV now/at the moment.

5 a. I sleep in my bed(room). b. I have dinner in the dining-room. c. I watch TV in the living-room. d. I cook in the kitchen. e. She plants flowers in the garden. f. He parks his car in the garage. g. I have a bath in the bathroom.

6 a. takes. b. is watching. c. get up. d. Do you drink ? e. Are you drinking ?

Chapitre 7 page 213

1 a. Yes, it does. b. Yes, they do. c. No, I don't. d. No, he doesn't.

2 a. Does it often rain here? It doesn't often rain here. b. Do your cousins live in New York? My cousins don't live in New York. c. Do you like your dog? I don't like my dog.

3 a. drives. b. is sleeping. c. goes. d. is watching. e. cooks.

4 a. They often go to school by bus. b. Brian never helps me. c. I am never late. d. My parents always get up very early.

5 a. I never play tennis. b. My uncle never watches TV. c. It always rains in my town/city.

6 a. June. b. March. c. November. d. September.

7

W	E	D	N	E	S	D	A	Y	
		S	A	T	U	R	D	A	Y
			M	O	N	D	A	Y	
T	H	U	R	S	D	A	Y		
T	U	E	S	D	A	Y			
F	R	I	D	A	Y				

8 a. Does. b. do. c. Do. d. does. e. Do.

Chapitre 8 page 215

1 a. How old. b. Where. c. What. d. How. e. Whose.

2 a. How old is Ken? b. What is Pat doing? c. Whose flowers are these? d. When are you leaving? e. Where does Stuart live?

3 a. Whose books are these? b. Who is the man behind your car? c. How many brothers have you got?

4 a. How many dogs have you got? b. What time is he leaving? c. Where does Margaret live?/Who lives near the station? d. Who is Mr Thomson?

5 a. Where do you work? b. How old are you? c. How many books are you reading (at the moment)?

6 a. Tiger. b. Lion. c. Bear. d. Monkey. e. Bird. f. Snake. g. Camel.

7 a. at. b. for. c. to. d. from. e. on/with.

Chapitre 9 page 217

1 a. Présent. b. Futur.

2 She's going to send a telegram to Uncle John. She's going to meet Mr Parker. She's going to go to the florist's. She is going to call the doctor. She's going to buy a birthday card.

3 a. Is Benjamin going to play tennis? Yes, he is. b. Is Matthew going to go to the disco? No, he isn't. c. Are Jessica and Allison going to clean their room? Yes, they are.

4 a. Sam is going to go/is going to the swimming pool tomorrow. b. Her friends are going to take/are taking the train at eight.

5 a. The policeman is going to stop the car. b. The fireman is going to climb up the ladder. c. The acrobat is going to walk on the rope (*corde*). d. The baseball player is going to throw the ball.

6 Réponses libres : For breakfast, I usually have…

7 a. Breakfast: cereals, butter, toast, orange juice, jam, tea, coffee, bread, eggs, fruit. b. Dinner: bread, chicken, peas, potatoes, beans, cheese, orange juice.

8 a. it isn't. b. he is. c. they are.

Chapitre 10 page 219

1 a. can't/cannot. b. must. c. must/can. d. can't/cannot. e. mustn't/must not. f. must. g. Can. h. mustn't/must not.

2 a. Can Paul watch television in the evening? Paul can't/cannot watch television in the evening. b. Must she call the doctor? She mustn't/must not call the doctor.

3 a. he can't/cannot. b. I can. c. they mustn't/must not. d. I must.

4 a. Can Bernie go out? No, he can't. He must do his homework. b. Can Wendy and Peter watch TV? No, they can't. They must help their mum.

5 a. My mother can speak three languages. b. I must take the train tomorrow morning. c. He can't/cannot go out with you.

6 a. Karen plays cards. b. Keith collects stamps. c. Katlyn plays the piano. d. Kimberley dances. e. Kevin plays tennis.

7 a. impossibilité. b. capacité. c. interdiction. d. obligation. e. permission.

➩ Chapitre 11 page 221

1 a. twenty-eight b. ninety-one c. thirteen d. a/one hundred and twenty-eight e. two hundred and twenty f. eighty-eight.

2 a. 53. b. 17. c. 180.

3 a. 1982. b. 1789. c. 1873.

4 seventeen seventy-six • nineteen twenty-one • two thousand

5 a. It's half past twelve. b. It's (a) quarter to nine. c. It's twenty-five past four. d. It's seven o'clock. e. It's ten past five.

6 a. May 12th/May the twelfth. b. June 3rd/June the third. c. June 30th/June the thirtieth. d. May 24th/May the twenty-fourth. e. May 1st/May the first.

7 a. under. b. in front of. c. between. d. behind. e. on.

8

a. b. c. d. e.

➩ Chapitre 12 page 223

1 a. worked. b. made. c. was. d. loved. e. went. f. had. g. gave.

2 a. Did his brother go to the concert yesterday? His brother didn't go to the concert yesterday.
b. Were we late this morning? We weren't late this morning.

3 a. I did. b. it wasn't. c. he/she did.

4 a. I didn't go to school. I went to the circus.
b. I didn't listen to the radio. I washed the/my car.
c. I wasn't angry. I was happy.

5 a. I visited Rome last summer.
b. My brother was ill/sick yesterday.
c. My mother bought a computer.
d. I was late yesterday.

6 **Le moyen de transport :** Helicopter.

7 **Relier les ballons :** fall/fell, sit/sat, see/saw, write/wrote, keep/kept, buy/bought, begin/began.

Vers la 5e

➩ Français page 226

1. a. épithète b. épithète 2. les lui 3. COI 4. CC de manière 5. des amis fidèles 6. moi 7. informée 8. reçues 9. Es / la / à 10. a. au passé simple b. quitta 11. nous avions fait 12. antonymes 13. stupide 14. porter • export 15. à une péripétie 16. répliquer • marmonner • interroger.

➩ Mathématiques page 228

1. $\frac{5}{3}$ 2. 230 3. 3 936,192 4. 10 • 32 5. 12 6. Le carré • Le cercle 7. La médiatrice 8. trois côtés de même mesure • trois angles égaux à 60° 9. 3 10. 100 m • 1 hm • 10 dam 11. 8 cm 12. 10 cm^2 • 1 000 mm^2 13. 30 dm^3 • 30 L 14. 1,2 15. 100 g 16. 5 €.

➩ Histoire-Géographie et Éducation civique page 230

1. les tablettes pictographiques • l'écriture cunéiforme 2. l'héliée est le tribunal le plus important 3. Homère 4. –52 5. à l'Ancien Testament 6. 476 7. Le bouddhisme 8. Le littoral chinois 9. 1/5 000 10. le quartier d'affaires 11. intensive • commerciale 12. la culture sur brûlis • la jachère • l'élevage extensif 13. Les littoraux attirent les touristes 14. Oasis • Oued 15. 16 ans 16. C'est un individu âgé de moins de 18 ans, qui a des droits et des devoirs.

➩ SVT page 232

1. les peuplements animal et végétal peuvent varier en fonction des conditions climatiques du moment. • les êtres vivants se répartissent sur le territoire qui leur est offert. 2. une même plante peut se trouver soit sous forme de graines soit sous forme développée avec racines, tiges et feuilles. 3. son action peut aller jusqu'à modifier le relief d'un territoire. • les pesticides qu'il répand sont favorables aux cultures, mais nuisent aux animaux. 4. les végétaux chlorophylliens produisent leur matière à partir de matière minérale. • la matière minérale consommée par les êtres vivants peut être un gaz. 5. une chaîne alimentaire commence par un végétal chlorophyllien. • un même être vivant peut appartenir à plusieurs chaînes alimentaires. • un producteur secondaire consomme d'autres êtres vivants. 6. et améliore la production en agissant sur les apports nutritifs et les conditions de vie de ses élevages. • et se comporte en gestionnaire d'entreprise pour réussir un élevage ou une culture. 7. sont utiles pour transformer du jus de raisin en vin. • peuvent transformer le même lait en différents fromages selon le micro-organisme qui intervient. • constituent l'une des grandes difficultés pour l'industrie alimentaire qui doit se protéger des micro-organismes indésirables. 8. La possibilité, pour deux êtres vivants, de se reproduire entre eux permet de définir l'appartenance à une même espèce. • La notion d'espèce s'applique aussi bien aux animaux qu'aux végétaux.

➩ Anglais page 234

1. is 2. any 3. his 4. us 5. that 6. Valentino comes from Rome 7. There are 8. be 9. plays 10. is playing 11. will 12. cannot 13. Yes, he does. 14. were 15. Lucas can swim. 16. I saw my cousin yesterday. 17. What... for 18. How many 19. the 5th 20. Emma was born in May.

Maquette de principe : studio Favre & Lhaïk

Mise en pages : STDI

Cartographie et schémas : Légendes cartographie, STDI, Domino

Illustrations : Axel Renaux

Rédaction de la partie « Conseils » : Bruno Bénitah, Sylvie Collard, Brigitte Lancien, Brigitte Prot, Martine Renaut, Claude Revol

Édition : Catherine de Bernis, Sara Maurer, Anne Peeters, Catherine Rollet, Grégoire Thorel, assistés de Morgane Guilhem

Tout Savoir

Le guide des parents

6e

- Des **conseils** pour accompagner votre enfant et l'aider dans chaque matière
- Les **corrigés** de tous les exercices

Rédigé par des enseignants et une spécialiste de la motivation scolaire.

Hatier